Uwe Rada

Die Adria

DIE WIEDERENTDECKUNG EINES
SEHNSUCHTSORTES

Pantheon

Alle Fotos in diesem Buch stammen von Inka Schwand.

Verlagsgruppe Random House FSC® N001967
Das für dieses Buch verwendete FSC®-zertifizierte Papier
Lux Cream liefert Stora Enso, Finnland.

Erste Auflage
September 2014

Umschlaggestaltung: Büro Jorge Schmidt, München
Karte: Peter Palm, Berlin
Satz: Ditta Ahmadi, Berlin
Druck und Bindung: CPI, Clausen & Bosse, Leck
Printed in Germany
ISBN 978-3-570-55222-3

www.pantheon-verlag.de

Für Else Rada,
die mir das Meer gezeigt hat

»Der älteste Kern meiner Sehnsucht liegt auf einer Adriainsel, zwischen duftenden Salbeibüschen, die sonnendurchglühte Steinhaufen und Schaumkronen versilbern, die ›auf hoher See Sirenen waren‹. Doch durch dieses stehende, zeitlose Licht zieht eine Ahnung von Sonnenuntergang. Die Insel weiß inzwischen vom Widerspruch.«

MARISA MADIERI, 1938 – 1996

»Die Sonnenuntergänge auf der östlichen und der westlichen Seite unterscheiden sich sehr. (…) An der einen Küste legt sich die Sonne beim Untergang auf die Oberfläche des Meeres und taucht dann hinein, auf der anderen geht sie am Tagesende hinter einer kleineren oder größeren Anhöhe des Festlands unter. Im Osten wurde davon der Begriff *suton* geprägt, von *sun*(ce) (= Sonne) und *ton(e)* (= versinken); im Westen der Begriff *tramonto*, weil die Sonne ›hinter dem Berg‹ untergeht. Die Sprachen haben sich auf beiden Seiten der Sonne angepasst.«

PREDRAG MATVEJEVIĆ, GEBOREN 1938

Inhalt

Meine Adria

WIE MIR CAORLE
ZUM SEHNSUCHTSORT WURDE

Das erste Mal am Meer. Noch traut der knapp Zweijährige dem Ganzen nicht. Etwas unsicher balanciert er auf dem Heck des eierschalenfarbenen Opel Rekord P 2, die Mutter hält ihn fest am linken Arm. Im Hintergrund schon die Adria, beiger Sand, schlierenblauer Himmel, dazwischen ein Bauchnabelstreifen Wasser. Kind und Mutter schauen campingplatzeinwärts, in Richtung des fotografierenden Vaters. Die Entdeckung des Meeres braucht seine Zeit, doch das Maritime ist bereits in Sicht. Ein blauweißgestreiftes Matrosen-T-Shirt trägt das Kind, auf dem Kopf eine Schiffermütze aus Papier, heute ist sie als US Navy Sailor Hat ein Hit bei Faschingspartys. Die Mutter posiert mit einer Kapitänsmütze. Es ist geschafft. Wir sind am Meer.

Eigentlich wollten meine Eltern den Sommer 1965 am Millstätter See verbringen. Doch über Kärnten hatte der Himmel seine Schleusen geöffnet, so dass der Entschluss schnell feststand: an die Adria. Noch ohne Kind hatten Mutter und Vater schon 1960 die jugoslawische Adriaküste erkundet, waren mit ihrem VW Käfer über Villach und Laibach hinunter nach Split und Dubrovnik gefahren – »bis an die albanische Grenze«, wie meine Mutter später stolz betonte. Nun galt es, zum ersten Mal

9

mit Kind zu reisen. Caorle hieß der Sehnsuchtsort, an den es meine Eltern zog.

Das gefiel nicht jedem. Caorle sei mittlerweile »der Strand von Wien, München und Ulm«, gruselte sich Pier Paolo Pasolini schon 1959. Im Auftrag der Illustrierten *Successo* hatte der Filmregisseur die italienischen Küsten von San Remo bis Triest bereist, runter den Stiefel und wieder hoch, und war dabei auch in das einst verschlafene Fischerdorf gekommen, das nun den Deutschen gehörte: »Auf drei-, viertausend Einwohner und ein-, zweitausend Sommerfrischler aus Venetien kommen achttausend Deutsche«, notierte Pasolini in seiner Reportage *Die lange Straße aus Sand* – und trauerte den Zeiten hinterher, als Caorle noch ein Geheimtipp war. »Ich schwöre, es war einer der schönsten Orte der Welt. Es gab keine Brücken, die Kanäle und Lagunen überquerte man auf sehr langsamen Flößen. Keiner kannte es.«

Mein Caorle sah anders aus. Nicht sentimental, sondern quietschbunt, ich trauerte nicht über Verlust, sondern begann zu entdecken: Die lustigen Dreiradlaster, auf denen die Lautsprecher unentwegt plärrten. Das *Gelato* am Strand, das so ganz anders schmeckte als das Softeis im schwäbischen Eislingen. Das Zelt, das nun für drei Wochen die heimatliche Wohnung ersetzte. Nichts davon würde ich, der Zweijährige, in Erinnerung behalten, nur den Geschmack dieser drei Silben: Ca-or-le. Mein erstes Mal am Meer wird immer mit dem Fischerort verbunden sein, der Pasolini zerronnen war wie Sand zwischen den Fingern.

Zwei Jahre später fuhren wir erneut nach Caorle. Wieder über Tauernpass und Villach. Wieder das Kanaltal hinab nach Udine. Wieder über die öde, ebene Vorlagunenlandschaft, Strandhinterland. Auch von diesem zweiten Adriaurlaub gibt es ein Foto. Es zeigt mich mit einem Mädchen im Schlauchboot. »Ursula aus Bayreuth«, wusste meine Mutter noch lange danach.

Meine Eltern hatten sich mit Campingplatznachbarn ange-
freundet – und ich mich mit Ursula. Nach der Abreise entdeckte
mein Vater ein Jackett, das die Bayreuther Familie vergessen
hatte. Weil sie zuvor Adressen ausgetauscht hatten, nahm meine
Mutter das Jackett mit nach Deutschland und wollte es von da
an seinen Besitzer schicken. Als sie beim Einpacken aber ein
Päckchen mit weißem Pulver entdeckte, wurde ihr klar, dass sie
als Drogenschmugglerin missbraucht wurde. »Ich hab das Pulver
weggeworfen und die Jacke losgeschickt. Nie wieder hab ich von
denen gehört. Nicht einmal ein Danke. Das war der Beweis.«
Heute kann meine Mutter darüber lachen. Adriageschichten
sind Abenteuergeschichten. Nicht immer gehen sie so glimpflich aus.

Fünfundvierzig Jahre später sitzen meine Frau und ich im
Auto, im Kofferraum ein kleines Zelt, Isomatten und Schlaf-
säcke. Campingstühle und Klapptisch hätten nicht mehr in den
Renault Clio Baujahr 1997 gepasst. Ohnehin sitze ich lieber im
Café und schaue aufs Meer als auf einem Klappstuhl Auto und
Zelt zu bewachen.

Damals an der Adria hatten wir alles dabei. Das Zelt war
unser Haus, Campingbesteck (nummeriert), Kocher (Spiritus)
und Spülschüssel (Emaille) ersetzten die Küche, wobei meine
Mutter keinen Zweifel daran ließ, dass der Abwasch im Urlaub
Männersache war. Die Urlaubsreise als Schule der Emanzipa-
tion – zumindest da hat es geklappt. Auch sonst waren wir eine
typische Wirtschaftswunderfamilie. Mein Vater verdiente als
kaufmännischer Angestellter das Urlaubsgeld, meine Mutter besorgte den Haushalt. So ging das 49 Wochen im Jahr – bis auf
jene drei, in denen wir ans Meer fuhren.

Je weiter wir in den Süden kommen – A9 Berlin-München,
dann die A8 Richtung Salzburg – desto mehr Details gibt die
Erinnerung preis: Die Reiserouten, die der ADAC aus München schickte, ein auf Kartonpapier gedrucktes Navi der sechzi-

ger Jahre; das Autoradio mit dem Schlagergedudel, bis heute kann ich Conny Froboess' *Zwei kleine Italiener* auswendig. Wird es am Strand von Caorle immer noch *Coco bello* geben, die Kokosnussschnitten, die ich in Deutschland noch nie entdeckt habe, obwohl es inzwischen doch auch *Orangina* gibt im Prenzlauer Berg? Hinter Salzburg der Vorgeschmack des Südens auf einem Wegweiser: Rechts geht es zur Brennerautobahn, geradeaus zum Tauernpass. Wir nehmen die Route über Villach, wie vor fünfundvierzig Jahren meine Eltern.

Seltsames Meer, seltsame Adria, da sie noch immer diesen Klang hervorruft. Die Ostsee bleibt auch nach ausführlichem Besuch ein graues Meer, das Wellenrauschen ist ihr Markenzeichen und der Wind, der an ihr bläst. Auch das Mittelmeer bringt in mir nichts zum Schwingen, bleibt ohne Geschmack auf der Zunge. Es ist mehr die Summe seiner Einzelmeere, als dass es dort ein Caorle gäbe, ein kleiner Ort, stellvertretend fürs Ganze. Der große Historiker Fernand Braudel hat die Adria in seinem Werk über das Mittelmeer einmal das Meer genannt, das von allen Meeren des Südens am ehesten eine Einheit bilde. Natürlich hatte Braudel die Adria der Venezianer vor Augen, die Herrlichkeit der Serenissima, deren Handels- und Kriegsschiffe die Flotten der Griechen, Römer und Byzantiner abgelöst hatten. Die venezianische Adria war im 16. Jahrhundert, von dem Braudels Mittelmeerbuch handelt, der *stato da mar*, der Meeresstaat schlechthin. Den Zerfall Jugoslawiens und das Schlachten der Völker in den neunziger Jahren hat der französische Historiker nicht mehr erlebt.

Tunnel, Viadukt, Tunnel, Viadukt. Ich weiß nicht, wie es meinem Vater ergangen war. Ich habe vor sechs Kilometer langen Tunneln wie dem Tauerntunnel Respekt. Doch das Ziel kommt mit jedem Tunnel und jedem Viadukt näher. Bald werden wir in Villach sein, jener Stadt in Kärnten, für die es auch einen slowenischen Namen – Beljak – gibt, und in der die wichtigste Straße *Italienerstraße* heißt. Villach, das ist schon nicht mehr Österreich, das ist schon Süden. Wie auf einer Rutsche wird es von da an bergab gehen, bis nach zwei Stunden endlich die Lagune auftaucht. Dann werden wir da sein, Adria.

Eigentlich liegt Villach am Schwarzen Meer. Die Drau, die im Pustertal in Südtirol entspringt und – als Gebirgsfluss mit der unverwechselbar milchig grünen Farbe – durch Villach strömt, verbindet Kärntens zweitgrößte Stadt mit der Donau. Die polnische Autorin Olga Tokarczuk, sie ist an der Oder geboren, hat einmal vorgeschlagen, Europa nach den Einzugsgebieten der Flüsse zu ordnen. Ein poetisches Konzept, gewiss, aber was für eines. Wer einmal eine Karte der europäischen Flussregionen, zum Beispiel die *Hydrographia Germaniae* von 1712, neben eine politische Karte aus derselben Zeit gehängt hat, wird ihr recht geben. Übersichtlicher ist Europa da, und um seine Kleinstaaterei gebracht. Es gäbe in Mitteleuropa nur noch das Rheinland, das Elb- und Oderland oder das mächtige Donauland. Kriege würden, wenn überhaupt, zwischen Rheinländern und Donauländern, Elbländern und Oderländern geführt werden. Würde es dann noch Kriege geben? Flussfragen. Kinderfragen. Letzte Fragen.

Ob sie sich in Villach wirklich zu den Donauländern zählen? An den Laternenmasten auf der Brücke über die Drau flattern, schön in Reih und Glied, Plakate im Maiwind. »Ans Meer!« verkünden sie ihre Botschaft in blau und weiß. Die Schiffsreise auf der Drau zum Schwarzen Meer ist nicht gemeint. Villachs Meer ist und bleibt die Adria – und »Ans Meer!« ist der Titel einer Ausstellung über die Geschichte des Adriaurlaubes der Österreicher. Werner Koroschitz, der Ausstellungsmacher, hat die Villacher nach ihren Urlaubserlebnissen in den fünfziger und sechziger Jahren befragt – und Erstaunliches zusammengetragen. An der Adria, das haben ihm Hunderte von persönlichen Schilderungen und Fotos zu erkennen gegeben, begegneten das österreichische, wie auch das deutsche Wirtschaftswunder zum ersten Mal dem *Dolce Vita* in Italien.

Es war eine Begegnung mit Folgen bis heute. Aus den Busreisen oder den mühseligen Fahrten mit Moped oder Goggomobil wurden Reisen mit dem Opel Rekord P 2, das Zelt löste bald das Pensionszimmer ab und der Wohnwagen das Zelt. Aus Rimini wurde der Teutonengrill und aus Caorle der »Hausmeisterstrand«. Lange bevor die ersten Flieger in Palma de Mallorca landeten, war die Adria – im Gegensatz zum Mittelmeer und seinem Jet-Set in Cannes, Monte-Carlo und Santa Margherita – zum Inbegriff des Massentourismus geworden. Und mittendrin: meine Eltern und ich. Nicht nur in Caorle war der Urlaub ein Gedrängel, sondern auch in Poreč. 1974 sind wir zum ersten Mal nach Jugoslawien gefahren. Vom bösen »Ostblock« war zu Hause keine Rede. Mein Vater hatte bis 1951, da hatte Tito gerade den Dinar konvertibel gemacht, in der Tschechoslowakei gelebt, er war mit dem Osten vertraut. Für das Kind aber gab es in Poreč Dinge, die es weder in Caorle noch in Eislingen an der Fils gab. Die Klick-Klack-Kugeln zum Beispiel, die wir damals Kastagnetten nannten. Von Jugoslawien aus haben sie in den siebziger Jahren die deutschen Schulhöfe erobert und wurden, aus Sicherheitsgründen, verboten. Armes Deutschland.

Oder Seeigel, putzige, runde Monster auf dem Meeresboden, die, wie man uns warnte, widerliche Stacheln hätten. Die Badeschuhe zogen wir freiwillig über. Dafür war bei diesem Kommunisten Tito das Wasser nicht so flach wie bei den Kapitalisten in Italien. Oder das geheimnisvolle Klavierspiel in den Bergen. Wer spielte da? Waren es Zigeuner? Bis heute will mir mein Gedächtnis weismachen, dass mein Bruder, der inzwischen geboren war, und ich durch den Wald streiften und irgendwo tatsächlich ein Klavier fanden. Verwaist. Wahrscheinlich hat es wieder angefangen zu spielen, als wir, außer Hörweite, zurück am Zelt waren. Furchteinflößende, faszinierende Fremde.

14

Ich werde den Verdacht nicht los. Vielleicht hat die Adria nur deshalb einen solchen Klang, weil es das Meer meiner Kindheit war. Ein Meer, das es so nie wieder geben wird.

Die Entdeckung der Adria

»Ich bin mit 19 Jahren das erste Mal an die Adria gefahren. Im August 1965 war ich mit vier Freundinnen in Caorle, eine von ihnen war eine Palmers-Arbeitskollegin von mir. Mit dem Zug sind wir bis Portogruaro gefahren und von dort mit dem Bus weiter. Gewohnt haben wir in einer Pension. Die Luftmatratzen haben wir selber mitgenommen.« So lesen sich die Reiseerinnerungen, die Werner Koroschitz in seiner Ausstellung »Ans Meer!« zusammengetragen hat. Welche eindrucksvollere Quelle gäbe es, von der Entdeckung der Adria zu erzählen, als eine kleine Erinnerung, in der von selber mitgebrachten Luftmatratzen die Rede ist. Und natürlich ist in den Anekdoten der Adriareisenden auch von Amore die Rede, vom roten Wein in bauchigen Bastflaschen und von exotischen Früchten, die in Deutschland noch keiner im Kaufmannsladen gesehen hatte.

Ohne es zu wissen, meint Werner Koroschitz, seien die Adriareisenden der fünfziger und sechziger Jahre dem Italienreisenden Goethe gefolgt, der die Spuren ins Sehnsuchtsland ausgelegt hatte, als er das Land pries, »wo die Zitronen blüh'n«. Dolcefarniente: Noch so ein Wort, für das der Meister auf seiner Italienreise 1786 bereits den Weg bereitet hatte: »Hier ist ein Land, so lustig und heiter. Jedermann lebt in den Tag hinein.«

Zwischen Dichterfürst und Teutonengrill gab es aber noch andere Adriareisende: Die standesbewusste Aristokratie der Donaumonarchie, die sich schon Ende des 19. Jahrhunderts in Abbazia vergnügte, dem Nizza der österreichischen Riviera; das aufstrebende Bürgertum, das ihr folgte und in Grado, an der

Grenze zu Italien, das erste österreichische Seebad mit Sandstrand bevölkerte; die deutschen und österreichischen Soldaten im Ersten Weltkrieg, die an der Adria ihre ersten »Reiseerfahrungen« sammelten und diese in Feldpostkarten zu Tausenden in der Heimat verbreiteten; die verwegenen Pioniere des Automobils, die in der Zwischenkriegszeit aufs Neue vom Süden als dem Gegenbild des Nordens träumten.

Sichtbar ist dieses Gegenbild vor allem auf Fotografien. Nicht nur die österreichische Südbahn, die seit 1857 Wien mit Triest verband, hat zur Verbreitung der Adria als Sehnsuchtsort beigetragen, sondern auch ein Amerikaner. 1888 brachte George Eastman seine erste *Kodak* auf den Markt. Sein Webeslogan galt bis zur Erfindung der Digitalfotografie: »You press the button, we do the rest«. Zum Rest gehörte dann auch noch der Schlager: »Wer dem Erfolgshit *Komm ein bisschen mit nach Italien* aus dem Jahre 1957 aufmerksam zuhört«, erzählt Werner Koroschitz, »erfährt innerhalb weniger Minuten vieles über die Sehnsüchte und Träume der damaligen Zeit.« Auch die Adria hatte 1954 ihren Schlager bekommen. Rudi Schuricke, der Caprifischer, forderte darin *Grüß mir die blaue Adria*. Endgültig erreichte Italien dann im Kino sein Massenpublikum. Nur ein Jahr nach seinem Erscheinen wurde Barbara Noacks Erfolgsroman *Italienreise – Liebe inbegriffen* verfilmt. Eine amouröse Dreiecksgeschichte, das passte ganz zum Land der Amore. Ebenso wie die FKK-Urlauber auf der anderen Seite des gar nicht so eisernen Vorhangs in Jugoslawien. Mich hatte das alles natürlich nicht interessiert. Meine Lust galt der Sandburg. Ein Sehnsuchtsort ist mir die Adria dennoch geworden.

Udine-Nord. Die Hälfte der Autostrada 23 haben wir schon hinter uns. Bald sind wir da. Im Süden, der in meiner Kindheit fast gleichbedeutend war mit dem Meer. Und mit Italien. Seltsam gefühlte Geografie. Deutsche Geografie. In Frankreich gehört zum Süden nicht nur Afrika, sondern auch die Côte d'Azur.

Doch Deutschland hat kein Meer im Süden, es hat nur die Ostsee, die darüber hinaus lange Zeit zum »Ostblock« gehörte. Und dann ist da noch die Nordsee, jenes gewöhnungsbedürftige Stück Wasser, das einem die Gewöhnung nicht gönnen will. Ich habe es gewiss unzählige Male versucht. War geneigt, der Nordsee eine Chance zu geben. Umsonst. Immer, wenn ich mich aufgemacht habe zur Nordsee, über Marsch und Deiche, war sie verschwunden. Ebbe hat noch keine Sehnsuchtsorte geschaffen.

Ist mein Süden auch ein deutscher Süden? Wie viele Klischees habe ich im Gepäck auf dieser Reise an die Adria? Goethes Süden, das immerhin weiß ich, hat mit meinem wenig zu tun. Goethes Süden, das waren Rom, Venedig und Neapel, da latschte er ganz auf den Pfaden der *Grand Tour*, auf der britische Adlige seit dem frühen 17. Jahrhundert das Italienfieber begründet hatten. Doch die Bilder vom Süden, die damals entstanden, halten sich bis heute. »Der Mensch des Nordens handelt mehr nach Überlegung, der Mensch des Südens mehr aus Antrieb.« So formulierte einst Friedrich de la Motte-Fouqué. Die Realität sucht sich ihre Bilder, die Bilder schaffen Realität. So hat sich der innere Kompass des Nordmenschen langsam »gesüdet«.

Nach Süden, und zwar ohne Umschweife, geht es auch auf der A23, der *Autostrada Alpe-Adria*. Kurz nach Udine-Süd kommt die Abfahrt Palmanova. Hier müssen wir uns entscheiden. Werden wir die Adria in Richtung des Uhrzeigers umrunden? Abbiegen nach Triest und von dort den Weg über Istrien nehmen, über den Kvarner und Dalmatien nach Dubrovnik? So wie meine Eltern 1960, nur, dass wir an der albanischen Grenze nicht haltmachen würden? Oder fahren wir Richtung Venedig und umrunden die Adria entgegen dem Uhrzeigersinn? Wir entscheiden uns für den Westen – und für Caorle.

Palmanova liegt vor uns, die Planstadt aus dem späten 16. Jahrhundert, und Aquileia, die Römerstadt, mit damals mehr als 100 000 Einwohnern eine der größten Städte des Imperiums.

Doch die Geschichte kann warten. Nun ist es nur noch ein Katzensprung zum Meer. Welche Farbe wird es haben, welchen Geruch? Über dem Himmel sind Regenwolken aufgezogen, sie tauchen die Fahrt auf dem Damm über die Lagune nach Grado in Schatten von Grau. Der Süden empfängt uns mit schlechtem Wetter. In Villach hatte am Nachmittag noch die Sonne geschienen. Auch durch Caorle waten wir durch Pfützen. Immerhin können wir sofort die deutschen von den italienischen Urlaubern unterscheiden. Die Italiener promenieren unterm Regenschirm, die deutschen haben sich unter Outdoor-Kapuzen versteckt. Nach ethnografischem Spaß ist uns dennoch nicht zumute. Je länger wir die Gassen von Caorle erkunden, die Altstadt, den Dom, den Strand, desto blasser wird die Erinnerung. Nein, ich erkenne das Caorle meiner Kindheit nicht wieder. Ich bin kein Rückkehrer. Ich bin ein Fremder an fremdem Ort. Nur Madonna dell' Angelo rettet die Visite. So wunderbar am Meer steht die kleine Wallfahrtskirche, dass es von nun an eine neue Erinnerung an Caorle geben wird.

Enttäuschender Süden

Ist es ein Trost, dass die Adria schon immer Enttäuschungen bereithielt? Hatte nicht Goethe nach seiner *Italienischen Reise* auch die *Venezianischen Epigramme* geschrieben, in denen es vor Regen nur so prasselte? Von seiner zweiten Reise nach Italien schrieb Goethe am 3. April 1790 nach Weimar: »Übrigens muss ich im Vertrauen gestehen, dass meiner Liebe für Italien durch diese Reise ein tödtlicher Stos versetzt wird.« Am Millstätter See, den meine Eltern einst verließen, um nach Caorle zu fahren, mag Regen dazugehören. In Italien ist er ein Skandal.

Und er hat immer wieder Anlass gegeben für heftige Verrisse. Victor Klemperer etwa, der während des Ersten Weltkriegs als Lektor in Neapel arbeitete, notierte voller Respekt: »Das richtige Frieren lernt man überhaupt nur im Süden.« Zuvor hatte bereits Gustav Nicolai, ein preußischer Assessor aus Berlin, dem Süden den Rücken gekehrt – und das interessierte Deutschland genussvoll daran teilhaben lassen. Nach einer völlig misslungenen Italienreise veröffentlichte er 1834 sein Buch *Italien wie es wirklich ist. Bericht über eine merkwürdige Reise in den hesperischen Gefilden, als Warnungsstimme für alle, welche sich dahin sehnen.* Das Buch, schreibt Dieter Richter in seiner Abhandlung *Der Süden. Geschichte einer Himmelsrichtung,* »löste bei den Zeitgenossen einen Sturm der Entrüstung aus«. Tatsächlich hatte Nicolai einen Frevel begangen, als er dem Sehnsuchtsland seine eigenen Erfahrungen entgegengesetzt hatte: »Passtorturen an den Grenzen, Schmutz und Unflat auf den Straßen, elende Speisen in den Herbergen, unverschämte Bettler, betrügerische Gastwirte, Ungeziefer in den Betten«.

Ja, es ist ein Trost, zumal der Regen bald aufhörte, nachdem wir Caorle verlassen hatten. Und natürlich sitzt es sich im Auto trockener als in einer Kutsche zu Zeiten Goethes und Nicolais. Aber auch deren Verrisse hatten an der Sehnsucht zahlreicher deutscher Urlaubergenerationen keinen bleibenden Schaden angerichtet. So groß war der Wunsch nach *Dolce Vita* und *Dolcefarniente,* dass sogar meine Generation, die Kinder des Wirtschaftswunders, ihren Süden an der Adria suchte.

Das Land der Kindheit ist nun hinter mir – um Bibione, Lignano und Jesolo haben wir einen großen Bogen gemacht. Kaum ist das Lagunenvorland durchquert, beginnt adriatisches Industrieland, verlassene Fabriken, abgebrochene Schornsteine. Caorle, das ist mir nun bewusst, war nur der Auftakt: Land der Kindheit revisited. Sehnsuchtsort abgehakt. Nun habe ich den Blick wieder frei. Nun kann ich mich dem Meer ergeben und auf seine Stimmen hören. Auf die Stimmen aus den Tiefen der Vergangenheit oder die an seiner Oberfläche. Gleich taucht die urbane Hölle von Mestre auf, der Hinterhof Venedigs. Wären wir in Palmonova statt in Richtung Venedig nach Triest gefahren, hätte ich es wohl eher begriffen. Die »Dichotomie von Norden und Süden«, wie Dieter Richter sie nennt, ist das deutsche Bild, das wir von der Adria haben. Deutsch sind auch die Fotos meiner Kindheit, deren Anblick mich vor der Reise an dieses Meer des Südens so fasziniert hat.

Lässt man diese Bilder hinter sich und taucht ein in Geschichte und Gegenwart dieses Meeres, treten ganz andere Dichotomien zutage. Die zwischen Küste und Hinterland zum Beispiel, zwischen der Zivilisation und ihren Feinden, wie man es heute noch in Dubrovnik betont. Und natürlich: Viel mehr als ein Meer des Südens ist die Adria ein Meer gewesen, in dem sich der Westen und der Osten, der Okzident und der Orient begegneten – und noch immer begegnen. Auch das hat Fernand Braudel, der Historiker des Mittelmeers beschrieben: »Die Adria ist nicht nur italienisch. Da sie genau genommen nicht von Norden nach Süden, sondern von Nordwesten nach Südosten verläuft, ist sie die Straße der Levante, die Straße der alten Handelsbeziehungen (…) Im Grunde ist die Zivilisation der Adria gemischt, die Einflüsse des Orients machen sich ebenso bemerkbar wie das Überleben von Byzanz.«

Welche neuen Bilder wird dieses Meer in mir hervorbringen? Welche Adria erleben wir in Apulien und Albanien? Welche in Montenegro und Dalmatien? Gibt es die Gemeinsamkeiten noch, die Fernand Braudel einst so betonte, oder gibt es sie wieder? Und wie wird es heute in Poreč aussehen, einen Zusammenbruch des Kommunismus und einen Krieg später? Adriafragen. Europäische Fragen.

Gute Griechen, böse Römer

WIE DIE ADRIA ZU IHREM NAMEN KAM

Normalerweise kann sich der Canal Bianco in Adria nicht mit dem mondänen Canal Grande in Venedig messen oder mit dem Vena-Kanal in Chioggia, der dieses Venedig *en miniature* zusammenhält wie eine Gräte den Fisch. Im November 1951 schaffte es der Canal Bianco aber in die Schlagzeilen. Ein Reporter des Nachrichtenmagazins *Spiegel* war in die Kleinstadt südlich von Chioggia gereist und berichtete erschrocken, dass Adria »mitten in einem über Nacht entstandenen See von der dreifachen Größe des Lago Maggiore« lag. Tatsächlich waren 20 000 Menschen von den Wassermassen eingeschlossen. Mehr als hundert Personen starben. Das Hochwasser des Po, zu dessen Mündungsarmen auch der Canal Bianco in Adria gehört, war das verheerendste, das *il fiume grande*, der große Strom Italiens, bis dahin hervorgebracht hatte.

Am dramatischsten war die Lage in Rovigo, der Provinzhauptstadt, und in der Stadt Adria. Hier dauerten die Aufräumarbeiten bis weit in den Dezember hinein. Der Canal Bianco floss nun nicht mehr, wie bislang, in den nördlichen der sechs Mündungsarme des Po, den Po di Levante. Er hatte sich ein ganz altes Bett zurückerobert und mündete in den Adige, die Etsch, die zwischen Adria und Chioggia ins Meer strömt.

Die Bilanz des Jahrhunderthochwassers am Po: Tausend Quadratkilometer Land waren überschwemmt. Neben den Hundert Menschen kamen 10 000 Rinder, 8000 Schweine, 600 Pferde und 400 000 Stück Federvieh zu Tode. Ein Fünftel der jährlichen Zuckererzeugung war vernichtet. Der Po, als Eridanus bei Griechen und Römern einst ein Strom des Lebens, war zum Fluss des Todes geworden.

Unweit des Canal Bianco wartet Fabrizio Boscarato, ein Wissenschaftler am Nationalmuseum von Adria. An die Flut erinnert er sich nicht, er ist später geboren, doch Zeitgeschichte ist ohnehin nicht sein Thema. Boscarato ist Archäologe, also ein Fachmann für den langsamen Fluss der Geschichte. Das Adria, das er in seinen Erzählungen aufleben lässt, ist nicht das Adria der fünfziger Jahre und auch nicht das Adria der Frühen Neuzeit, in der Venedig die Niederungen der Po-Ebene fruchtbar gemacht und die Nebenarme des Po in ein künstliches Bett gezwängt hatte. Boscaratos Adria ist das der Veneter und Etrusker, der Griechen und der Römer. »In der Antike war Adria ein wichtiger Handelsort im Mittelmeerraum«, erzählt er stolz und zitiert den römischen Geschichtsschreiber Livius: Der hatte berichtet, dass die Etrusker zwölf Städte in der Po-Ebene gegründet hatten, darunter auch Adria, das er Atria nannte.

»Doch die Stadt war schon länger besiedelt«, betont Boscarato und zeigt auf die Grabfunde in den Vitrinen des Museums. »Das sind venetische Gräber. Adria existierte schon, bevor die Etrusker in der späten Bronzezeit aus Latium über den Apennin in die Po-Ebene gekommen waren.« Allerdings war die Po-Ebene damals noch weitgehend von Menschenhand unberührt, die Landschaft noch ungegliedert und wild. Doch Adria war nicht in dieser Wildnis, sondern an der Küste gegründet worden. Vor allem mit den Griechen fand an der Mündung des Po ein reger Handel statt: »Die Griechen brachten Wein, Öl und wunderschöne Keramik nach Adria«, erklärt Fabrizio Boscarato.

»Aber sie hatten nicht genügend Boden, um Gemüse und Getreide anzubauen. Also mussten sie Getreide importieren. Das war also der Handel: Wein, Öl und Keramik gegen Getreide.«

Auf einer Karte im Museum in der Via Giacomo Badini sind die Stadtstaaten eingezeichnet, die die Griechen im Verlauf ihrer Kolonisierung im Mittelmeerraum und auch an der Adria gegründet hatten. »Epidamnos, das die Römer Dyrrhachium nannten, also das heutige Durrës in Albanien, war die erste griechische Kolonie an der Adria« erklärt Boscarato. »Es war eine Gründung von Korinth und Korfu. Das Gleiche gilt für Apollonia, ebenfalls in Albanien.« Die Stadt Adria ist nicht unter den griechischen Kolonien auf der Karte eingezeichnet. Nicht rot, sondern grau ist es in der Kartenlegende verzeichnet – unter »sonstige Städte«. »Adria war keine griechische Kolonie, sondern eine unabhängige Stadt und ein gleichwertiger Handelspartner. Es war als Wirtschaftsstandort so bedeutend, dass die Griechen schließlich das ganze Meer nach Adria benannten.«

Und noch etwas ist auf der Karte zu sehen. »Adria war eine richtige Hafenstadt, es war sogar der größte Hafen am Adriatischen Meer«, betont Boscarato und zeigt auf eine andere Karte. Sie zeigt nicht nur den Canal Bianco, der einmal Po di Adria hieß, sondern auch die Veränderung der Küstenlinie im Verlauf der vergangenen Jahrhunderte. »Seit seiner Eindeichung und der Trockenlegung der Niederung hat der Po immer mehr Sedimente abgelagert. So entstand das Delta, das sich immer weiter hinaus aufs Meer schob.« Heute ist Adria keine Hafenstadt mehr. Die Stadt, die dem Meer den Namen gab, liegt 25 Kilometer im Landesinnern.

Vom Ionischen Golf zum Mare Adriaticum

In seinem gelehrigen Buch über das Mittelmeer hat der britische Historiker David Abulafia daran erinnert, das dieses Meer schon immer ein »Meer mit vielen Namen« war: »Für die Römer war es ›unser Meer‹, für die Türken das ›Weiße Meer‹ (Akdeniz), für die Juden das ›Große Meer‹ (Yam gadol), für die Deutschen das ›Mittelmeer‹ und für die alten Ägypter das ›Große Grün‹.« Die italienische Übersetzung des Werkes von Abulafia trägt übrigens den Titel *Il mare Grande*. Anders als das Mittelmeer ist das Adriatische Meer ein Meer mit nur einem Namen. Von der Adria spricht man in Venedig und im albanischen Vlora, im apulischen Bari und im montenegrinischen Bar. Mare Adriatico oder einfach nur l'Adriatico nennen die Italiener die Adria, Jadransko more oder Jadran die Slowenen, Kroaten, Bosnier und Montenegriner und Deti Adriatik die Albaner. Auch außerhalb des Adriaraums zieht niemand den Namen in Zweifel. Адриатичекое море heißt es im Russischen, auf Spanisch Mar adriático und auf Türkisch Adryatik Denizi.

Was heute so selbstverständlich klingt, hat sich freilich erst in der Spätantike durchgesetzt. Bevor die Griechen im achten Jahrhundert vor Christus mit der Kolonisierung des Mittelmeers und der Adria begannen und das *Magna Graecia* genannte Großgriechenland entstand, war das Adriatische Meer unter dem Namen »Ionischer Golf« bekannt. Zu dem zählte neben dem adriatischen Binnenmeer auch das heutige Ionische Meer. So jedenfalls behauptet es der Dramatiker Aischylos (525 – 456 v. Chr.) in seiner Prometheus-Sage. Thukydikes (454 – 399 v. Chr.) spricht davon, dass »Epidamnos eine Stadt ist, die rechterhand liegt, wenn man in den Ionischen Golf segelt«. Auch Herodot, der Vater der Geschichtsschreibung (490 – 424 v. Chr.), erwähnt den Ionischen Golf. Allerdings berichtet er auch davon, dass das Meer lange vor den Griechen bekannt gewesen sei. Bereits die

Phönizier hätten dort mit den Venetern Bernstein gehandelt. Fabrizio Boscarato, unser Cicero im Museum von Adria, hat also recht. Seine Stadt ist vom obersten Geschichtsschreiber des Abendlandes zur Erstgeborenen an der Adria erhoben worden.

Herodot war es auch, der zum ersten Mal den Namen Adria erwähnte. Allerdings, schränkt William Smith, der Londoner Herausgeber der *Griechischen und Römischen Geographie*, ein, habe er damit noch kein Meer, sondern eine Region beschrieben. Jüngste Forschungen wie die von Simonetta Bonomie bringen sogar einen Fluss namens Adria ins Spiel. Nach diesem Fluss, schreibt der Historiker Hecataeus von Milet (550–476 v.Chr.), sei sowohl die Stadt Adria als auch später das Adriatische Meer benannt worden. Allerdings verlandete der Fluss bereits im ersten Jahrhundert vor Christus, so dass heute die noch existierende Stadt Adria als etymologischer Ursprung gilt. Als ich das erfahre, scheint es mir, als wandelte ich in den Hallen des Museums wie auf dem Boden eines alten, eines sehr alten Meeres.

Freilich ließen sich die Griechen, die vom Ruhme der Handelsstadt Adria und des gleichnamigen Meers berichteten, etwas Zeit. Adria, das war zunächst nur der Name des nördlichen Teils des Binnenmeers. Bei Apollonius von Rhodos (295–215. v. Chr.) finden wir neben der Adria (*Adriatike thalassa* oder *Adriatikos kolpos*) auch das Ionische Meer (*Ionios kolpos*). Letzteres war nach wie vor das wichtigere, es reichte im dritten vorchristlichen Jahrhundert vom Peloponnes nordwärts bis zur Meeresenge zwischen dem Gargano, den Inseln von Palagruža und den Inseln Vis und Hvar. Erst bei Strabon (63 v. Chr.–23 n. Chr.) wurde schließlich das ganze Meer zur Adria, und die Straße von Otranto zur Grenze zwischen Adriatischem und Ionischem Meer. Auch geografisch hatte dieser Gelehrte vom Schwarzen Meer die Adria ganz richtig als enges Meer beschrieben, das sich in einer Nordwest-Richtung ausdehne. Selbst die Breite von höchstens 220 Kilometern und die Länge von 820 Kilometern, die er angab, sind korrekt. Strabon ist also der erste Botschafter des Adriatischen Meeres, wie wir es heute kennen und nennen.

»Leider waren die Römer etwas ignoranter als die Griechen«, bedauert Fabrizio Boscarato und führt uns, etwas zögernd, in die römische Abteilung seines Museums. »Die Römer haben sich geweigert, das Meer nach der Stadt Adria zu benennen. Stattdessen haben sie es Mare Superum genannt.« Das »Obere Meer«, das war der Antipode zum »Unteren Meer«, dem *Mare Inferum*, mit dem Rom das Tyrrhenische Meer bezeichnete. Nicht ganz unschuldig daran war wohl auch Vergil (70–19 v. Chr.), der Schöpfer der *Aeneis* und mit ihr des Gründungsmythos von Rom. Auf seiner Flucht aus Troja habe Aeneas, der Stammvater Roms, bei Butrint das Meer erreicht, berichtet Vergil. Er habe es überquert und sei bei Castro auf den äußersten Zipfel des Stiefelabsatzes der italienischen Halbinsel getroffen. Doch Süditalien war schon von den Griechen besiedelt, also segelte Aeneas weiter, umfuhr Sizilien und landete schließlich auf der noch unbesiedelten Westseite der italienischen Halbinsel. »So gehörte das Tyrrhenische Meer fortan zu Rom, während die Adria das Meer der Griechen war?«, frage ich. Fabrizio Boscarato nickt. Ja, genau so war es.

Der Archäologe im Museum von Adria ist nicht der Einzige, der so denkt. »Die Römer mochten die Adria nicht. Sie haben sie gefürchtet«, schrieb in den fünfziger Jahren der Brite Harry Hodgkinson in seinem Buch *The Adriatic Sea*. Hodgkinson verwies auf die vergleichsweise raren Hinterlassenschaften der Römer an diesem Meer: die Arena von Pula, ein Triumphbogen in Ancona, die Tiberiusbrücke in Rimini und der Diokletianspalast in Split. »Nie haben die Römer die Adria als das Innere ihres Reiches begriffen. Für sie war das Meer immer eine Grenze zu feindlichen Gebieten.«

»Doch an der Bedeutung der Hafenstadt Adria kamen auch die Römer nicht herum«, freut sich Fabrizio Boscarato. »Je reicher Adria mit dem Handel wurde, desto mehr wurde aus dem

Oberen Meer das Adriatische Meer.« Der Archäologe zitiert noch Plinius den Älteren (23−79 n. Chr.), der als erster Römer von einem *Mare Adriaticum* sprach, dann hat er seine Lektion beendet und schließt das Museum ab.

Wer durch die Stadt am Canal Bianco schlendert, kann nicht übersehen, dass die guten alten Zeiten lange vorbei sind. Aus der wichtigsten Hafenstadt an der Adria ist im Verlauf der Jahrhunderte ein Provinznest mit 14 000 Einwohnern geworden, das von anderen Städten in der Po-Niederung, Rovigo etwa oder Ferrara, in den Schatten gestellt wird. Es waren, Fabrizio Boscarato hatte es angedeutet, die Römer, die die goldene Zeit von Adria im vierten Jahrhundert vor Christus beendet hatten. Das hatte vor allem militärische Ursachen. Damals war es unruhig geworden in Oberitalien. Von Norden wanderten die Kelten ein und verdrängten die Etrusker, deren Existenz in der Po-Ebene, so vermuten es die Forscher, ohnehin nicht auf Dauer angelegt war. Die neue Macht im Süden dagegen hieß Rom. Als nach den Punischen Kriegen Karthago, der große Konkurrent an der nordafrikanischen Küste des Mittelmeers, ausgeschaltet war, überquerten die Römer den Apennin und expandierten nach Norden. Die Po-Ebene, die sie Padana nannten, hatte sich als Schwachstelle bei der Verteidigung der italienischen Halbinsel herausgestellt. Nun wurde sie militärisch und politisch dem aufstrebenden Stadtstaat als Provinz *Gallia Cisalpina*, das Gallien diesseits der Alpen, einverleibt. Für die Römer waren die Gallier, wie sie die Kelten nannten, die Titularethnie der neuen Provinz. Sie hatten sich nach ihrer Einwanderung in der Padana festgesetzt.

Entsprechend stiefmütterlich wurde Adria behandelt. »Die alte Stadt Adria wurde in keinem der offiziellen Dokumente der Provinz Gallia Cisalpina erwähnt«, heißt es in einer Schrift des Museums, die mir Boscarato mit auf den Weg gegeben hat. Später wurde sie von den Römern sogar in Atria umbenannt. Nichts sollte mehr an das Zusammenleben der Veneter, Etrusker und

Kelten erinnern, die vor der römischen Kolonisation dort gelebt hatten. Den Todesstoß versetzte Adria die Gründung von Aquileia am nordöstlichen Ende der Lagune. 3000 römische Legionäre hatten die Stadt aus dem Boden gestampft, die nach Rom bald zur wichtigsten Stadt des Römischen Reiches wurde. »Mit Aquileia bekam Adria einen mächtigen Konkurrenten«, hatte uns Fabrizio Boscarato erklärt. »Nicht mehr an der Po-Mündung endete nun die Bernsteinroute, die von der Ostsee ans Adriatische Meer führte, sondern im sehr viel nördlicher gelegenen Aquileia. Bald nahm es die Rolle ein, die Adria in der vorrömischen Zeit hatte. Es war Hafenstadt und Handelszentrum. Darüber hinaus war es ein militärischer Vorposten, der die nach Nordosten verschobene Grenze des Reiches sichern sollte.«

Adria hatte also kein Glück mit den Römern. Vielleicht war es ihnen aufgrund des Zusammenlebens von Venetern, Etruskern, Kelten und Griechen zu fremd. Da war eine römische Legionärsstadt eine weitaus sicherere Sache. In der Padana selbst hatte Rom aus der sumpfigen Wildnis durch das Anlegen von Gräben eine »blühende Landschaft« geschaffen. Doch Adria, die Hafenstadt, profitierte nicht davon. Im Gegenteil: Seinen Flusshafen am Po hatte Rom sogar von Adria ins weiter südlich gelegene Spina verlegen lassen. Aus Adria, der Stadt der Veneter und Etrusker, die eng verbunden mit den Wassern der Po-Niederung lebten, wurde eine agrarische Stadt. Denn das war der Plan der Römer mit der Padana: Aus dem Land am Po die Kornkammer Italiens zu machen. Häfen dagegen gab es auch andernorts an ihrem *Mare Superum*. »Nur eines hat Aquileia nicht geschafft«, hatte sich Boscarato freudig die Hände gerieben. »Der Name Adria ist geblieben. Als das Weströmische Reich unterging und in Ravenna ab 540 die Byzantiner herrschten, hat sich die griechische Bezeichnung des Meeres endgültig durchgesetzt.« Aus dem *Mare Superum* war nun auch in Italien das *Mare Adriaticum* geworden.

In seinem großen Epos *Die Mühle am Po* schildert der 1891 in Bologna geborene Schriftsteller Riccardo Bachelli die Geburt der italienischen Nation aus der Kleinstaaterei des 19. Jahrhunderts. Gleichwohl ist sein Roman auch ein scharfsinniges soziales und wirtschaftliches Porträt der Menschen an der Niederung des *fiume grande*. Wirtschaftliches Zentrum war im 19. Jahrhundert Ferrara, die Geburtsstadt von Lazzaro Scaceri, dem Helden des Romans. Bis ins späte Alter ist ihm ein Kinderreim erinnerlich, der ging so: »Ferrara, Ferrara, du herrliche Stadt! Dort trinkt man und isst und wird fröhlich und satt.«

Reich wurde Ferrara einst durch den Po di Volano. Über die südlichste der Po-Mündungen war die Stadt mit den Salinen von Comacchio an der Adriaküste verbunden. Bacchellis großer Roman ist ein ausuferndes Porträt dieser Landschaft zwischen Wasser und Land, die nach der Römerzeit, der Völkerwanderung und der Zerstörung der Bewässerungssysteme bis zum Jahr 1000 unbewohnbar war und bis ins zwanzigste Jahrhundert, dem Jahrhundert Baccheis, ein Inbegriff der Wildnis geblieben war.

Ferrara, das aus der unbewohnbaren Padana wieder eine Kulturlandschaft schuf, ist ebenso wie Venedig eine Gründung des Mittelalters, eine Besonderheit in Italien, wo fast alle Städte römischen Ursprungs sind. Im 15. Jahrhundert, da war der *stato da mar* längst eine Seemacht, war Ferrara durch den Handel mit Salz so reich geworden, dass Venedig die Konkurrenz am Po di Volano sogar ausschalten wollte. Im Dogenpalast hatte ein politischer Paradigmenwechsel stattgefunden. Um den Handel am Po mit den großen wirtschaftlichen Zentren Mailand und Florenz abzusichern, wollte die Lagunenstadt auch über die *terra ferma*, das Festland, herrschen. Ein erster Krieg war erfolgreich. 1381 besiegte Venedig im so genannten Chioggia Krieg den großen Konkurrenten Genua. Als Nächstes sollte Ferrara an der Reihe sein – und mit ihm die Kontrolle über die Salinen von Comacchio. Im Mai 1482 segelte Venedigs mächtige Flotte den Po di Levante und den späteren Canal Bianco stromaufwärts und erreichte bald die Stadt Adria. Das einstige Handelszentrum der Veneter und Etrusker wurde geplündert und anschließend dem Erdboden gleichgemacht. »Adria wurde in einen elenden Sumpf verwandelt«, hieß es in einer italienischen Enzyklopädie aus dem 19. Jahrhundert.

In Stellata, einem Dorf westlich von Ferrara, fand der Vormarsch Venedigs aber ein Ende. Inzwischen hatte sich auch Mailand auf die Seite von Ferrara geschlagen, und das Blatt begann sich zu wenden. So endete der Salzkrieg nicht mit einem weiteren Sieg Venedigs, sondern mit einem Unentschieden. Als 1484 Friede geschlossen wurde, blieb alles wie es war. Zwar herrschte Venedig noch immer über die Adria und weite Teile des Mittelmeers. Der Zugriff auf die Po-Ebene und damit die wichtigsten Handelsrouten nach Nordeuropa blieb ihm aber versagt. Mitten durch die Padana hindurch verlief weiterhin die Grenze zwischen dem Herrschaftsgebiet der Dogen und der Familie Este mit ihrem Herzogtum Ferrara. Adria war zwar zerstört, doch sein Geist lebte weiter im Meer, das nach ihm benannt war.

Es gibt da diese Karte von Vincenzo Maria Coronelli aus dem Jahre 1688. *Golfo di Venezia olim Adriaticum* lautet ihr Titel, im unteren linken Bereich der Karte ist die Lagune von Venedig abgebildet, rechts oben ein stilisierter Mantel des Dogen. Coronelli war am 16. August 1650 in Venedig als Sohn eines Schneiders geboren worden und absolvierte zunächst eine Tischlerlehre. Im Alter von fünfzehn aber entschied er sich für das Klosterleben und studierte in Rom Theologie, Mathematik und Kosmografie. Nach Anstellungen in Parma und Paris kehrte er 1684 nach Venedig zurück und gründete mit der *Accademia cosmografica degli argonauti* die erste geografische Gesellschaft der Welt. Zu ihren Mitgliedern gehörte unter anderem der polnische König Jan Sobieski. Es war also kein Unbekannter, der da zwei Jahre später seine populäre Adriakarte anfertigte. Oder besser jene Karte des »Golfes von Venedig, einst Adriatisches Meer«, die bis heute als Reprint in zahllosen Buchhandlungen von Venedig bis Bari und von Triest bis Opatija erhältlich ist. Ich habe die Karte an einem regnerischen Nachmittag in einem Antiquariat in Split erstanden – und mich augenblicklich geärgert. »Olim Adriaticum«, das war nicht weniger als der Versuch, die Namensgeschichte der Adria mit dem Segen des Senats der Markusrepublik zu revidieren. Wenn das Fabrizio Boscarato wüsste.

Allerdings standen die Zeichen auf San Marco damals längst auf Niedergang. Mit der Entdeckung der Neuen Welt waren andere Handelsmächte an die Stelle Venedigs getreten. Außerdem hatte die Reformation einen wirtschaftlichen Schub im Norden bewirkt. Auf dem Balkan waren die Osmanen auf dem Vormarsch. Zypern war schon 1573 aufgegeben worden. 1669, keine zwanzig Jahre bevor Vincenzo Maria Coronelli seine Karte zeichnete, verlor Venedig dann auch noch Kreta, den letzten wichtigsten Handelsstützpunkt im Mittelmeer, an die Türken. Venedig versuchte das Beste daraus zu machen und wandte sich der Kunst zu und einem neuen Lebensstil. 1683 eröffnete in der Stadt das erste Kaffeehaus. Außerdem wurde Venedig nun auch für Touristen interessant. Da passt es natürlich ins Bild, an die frühere Größe der Serenissima zu erinnern – und das Adriatische Meer, an dem sich längst die Türken festgesetzt hatten, als »Venezianischen Golf« zu bezeichnen.

Coronelli starb am 9. Dezember 1718 im Alter von 68 Jahren an seinem Schreibtisch in Venedig. Ein Jahr später erklärte Karl VI. Triest und Fiume zu Freihäfen. Beide Städte blühten auf, Venedig verlor dagegen weiter an Einfluss. Ich konnte also aufatmen. Von wegen »Golfo di Venezia«. Auch Venedig hatte meiner Adria den Namen nicht streitig machen können. Heute hängt der Reprint von Coronelli hübsch eingerahmt in meinem Arbeitszimmer – als historisches Dokument venezianischer Vergeblichkeit.

Allerdings fürchtete Venedig nicht nur seine Feinde in der Po-Ebene, sondern auch die Flüsse selbst. Das Wasser war eine ernsthafte Bedrohung geworden. Weil das Herzogtum Ferrara im 16. Jahrhundert damit begonnen hatte, weite Teile der Po-Niederung – diesmal durch den Bau von Kanälen – zu kultivieren, wuchs auch die Menge der Sedimente, die der Strom in seinem Mündungsgebiet ablagerte. Venedig schlug Alarm. Da das Geschiebe des Po vor allem den Eingang der Lagune von Chioggia und damit das westliche Ende der Lagune von Venedig zu verstopfen drohte, begann eine Zeit intensiver diplomatischer Verhandlungen. 1602 hatte man sich schließlich auf ein gemeinsames Vorgehen geeinigt. Mit dem so genannten »Schnitt von Porto Viro« wurde der Hauptstrom des Po nach Süden, in den neuen Po die Venezia, umgeleitet. Der alte Hauptarm, heute Po di Levante, wurde bedeutungslos. Die Lagune von Chioggia war wieder frei.

Von nun an entstand im Mündungsgebiet des Po das Delta, das wir heute kennen. Fünfundzwanzig Kilometer neues Land rang man dem Adriatischen Meer ab, neue Mündungsarme wie der Po di Maestra, Po della Pila, Po delle Tolle, Po della Donzella und Po di Goro entstanden. Aus dem Po di Adria wurde nun der Canal Bianco und brachte der zerstörten Stadt wieder etwas Hoffnung. Zahlreiche Mühlen an dem alten Po-Arm waren die Vorboten einer neuen Epoche. Aus dem Po der Fischer und Salzhändler war der Po der Landwirte geworden – die Padana wurde, wie schon zu Zeiten Roms, zu Italiens Kornkammer. Nur im Delta blieb alles wie es war – weit und leer.

»Hier, rings um das Po-Delta«, seufzte einmal der Filmregisseur Pier Paolo Pasolini, »scheint der Mensch gesiegt zu haben, aber sein Sieg ist prekär und mühsam. Das eingesperrte, gebändigte Sumpfland scheint allerorts auf und verströmt seine tiefe, wilde, nordische Melancholie.« Porto Tolle, die Kommune im Po-Delta, ist heute flächenmäßig die zweitgrößte Italiens nach Rom. Sie zählt nur 10 000 Einwohner.

Adrias Vermächtnis

Um nach Adria zu kommen, muss man von Chioggia die *Strada Statale* 309 nach Süden nehmen und nach der Brücke über die Etsch landeinwärts fahren. Nach zehn Kilometern auf der *Strada Provinziale* 45 grüßt Adria mit seinem Ortseingangsschild. Dahinter wirbt, auf einem weiteren offiziellen Schild, der *Parco regionale Veneto del Delta di Po* um Besucher. Ein drittes Schild schließlich lädt zum Museumsbesuch ins *Septem Mária Museo* ein, in dem es um die Geschichte der Landgewinnung in der Po-Ebene geht. Dass in dieser Kleinstadt adriatische Namensgeschichte geschrieben wurde, erfährt der Besucher nicht. Auch im Zentrum Adrias breitet sich der Charme einer Provinzstadt aus. Hier eine Filiale der Sparkasse von Ferrara, dort ein kleines Hotel, die Straße entlang des Canal Bianco ist nicht nach dem Adriatischen Meer benannt, sondern nach Aldo Moro, dem christdemokratischen Politiker, der 1978 von den Roten Brigaden ermordet wurde. Adria, man muss es wohl so sagen, führt an seinem Meer ein Schattendasein. Über Adria ging die Geschichte hinweg als hätte es dieses bedeutende Handelszentrum an der Mündung des Po nie gegeben.

Dennoch gilt es in Adria andere Schätze zu heben als nur venetische, etruskische und römische Grabbeigaben. Es ist ein etymologischer Schatz und ein unvergleichlicher obendrein. Wo schon auf der Welt wird ein Meer nach einem einzigen Ort benannt?

Nicht nur das Mittelmeer ist, wie David Abulafia gezeigt hat, ein Meer der vielen Namen. Auch die Ostsee hat uns bis heute ein Palimpsest der Namen hinterlassen. Ostsee nämlich heißt sie nur in Deutschland. Aus der Warte von Lübeck und der Hanse war es das Meer, das in den Osten reichte. In Polen heißt es dagegen *morze bałtyckie*, hergeleitet vom antiken *Mare Baltikum*. Die Esten dagegen bezeichnen das Meer, auch das eine Frage der Perspektive, als Westmeer. Schließlich das Schwarze Meer. Wo einst die Argonauten das Goldene Vlies raubten, war unter Venedig und Genua vom *Mare Maggiore*, dem großen Meer, die Rede. Nach der türkischen Eroberung Anatoliens wurde dieser Begriff ins Türkische übersetzt: *kara deniz*. Doch *kara* heißt im Türkischen nicht nur groß, sondern auch trüb und finster. So wurde aus dem Großen Meer das Schwarze Meer, im Gegensatz zum Weißen Meer, Akdeniz, wie die Türken bis heute die Ägäis und das Mittelmeer nennen.

An der Adria dagegen, mit ihren sechs Anrainerstaaten, an deren Küste zwei und in deren Einzugsgebiet 44 Millionen Menschen leben, herrscht noch das griechische Erbe – und mit ihm die Erinnerung an einen multikulturellen Ort, der einst die Adria und ihren Handel geprägt hat. Wo die Vielfalt schon immer zu Hause war, braucht es kein Namenswirrwar. Ganz so meinte es auch Fabrizio Boscarato, der Archäologe, als er betont hat: »Adria war ein Schmelztiegel der Kulturen, ein Symbol für das Zusammenleben verschiedener Völker.«

Rimini reloaded

DER TEUTONENGRILL IST GESCHICHTE

Quietschend hält der Zug Einfahrt in den Bahnhof von Rimini. Ute drückt das Fenster herunter und mustert den Bahnsteig. Sie dreht sich zu mir, quält sich ein Lächeln ab, greift nach ihrem Rucksack. Ächzend kommt der D-Zug aus Bologna zum Stehen. Draußen plärrt der Lautsprecher Italienisch. Unverständliches Stakkato. Mit einem Ruck öffne ich die Tür des Abteils. Vollbepackt drängeln wir zur Waggontür. Schweißgeruch hängt in der Luft. Es wird voll sein am Teutonengrill, was haben wir erwartet? Unsicher bewegen wir uns durch den Sottopassaggio zum Ausgang. Auf dem Bahnhofsvorplatz schauen wir uns um. Richtung Strand oder Richtung Stadt? Ute hebt die Schultern. Ich weiß es auch nicht. Wie bestellt und nicht abgeholt stehen wir in der italienischen Fremde. Es ist unser erster gemeinsamer Urlaub. Und unsere erste Auslandsreise ohne Eltern. Ich bin achtzehn, Ute ist neunzehn. Wer von uns hatte die Idee, nach Rimini zu fahren?

Im Albergo spricht man Deutsch. »Wie lange wollen Sie bleiben?«, fragt der übellaunige Pensionswirt, als er unsere Rucksäcke sieht. »Eine Woche«, antworte ich. Ute zupft mich am Ärmel, was wohl bedeuten soll, wir bleiben ein, zwei Tage und sehen dann weiter. »Wenn wir eine Woche bleiben, ist es doch günstiger?«, wiederhole ich. »Vollpension oder Halbpension?«, knurrt er zurück. »Halbpension«, antwortet Ute, »dann müssen wir mittags nicht vom Strand zurück.« – »Also gut«, sagt der Wirt und nennt den Preis in Lire. Dann zeigt er uns das Zimmer. Als er wieder die Treppe hinabschnauft, sperrt Ute die Tür zu. »Wir sind da«, verkündet sie und lässt sich aufs Bett fallen. Es quietscht. »Ja, wir sind da«, lache ich. Es fällt mir immer noch nicht ein, wer die Idee mit Rimini hatte.

Es war wohl das Kursbuch der *Ferrovie dello Stato*. Ohne Auto waren wir auf die italienische Eisenbahn angewiesen. Wir wollten an die Adria. Baden, Bummeln, Pizza essen, Rotwein trinken. Ravenna lag nicht am Meer, die Badeorte an den Lagunen von Comacchio, Chioggia, Venedig und Grado waren mit der Bahn nicht erreichbar. Die schnellste Verbindung an die Adriaküste führte über Bologna nach Rimini. Nachmittags los von Eislingen über Ulm nach München. Dann in den Nachtzug nach Italien. Morgens aufwachen in den Dolomiten. Am Nachmittag am Strand. Schneller ging es nicht. Dem Teutonengrill würden wir schon entrinnen.

Ich klatsche in die Hände. Schnell die Rucksäcke auspacken und umziehen. »Gibt es ein italienisches Wort für Ordnung?«, fragt Ute und schüttet ihren Rucksack über dem Fußboden aus. Wir lachen. Bella Italia. Dolce Vita. Scheiß auf Deutschland und die Kälte. Ute zieht ihr Ausgehkleid über. Ich entscheide mich für Jeans und einen Pullunder. Auf der Straße empfängt uns Rimini mit lauer Abendluft. Sofort werden wir mitgerissen im Strom der Menschen. Laut und ausgelassen zeigt sich uns die Stadt. Der abendliche Auftrieb, das gibt es nördlich der Alpen nicht. Ute schaut sich um, drückt ihre Handtasche an sich. Ich atme tief ein, als gelte es, diesen Moment festzuhalten. Nach einer Stunde sagt Ute: »Das mit der Pizza wird nichts.« Sie hat recht. Wir müssen schnell zurück. Wir haben uns für Halbpension entschieden.

Im Speisesaal lärmt es. Urlauberlärm. Sonnenbrandgesichter. Fleisch oder Hähnchen, fragt der Kellner. Hähnchen, antworten wir. Rot oder Weiß? Rot natürlich. Kaum haben wir gegessen, räumt er unseren Wein weg. »Halt, wir haben noch nicht ausgetrunken«, protestiere ich. »Keine Sorge«, beschwichtigt der Kellner und drückt den Korken in die Rotweinflasche. »Das bleibt ihre Flasche. Die kriegen Sie morgen Abend wieder.« Als wir beim Gehen die Warteschlange an der Tür sehen, begreifen wir: Wir müssen für die nächste Halbpensionsschicht Platz machen.

Fast lautlos gleitet der Eurostar 9817 durch die Emilia Romagna. Um 14.57 bin ich in Venedig Santa Lucia abgefahren, anderthalb Stunden später werde ich in Rimini sein. Der Zug mit dem Namen *Frecciabianco*, weißer Pfeil, wird weiter entlang der Adriaküste in den Süden rauschen: Pesaro, Ancona, Pescara Centrale, Termoli, Foggia, Barletta, Bari Centrale, Brindisi, Lecce. Längst ist der Mezziogiorno nicht mehr abgehängt. Wäre ich heute achtzehn Jahre alt, gäbe es bei meiner Jungfernfahrt nach Italien Alternativen zu Rimini.

Wieder stehe ich auf dem Bahnhofsvorplatz und wieder vor der Alternative. Stadt oder Meer? In der Unterführung wird heute auf beide Richtungen hingewiesen: *Sea* oder *City*, *MOPE* oder *ЦЕНТР*. Nicht mehr deutsch und rummelig scheint Rimini inzwischen zu sein, sondern reich und russisch. Mich bewegt eine andere Frage. Wo war der Albergo, in dem ich mit Ute gelandet war. Es muss in der Nähe des Bahnhofs gewesen sein. Doch in der Altstadt, erklärt mir ein Passant, habe es damals keine Touristenhotels gegeben. Also doch Marina Centro, das Rimini am Strand, das vom Centro storico, der Altstadt, durch die Bahnlinie getrennt ist? Heute bleibe ich vorerst in der Innenstadt. Es ist Januar, Marino Centro wird sicher menschenleer sein, denke ich. Teutonengrill ist Saisonware.

Erwartungsfroh bummele ich den Corso d'Augusto in der Altstadt entlang. Süßes Versprechen Erinnerung: Habe ich hier das weiße Sommerkleid gekauft, über das sich Ute so sehr gefreut hat? Sind wir hier in den Movido, den abendlichen Auftrieb geraten, diese Welle des Südens, die uns umgehend erfasst und mitgetragen hat? Und welchen Weg haben wir zum Strand genommen? Den Viale Principe Amadeo, der zum Fellini Park führt und beim Grand Hotel am Meer endet? Oder den Viale Trieste entlang, der bis heute von den kleinen Villen der Sommerfrischler gesäumt wird, die sie später dann, als der Tourismus Fahrt aufnahm, an betuchte Familien vermieteten? Sind wir vielleicht sogar die Marecchia entlanggeschlendert, jenen Fluss, den die Römer Ariminum nannten. Die Tiberiusbrücke, die unter Augustus begonnen und von Tiberius beendet wurde, führt heute noch über die Marecchia – und verbindet das Centro storico mit dem Fischerviertel San Giuliano, in dem die Brandwände der winzigen Häuser mit Szenen aus Fellinis Filmen bemalt sind.

Oder sind wir doch unten, in Marina Centro, am Viale Amerigo Vespucci flaniert? Auch ich bin inzwischen im Hotelviertel von Rimini angekommen. Heute wird der Boulevard zur Strandseite hin von Viersterne-Hotels gesäumt, auf der anderen Straßenseite folgt eine Edelboutique der anderen. Ich weiß es nicht. Nichts am Rimini von heute erinnert mich an das Rimini meines ersten Italienurlaubs mit Ute im August 1982. Nicht einmal fragen kann ich meine erste, meine Italienliebe. Keine E-Mail, keine Telefonnummer. Urplötzlich fühle ich mich einsam. Gerne hätte ich meine Adria-Erinnerung geteilt.

Unser Abgang aus Rimini war immerhin ein Ausrufezeichen gewesen, ein, wenn auch spätes, Statement gegen den Teutonengrill. Schon am dritten Morgen hatten wir dem Pensionswirt mitgeteilt, dass wir abreisen. »Sie haben eine Woche Halbpension gebucht«, protestierte er. »Wir haben gar nichts gebucht«, erinnerte ich ihn. »Oder haben Sie etwas schriftlich?« Fluchend gab er nach. Wir bezahlten für drei Tage und waren frei. Keine Papagalli mehr, die Ute hinterherpfiffen, kein Kampf um den letzten Platz für das Badetuch am kostenfreien Strand, keine horrenden Gebühren für Liegestühle und Sonnenschirme an den *bagni*, kein schlechter Wein im Speisesaal, kein Fleisch und Hähnchen und keine gerösteten Bleichgesichter, sondern Pizza unter freiem Abendhimmel in der Nähe kultivierter Menschen. Endlich würden wir das richtige Italien kennenlernen. In Rimini haben wir es nicht gefunden. Wohl aber in Verona und – Baden musste sein – in Malcesine am Gardasee.

Wo ist mein Rimini? Ich habe die Hoffnung aufgegeben. Keine Ecke, in der die Erinnerung mich anspringt. Nur wenn es anfängt zu regnen, sind die Schirmverkäufer immer noch zur Stelle.

Das erste Seebad der Adria

Als der Arzt Claudio Tintori mit zwei befreundeten Geschäftsleuten – und dem Segen des Kirchenstaats – am 30. Juli 1842 das *Stabilimento Privilegiato di Bagni Marittimi*, das erste Seebad der Adria, gründete, versteckten sich die Deutschen noch hinter den Alpen. Die ersten Badegäste waren Adlige, gekrönte Häupter und blasse, kränkelnde Damen, denen die Seeluft Linderung versprach. Als Rimini 1861 an die Bahnlinie von Bologna nach Ancona angeschlossen wurde, begann es zu wachsen. Von Massentourismus konnte allerdings noch keine Rede sein. Am Strand von Rimini gab es nur das hölzerne Seebad, die Pioniere des Adriaurlaubs mussten in den Hotels im Zentrum logieren.

Angespornt vom Erfolg der Seebäder Livorno und Pisa an der tyrrhenischen Küste, setzte Rimini 1868 zur Aufholjagd an. Das nur fünfundzwanzig Jahre alte Seebad wurde abgerissen und durch einen mondänen Neubau ersetzt, zu dem nun auch eine Seebrücke und ein Restaurant gehörten. An der Strandpromenade ließ die Gemeinde den Kursaal bauen, der bald zum gesellschaftlichen Mittelpunkt der Riminesi und ihrer betuchten Gäste wurde. »Die Zeit des therapeutischen Badens war zu Ende«, urteilt der in Rimini geborene Tourismushistoriker Ivo Giuseppe Pazzagli. Rimini wurde zum Zentrum des noblen Vergnügens und zu einem »Ostende Italiens«, wie die Stadtverwaltung warb. Weit über Italiens Grenzen hinaus wirkendes Ausrufezeichen war das 1908 errichtete Grand Hotel, über das der italienische Filmregisseur Federico Fellini in seinen Erinnerungen *Rimini, il mio Paese*, Rimini meine Heimatstadt, schrieb: »Das Grand Hotel stand für Reichtum, Luxus und orientalische Üppigkeit. Ich stellte mir vor, wie wir als Kinder um das Hotel herumstreunen, begierig, einen Blick ins Innere zu werfen. Es war ein Ding der Unmöglichkeit. Also drangen wir in den Garten ein, der von hohen Palmen verdeckt war, die bis in den fünften Stock reichten. Auf dem Hof standen Limousinen mit faszinierenden Nummernschildern, deren Herkunft wir nicht kannten. Ein Mercedes Benz. Ein Bugatti. Die Chauffeure in ihren glänzenden Stiefeln rauchten und gingen auf und ab.«

Es ist schon Nachmittag, als ich den Viale Amerigo Vespucci entlanggehe. Auf der Hauptstraße von Marina Centro ist nichts mehr übrig, was an die Anfänge des Tourismus erinnert. Den Kursaal, der den Zweiten Weltkrieg unbeschädigt überstanden hatte, ließ die kommunistische Stadtverwaltung abreißen. Kein adliges und bürgerliches Seebad sollte Rimini in den fünfziger Jahren mehr sein, sondern ein Ort der »Demokratisierung der Erholung«. Auch Arbeiter, Handwerker und einfache Leute sollten sich den Adriaurlaub nun leisten können. »Es war das erklärte Ziel, in Rimini einen ›turismo di massa‹ vor allem für die Arbeiter zu etablieren und damit das alte Konzept eines elitären Fremdenverkehrs zu überwinden«, schreibt Till Manning in seinem Buch *Die Italiengeneration*. Vor allem den Bau neuer Hotels trieb der kommunistische Bürgermeister voran, meist gab es die Baugenehmigung ohne vorherige Prüfung. Ein »Las Vegas« an der Adria hat das Federico Fellini einmal genannt, der 1920 in Rimini geboren wurde. Es waren also die italienischen Kommunisten, die Rimini zum Urlaubergrill machten.

Ganz von ungefähr kam die »Proletarisierung« des Urlaubs allerdings nicht. Das *modello riminese* des Massentourismus war bereits in der Zwischenkriegszeit aus der Taufe gehoben worden. Schon seit Beginn der 1920er Jahre wurden Kulturveranstaltungen, Bälle und Umzüge durch die Stadt organisiert. In Riccione, das später zur Sommerfrische von Benito Mussolini werden sollte, wurde ein Vergnügungspark eröffnet, und Rimini bekam 1934 seinen ersten Nachtklub, das *Embassy*. Schließlich entstand am Strand die Promenade. In der Zwischenkriegszeit waren die Deutschen noch an einer Hand abzuzählen, weiß Manning: »Es waren in der Mehrzahl Italiener und hier vor allem Bewohner der angrenzenden Regionen Emilia und Lombardei, die ihren Urlaub in Rimini und den umliegenden Ferienorten verbrachten.« Die *invasione tedesca*, die Invasion der Deutschen, kam erst später.

Das Italien der Deutschen

Wann hat das eigentlich angefangen, diese Italiensehnsucht als Gegengift zu den deutschen Verhältnissen? Im *Frecciabianco* von Bologna nach Rimini hat sich mir die Frage wieder aufgedrängt. Ich war in den Bistrowagen gegangen, um einen Kaffee zu holen. Im Grunde war es nur eine kleine Bistroecke, aber die unterschied sich nicht unerheblich vom gastronomischen Angebot in den Zügen der Deutschen Bahn. Den größten Teil der Bistroecke nahm eine Espressomaschine ein, kein Vollautomat, der im ICE auf Knopfdruck Cappuccino ausspuckt, sondern eine echte italienische Kaffeemaschine mit allem drum und dran. Routiniert drehte der Barista den Siebträger mit dem Espresso ins Gewinde, schäumte die Milch, ließ sie einige Sekunden abkühlen, klopfte die Kanne auf den Tresen, rührte die Milch über den Kaffee und kredenzte das Ganze mit einem knappen »Prego«. Mir war, als hätte sich meine Frage von selbst beantwortet. Dass der Cappuccino nicht im Porzellan serviert wurde, sondern im Pappbecher, war kein Stilbruch. Im Gegenteil. Dieses Understatement war ein weiterer Beweis mediterraner Lässigkeit.

Wenn es stimmt, dass Liebe durch den Magen ging, dann war Italien für Ute und mich ein wahres Fest der Liebe. Mit *Spaghetti Miracoli*, mit denen uns die Firma Kraft um den Finger wickeln wollte, gaben wir uns natürlich nicht ab, wohl aber mit Pizza Quattro Staggione im Ristorante »Adler«, wie unser Italiener in Eislingen hieß. Oder mit selbstgemachter Lasagne. Dabei, belehrten wir unsere Eltern, sei es wichtig, dass die Schichtnudeln nicht gekocht werden, bevor sie in den Ofen kommen. Sonst würden sie nicht italienisch kross, sondern pappig, also deutsch. Fehlen durfte natürlich auch nicht der Chianti aus der Korbflasche. Und der Espresso danach aus der achteckigen Aluminiumkanne. Kaffee, Wein, Pizza, das war der Mix, aus dem unsere kulinarische Italienbegeisterung gemacht war.

Dazu kam die kulturelle. Kurz vor unserem gemeinsamen Urlaub war ich mit Ute in der Stuttgarter Liederhalle gewesen. Angelo Branduardi wollten wir uns nicht entgehen lassen, sein dreiteiliges Album *Concerto* kannten wir in- und auswendig. Später war Lucio Dalla meine große musikalische Liebe. *La sera dei miracoli*, wer suchte das nicht in Italien? Leider habe ich Fabrizio de Andrés wunderbare Platte *Rimini* erst viel später entdeckt. Im gleichnamigen Titelsong wird aus Rimini mit seinen 140 000 Einwohnern ein trauriges Seefahrernest: »Teresa hat trockene Augen/ schaut aufs Meer hinaus/für sie, die Piratentochter,/ ist das wohl ganz normal/ Teresa spricht nicht viel/ hat rissige Lippen/ bringt mich auf eine Liebe, verloren/ in Rimini im Sommer.«

Allerdings: Es gab zur Italienbegeisterung auch die Gegen-
bewegung. Deutsche Zeitschriften warnten die Italienurlauber
vor der »Ölkrankheit«, die durch allzu intensiven Genuss von
Olivenöl hervorgerufen werden könne. Und dann waren da natürlich die Papagalli, die stolzen Gockel, die auch Ute genervt
hatten. Schon 1959 hatte das Boulevardblatt *Revue* von einer
Aufforderung in der italienischen Presse berichtet, alle abenteu-
erlustigen Männer sollten im Sommer an den Strand von Rimini fahren. Dort würden sie »von Tausenden von deutschen
Mädchen erwartet«, die es allesamt nur auf die »feurigen Italiener« abgesehen hätten. Und war nicht auch in Eislingen immer
wieder von »Spaghettifressern« und »Itakern« die Rede? Waren
die italienischen Gastarbeiter im industriellen Filstal und in
Stuttgart nicht das, was in Berlin die Türken waren? Ungelernte
Arbeiter, die sich auch so benahmen? Die Deutschen haben die
Italiener geliebt oder verachtet. Kalt gelassen hat der Süden die
Deutschen nie. Auch nicht Ute und mich.

»Was ich hier sehe, ist ein Rimini, das nicht mehr aufhört.
Früher gab es rund um die Stadt viele Kilometer Dunkelheit, die
Küstenbahn, eine holprige Straße. Man sah nur die gespenster-
haften Umrisse von faschistischer Architektur: die Gebäude der
Ferienkolonie am Meer. Im Winter, wenn man mit dem Rad
nach Rivabella fuhr, hörte man den Wind durch die Fenster dieser Gebäude pfeifen, weil man die Fensterläden abgenommen
hatte, um daraus Brennholz zu machen. Jetzt ist die Dunkelheit
verschwunden.« So beklagte Federico Fellini den Verlust seiner
Heimatstadt in den fünfziger und sechziger Jahren, in denen die
invasione tedesca, die Invasion der Deutschen begann. Als Rimini
voll wurde.

Waren die Italiener in der Zwischenkriegszeit, in der das
modello riminese begonnen hatte, noch weitgehend unter sich, ist
die Zahl der deutschen Urlauber nach dem Zweiten Weltkrieg
schlagartig angestiegen. Von den 560 000 Urlaubern, die 1960 in

der Provinz Rimini ihre Ferien verbrachten, war bereits fast jeder zweite ein Ausländer, wobei die Deutschen unangefochten an der Spitze lagen. In Rimini selbst war die Zahl der Touristen von 19 000 im Jahre 1948 auf 100 000 fünf Jahre später und auf 380 000 Feriengäste 1963 angewachsen. Rimini, so freuten sich die italienischen Touristiker, war zur *capitale europea del turismo* geworden. Als 1966 Rimini auch noch an das italienische Autobahnnetz angeschlossen wurde, war die Invasion der Deutschen perfekt. Nun rollten regelrechte Kolonnen von VW-Käfer und Opel Rekord in den Süden. Das Image des Teutonengrills klebt seitdem hartnäckig an der Küste der Emilia Romagna. Und ich selbst bin einmal sein Opfer geworden.

Allerdings hatte die deutsche Invasion eine unsichtbare Grenze. Über den Strand mit seinen 250 *bagni*, den Viale Amerigo Vespucci und die 1500 Hotels in Marina Centro und den angrenzenden Stadtteilen, die sich im Süden bis Cattolica erstreckten und im Norden bis Cesenatico, kamen die Deutschen nicht hinweg. Die Bahnlinie, die das maritime Rimini von der einst römischen Altstadt trennt, teilte auch zwei Welten. »Im Grunde«, schrieb Fellini, »gibt es zwei völlig verschiedene Riminis.« Als die Römer kamen, gab es noch keine geteilte Stadt. Das Meer reichte bis zu der Linie, an der heute die Bahntrasse verläuft. Hier gründeten im Jahr 268 vor Christus sechstausend Farmer aus dem Latium die Stadt Ariminum. Rimini ist damit 1500 Jahre älter als Berlin. Die Stadtgründung markierte eine Zäsur in der Geschichte der Römischen Republik. Kurz zuvor hatte Rom die Gallier besiegt, der Weg zum Po-Delta war damit frei. Allerdings gab es noch ein gewaltiges Hindernis. Der Apennin teilt die italienische Halbinsel in zwei Hälften, eine adriatische und eine tyrrhenische. Die Adria war also nicht nur weit weg von Rom und vom Latium. Es war auch ein beschwerlicher Weg über die Berge, den die Siedler nehmen mussten. Doch sie hatten keine Wahl. Das Land um Rom war knapp geworden seitdem wieder Friede herrschte. Und östlich des Apennins war Land im Überfluss. Die Gründung von Ariminum war auch ein Ergebnis des demografischen Wandels in der wachsenden Republik Rom. Kaum waren die Siedler angekommen, steckten sie den Grundriss der Stadt ab. Im Historischen Museum von Rimini hängt ein Plan aus dem augusteischen Zeitalter. Im Osten führte die Tiberiusbrücke über den Fluss und ging in eine schnurgerade Straße über, den heutigen Corso d'Augusto, der zum Augustusbogen am anderen Ende der Stadt führt. Brücke und Bogen sind bis heute erhalten. Quer dazu verlief eine Hauptstraße von der Porta Montanara zum Hafen. Wo sich beide Straßen kreuzten, befand sich das Forum, gleich daneben das Theater. Die Geometrie des heutigen Centro storico, die sich so sehr von den mittelalterlichen Städten in Deutschland unterscheidet, ist ein antikes Erbe, auf das sie im Museum heute stolz sind.

Ariminum, die erste römische Kolonie an der Adria, hatte schnell an Bedeutung gewonnen. In der Stadt kreuzten sich die römischen Handels- und Militärstraßen *Via Flaminia, Via Aemilia* und *Via Popilia*. Die *Via Flaminia* wurde von 220 bis 219 vor Christus gebaut und verband die Milvianbrücke in Rom mit dem Augustus-Tor in Ariminum. Auf der anderen Seite der Stadt begann die 187 vor Christus begonnene *Via Aemilia*, die entlang des Po bis in Richtung des heutigen Mailand führte. Sie hat später der Region Emilia-Romagna den Namen gegeben. In eine andere Richtung nordwärts führte die *Via Popilia* aus dem Jahre 132 vor Christus. Sie überquerte den Po und führte bis ins nordöstliche Ende der Republik nach Aquileia. Die erste römische Adriastraße hatte also vom heutigen Rimini ihren Anfang genommen. Auf dem Weg nach Aquileia passierte die *Via Popilia* nicht nur den Po, sondern zuvor schon den Rubikon. Den entgegengesetzten Weg nahm Gaius Julius Caesar. Mit dem Rubikon überschritt er eine symbolische Grenze und zog gegen Rom in den Bürgerkrieg. Es war Ariminum, wo er seinen Soldaten mitteilte: *Alea iacta est*, der Würfel ist gefallen. In Rimini ging also die Republik unter, und das Kaiserreich wurde geboren. Jenes Kaiserreich, das dann auch die Rheinprovinzen eroberte und den Germanen, lange bevor sie nach Rimini zurückkamen, endlich Manieren beibrachte.

Das nachrömische Rimini gehörte dann später zur Herrschaft der Malatesta-Dynastie. Rimini wurde zu einem Zentrum der Renaissance, und kein Geringerer als Leonardo da Vinci legte den Kanalhafen im nahen Cesenatico an, der heute mit seinen bunten Fischerbooten die Sommerfrischler anzieht. All das aber bekamen die *Tedeschi*, die damals Riminis Ruf als Teutonengrill begründeten, nicht zu sehen. Für sie war die Bahnlinie eine unsichtbare Grenze. Man blieb dort, wo man Deutsch sprach. In der Altstadt von Rimini sprach man Italienisch.

Das neue Rimini

Die Januarsonne hat sich durch den Nebel gekämpft. Die Kirchenglocken läuten, der Gottesdienst ist zu Ende, langsam füllen sich der Corso d'Augusto und die Piazza Tre Martiri. Im *Caffè La Dolce Vita* ist ein Platz in der ersten Reihe frei. Vor meinen Augen betritt das wahre Rimini die Bühne: Ältere Herren im Sonntagsstaat, den Frauen galant die Hand reichend. Junge Paare in Jogginghosen von Dolce und Gabbana und Daunenjacken, die wohl ein Vermögen gekostet haben. Riminesi auf Fahrrädern, die von außerhalb gekommen sind, um zu schauen, ob am Corso noch alles am Platz ist. Mädchen in Gruppen lachen laut und werfen Jungs verstohlene Blicke zu. Die Jungs bleiben cool und tippen auf ihre Mobiltelefone. Immer wieder kommen Damen mit eleganten Handtaschen auf den Platz, aus denen sie dann ihr Schoßhündchen rutschen lassen. Wo einst die Römer die Adria erreichten, ist Sonntag zur besten Mittagszeit pralles Leben.

Selbst die Geschäfte sind offen. Und dann die faustdicke Überraschung. Von wegen trostloses Januarmeer: Am Nachmittag zieht es die Riminesi hinunter zum Strand. Zu Tausenden promenieren sie an den *bagni* vorbei, die allesamt im Winterschlaf verharren. Die Sonnenschirme sind fest vertäut, die Hütten, in denen im Sommer viel zu teure *panini* verkauft werden, verrammelt. Nicht einmal der breite Strand wird aufgeräumt. Was angeschwemmt wird, bleibt liegen. Bojen, Äste, Strandgut. Ganz unprätentiös und unaufgeräumt ist es an diesem Januarsonnentag. Fast so wie damals, als Ute den Inhalt ihres Rucksacks auf den Boden des Albergo geschüttet hatte. Nie hätte ich gedacht, dass mir Rimini, nun, wo es den Riminesi gehört, noch einmal sympathisch werden könnte.

Doch auch im Sommer ist die große Zeit des *invasione tedesca* vorbei, der Teutonengrill ist Geschichte. 1982, das Jahr, in dem ich mit Ute drei Augusttage in Rimini verbrachte, hatte den Wendepunkt markiert. Schon ein Jahr später waren die Besuchszahlen um fast ein Fünftel eingebrochen. Nicht mehr mit dem Auto reisten die Deutschen nun zum Strandurlaub, sondern mit dem Flieger nach Mallorca oder Benidorm. Und als an der italienischen Adria infolge der giftigen Ablagerungen des Po eine Algenplage ausbrach, wechselten die Deutschen einfach die Seite – und urlaubten an der jugoslawischen Adriaküste. Den Teutonengrill gab es nun in der Mehrzahl.

Das Rimini der Touristen gehört heute vor allem den Russen, die nach dem Fall des Eisernen Vorhangs in die nobel gewordene Partystadt Marina Centro strömten. Im Sommer kommen am kleinen Flughafen Federico Fellini täglich bis zu drei Maschinen aus Moskau an. Rimini war der erste italienische Flughafen überhaupt, der von Chartermaschinen aus der russischen Hauptstadt angeflogen wurde.

Noch ist die Sonne nicht hinter den romagnolischen Bergen verschwunden. Die sonntägliche Movida zieht es nun zur Mole.

Von dort hat man einen herrlichen Blick auf die adriatische Riviera, an dem der Badeurlaub zur Industrie geworden war. Und über allem steht, nach wie vor, das Grand Hotel. Am 3. August 1993, Fellini hatte gerade seinen dritten Oskar für das Lebenswerk erhalten, erlitt Italiens großer Regisseur in der Suite mit der Nummer 315 einen Schlaganfall. Er hatte sich, wie immer, wenn er in Rimini Station machte, in jenem Hotel einquartiert, über das er einst schrieb, es stünde für »Reichtum, Luxus und orientalische Üppigkeit«. Damals war ihm der Reichtum unerreichbar gewesen, doch seit den Achtzigern stand ihm eine Suite zur Verfügung – mit Blick auf den Strand und auf die Adria.

Heute ist der berühmteste Sohn der Stadt allgegenwärtig in Rimini. Nicht nur der Flughafen und der Park am Hotel sind nach ihm benannt. Es gibt auch Touren durch die *luoghi Fellini*, die Felliniorte, bei denen die Gammlerkneipen seiner Jugend nicht fehlen. Seit 2003 hat Rimini endlich auch ein Fellini-Museum. Schade, denke ich, dass dieser große Mann des Films den Wandel in seiner Geburtsstadt nicht mehr erleben durfte.

»Diese Nacht habe ich vom Hafen von Rimini geträumt«, schrieb Fellini in *Rimini, meine Heimatstadt*, »er öffnete sich einem aufbrausenden, grünen Meer, das bedrohlich wie eine bewegte Grassteppe erschien, auf die große, schwere Wolken zur Erde niederbrachen. Ich kehre nicht freiwillig nach Rimini zurück.« Der Kult um seine Person wäre ihm sicher zuwider gewesen. Die Movida am Strand, da bin ich mir sicher, hätte ihm aber gefallen. Aber was kümmert mich ein italienischer Regisseur? Ich war an die adriatische Riviera gereist, um mein Rimini wiederzufinden und das von Ute. Und was habe ich gefunden? Eine Stadt, die ihre Vergangenheit abschüttelt, um auch von der Zukunft ein Stück abzubekommen. Süßes Versprechen Vergangenheit – und süße Entdeckung Gegenwart. Nächsten Januar, oder übernächsten, werde ich wiederkommen.

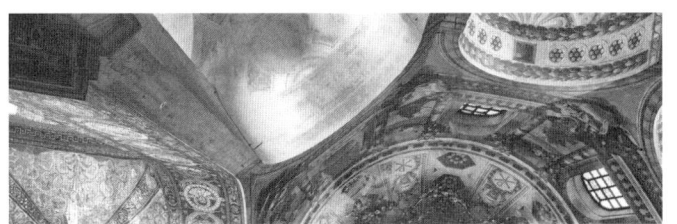

Ravenna statt Rom

DIE ADRIA ZWISCHEN ANTIKE UND
MITTELALTER

Diese Kirche ist nicht von dieser Welt. Nicht frühchristlich puristisch, nicht repräsentativ romanisch, nicht gotisch gen Himmel strebend, keine Kuppel aus der Renaissance, kein Rausch in Barock. Überall blitzt und funkelt es; wenn die Sonnenstrahlen durch die Fenster züngeln, bringen sie die Mosaike zum Leuchten. Aus Hunderttausenden von Steinen und Glaswürfeln, den *Tesserae*, zusammengesetzt, mit Blattgold, Silber und Perlmutt veredelt, haucht die Sonne den Mosaikheiligen und Mosaikherrschern Leben ein. Es ist, als würde in dieser Kirche gleich getanzt werden.

Nicht von dieser Welt auf dieser Seite der Adria ist auch die Architektur. Kein Langbau mit schmalem Kirchenschiff zwingt den Kirchgänger auf dem Weg zum Altar zu Einhalt und Demut. Der achteckige Zentralbau rückt den Menschen in den Mittelpunkt. Wer sich in die Mitte von San Vitale in Ravenna stellt und um die eigene Achse dreht, sieht über sich die Kuppel mit Fresken aus dem Barock und am Boden die acht Pilaster, auf denen die Kuppel ruht. Ein weiteres Oktogon umfasst den Innenraum und macht den Raum dazwischen zur Wandelhalle. Wo hört die Architektur eines Tempels auf, und wo beginnt die einer Kirche?

Nein, diese Kirche ist nicht von dieser mittelitalienischen und romagnolischen Welt. Nicht das Dunkel ist seine Botschaft, sondern die Erleuchtung. Es gibt nur ein Gotteshaus aus dem sechsten Jahrhundert, dass es mit San Vitale aufnehmen kann – die Kirche der Heiligen Sofia in Konstantinopel, die heutige Haghia Sophia in Istanbul. Kein Wunder, dass auch San Vitale zum Unesco Welterbe der Menschheit gehört.

Von einer ganz anderen Welt sind schließlich auch diejenigen, deren Bild die Mosaiksteinchen in der Apsis zum Leuchten bringen. Im Zentrum des Altars steht ein Bildnis Jesu, doch das Augenmerk gilt den beiden Mosaiken an den Seiten. Sie zeigen den byzantinischen Herrscher Justinian und seine Frau Theodora mit ihrem Hofstaat – und geben Aufschluss über die Zeitenwende, die sich während der Völkerwanderung an der italienischen Adriaküste vollzogen hatte. Mit der Implosion des Weströmischen Reichs war 476 nach Christus auch die Antike zu Ende gegangen. Das Mittelalter begann und mit ihm die Herrschaft von Byzanz. Ein epochaler Wandel, in dessen Mittelpunkt Ravenna stand, die Hafenstadt an der Adria, die von 402 bis zu seinem Ende Hauptresidenz des Weströmischen Reiches gewesen war. Aber auch über das Ende Westroms hinweg war Ravenna imperiales Kraftfeld geblieben. Sowohl der germanische König Odoaker residierte an der Adria als auch der Ostgote Theoderich, der das Territorium des einst Weströmischen Reiches im Auftrag des oströmischen Kaisers von den Barbaren erobert hatte. Nach Theoderichs Tod nahm es Byzanz dann ganz unter seine Fittiche. Die Mosaike von San Vitale sind auch ein Hinweis darauf, dass der byzantinische Osten an der Adria dem einst blühenden Westen den Rang abgelaufen hat. Ex oriente lux: Nun strahlte das Licht des Morgenlandes bis zur abendländischen Adriaküste.

San Vitale steht für den Höhepunkt der byzantinischen Herrschaft an der Adria. Das linke Mosaik in der Apsis zeigt

Justinian, den oströmischen Kaiser, geschmückt mit einem Perlengehänge. Er ist ein Herrscher, der sowohl die weltliche als auch die religiöse Macht ausübt. Zwar steht zu seiner Linken auch Maximianus, der in Pola, heute Pula geborene Erzbischof von Ravenna. Doch es ist der Kaiser, der mit Heiligenschein abgebildet ist und damit auch von Gottes Gnaden regiert. Die Botschaft lautet: Nachdem das Weströmische Reich untergegangen war, sollte der oströmische Kaiser in Ravenna die Einheit des Imperium Romanum wiederherstellen – und die verlorenen Gebiete von den Feinden des Christentums, den Ostgoten und arianischen Ketzern, zurückerobern.

Gegenüber der Darstellung des Kaisers befindet sich auf der rechten Seite der Apsis das Bildnis der Theodora. Dargestellt wird eine Prozession, die sich auf die Mitte der Apsis zubewegt, Jesus, aber auch dem Kaiser entgegen. Auch die Kaiserin ist mit allen Insignien der Macht ausgestattet: Sie trägt ein Diadem mit langen Perlenschnüren und einen purpurfarbenen und mit Perlen besetzten Mantel. Was für eine Karriere für eine Frau, deren Vorleben sich laut des byzantinischen Geschichtsschreibers Prokop auf Theaterbühnen und in den Betten der Reichen abgespielt haben soll. Um sie zu heiraten, musste Justinian sogar die Gesetze ändern lassen. Nur eines war dem byzantinischen Herrscherpaar nicht vergönnt. Obwohl sie in San Vitale allgegenwärtig sind, waren Justinian und Theodora, die Herrscher aus Konstantinopel, nie in Ravenna und auch nicht an der Adria gewesen.

Das Ende des Römischen Reiches

Warum ging Rom unter? Bis heute ist der Zusammenbruch des riesigen Reiches den Forschern ein Rätsel. Bis in die späte Kaiserzeit war Rom immer nur gewachsen: Vom Latium über den Apennin zur Adria, deren erste römische Kolonie Ariminum, heute Rimini wurde. 181 vor Christus dann bis nach Aquileia, hinter dem später die Provinz Illyrien begann. In den Gallischen Kriegen hatte Caesar zunächst das heutige Frankreich erobert und war dann an den Rhein vorgedrungen. Neun Millionen Quadratkilometer umfasste das Imperium Romanum zur Zeit seiner größten Ausdehnung und siebzig Millionen Bewohner. Es reichte von Syrien und Kleinasien im Osten über die nordafrikanische Küste über Spanien und Gallien bis an die Donau nach Thrakien, dem heutigen Bulgarien.

Und dennoch gab es da dieses Zeichen des Niedergangs. Am letzten Oktobertag des Jahres 475 wurde in Ravenna ein neuer Kaiser gekrönt. Das Römische Reich war nach der Verlegung der Hauptstadt nach Mailand schon lange kein Reich Roms mehr gewesen. Als Flavius Honorius 402 den Hof erneut verlegen ließ, wurde aus dem Römischen Reich ein adriatisches – neue Hauptstadt war Ravenna geworden. In der Adriastadt war der Kaiser näher an Konstantinopel, der Stadt Konstantins, die 295 der zweite Sitz eines Kaisers geworden war. »Eine kontinuierliche Zusammenarbeit beider Kaiser war nur in Meeresnähe möglich«, schreibt die Byzantinistin Vera von Falkenhausen in ihrer Studie *Die Städte im byzantinischen Italien*. Außerdem war Ravenna besser zu verteidigen als Mailand. Denn die Zeiten waren unruhig. Im selben Jahr war der Gotenkönig Alarich mit einem Heer in Italien eingedrungen. Nur mit Mühe konnten ihn die römischen Söldnerheere zurückdrängen. Doch das war nur eine kurze Verschnaufpause. Die Einfälle der Hunnen auf dem Balkan und am Schwarzen Meer hatten unter den dort lebenden Goten eine wahre Völkerwanderung ausgelöst. Immer mehr Flüchtlinge strömten über die untere Donau ins Reich – sie waren zu viele, um, wie sonst üblich, einfach integriert zu werden. Als »Gift des Staates« wurden sie beschimpft. Immer wieder probten die Goten den Aufstand. Acht Jahre nach dem Umzug nach Ravenna sollten sie einen ersten Erfolg haben. Nach zwei vergeblichen Belagerungsversuchen gelang es Alarich, Rom einzunehmen und zu plündern. Die alte Kaiserstadt am Tiber, immer noch die größte Stadt des Reiches, lag in Schutt und Asche.

In Ravenna war man gewarnt. Romulus Augustus sollte der neue Kaiser heißen, eine eindeutige Botschaft an die Feinde des Imperium Romanum. Mit dem Hinweis auf den mythischen Gründer und das mehr als tausendjährige Rom sollten die Reihen geschlossen werden. Das Problem war nur: Romulus war noch ein Kind. Der starke Mann, der sich hinter ihm verbarg, war sein Vater Orestes, ein Heeresführer Roms. Und auch das mit der Botschaft hat nicht jeder ernst genommen. Bald schon wurde der neue Kaiser als Augustulus verspottet. Die Zeichen standen nicht günstig.

Es sollte nach der Krönung des Kindkaisers nur ein Jahr dauern, bis das Römische Reich zusammenfiel wie ein Kartenhaus. Nicht die Goten versetzten Rom den Todesstoß, sondern germanische Soldaten, die im römischen Heer Karriere gemacht hatten. Immer wieder hatten Roms Patrizier versucht, ihren Feinden, den Barbaren, den Aufstieg zu ermöglichen und sie so zu loyalen Kämpfern für das Imperium zu machen. Doch Orestes hatte den Soldaten Land versprochen – und sein Versprechen gebrochen. Am 23. August 476 erhoben die germanischen Soldaten ihren Anführer Odoaker zum König. Wenige Tage später wurde Orestes getötet. Die Aufständischen zogen am 4. September in Ravenna ein. Westrom war Geschichte. Die Barbaren hatten über die Hüter der Zivilisation gesiegt. Oder war es andersherum? Fiel ein dem Untergang geweihtes Staatswesen zusammen, weil es mit der Zeit nicht mehr mitgehen konnte?

Diese Fragen beschäftigen Historiker bis heute. War es die immer wieder gern zitierte spätrömische Dekadenz, die das mächtige Reich zu Fall brachte? Oder waren es die sinkenden Steuereinnahmen? Manch ein Historiker machte gar den exzessiven Besuch der Thermen verantwortlich für die schwindende

Manneskraft und einen demografischen Niedergang der latinischen Oberschicht. Tatsächlich war es wohl eher ein schleichender Prozess, vermuten Historiker heute. Schon lange war der Ostteil des Reiches unter seinem Kaiser in Konstantinopel wirtschaftlich erfolgreicher als der Westen. Nach dem Verlust seiner Provinzen in Afrika fehlten Westrom nicht nur Steuereinnahmen. Es musste auch hohe Preise für das Getreide zahlen, das aus Karthago importiert wurde. Den Ausschlag aber, so die neuere Forschung, gaben die Flüchtlingsströme an den Grenzen, derer das Reich nicht mehr Herr wurde. Oft wird das Ende Roms deshalb heute mit dem Ansturm der Flüchtlinge auf die »Festung Europa« in Verbindung gebracht.

Eine ganz andere, eine wahrhaft adriatische Erklärung hatte dagegen 1955 der britische Gelehrte Harry Hodgkinson parat. In seinem Buch *The Adriatic Sea* argumentierte er, die zu späte Verlegung des Machtzentrums an die Adria habe am Ende zum Untergang Westroms geführt. »Roms Überleben als Großmacht war abhängig von der Beherrschung des Meeres«, behauptete Hodgkinson. »Ein Blick auf die topografische Karte Europas zeigt: Rom ist eine passable Hauptstadt für einen Staat an der Westküste Italiens: von Genua hinab zur Stiefelspitze mit dem Apennin als östlicher Grenze. Schon für einen italienischen Staat, der die Fläche der Halbinsel einnimmt, ist es eine problematische Hauptstadt.« Das gelte erst recht für ein Reich, dessen Schwerpunkt sich seit der Teilung 395 in Richtung Osten und damit hin zur Adria verlagert hat. Hätte Rom seinen Regierungssitz früher nach Ravenna verlegt, schlussfolgert der Brite, wäre Westrom 476 nicht untergegangen. »So aber brach das Reich zusammen, und die Adria, dieser Handelsweg, der das Imperium hätte zusammenhalten können, war nun in zwei Hälften geteilt.« Bildlich gesprochen, meinte Hodgkinson, verendete Rom im Straßengraben, hinweggespült von den Wellen des Adriatischen Meeres.

In Ravennas Basilika Sant'Apollinare Nuovo, ebenfalls ein Welterbe der Unesco, ist auf einem Mosaik der alte Hafen von Classe abgebildet, der südöstlich der Stadt gelegen war. Zu sehen sind zwei Türme, die die zinnenbewehrten Stadtmauern begrenzen sowie das, verschlossene, Stadttor. Auf dem Mosaik daneben funkeln drei Schiffe, eines davon unter Segeln. Ravennas Hafen war so bedeutend, dass ihn Theoderich, der große König der Goten, auf seinem berühmten Mosaik in der Basilika verewigen ließ. Schon seit der Gründung Ravennas im 3. oder 2. Jahrhundert vor Christus war Classe, auf Lateinisch Classis, ein kleiner Fischerhafen gewesen. Beide, Stadt und Hafen, lagen unmittelbar an der Lagune, die ins offene Meer führte. Zu Beginn der Kaiserzeit hatte Augustus Classe zum Militärhafen ausbauen lassen. Die Lage in der Lagune von Ravenna verhinderte, dass der Hafen von Land aus erobert werden konnte. Lange bevor Venedig im Nordosten der Adria aus dem Meer emporstieg, war Ravennas Hafen der Adria abgetrotzt worden. Um die Hafenanlagen bauen zu können, mussten zunächst hölzerne Stelzen in die Lagune gerammt werden. Erst dann konnte auf der Plattform der aus Holz, dann aus Ziegelsteinen errichtete Hafen erbaut werden. Strabon bezeichnete Ravenna und seinen Hafen als »größte Stadt in der Lagunenlandschaft«. Die Darstellung von Classe in der Basilika Sant'Apollinare Nuovo ist auch ein Hinweis auf diese spätantike Baukunst.

Am Hafen von Classe lässt sich auch die Entwicklung vom römischen Ravenna über das ostgotische hin zum byzantinischen Ravenna ablesen. Unter Augustus hatten beide, Stadt und Hafen, den Höhepunkt ihrer Entwicklung erreicht. Zeitweise bis zu zweihundertfünfzig Schiffe umfasste die Kriegsflotte des Imperiums. Sie war der wichtigste Stützpunkt der so genannten Ostmittelmeerflotte, deren Einsatzgebiet die Adria und das östliche Mittelmeer bis hin nach Byzanz waren. Auch Ravenna profitierte vom Ausbau des Hafens. Zahlreiche neue Bauten entstanden, Zuzügler strömten in die Stadt, und Ravenna lief dem benachbarten Ariminum den Rang ab. Auf den Aufschwung folgte im 3. Jahrhundert die Krise. Infolge der beginnenden kriegerischen Auseinandersetzungen an den Rändern des Reichs verlandete der Hafen von Classe. Erst mit der Hauptstadtverlegung von Mailand nach Ravenna wurde wieder in den Hafen investiert. Als der gallische Aristokrat Gallius Sidonis 467, neun Jahre vor der Krönung des »Augustulus« die Hauptstadt besuchte, staunte er bereits über eine mächtige Handelsstadt. Zu wahrer Blüte aber erwachte Ravenna schließlich unter dem ostgotischen Herrscher Theoderich.

Ravennas ganzer Stolz

Ja, sie lieben ihn in Ravenna, ihren Barbaren und Förderer der Stadt. Überall in der Stadt ist *Teodorico* präsent, in den Buchhandlungen, den Souvenirläden, auf Umhängetaschen und Miniatur-Mosaiken. Sein Monogramm ist auf dem Kapitell einer der Säulen des venezianischen Palastes auf der Westseite des Piazza del Popolo im Zentrum Ravennas eingemeißelt. Die Via Teodorico schließlich führt zum Mausoleum des großen Herrschers, der Ravenna zum touristischen Pflichtprogramm von Kunstliebhabern erhoben hat. Das Mausoleum ist neben San Vitale und Sant'Apollinare Nuovo die dritte von acht Welterbestätten in Ravenna. Alleine vier von ihnen stammen aus der Zeit des *Flavius Theodericus Rex*.

»Es ist der hohe Wuchs, der den König auszeichnet«, lobte Ennodius, der Bischof von Pavia, seinen Herrscher Theoderich: »Was bei anderen Herrschern die Krone bewirkt, hat meinem König die gottgeleitete Natur geschaffen. Die Augen strahlen jugendfrisch. Die wohlgestalteten Hände teilen Untergang den Rebellen und erbetene Ehre den Unterworfenen aus.« Dass der

Ostgote Theoderich einmal in Ravenna herrschen sollte, hatte er dem Kaiser in Konstantinopel zu verdanken. Kaiser Leo I. hatte den in der Provinz Pannonien, im heutigen Westungarn, geborenen Knaben 459 an seinen Hof holen und ihm die damals übliche Ausbildung zuteil werden lassen. Richtig zu danken wusste es Theoderich nicht. Zehn Jahre später kehrte er an die Donau zurück und ließ sich zum König der Ostgoten erheben, der bald auch dem Kaiser gefährlich wurde. Also machte ihm dieser ein Angebot, das Theoderich nicht abschlagen konnte. Er schickte ihn nach Italien, um in Ravenna die Herrschaft des Germanenkönigs Odoaker zu beenden. Als Statthalter des Kaisers sollte Theoderich in Ravenna die *restauratio imperii* vorantreiben, sprich: das Römische Kaiserreich wieder herstellen.

Es war ein gewaltiges Heer, mit dem Theoderich 489 nach Italien zog. Hunderttausend Goten hatten sich ihrem Führer angeschlossen, über den Balkan und die Alpen zogen sie nach Norditalien. Eine erste Schlacht gegen Odoakers Germanen am Isonzo war erfolgreich. Dann folgte der Kampf um Rom, der dem Schriftsteller Felix Dahn 1878 den Stoff zu seinem gleichnamigen Bestseller lieferte. Schließlich begannen die Goten ihren Marsch auf Ravenna. Doch die befestigte Stadt an der Adria galt nicht von ungefähr als uneinnehmbar. Vier Jahre lang belagerte Theoderich die alte Hauptstadt des Weströmischen Reichs – umsonst. Nur einer List verdankte er es schließlich, dass er 493 siegreich in Ravenna einzog. Unter dem Versprechen auf Verhandlungen hatte er Odoaker zu sich gebeten – und eigenhändig mit einem Dolch ermordet. Der Reichtum Ravennas und seiner Mosaikkunst beruht also auf einer Bluttat.

Gleich neben Sant'Apollinare Nuovo steht in der Via Roma ein gotischer Palast, an dessen Stelle sich einmal Theoderichs Kaiserpalast befunden haben soll. Zwar haben die Archäologen dafür noch keinen Beweis gefunden. Doch erhalten ist ein Mosaik mit dem Grundriss des Palastes – ein weitläufiger Bau mit zahlreichen Innenräumen. Einen Hinweis auf den Palast gibt es auch im Hauptschiff der Basilika Sant'Apollinare Nuovo. Gegenüber der Mosaiken von Classe sieht man einen Palast, auf dessen Giebel die Inschrift *Palatium* steht. Theoderich war also nicht nur nach Ravenna gekommen, um Odoaker zu unterwerfen. Er wollte sich auch als Herrscher im ehemaligen Westteil des Reiches etablieren. Ravenna sollte, in seinem Licht, erstrahlen.

Auch wenn man am Hofe in Konstantinopel wohl nicht ganz zu unrecht argwöhnte, dass Theoderich weniger das Spiel Ostroms als sein eigenes spielte, bestätigte der neue byzantinische Kaiser Anastasius Theoderich als seinen offiziellen Statthalter in Westrom. Die Münzen, die nun in Ravenna geprägt wurden, zeigen Theoderich auf der einen, und den Kaiser auf der anderen Seite. Doch Theoderich bestand, zum Ärger von Anastasius, auch auf dem Titel *rex*. Aber auch das war formal noch keine Machtanmaßung. Als König der Ostgoten hatte er den Titel schon in Pannonien geführt. So war das Ostgotenreich einerseits das neue Territorium Theoderichs. Ebenso aber war es tatsächlich Ausgangspunkt der *restauratio imperii* unter einem Statthalter des Kaisers in Konstantinopel. Theoderichs Reichshälfte reichte von Italien über die nördliche Adria bis hinunter an die Mündung der Buna im heutigen Albanien. Das war die alte Grenze zwischen Westrom und Ostrom. Am südlichen Ufer des Flusses, den die Römer Bojana nannten, begann das Byzantinische Reich des Kaisers ins Konstantinopel. Beide Reiche zusammen hatten noch einmal gewaltige Ausmaße angenommen.

Kaum hatte er seine Macht gefestigt, begann Theoderich mit den Bauten, für die Ravenna heute in aller Welt bekannt ist. Als Erstes entstand das Baptisterium der Arianer, ein schlichter, oktogonaler Kirchenbau, mit dem Theoderich seine Zugehörigkeit zum arianischen Christentum demonstrierte. Dieser Glaubensrichtung zufolge ist allein Gott göttlichen Ursprungs, nicht aber Jesus. Dazu passt auch das Mosaik im Gewölbe des Baptisteriums, in dem Jesus bei der Taufe nackt dargestellt wird. Selbst seine Genitalien sind zu sehen. Das zweite Gebäude Theoderichs war die Basilika Sant'Apollinare Nuovo, gefolgt von der orthodoxen Bischofskapelle, deren Bauherr der Erzbischof von Ravenna, Petrus II. war. Anders als beim Baptisterium ist ihr Grundriss nicht achteckig, sondern kreuzförmig. Auch wenn sie das einzige orthodoxe Bauwerk blieb, das unter der Herrschaft Theoderichs entstanden ist, so ist sie doch auch ein Hinweis auf die religiöse Toleranz des Ostgotenkönigs in Ravenna. Arianismus und Orthodoxie waren im Adriareich gleichberechtigt – und auch andere Glaubensrichtungen wurden respektiert. Laut seinem Geschichtsschreiber Cassiodor habe Theodoricus den Juden von Genua einmal mitgeteilt: »Ich kann nicht befehlen, was ihr glauben sollt, denn niemand kann gegen seinen Willen zu einem Glauben gezwungen werden.«

Das letzte Bauwerk, das in der Zeit Theoderichs von der Eroberung Ravennas 493 bis zu seinem Tod 526 entstand, ist sein Mausoleum in der so genannten Goten-Vorstadt, die damals unmittelbar am Meer lag. Der Fries des zehneckigen Baus zeigt das Heck eines Ruderboots; das damals populäre Thema eines »Fährboots in die Ewigkeit« wird hier, direkt an der Adria, wieder aufgegriffen. Durch den Schriftsteller Anonymus Valesianus ist überliefert, dass Theoderich »noch zu seinen Lebzeiten sich selbst ein aus behauenen Blöcken zusammengefügtes Denkmal errichtete, für dessen Abschluss er einen riesigen Stein suchen ließ.« Als dieser Stein mit einem Durchmesser von elf Metern und einem Gewicht von zweihundert Tonnen schließlich gefunden war, wurde 520 – Theoderich hatte seinen siebzigsten Geburtstag vor Augen – mit dem Bau des Mausoleums begonnen. Allerdings war es bei seinem Tod 526 noch nicht fertiggestellt.

Kein Baumeister hat in Ravenna je wieder Bleibendes von solchem Rang hinterlassen wie Theoderich. Unter ihm erlebte die Hafenstadt an der Adria einen Aufschwung, den es weder als weströmische Hauptstadt, noch als Residenz des Germanen Odoaker erlebt hatte. Immer mehr Menschen und Würdenträger zog es an die Adria. Es kamen Senatoren aus Italien und Gallien sowie orientalische Geschäftsleute. Aber bald kamen auch wieder Soldaten: »Als ich an jenem Tage den Einzug der römischen Truppen nach Ravenna so mit ansah, stieg der Gedanke in mir auf, dass weder Tapferkeit noch Menge noch irgend ein anderer Vorzug den Erfolg bestimmt, sondern eine übermenschliche Kraft, welche die Gemüter der Menschen stets dahin wendet und lenkt, wo sich dem, was werden soll, kein Hindernis entgegenstellt.« Mit diesen Worten beschreibt Prokop, der fleißige Chronist des frühen Byzanz, den Einmarsch seines Feldherrn Belisar in Ravenna im Jahre 540, vierzehn Jahre nach Theodorichs Tod. Die übermenschliche Kraft, die Prokop bemüht, ist ebenso wie die Schilderung der vor Kraft strotzenden gotischen Männer natürlich eine Huldigung an den Feldherrn Konstantinopels, dem Prokop schon seit den Vandalenkriegen in Nordafrika gedient hat.

Seit dem Tod von Theoderich war es unruhig geworden in Italien. In Konstantinopel wartete man deshalb zunächst ab. Acht Jahre lang hatte Justinian, der 527 den Thron bestieg, den Machtkampf unter den Goten mit angesehen, dann aber entschloss er sich zum Handeln. Belisar, sein fähigster Feldherr, sollte Ravenna zurückerobern – und Italien wieder seinem Römischen Reich einverleiben. Auch deshalb nannte Prokop die Truppen des Kaisers einfach »Römer«.

Wieder einmal also eine *restauratio imperii* – diesmal aber nicht unter der Führung eines Ostgoten. Belisar war 535 auf Sizilien gelandet. Im Jahr darauf führte ihn der Heereszug nach Kalabrien und über Neapel nach Rom, wo er dem Papst gegen die Ostgoten zu Hilfe kam. Nachdem er 538 Rimini erobert hatte, belagerte er schließlich Ravenna. Durch eine List gelang es ihm schließlich 540 die Stadt kampflos zu erobern: Die Goten hatten ihm die Kaiserwürde angeboten, und Belisar ging zum Schein darauf ein. Dann ließ er die gotische Elite entmachten, ohne dabei allerdings das Maß zu verlieren, wie Prokop berichtet: »Die Goten brandschatzte weder er selbst, noch litt er, dass irgendjemand sich an ihrem Eigentum vergriff, sondern dem Vertrage gemäß behielt jeder das seinige.«

Dennoch war die Eroberung Ravennas durch die Byzantiner eine Zäsur. In den Basiliken der Stadt wurden nun jene Mosaike entfernt, die allzu offen dem arianischen Glauben huldigten. Die Zeit der religiösen Toleranz war vorbei. Auf den Mosaiken von Sant'Apollinare de Classe, seiner Kirche, die Belisar am alten Hafen von Ravenna bauen ließ, wurde nun der rechte Glaube in Szene gesetzt. Jesus durfte wieder Gott sein.

Nur Belisar musste weichen. Weil er befürchtete, dass der Eroberer, wie schon Theoderich, die Macht an sich riss, berief der Kaiser in Ostrom seinen Feldherrn zurück. In Ravenna begann nun das byzantinische Zeitalter der Adria. Als sich Kaiser Maurikios 584 daran machte, die Verwaltung seines Reiches neu zu ordnen, machte er Ravenna zum Amtssitz seines italienischen Exarchats. Bis 751 war Ravenna der Sitz des byzantinischen Statthalters an der italienischen Adriaküste und im westlichen Mittelmeer.

Womit sich Rom schwer getan hat, war für Byzanz offenbar ein Leichtes: Die Adria wurde zum Meer des Byzantinischen Reiches, zu jenem *Mare Nostrum*, als das Rom das Mittelmeer im Allgemeinen und das Tyrrhenische Meer im Besonderen angesehen hat. Für Harry Hodgkinson ist die Gründung des Exarchats von Ravenna darum ein »Nachglanz des Hellenismus«.

Seit der Kolonisierung im siebten Jahrhundert vor Christus und der Gründung von Epidamnos war die Adria ein griechisches Meer. Griechische Schiffe fuhren bis an die Po-Mündung und benannten das Meer nach der venetischen und etruskischen Handelsstadt Adria. Spätestens nach dem Sieg Roms in den Illyrischen Kriegen 229 bis 219 vor Christus war aus der Adria ein römisches Meer geworden, das *Mare Superum*. Auch das war wieder ein zivilisatorischer Schritt. Der Handel, aber auch der Transfer von Kenntnissen und Ideen wurde befördert. Mit Rom, bemerkt der Germanist und Kulturhistoriker Dieter Richter in seinem Buch *Das Meer. Geschichte der ältesten Landschaft*, entsteht eine »Mittelmeerkultur«. Nach der Teilung des Reiches 395 und dem Untergang Westroms 476 nach Christus verschoben sich die Kräfte in Richtung Osten. Konstantinopel war nun wirklich das »Neue Rom«. Mit der Gründung des Exarchats von Ravenna wurde auch die Westküste der Adria byzantinisch – das Meer hieß wieder *Adriatike thalassa*, Adriatisches Meer.

In allen drei Epochen stand die Adria im Mittelpunkt der großen Zivilisationen der jeweiligen Zeit. Zweimal war es also der Osten, aus dem die Zivilisation in den Westen kam. Zur Zeit der *Magna Graecia* waren es Korinth und Korfu, die Mutterstädte der Kolonie. Zur Zeit von Byzanz war es Konstantinopel. Beide Reiche haben die Adria als *Mare Nostrum* gewürdigt. Die große Ausnahme war Rom, die Macht, mit der die Zivilisation von Westen in den Osten gebracht wurde. Aus der Sicht der Metropole am Tiber war die Adria zur Peripherie geworden. Als das Imperium seine Hauptstadt dann doch noch an die Adria verlegte, war es zu spät. Mit dem Osten hatte die Adria also Glück, mit dem Westen weniger.

Als mit der Eroberung durch die Langobarden 751 die Herrschaft von Byzanz in Ravenna zu Ende ging, ging auch die Symbiose zwischen Stadt und Meer, die so viele Jahrhunderte der Kern der Ravennater Zivilisation war, verloren. Mit den Germanen versanken Norditalien und seine Adriaküste im Chaos. Auch Karl der Große hat die einstige Zivilisation nicht wieder zurückgebracht. Vielmehr drängte er die Veneter, die schon vor den Awaren geflüchtet und in Torcello ein neues Zuhause dem Meer abgetrotzt hatte, noch weiter auf die Lagune. So entstand auf dem sumpfigen *Rivus Altus*, dem hohen Ufer, der Rialto, Venedig wurde aus der Taufe gehoben und schickte sich an, die Nachfolge von Byzanz und seines *mare nostrum* anzutreten. Die Zeit der Herrschaft aus dem Osten war damit unwiderruflich zu Ende. Die Adria wurde mit Venedig nicht nur geografisch, sondern auch kulturell zu einem europäischen Meer.

Noch ist der Stadthafen von Ravenna ein öder Ort. Auf der Via Darsena braust der Autoverkehr, ansonsten bestimmen Parkplätze, leerstehende Fabrikgebäude und herumstreunende Katzen die Szene. Doch das soll sich bald ändern. Wenn Ravenna den Zuschlag bekommt und 2019 Europas Kulturhauptstadt wird, soll der *Porto di Ravenna* zu einem pulsierenden Ort werden – und die Geschichte der Stadt mit der Gegenwart und ihrer Zukunft verbinden. »Mosaik der Kulturen« heißt das Motto, unter das Ravenna seine Bewerbung gestellt hat. In der Bewerbungsbroschüre erklärt Alberto Cassani, der Koordinator der Kampagne, die Symbiose von Vielfalt und Einheit: »Ohne Einzelteile gibt es kein Mosaik, aber ohne das Mosaik fehlt dem Einzelteil die Bedeutung.« Das habe zu Zeiten Theoderichs gegolten, der Ravenna zu einem Ort der kulturellen Vielfalt gemacht hat, und es gelte auch heute noch in der Emilia Romagna, eine der zahlreichen Regionen Italiens an der Adria. Um die durch die Jahrhunderte verloren gegangene Beziehung zwischen Stadt und Meer wieder herzustellen, rückt der Stadthafen in den Blick der Bewerber. Er ist, seitdem der Po die Adriaküste um viele Kilometer hinaus ins Meer geschoben hat, das letzte Überbleibsel der Adriastadt Ravenna. Nicht nur der Hafen von Classe ist seit dem Ende des Exarchats der Byzantiner verlandet, sondern auch die Lagune vor der Stadt. Dort, wo einmal die Wellen der Adria an die Küste brausten, verlaufen heute die Bahnlinie und eben die Via Darsena, die die Ravennater Innenstadt vom Stadthafen trennen.

Der Hafen, heißt es in der Bewerbung etwas ungelenk, ist »der zentrale Knotenpunkt für die zukünftige Entwicklung der Stadt«. Dem offenen Meer entgegen. Das ist ein Leitspruch in Ravenna. Noch ist davon nichts zu sehen. Und noch hat Rom ein gewichtiges Wort mitzureden. Von zwanzig Bewerben hat eine Jury 2013 Ravenna und fünf weitere Bewerber auf eine Shortlist gesetzt. Doch das muss nichts heißen. Rom steht schließlich in der Pflicht. Die Stadt, die seit alters her ein gespaltenes Verhältnis zu ihrem peripheren Meer hat, kann also etwas gutmachen. Ravenna wäre die allererste europäische Kulturhauptstadt an der Aria.

Puer Sveviae

ALS SCHWABE IN APULIEN

»Einen Moment«, sagt der Carabiniere, dann steigt er aus dem
Polizeibus. Fenster herunterkurbeln hätte auch gereicht, denke
ich und zeige ihm ein Foto von der Stauferstele in Bari. »Dove«,
frage ich, wo finde ich die? Der Carabiniere überlegt und nickt
den Kellner der *Bar Castello* heran, vor der der Polizeibus steht.
Auch der Kellner weiß nicht weiter. Bald kommt eine kleine
Menschenmenge zusammen auf der Piazza Federico Secondo
di Sveva, dem Platz Friedrichs II. von Schwaben in Bari. Die
erregte Debatte um den Standort der Stauferstele übertönt
sogar das Hupen der Autos und Knattern der Vespas auf diesem vielleicht schönsten Platz der apulischen Hauptstadt. Auf
seiner östlichen Seite weicht die mittelalterliche Häuserfront in
Ehrerbietung vor dem *Castello Normano-Svevo* zurück und
formt damit den ovalen Platz zur städtischen Bühne. Eine
Bühne war das Kastell auch für Friedrich II. Der römisch-deut-
sche Kaiser und König von Sizilien hat den Vorgängerbau der
Normannen aufwendig umgebaut und 1244 vollendet. Die Inschrift über dem Torbogen ließ Friedrich von muslimischen
Steinmetzen anbringen. Nicht mehr auf Sizilien befand sich
nun das Machtzentrum des charismatischen Kaisers, sondern
an der Adria.

Endlich kann mir einer den Weg weisen. »Die Stele befindet sich auf der Westseite des Kastells«, sagt ein Passant. Ich bedanke mich und lasse die Menschentraube auf der Piazza zurück. Der Carabinere hält noch ein Schwätzchen mit dem Kellner. Es ist April in Bari, noch sind nicht viele Touristen in der Stadt. Ohnehin hat die Polizei in der nach Neapel mit 320000 Einwohnern zweitgrößten Stadt Süditaliens nicht mehr so viel zu tun wie früher. Bis in die achtziger Jahre galt die orientalisch anmutende Altstadt von Bari, die wie eine Halbinsel in die Adria hineinragt, als krimineller Brennpunkt. Nicht die Touristen gaben den Ton an, sondern die *Scippatori*, Halbwüchsige, die auf ihren Mopeds auf Handtaschenraub gingen. Seitdem die Bareser Polizei eine Null-Toleranz-Strategie fährt, hat die apulische Kapitale ihren ramponierten Ruf aufgebessert. Sogar Reisegruppen von den Kreuzfahrtschiffen trauen sich inzwischen durch das enge Gassengewirr von *Bari vecchia*.

Bildet die Südseite des Kastells zusammen mit dem Rand der Altstadt die langgestreckte Piazza Federico secondo, herrscht an der Westseite eine beinahe kontemplative Atmosphäre. Die Stele der Staufer befindet sich inmitten eines Palmen-Parks. Endlich habe ich sie vor mir: »FRIDERICUS DEI GRATIA IMPERATOR ROMANORUM ET SEMPER AUGUSTUS REX IERUSALEM ET SICILIE DUX SVEVIE«. Sie mögen ihn, die Bareser, ihren Römischen Kaiser von Gottes Gnaden, König von Jerusalem und Sizilien und Herzog von Schwaben. Hat er doch ihrer Stadt nur Gutes getan. Das ist jedenfalls die baresische Erzählung der Stadt und ihres großen Herrschers. Bari, der letzte Brückenkopf der Byzantiner in Italien, der 1071 von den Normannen erobert und zerstört wurde, fand im Heiligen Nikolaus von Myra einen Schutzheiligen, beförderte seine Gebeine 1087 aus Kleinasien an die Adria, widmete ihm eine Kirche und fand ihre Vollendung mit dem Kastell des Kaisers aus Schwaben. Kein Wort vom Untergang der Stadt nach dem Ende des Staufergeschlechts und der dunklen Zeit unter spanischer Fremdherrschaft. Erst in der napoleonischen Zeit begann Bari wieder zu wachsen. Gioacchino Murat legte 1813 die Straßenquadrate der Neustadt an, die bis heute, im Dreiklang mit der Altstadt und dem Kastell, den unverwechselbaren Reiz Baris ausmachen.

Auf dem Sockel lese ich, wo sonst noch in Europa Stauferstelen stehen: In Fiorentino zum Beispiel, wo Friedrich 1250 starb, in der Stauferstadt Göppingen sowie auf dem Hohenstaufen, der Burg über der Stadt, die dem Geschlecht den Namen gab. Ich fühle mich wohl in Apulien, hier bin ich als Schwabe willkommen. Hier gibt es Schwabenkastelle, Schwabenplätze, Schwabengassen, Schwabencafés. Und die Zeit Friedrichs II. gilt in Süditalien immer noch als die goldene Zeit. Puer Apuliae nennen sie ihn liebevoll, den Jungen aus Apulien. Und natürlich einen Svevo, was gleich beides bedeutet: Schwabe *und* Staufer.

Es muss jetzt einfach mal raus. Ich bin nicht nur Schwabe. Ich bin auch in Göppingen geboren, der Stadt am Fuße der Ruine Hohenstaufen. Wahrscheinlich wäre ich auch lieber in Palermo groß geworden als am Fuße der Schwäbischen Alb. Schon mit dreizehn musste ich mit der Schulklasse in die Stuttgarter Ausstellung »Die Zeit der Staufer«. Die Ausstellung von 1977 diente wohl, aber das konnte ich damals nicht wissen, der politischen Selbstlegitimierung. Ihr Anlass war das 25ste Jubiläum der Gründung Baden-Württembergs im Jahre 1952. »Wir haben«, freute sich damals Ministerpräsident Hans Filbinger, »in unserem vereinten Lande das Glück, auf eine stolze, wirkungsmächtige Tradition zurückblicken zu können.« Später musste Filbinger zurücktreten. Er war unter den Nazis Marinerichter gewesen und hatte vier Todesurteile gesprochen. Auch so eine Tradition: Adolf Hitler war ebenso Friedrich-Fan wie Kaiser Wilhelm II. Nein, das mit den Staufern war nichts für mich. Ich habe mir zum Geburtstag zwar den fünfbändigen Katalog zur Stuttgarter Ausstellung schenken lassen, doch verstanden habe ich nichts.

»Die Kaiserin-Königin lag in den Wehen. Man musste die Reise unterbrechen und sofort für ihre Unterbringung sorgen. Der nächstgelegene Ort, Jesi in der Mark Ancona, war klein und bescheiden, aber Konstanze wollte gar nicht nach einem Palast suchen, der angemessen genug war, sie aufzunehmen.« So beginnt Bianca Tragni ihr Buch *Der mythische Friedrich II. von Hohenstaufen*. »So ordnete die Kaiserin an, ihr Zelt inmitten jener kleinen Ortschaft aufzubauen, auf dem Hauptplatz, umgeben von ihrem Gefolge und dem Volk der Untertanen. Beide, der Adel und die Plebs, sollten die Glaubwürdigkeit jener Entbindung, die von den Feinden des Hauses schon angezweifelt war, zweifach bezeugen.« Tragnis Buch, 1994 zum achthundertsten Geburtstag von Friedrich II. in Bari erschienen, ist die populäre Erzählung des *Puer Apuliae* aus süditalienischer Sicht. Zu dieser gehört auch die unverblümte Vereinnahmung des Kaisers als Italiener: »Als Friedrich nach Deutschland kam, drohte aus dem italienischen Jungen ein Deutscher zu werden. Aber kaum war er 1220 wieder nach Apulien zurückgekehrt, wurde er wieder ein richtiger Italiener.«

Wer heute den Schauplatz dieser mutmaßlichen Schaugeburt aufsucht, steht mitten in der Fortsetzung der apulischen Erzählung. Natürlich heißt der Marktplatz von Jesi, diese zauberhafte kleine Stadt auf einer Anhöhe über der Ebene, Piazza Federico II. Den Weg in die von hohen Festungsmauern umgebene Stadt markiert die einzige überlebensgroße Statue Friedrichs in Italien. »Auf diesem Platz wurde am 26. Dezember 1194 der Kaiser Friedrich II. geboren«, lautet die italienische Inschrift auf der weißen Markierung, die jene Stelle nachzeichnet, an der das riesige Zelte gestanden haben soll. Wiederholt wird sie an einem gemauerten Rund, aus dessen Mitte ein mächtiger Olivenbaum ragt. Doch nicht nur in italienischer Sprache wird an diesem Ort der Geburt des »mythischen« Kaisers gedacht, sondern auch auf Arabisch. Neben »dem Italiener« hat die apulische

Friedrich-Erzählung also auch ein zweites Bild hervorgebracht: Friedrich als ein Brückenbauer zwischen den Religionen. Mir gefällt es. Nicht nur gefeiert wird man als Schwabe in Süditalien. Man gilt auch als weltoffen, tolerant und multikulturell.

Auch in Tragnis Buch kommt das nicht zu kurz. Nach seiner Rückkehr aus Deutschland, wo er den Königsthron behaupten musste, und aus Rom, wo er 1220 vom Papst zum Kaiser gekrönt wurde, zog Friedrich in die Schlacht gegen die Sarazenen, die Palermo bedroht hatten. Die Unterlegenen ließ er nach Lucera nahe Foggia bringen und gewährte ihnen als freien Menschen das Recht, weiterhin ihren Glauben zu pflegen. »Von dem Augenblick an wurde er von ihnen respektiert und verehrt wie ein morgenländischer Sultan.« So wurde aus Lucera mit seinen 20 000 Sarazenen bald die größte muslimische Stadt Italiens, und aus den Verschleppten die treue Leibgarde des Staufers.

Aber auch die Deutschen haben ihre Erzählung von Friedrich. Nachdem er sich aus dem Schatten seines Großvaters Friedrich Barbarossa gelöst hatte, wurde er vor allem im 19. Jahrhundert von zahlreichen Intellektuellen vereinnahmt. Der Kunsthistoriker Jakob Burckhardt nannte ihn den »ersten modernen Menschen« auf dem Thron. Friedrich Nietzsche bezeichnete ihn als »ersten Europäer nach meinem Geschmack«. Deutschlands Imperialistenkaiser Wilhelm II. schickte seinen Burgenforscher Arthur Haseloff nach Apulien, um Friedrichs Burgen den Deutschen wieder ins Gedächtnis zu rufen. Der Historiker Ernst Kantorowicz feierte Friedrich in den goldenen zwanziger Jahren als »End- und Erfüllungskaiser der deutschen Träume«, und Hermann Göring, Hitlers Reichsluftfahrtminister, ließ nichts unversucht, vor der Landung der Alliierten in Sizilien den Sarkophag mit den Gebeinen Friedrichs im Juli 1943 von Palermo nach Deutschland bringen zu lassen – allerdings vergeblich.

Populär im Sinne eines Volkshelden ist Friedrich heute allerdings nur noch in Italien. Als sich am 26. Dezember 1994 die Geburt des Kaisers zum 800. Male jährte, erschienen im *Anno Federiciano* nicht nur Dutzende von italienischen Friedrich-Biographien. Überall in Süditalien fanden Feiern statt. In Deutschland dagegen wurde der 26. Dezember nur in Göppingen begangen – vom lokalen Stauferverein.

Schwäbisch-apulische Partnerschaft

Sich nach Italien zu sehnen, hat in Deutschland Tradition. Goethe hat da einige Erfahrungen gemacht, die 68er Toskana-Fraktion tat es ihm nach, und inzwischen bringen Espresso, Olivenöl und apulischer Primitivo italienisches Lebensgefühl bis in die entlegensten Winkel der deutschen Provinz. Und dennoch trifft mich diese Inschrift unvorbereitet. Ich hatte irgendein profanes Straßenschild erwartet, aber keine dieser so wunderbar aufs Ocker der Hauswand aufgemalten Lettern. *Piazza Göppingen* – das hört sich nicht nur italienisch an, es sieht auch italienisch aus. Es war, als gehörten meine Geburtsstadt und Apulien plötzlich zum selben Land.

Leicht zu finden ist sie allerdings nicht, die *Piazza Göppingen* in Foggia. Auch der Pförtner des *Museo Civico* auf dem Gelände des ehemals kaiserlichen Palastes konnte mir nicht weiterhelfen. Er rief aber einen Museumsmitarbeiter, und der führte mich ins Zimmer der Direktorin. »Sie sind aus Göppingen?«, wollte die Direktorin wissen. »Ich bin dort geboren«, antwortete ich, »es gibt in Göppingen einen Foggia-Platz.« – »Ich weiß«, nickte die Direktorin, »und in Foggia gibt es eine Piazza Göppingen.« Genau diese suche ich, gab ich ihr zu verstehen. »Die Piazza Göppingen«, erklärte sie und entfaltete einen Stadtplan, der etwas mehr von der Stadt preisgab als meiner im Reiseführer,

»liegt hinter der Piazza Italia. Sie gehen also zurück Richtung Bahnhof und biegen am Brunnen rechts ab.« Dankbar nahm ich den Stadtplan entgegen. Um die *Piazza Göppingen* hat sie einen Kringel gemacht. Dass der Platz der apulischen Partnerstadt in Göppingen mitten im Zentrum liegt, verkniff ich mir, ihr zu sagen. Sie wusste es wohl selbst.

Foggia, unter Friedrich II. einst Zentrum der Macht im Heiligen Römischen Reich, ist heute eine Agrarmetropole und das Zentrum des Tavoliere, der einstigen Kornkammer Italiens. Und es ist seit 1971 die Partnerstadt von Göppingen. Wie es dazu kam, erinnert Karl-Heinz Rueß noch genau. »Wir wollten damals in Göppingen eine Partnerschaft mit Süditalien. Das war die Zeit, in der man über diese Städtepartnerschaften die Begegnung in Europa gesucht hat. Es sollte natürlich eine staufische Stadt sein. Was war da geeigneter als Foggia, die Lieblingsresidenz Friedrichs II.?«

Als Leiter des Göppinger Stadtmuseums weiß Rueß, dass »Staufer« in Deutschland und in Italien nicht unbedingt dasselbe bedeutet: »In Deutschland ist vor allem Friedrich Barbarossa, der Großvater Friedrichs II., populär. Auch in Göppingen. Hier gibt es eine Barbarossa-Straße, eine Barbarossa-Apotheke, ja sogar eine Barbarossa-Reinigung.« Ganz anders in Italien: Mit Ausnahme Mailands, wo Barbarossa als Gegner des lombardischen Städtebundes einen gewissen Rang als Feindbild einnimmt, ist er in Italien nicht präsent. Umso mehr verehren sie, in Sizilien und Apulien, den Enkel. Der Puer Apuliae, der Junge aus Apulien, das »Chint von Pülle«, wie ihn der Volksmund bald taufte, hat in Apulien Kultstatus, sagt Rueß.

Eigentlich wollten Rueß und sieben weitere Vertreter aus Göppingen im Frühjahr 1971 nur nach Foggia fahren, um die Lage zu sondieren. Wäre die Stadtverwaltung dort bereit, eine solche Partnerschaft einzugehen? Wie würde ein Austausch beider Städte aussehen? Welche gemeinsamen Projekte würde es geben? Doch es kam anders, erinnert sich Rueß. »Kaum waren wir angekommen, haben sie in Foggia die unterschriftsreifen Urkunden auf den Tisch gelegt. Um die neuen Partner nicht vor den Kopf zu stoßen, blieb uns gar nichts anderes übrig, als zu unterschreiben. Und das, obwohl es noch gar kein grünes Licht vom Gemeinderat gab.« Einer, der damals auf der anderen Seite dabei war, ist Leopoldo Bibbo. Der Germanist und Deutschlehrer, der als einer der wenigen in Foggia schon in der Welt herumgekommen war, erinnert sich noch gut an die unbeabsichtigte Überrumpelung der Deutschen: »Es war wie das Märchen von den sieben Schwaben, die nach Apulien kamen, nur dass es in der Göppinger Delegation acht waren«, scherzt er. »Wir dachten damals, in Göppingen sei schon alles beschlossen, also haben wir alles vorbereitet. Im Anschluss an die feierliche Unterzeichnung gab es eine große Feier, die konnten gar nicht mehr zurück.« Doch die Göppinger wollten auch nicht zurück, freut sich Bibbo.

Multikulti am Stiefel

»Eine große Bautätigkeit muss damals in Apulien geherrscht haben. Große Kathedralen werden neu errichtet, andere, die schon lange im Bau waren, vollendet. Machtstellung und Prachtbedürfnis des neuen Herrschers stellten dem Architekten neue Aufgaben.« So beschreibt Arthur Haseloff, der Burgenforscher des deutschen Kaisers, den Aufbruch an Italiens Stiefelspitze im 13. Jahrhundert. »Das Land«, schwärmt er, »muss widergehallt haben von den Meißelschlägen der kaiserlichen Arbeiter«. Zu Friedrichs Bauprogramm gehörten auch die neue Residenz in Foggia – und der Abschied von Palermo, der Stadt seiner Kindheit. 1223 hatte er den Startschuss für die Residenz gegeben. Drei Jahre zuvor war er nach seinem Deutschland- und Rom-Aufenthalt nach Süditalien zurückgekehrt und hatte zum ersten Mal Apulien besucht. »Was Friedrich bewog, seine Residenz nach Norden zu verlagern, bleibt Spekulation«, schreibt Olaf Rader in seiner Biographie über den »Sizilianer auf dem Kaiserthron«. »Lag Palermo zu weit an der Peripherie des vergrößerten Reiches? Waren die Entfernungen zur Sorgenregion Oberitalien oder gar nach Deutschland zu groß? Oder wollte Friedrich einfach nur eine Residenz in einem wildreicheren Jagdgebiet haben? Wir wissen es nicht.«

Seinen Plan, Foggia zum neuen Machtzentrum seines europäischen Reichs zu machen, trieb der Kaiser freilich mit großem Aufwand voran. Italienische Bauhistoriker, meint Olaf Rader, seien aufgrund schriftlicher und archäologischer Zeugnisse zu der Auffassung gelangt, dass der Palast gewaltige Ausmaße gehabt haben muss. Er sei mit Gärten, Brunnen und Statuen geschmückt gewesen, die Innenräume sollen aus weiten, mit kostbarem Marmor ausgekleideten Sälen bestanden haben. Daran hätten sich Marställe, Lagerräume und Stallungen angeschlossen: »Wasserspiele, Marmorlöwen, Statuen – alles schien wie in einem Märchenpalast arrangiert gewesen zu sein.«

Auch in der deutschen Erinnerungsliteratur des 19. Jahrhunderts nahm Foggia einen besonderen Platz ein. »Mit tiefster Erregung«, beschwor Ferdinand Gregorovius, ein Friedrich-Biograph dieses nationalen Jahrhunderts, »wird jeder Deutsche vor diesem letzten Rest des kaiserlichen Palasts stehen, in welchem der genialste der Hohenstaufen so oft wohnte, versenkt in seine das Abendland und Morgenland umfassenden Herrscherideen.« Dass die Deutschen diese Erregung heute nicht mehr spüren, liegt nicht nur an der Zeit, die über solche Schwärmerei hinweggegangen ist, sondern auch an einem Erdbeben. 1731 vernichtete es einen Großteil des Palastes. Den Rest besorgte dann ein Brand im *Archivo Communale* 1898 sowie ein alliierter Bombenangriff 1943. Der vernichete nicht nur die übrig gebliebenen

Mauern des einstigen Kaiserschlosses, sondern auch einen großen Teil der Innenstadt von Foggia.

Welche Folgen der Umzug von Palermo nach Foggia für die Politik Friedrichs hatte, kann ich auf der Rückfahrt nach Bari in Augenschein nehmen. Von Barletta bis Bari hält der Regionalzug an allen Adriastädten der Costa di Bari. Was heute nach Strand und Urlaubsfreuden unter der gleißenden apulischen Sonne klingt, hätte im Mittelalter wohl »Küste der Kastelle« heißen müssen. Alleine der Anblick des Kastells von Barletta lohnt die Fahrtunterbrechung. Friedrich hatte es bauen lassen, weil der Hafen von Barletta strategisch günstig lag. Später brach er von dort sogar zum Kreuzzug auf, den er bei seiner Krönung zum Kaiser in Rom dem Papst versprochen hatte.

Einen »exzessiven Burgenbauer« hat Olaf Rader Friedrich II. genannt. Mehr als dreihundert Kastelle hat der Stauferkaiser errichten lassen, die meisten von ihnen in Apulien, wo noch immer 150 von ihnen erhalten sind. Die apulische Adriaküste war mit ihren Häfen nicht nur ein Handelszentrum, sie war, das hatte das Beispiel der Sarazenen gezeigt, auch anfällig für Eroberungsfeldzüge. Der Bau der Kastelle, finanziert von Steuern auf die Ein- und Ausfuhr der Handelswaren in den Häfen, war also Teil der Machtsicherung. Meist an der Küste errichtet, waren die Kastelle weithin sichtbarer Ausdruck, dass Apulien nicht mehr ohne Weiteres erobert werden sollte. Dass die Kastelle in Trani, Barletta, Molfetta, Bari, Brindisi und Otranto heute die Adriaküste in Apulien so unverwechselbar machen, ist ein schöner Nebeneffekt dieser überaus kostspieligen Verteidigungspolitik.

Im Gassengewirr von *Bari vecchia* blättere ich in Arthur Haseloffs Huldigung des friderizianischen Apulien. Haseloff, der 1906 seine apulische Reise unternahm, hat seiner Faszination freien Lauf gelassen. Die *Hohenstaufischen Erinnerungen in Apulien*, die er alsbald niederschrieb, waren eine Hommage an eine Kulturlandschaft, die einst ein Machtzentrum Europas war.

Hätten sie im Vorwort des Stauferkatalogs gestanden, ich hätte ihn wohl nicht weggelegt: »Hier wie an vielleicht keiner anderen Stelle steht ein Stück Mittelalter lebendig vor uns, und zwar ein Stück Mittelalter von so einheitlichem und gewaltigem Charakter, als hätte dieses Volk alle seine künstlerische Schöpferkraft in einer einzigen Periode von wenig mehr als hundert Jahren verausgabt.«

Das Apulien Friedrichs, das Haseloff vor mehr als hundert Jahren beschrieb, ist ein anderes als das Bild vom Mezziogiorno, dem rückständigen italienischen Süden, das man in Deutschland gerne pflegt. Den lombardischen Städtebund mit Mailand an der Spitze gab es zwar damals schon. Doch das politische Zentrum befand sich nicht im Norden Italiens und auch nicht im päpstlichen Rom mit seinem Kirchenstaat, sondern im Königreich beider Sizilien, das Heinrich VI. durch die Heirat mit Konstanze der Kaiserkrone einverleibte – und unter Friedrich seine Blüte erlebte. Zu Friedrichs Zeiten war Apulien also Zentrum, heute ist es Peripherie, Italiens Armenhaus. Was daran ist Legende, was Realität, ging es mir durch den Kopf, als ich selbst zum ersten Mal in Apulien war. Irgendwann, an einem Samstagabend, erreichte ich mit meiner Frau die Adriastadt Trani und geriet mitten hinein in die samstagabendliche *Movida*. Eine Stadt feiert sich selbst, sagte ich mir damals, um mein Staunen auf einen Begriff zu bringen. So ganz begriff ich Trani dennoch nicht. Was hatte eine so stolze und reiche Bürgerstadt im armen Süden zu suchen? Warum stand der erhabenste Dom der Adria, die romanische Kathedrale San Nicola Pellegrino, nicht in Venedig oder Dubrovnik? Wer kaufte all die eleganten Anzüge aus den teuren Geschäften? Selbst der Bewegung der Slow-Cities hatte sich Trani angeschlossen. Die meisten der anderen *città slow* befinden sich in der Toskana oder in Umbrien.

Trani war schon die zweite Überraschung, die Apulien für mich bereitgehalten hatte. Der ersten war ich in Peschici am

Gargano begegnet, dem Sporn des italienischen Stiefels. Über dem Strand, an dem wir unser Zelt aufgeschlagen hatten, thronte eine Stadt auf dem Felsen, so weiß und gleißend, dass ich mich nach Nordafrika oder Griechenland versetzt fühlte. Aber war nicht die byzantinische Kultur, die den Süden Italiens geprägt hatte, eine griechische? Hängt nicht in Baris Altstadt an jeder Ecke ein orthodoxer Heiligenschrein? Ist nicht das Telefonbuch von Bari, wie David Gilmour in seiner großen Italiengeschichte bemerkt, voller griechischer und albanischer Namen? Zahlreiche apulische Städte – Monopoli, Gallipoli, Trinitapoli – enden sogar auf die griechische Endung polis, also Stadt. Und der Bareser Dialekt ist eine wilde Mischung aus italienischen, griechischen und arabischen Worten. Das alles wusste ich damals noch nicht. Ich sah nur die byzantinischen Tonnendächer, die es auch gab im weiß gekalkten Peschici. Und die Frauen trugen schwarze, weite Gewänder und Kopftücher.

Apulien, das wurde für mich bald zum anderen, zum orientalischen statt europäischen Italien – und ganz offensichtlich sehen es die Puglier nicht anders. Nicht nur eine Piazza Federico II. gibt es in fast jeder Stadt, sondern auch ein Hotel Orient, eine Via Sarazeni, eine Piazza Levante. La Puglia heißt Apulien auf Italienisch – offiziell. Viele Apulier finden den Plural aber angemessener: Le Puglie, das Apulien der Menschen und Kulturen, die es geprägt haben.

Und dann, immer wieder, Bari. Die Geschichte der Stadt erzählt der britische Hobby-Orientalist Hodgkinson etwas anders, als sie auf der Stele am Stauferkastell geschildert wird, wo Friedrich der II. Höhe- und auch Endpunkt der baresischen Erzählung ist. Für Hodgkinson ist Bari nicht so sehr mit den Schwaben verbunden als mit Albanien auf der gegenüberliegenden Adriaküste: »Bari wurde von den Illyrern von der anderen Seite des Wassers gegründet – und bis in die jüngste Zeit wurde es immer wieder scherzhaft als Hauptstadt Albaniens bezeichnet«, notierte Hodgkinson. »Es war die nächste Stadt mit einem Opernhaus und einer Universität, es gab in Bari albanische Zeitungen.« Bari war in den fünfziger Jahren für die Albaner das, was Florida noch heute für Emigranten aus Kuba ist. Doch nicht immer war der Einfluss aus dem Osten von Vorteil. Als Italien nach dem Untergang des Weströmischen Reiches unter den Einfluss von Konstantinopel geraten war, war von griechischer Kultur noch wenig, von Machtwillkür aber umso mehr die Rede. Das Exarchat von Ravenna war, allem Prunk in San Vitale zum Trotz, nur ein Satellit des Kaisers vom Bosporus.

Auch die Sarazenen, die den Byzantinern folgten, waren wenig freundschaftlich mit Apulien verbunden. Um im Mittelmeerraum auch Italien und Rom zu erobern, setzten sie 840 aufs italienische Festland. Tarent und Bari wurden muslimisch. In Bari wurde 847 sogar ein – wenn auch kurzlebiges – Emirat gegründet. Von dort aus zogen die Sarazenen immer wieder auf ihre Beutezüge in der Adria. Am Ende war Byzanz nur noch Bari geblieben. Als die Stadt dann 1071 dann an die Normannen fiel, atmeten viele in Apulien auf. Bis sich dann die neuen Herren ähnlich aufführten wie die alten. Dass Friedrich von Hohenstaufen in Süditalien zur Lichtgestalt werden konnte, hat auch mit dieser Vorgeschichte zu tun.

Für mich gehören sie dennoch zusammen, Friedrich und Bari, der Kaiser und die Stadt, auch wenn er seinen Herrscherpalast nach dem Wegzug aus Palermo im 120 Kilometer entfernten Foggia errichten ließ. Friedrich, der Freund der Muslime und Juden, und Bari, die Stadt, über die Nichi Vendola, der schwule, linke, ökologische und katholische Präsident Apuliens, einmal gesagt hat, sie sei dem byzantinischen und arabischen Osten näher als der Mitte Europas. Was für eine Verbindung an einem Meer, durch dessen Mitte noch bis 1989 eine Eiserne Grenze verlief.

Am Corso Vittorio Emmanuele, der mondänen Magistrale von Bari, die die Altstadt von der Neustadt trennt, erinnert eine Gedenktafel an einen Mann, der am 2. März 1925 an dieser Stelle brutal ermordet wurde. Luigj Gurakuqi, heißt es auf der Tafel in beiden Sprachen, sei ein bedeutender albanischer Schriftsteller und Politiker gewesen. Er war aber auch ein Brückenbauer zwischen Bari und Durrës, auf Italienisch Durazzo, dieser südlichen Verbindung an der Adria mit einer Entfernung von gerade einmal zweihundert Kilometern. Gurakuqi, der sich in Albanien schon einige Verdienste bei der Einführung des lateinischen Alphabets erworben hatte, gehörte zu denen, die im November 1912 in Vlora an der Adria ein vom Osmanischen Reich unabhängiges Albanien ausriefen. Nach dem Ersten Weltkrieg wurde er zum erbitterten Gegner des autoritären Ahmed Zogu, der sich 1924 zum Ministerpräsidenten erklärte. Setzte Zogu auf die Hilfe Jugoslawiens, hoffte der gemäßigte Gurakuqi auf die Hilfe des Völkerbundes. Als ihn am 2. März 1925 in Bari die tödlichen Kugeln trafen, erklärte sein Mörder, er habe aus persönlichem Hass gehandelt. Ein italienisches Gericht sprach ihn frei, wohl auch, um die Beziehungen zwischen dem faschistischen Italien und dem Zogu-Regime in Tirana nicht zu belasten.

Ein Unding, wie sie heute in Bari finden. Anlässlich der Aufstellung des Denkmals am Corso sollte Gurakuqi rehabilitiert werden – als Vertreter eines adriatischen Kosmopolitismus, wie der Journalist Michele Argentiero schrieb. Er erinnerte daran, dass Gurakuqis Gedichte sowohl auf Italienisch als auch Albanisch erschienen, und dass er der Gründer der zweisprachigen Zeitschrift *Das albanische Italien* war. Hätte es noch eines Beweises bedurft, um Harry Hodkinsons These von Bari als albanischer Stadt an der italienischen Adriaküste zu belegen – auf dem Corso Vittorio Emmanuele wäre er fündig geworden.

Am Abend spaziere ich durch Libertà, einen Stadtteil, über den der Bareser Schriftsteller Gianrico Carofiglio schreibt: »Libertà, damals ein Scherbenviertel, ist heute ein bizarrer und interessanter Teil der Stadt. Hier wohnen Afrikaner, Asiaten, Albaner, Griechen, Russen, Ukrainer, Rumänen, junge Akademiker, ein paar Schriftsteller, ein paar Künstler, immer noch eine Menge Studenten, die von auswärts kommen, und natürlich eine stattliche Anzahl von Dealern, Hehlern und sonstigen Kriminellen.« Mit seinem Roman *Eine Nacht in Bari* hat Carofiglio, Anti-Mafia-Staatsanwalt und Schriftsteller, ein literarisches Porträt seiner Heimatstadt geschaffen, auf dessen Spuren man wunderbar durch Bari wandeln kann.

Hinter Libertà beginnt *Bari Murratiana*, das Bari von Gioacchino Murat. Der war, so schreibt es Carofiglio, »im Lauf seines Lebens erst gescheiterter Priesteranwärter, dann Wirt, einfacher Soldat, Offizier der Revolution, General Napoleons, Marschall von Frankreich und König von Neapel durch Napoleons Gnaden«. Karrieren als Stadtplaner verlaufen normalerweise anders, doch Murats Tätigkeit als Erneuerer Baris beschränkte sich ohnehin auf ein einziges Dekret: Die Erweiterung Baris südlich des späteren Corso Vittorio Emmanuele, sollte in Gestalt rechtwinkliger Straßen erfolgen, hieß es darin. Seitdem wirkt Bari mit seinen Häuserschluchten ein wenig wie die apulische Variante von Manhattan. Das Besondere an Murats Plan sind die Fluchtlinien. Bevor *Bari Murratiana* Anfang des zwanzigsten Jahrhunderts um die Stadtteile Libertà und Madonella erweitert wurde, öffneten alle Straßenschluchten nach Westen und Osten entweder den Blick aufs Meer – oder eines der markanten Bauwerke, von denen die Neustadt begrenzt wurde: Das Teatro Margherita am östlichen Ende des Corso Vittorio Emmanuele, das Teatro Petruzelli als Ende der Via Putignano, die Handelskammer als Fluchtpunkt der Via Grimma. Es ist eine moderne Bürgerlichkeit, die hier entstand, schreibt Carofiglio, ohne dabei die unsichtbaren Grenzen unter den Tisch zu kehren, die die Neustadt zu den angrenzenden Stadtteilen bildete:

»Wir wohnten auf der Seite der gutbürgerlichen Familien, der komfortablen Wohnungen, der Theater, Buchhandlungen und eleganten Geschäfte. Jenseits der Grenze hingegen lebte eine laute, aggressive und bedrohliche wilde Menge. Da gab es Häuser mit dunklen, übelriechenden Eingängen, Schänken, in denen wüst aussehende Männer um Bier spielten, ebenerdige Wohnungen, aus denen es nach säuerlichem Essen und Bleiche roch.«

Das Bari, das Carofiglio in seinen Büchern entwirft, ist eine Liebeserklärung an eine Stadt der Gegenwart. Das Bari der arabischen Altstadt, das Bari der Staufer, das Bari der Schwaben, kommt bei ihm nur am Rande vor.

Ein rätselhaftes Achteck

Es ist schon spät, als ich auf dem Rückweg auf dem Corso Vittorio Emmanuele die zweite Entdeckung des heutigen Tages mache. Es ist das Logo der *Bancapulia*, der Regionalbank Apuliens, in Gestalt eines Achtecks. Castel del Monte, dieses geometrische Wunderwerk, erfreut also nicht nur Kunsthistoriker und Touristen, sondern auch die Bänker. Vor allem aber ist die Ikone Friedrichs zum Symbol für die Rolle Apuliens in Europa geworden. Eine durchaus selbstbewusste Haltung, schließlich wurde Europa, wie man in Apulien gerne sagt, damals nicht von Deutschland aus, sondern vom Süden Italiens her geeinigt.

Castel del Monte, dieses rätselhafte Bauwerk auf einem Hügel bei Andria, hat die Menschen bis in die jüngste Zeit ins Staunen versetzt. Auch Ferdinand Gregorovius, der Friedrich-Schwärmer des ausgehenden 19. Jahrhunderts, konnte sich bei seiner Italienreise 1875 der Faszination nicht entziehen: »Es ist ein Achteck. Das Material ist der Kalkstein des Hügels selbst, von schöner hellgelber Farbe, zu Quadern geschnitten und auf das Sauberste zusammengefügt. Das Ganze sieht vollkommen aus, wie ein Marmorbau. Es hat nichts, was einer Festung ähnlich ist.« So unklar der Zweck des Baus ist, so unmittelbar ist sein ästhetischer Eindruck: »Die Formen sind von einer klassisch zu nennenden Einfachheit und Reinheit, welche Erstaunen erregt und einen hohen Begriff von der hohenstaufischen Architektur in diesem Lande gibt. Sie war offenbar vom Ideal des Altertums durchdrungen. Man glaubt, hier ein Bauwerk der Frührenaissance vor sich zu sehen.« Und noch etwas hat Gregorovius beobachtet. In Apulien, dieser schiefen Ebene, neigt sich alles der Adria zu: »Wenn der große Hohenstaufenkaiser sich in der Fensterbrüstung jenes Saales niederließ, um Meer und Landschaft zu seinen Füßen zu betrachten, lag vor ihm sein Lieblingsland Apulien, eine weite, zum Meer gesenkte Terrasse, bedeckt mit blühenden Gärten und Feldern, erfüllt von Herden, übersät mit Schlössern und betürmten Städten. Hier zogen an seinem Blick vorüber Hellenen, Römer, Karthager, Byzantiner, Goten, Langobarden, Sarazenen und jene Normannen, deren Erbe sein Vater Heinrich VI. durch Constanza von Sizilien geworden war.

Als Friedrich II. mit dem Bau seines architektonischen Ausrufezeichens begann, war seine Macht in Apulien, seiner *provincia amatissima,* gefestigt. Die deutsche Königskrone war ebenso verteidigt wie die Kaiserkrone, und selbst die Kreuzfahrt, die Friedrich dem Papst versprochen und lange hinausgezögert hatte, wurde ein Erfolg. Nicht mit dem Schwert hatte Friedrich, der Freund der Muslime, Jerusalem erobert, sondern mit dem Wort. Über seinen Freund Emir Fahr ed-Din hatte er mit dem Sultan in Kairo verhandelt und schließlich eine Einigung erzielt. Friedrich war nun auch König von Jerusalem. Im Königreich Sizilien baute Friedrich einen für mittelalterliche Verhältnisse modernen, das heißt zentralistischen Verwaltungsstaat auf. Beamte mussten Rechenschaft ablegen, Bauern konnten vor Gericht ziehen, die friderizianische Universität in Neapel sorgte für die Ausbildung. Friedrich selbst zog es immer wieder zur Falkenjagd und zum Schreibtisch. Sein Buch über die Falknerei ist eines der wenigen Selbstzeugnisse, die wir von diesem Herrscher haben, der sich in dieser Zeit zwischen 1240 und 1250 aufmachte, als einer der Ideengeber der Renaissance in die Geschichtsbücher einzugehen.

Castel del Monte ist ein Rätsel – und die Krone auf dem Lebenswerk Friedrichs. Es kündete schon von Weitem davon, dass ein neues Zeitalter angebrochen war. Die Herrschaft des Geistes, verbündet mit der Gottes. Auch nach der Schilderung von Gregorovius ist oft darüber spekuliert worden, was Castel del Monte denn eigentlich sei: Schloss oder Burg, Wohngebäude oder reines Repräsentieren?

Wahrscheinlich diente dieses Wunderwerk tatsächlich nichts anderem als eben diesem: Das Staunen in die Welt zu bringen. Als ich zum ersten Mal vor Castel del Monte stand, konnte ich verstehen, warum der englische Benediktiner Matthaeus Paris, ein Zeitgenosse Friedrichs, diesen nach seinem Tod 1250 *stupor quoque mundi et immutator mirabilis* nannte, das »Staunen der Welt und deren wunderbarer Verwandler«. Seitdem, schreibt Olaf Rader in seiner Biographie über Friedrich, die zugleich auch eine Wirkungsgeschichte ist, ist dieser Begriff in der Welt: Stupor mundi. Auch Goethe konnte sich diesem Staunen nicht entziehen, obgleich seine Italienreise, wie die vieler anderer Adliger dieser Zeit, nicht nach Apulien führte, sondern nach Neapel und Sizilien. Goethe soll sich, in Sizilien angekommen, immer wieder gewundert haben, warum denn dieser Federico Secondo so verehrt werde. »Erst später hat er gemerkt, dass dieser Friedrich II. nicht der preußische König war, sondern unser Kind aus Apulien«, sagt Leopoldo Bibbo und freut sich, dass auch das Interesse in Göppingen an Friedrich II. wächst. Als 2002 in der Stadt am Fuße des Hohenstaufen die Stauferstele enthüllt wurde, war er selbstverständlich dabei. »Diese Stelen sind eine wichtige Erinnerung daran, dass Friedrich nicht den Deutschen oder Italienern gehört, sondern ein Europäer war.«

1250 war Friedrich im Alter von 55 Jahren an einer Darmerkrankung gestorben – er wurde in der Residenz Fiorentino beigesetzt, von der heute nur noch Ruinen blieben. Davor steht eine Stauferstele. »Wir wollten schauen, ob wir an seinem Todesort, diesem einsamen Hügel in Apulien, nicht ein Zeichen setzen können«, erinnert sich Karl-Heinz Rueß. »Als Erinnerungszeichen. Es sollte aus Stein sein. Vielleicht sogar achteckig, in Anspielung auf Castel del Monte. Und auch auf die Kaiserkrone. Wir haben uns dann mit einem Bildhauer zusammengesetzt und Spenden gesammelt. Weil wir nicht wussten, welche Stellen da in Italien verantwortlich waren, haben wir immer zum Spaß gesagt: Wenn die das nicht wollen, stellen wir es halt auf den Hohenstaufen.« Doch die »italienischen Stellen« wollten. Und auch die deutschen. »Nachdem die erste Stele 2000 stand, ging es weiter«, freut sich Rueß. »Fiorentino, das war das Ende, nun ging es um den Anfang. Der Hohenstaufen ist der Ort, wo der Name herkommt und die Familie ihren Anfang nahm. Wir hatten einen schwäbischen Travertin nach Fiorentino gebracht, also holten wir nun Marmor aus Bari und schufen 2002 ein Pendant auf dem Hohenstaufen.« Weitere Stelen folgten. In Hagenau, am Trifels, in Kloster Neuburg. Inzwischen sind zwanzig Stelen aufgestellt. Nur in Foggia steht noch kein Erinnerungszeichen. Der Denkmalschutz ist gegen den Standort vor dem Torbogen an der ehemaligen Residenz. Der Spender will sich nicht, wie bei der Piazza Göppingen, mit einem entlegenen Ort abfinden lassen.

Auf der Piazza Federico Secondo di Sveva ist das Polizeiauto inzwischen verschwunden, vor der *Bar Castello* drängeln sich die Raucher. Anders als die Altstadt mit ihren Gassen gehört der Friedrichsplatz am Abend ganz den Einheimischen. Ich finde es angenehm, in keine Filmkulisse zu treten wie in Venedig oder Dubrovnik, sondern den Frauen zusehen zu können, wie sie ihre Orecchiette mit der Hand formen. Nicht für die Touristen, sondern für den abendlichen Familientisch. Das Armenhaus des Landes ist Apulien aber nicht mehr, seitdem Nichi Vendola, der ehemalige Bürgermeister Baris, Apulien einen Modernisierungskurs verpasst hat. Italiens Süden schaut nicht mehr nur auf den Norden, sondern auf sich selbst. Ein neues Selbstewusstsein, dem Friedrich, der apulische Junge und europäische Kaiser, sicher nicht hinderlich war. Auch wenn die meisten der Baresi nichts von der Stauferstele wissen: Das Kastell gehört zu ihrer Stadt. Wunderbar angestrahlt ist es an meinem letzten Abend in Bari, als ob die helle Vergangenheit des Orts bis in die Gegenwart leuchtet. Mit seinen Türmen, architektonisch so schnörkellos wie das Achteck von Castel del Monte, ist auch das Bareser Kastell ein Bauwerk, das Staunen macht. Es fällt mir schwer, aufzustehen und meine Sachen zu packen. Mir Kind des Schwabenlandes, der ich in Bari so willkommen bin.

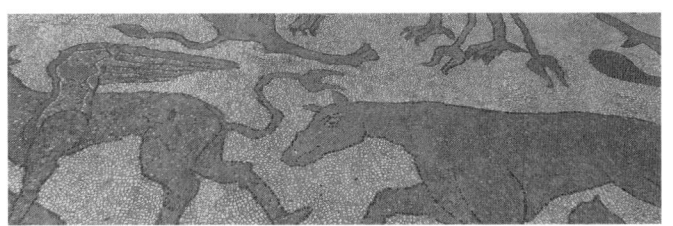

Umkämpfte Meeresenge

AUF DER STRASSE VON OTRANTO

Wäre da bloß nicht der Gestank. Als eine der Ersten haben wir einen Platz auf dem Sonnendeck der *Superfast* ergattert. Der Blick auf die Silhouette von Bari macht etwas wehmütig. Wie ein Postkartenmotiv liegt Apuliens Hauptstadt da: die Häuserfront am Corso Antonio de Tullio, hinter dem sich die Altstadt verbirgt, der Turm der Kathedrale San Sabino, der die Altstadthalbinsel überragt, im Vordergrund die Mole am Hafen mit ihren Fähren, die Apulien mit der anderen Seite der Adria verbinden. Die *Superfast* wird uns nach Igoumenitsa bringen, die griechische Hafenstadt nahe der albanischen Grenze. Eine Fähre, die uns von Otranto bis ins albanische Vlora gebracht hätte, verkehrt nicht mehr. Die Straße von Otranto, die die italienische Adriaküste mit der Gegenküste im Osten verbindet und das Adriatische Meer vom Ionischen Meer scheidet, wird nicht mehr befahren.

Noch hat die *Superfast* nicht losgemacht, immer wieder rollen Lkw auf die Rampe. Aus einem von ihnen kommt auch der Gestank. Ein Viehtransport, beladen mit Rindern auf dem Weg von Italien nach Griechenland. Was für ein hübscher Wink der Götter. Einst wurde der Sage nach Europa gegründet, als Zeus, in einen Stier verwandelt, die schöne Jungfrau Europa von Phö-

85

nizien nach Kreta entführt haben soll. Nun erfolgt der Zivilisationstransfer von Apulien ins Epirus. Armes Griechenland. Wie wird es erst in Albanien sein? Und wie werden sich beide Küsten der Adria voneinander unterscheiden? Welche Spuren wird der Eiserne Vorhang hinterlassen haben, der zwischen Italien auf der einen und Jugoslawien und Albanien auf der anderen Seite verlief. Werden die Konflikte der jüngeren Geschichte schwerer wiegen als die Gemeinsamkeiten in den Epochen davor?

Adria occidentale und *Adria orientale*, das ist in Bari, dieser Stadt, die schon immer mit einem Bein auf dem anderen Meeresufer stand, kein wirklicher Gegensatz. Byzanz hat seine Spuren in der apulischen Hauptstadt hinterlassen, und auch die Albaner haben sie geprägt. Als sie unter Führung ihres Nationalhelden Skanderbeg 1468 nach 25 Jahren den Kampf gegen die Türken verloren geben mussten, war die Adria der Schauplatz eines Massenexodus. Weil sie keine Zukunft mehr in ihrem Land sahen, flüchteten Zehntausende über die Straße von Otranto nach Süditalien. Bis heute, schätzen die Behörden in Bari, sprechen 200 000 Italiener in Apulien Albanisch als Muttersprache – es sind die Arbëresh, die Nachfahren der Flüchtlinge vor mehr als fünfhundert Jahren. Das östliche Erbe ist allgegenwärtig in Bari. In Deutschland oder Österreich dagegen sind die illyrische Küste und Albanien *terra inkognita*. Um wieviel vertrauter ist da den Deutschen und Österreichern die nördliche Adria: Venedig, Rimini, Triest, Istrien. Es ist, als verliefe durch dieses Meer nicht nur eine Ost-West-, sondern auch eine Nord-Süd-Grenze.

Wir legen los und genießen die letzten Anblicke der italienischen Adriaküste – und einen beeindruckenden Sonnenuntergang. Hinter uns liegt das Abendland, das Morgenland werden wir um sechs Uhr in der Früh erreichen.

Sieht so das Paradies aus? Nackte Männer und Frauen turnen auf Bäumen, um sie herum tollen die Tiere, noch haben sie nicht vom Baum der Erkenntnis gekostet. Doch schon im nächsten Bilderzyklus droht das Unheil. Nach dem Sündenfall werden Eva und Adam ihre Nacktheit entdecken, ein Engel vertreibt sie aus dem Paradies. Gleich daneben eine andere Geschichte aus der Bibel: Auf einem Schiffsdeck wimmelt es von Mensch und Tier. Ein Stier ist dabei, eine Gans, eine Antilope, ein Hausschwein. Eine Arche Noah also und mit ihr die Hoffnung, der Sintflut zu entrinnen, zusammengesetzt aus hunderttausenden kleinen Mosaiksteinen. Das Fußbodenmosaik in der Kathedrale Santa Annuziata in Otranto ist das Hauptwerk des Presberytanermönchs Pantaleon. Auf 340 Quadratmetern erstreckt es sich, es ist das größte seiner Art weltweit. Der in Otranto amtierende Erzbischof Jonathan hat dieses Wunderwerk mittelalterlicher Kunst in Auftrag gegeben – und Pantaleon vollendete es in nur zwei Jahren. Das »Rätsel von Otranto« hat der Kunsthistoriker Carl Arnold Willemsen das von 1163 bis 1165 entstandene Bodenmosaik einmal genannt.

Otranto hatten wir am Tag vor unserer Abreise von Bari nach Igoumenitsa besucht. In der östlichsten Stadt Italiens mit ihren knapp 6000 Einwohnern, endet die Adria, es beginnt das Ionische Meer. Doch dieser Übergang ist es nicht, der das Faszinosum der Kleinstadt ausmacht. Es ist die Nähe zum Osten, zur albanischen Küste, zum Morgenland, das hier nur 72 Kilometer entfernt liegt. Bei gutem Wetter kann man die Gegenküste mit den Gipfeln des Ceraunischen Gebirges erkennen. Manche nennen die Straße von Otranto deshalb auch eine Meeresenge. Der Lebensbaum des Pantaleon in der Kirche Santa Annunziata gibt sich aber nicht mit vordergründiger Geographie, mit Meeresengen, Meeresstraßen und Meeresenden ab. Auf seinem Fußbodenmosaik geht es nicht um die ersten, sondern die letzten Dinge. Vielleicht muss das so sein an einem Ort am Ende des italienischen Stiefelabsatzes, der ein bisschen auch vom Ende der Welt kündet. Was ist Mythos, was Wirklichkeit? Welche

Botschaft hält das Lebenswerk des Pantaleon bereit? Oder bleibt es für immer ein Rätsel?

Nun, da sich die *Superfast* auf dem offenen Meer befindet, stellen sich die Fragen, die das Bodenmosaik in Otranto aufgeworfen hat, umso dringender. Wir kreuzen schließlich nicht zwischen Triest und Ancona, sondern in einem Meer des Südens. In einem Meer, in dem es vor Sagen und Mythen genauso wimmelt wie auf dem Meisterwerk des Preberytanermönchs aus dem 12. Jahrhundert. Welchen Weg hat Odysseus genommen, als er von Troja nach Ithaka zurückkehrte? Wo traf Aeneas mit seinem Vater auf dem Rücken, auf das italienische Festland, bevor er Rom gründete? Die Grenzen zwischen Geschichte und Sagenwelt verschwinden. Ich beuge mich kurz über die Reling. Der Lkw mit den Stieren an Bord ist immer noch an Ort und Stelle.

Beginnender Ost-West-Gegensatz

Als der Presberytanermönch Pantaleon im Jahre 1165 sein Mosaik auf dem Fußboden von Santa Annunziata in Otranto vollendet hatte, war der Süden Italiens nicht mehr byzantinisch. Knapp hundert Jahre zuvor hatten die Normannen Apulien erobert – die südliche Adria war nicht mehr der gemeinsame politisch-kulturelle Raum, der er unter der Herrschaft Konstantinopels gewesen war. Margit Mersch und Ulrike Ritzerfeld nennen den Herrschaftswechsel in ihrem Buch *Lateinisch-griechisch-arabische Begegnungen* einen »grundlegenden Einschnitt«: »Mit der normannischen Eroberung kam eine Spannung in die apulische Gesellschaft, eine Spannung zwischen Orient und Okzident, zwischen ›byzantinischer‹ und ›westlicher‹ Kunst.«

Byzantinische Zentralkuppelbauten wie San Pietro in Otranto aus dem 10. Jahrhundert wurden nun abgelöst von einschiffigen Kirchenbauten mit Apsis oder Kirchen mit einem Langhaus wie Santa Annunziata. Das Fußbodenmosaik zählt wohl zu den dezidiert westlichen Kunstwerken. In den Inschriften des Mosaiks sind nicht nur der Künstler, Pantaleon, und der Auftraggeber, Erzbischof Jonathan, genannt, sondern auch der regierende Normannenherrscher Wilhelm I. Die Einheit der Adria, von der Braudel gesprochen hatte, war vorerst zu Ende – und das nicht nur in der Kunst. Das Rätsel von Otranto steht am Beginn einer Epoche, in der die Straße von Otranto zum Austragungsort wachsender kultureller und später auch militärischer Konflikte wurde.

Die Hinterlassenschaften der Trennung von Abendland und Morgenland haben wir in Otranto auf dem Weg zum gleichnamigen Kap entdeckt. Riesige Abhöranlagen des italienischen Militärs, die westliche Art der Aufrüstung am Eisernen Adriavorhang. Den östlichen Part bildeten die Bunker an der albanischen Küste. Wann aber sind aus Okzident und Orient unüberbrückbare Gegensätze geworden? Gibt es gar einen Faden, der von dem »grundlegenden Einschnitt«, hin zur späteren Trennung Europas in einen »Westblock« und einen »Ostblock« reicht? Oder hat die Trennung schon früher begonnen? War es die Verlegung des römischen Machtzentrums von Rom nach Konstantinopel im Jahre 330 nach Christus, dem neuen Rom, das Kaiser Konstantin hatte errichten lassen? War es die Teilung Roms in eine östliche und eine westliche Hälfte 65 Jahre später? War es jene Zeit nach dem Untergang Westroms 476 nach Christus, als in Rom auf dem Kapitol die Schafe weideten, während sich Byzanz als Bewahrerin des *Imperium Romanum* und des antiken griechischen Erbes rühmte? Oder begann der adriatische Ost-West-Konflikt erst mit dem Vormarsch der Türken auf dem Balkan? Aus dieser Zeit stammen die zahllosen Wehrtürme an der apulischen Küste. In Otranto sind es der Torre Fiumicelli, der Torre del Serpe, der Torre dell'Orte und der Torre

Sant'Emiliano, mit denen die Aragoner und später Kaiser Karl V. im 16. Jahrhundert Verteidigungsbereitschaft gegen die »türkischen und berberischen Seeräuber« demonstrierten. Die Begriffe Westen und Ostblock, die in der zweiten Hälfte des 20. Jahrhunderts unser Bild von der Adria geprägt haben, haben eine lange Vorgeschichte. Daran ändert auch die Tatsache nichts, dass zu Beginn der überlieferten adriatischen Geschichte die Barbaren im Westen hausten und die Kulturbringer aus dem Osten kamen. In seiner *Odyssee*, dieser ersten Reisereportage der antiken Literatur, lässt Homer den Odysseus im neunten Gesang auf den Zyklopen Polyphem treffen. Die Zyklopen, wilde, einäugige Riesen, die rohes Fleisch essen, sind in dieser Dichtung, die im achten oder siebten Jahrhundert vor Christus parallel zur griechischen Kolonisierung des Mittelmeers und der östlichen Adria entstanden ist, das Gegenbild zur antiken griechischen Zivilisation.

Bereits der britische Autor Harry Hodgkinson hatte vorgeschlagen, die Odyssee als ethnographischen Text zu lesen. Die Insel, auf der die Zyklopen der *Odyssee* leben, so Hodgkinson, »ist einer dieser Orte, die die Griechen später kolonisieren, weil der Druck zu Hause zu groß geworden ist.« Ein Ost-West-Gegensatz an der Adria war das aber noch nicht. Selbst wenn die Zyklopenszene der Odyssee an der östlichen Adriaküste gespielt haben sollte, wurde diese von der griechischen Kolonisation nur gestreift. Homer lässt seinen Odysseus, bevor es wirklich zum *Clash of civilizations* kommen kann, einfach weiterziehen. So wie auch Vergil seinen Aeneas weiterschickt. Sein Ziel war nicht die Adria, sondern das *Mare Inferum*, das Tyrrhenische Meer. Auch in der Mythenwelt der Griechen und Römer ist die Adria ein Nebenmeer der Geschichte.

Wenn es dagegen die Türken waren, die den Ost-West-Gegensatz an die Adria brachten, dann begann diese Vorgeschichte in Otranto dreihundert Jahre nach der Fertigstellung des Bodenmosaiks. Im Juli 1480 drängten sich Menschen in

Todesangst auf dem Lebenswerk des Pantaleon. 800 Bewohner von Otranto hatten sich in der Kathedrale Santa Annunziata verschanzt. Sie hatten sich geweigert, dem muslimischen Glauben beizutreten, worauf der osmanische Feldherr Gedik Ahmed Pascha ihre Ermordung angeordnet hatte. Die Flucht zum Lebensbaum hatte den Standhaften nicht geholfen, vor den Toren der Stadt waren sie schließlich ermordet worden. Die Leichname der Christen ließen die Türken auf freiem Felde liegen. Später wurden ihre Gebeine eingesammelt und in der Krypta von Santa Annunziata aufbewahrt. Das ist die kurze Fassung der Geschichte um die »Märtyrer von Otranto«.

Vielleicht war die ganze Geschichte aber etwas komplizierter. Unbestritten ist, dass das Osmanische Reich nach der Eroberung Konstantinopels durch Sultan Mehmed II. 1453 sein Herrschaftsgebiet rasch ausgeweitet hat. Im südlichen Albanien hatte diese Westerweiterung des Osmanischen Reiches schon zuvor begonnen. Nach der Eroberung von Vlora 1417 beherrschte nicht mehr Byzanz den östlichen Teil der Straße von Otranto, sondern die Hohe Pforte in Istanbul. Auch Mehmed wusste um die strategische Bedeutung der Meeresenge. Wer sie beherrschte, beherrschte die Adria. Also setzten am 28. Juli 1480 rund 18 000 Kämpfer über das Meer und begannen mit der Belagerung Otrantos. Freilich blieben die Bewohner standhaft und verweigerten die Kapitulation. Am 11. August wurde die Stadt eingenommen – und das Drama von Otranto nahm seinen Lauf. Zum christlichen Mythos wurde vor allem die Geschichte von Antonio Pezzulla, einem alten Schneider, der auch als »Il Primaldo« bekannt war. Ihm war die Führung der Stadt übertragen worden. Weil Pezzulla sich weigerte, zum Islam überzutreten, wurde er am 14. August enthauptet. Dabei soll sich das Wunder ereignet haben, dass sein Körper nach der »stehenden Enthauptung« nicht zusammenbrach, und es auch dem Henker nicht gelang, seinen leblosen Leib umzuwerfen.

Bis heute wird der 14. August in Otranto als Heldentag gefeiert. Die Märtyrer erfuhren in den folgenden Jahrhunderten höchste kirchliche Weihen. 1539 wurde das Verfahren zur Seligsprechung eingeleitet, 1771 wurden die Opfer von Papst Klemens XIV. selig gesprochen. Den nächsten Schritt leitete Papst Benedikt XVI. 2007 ein. Er ordnete die kanonische Anerkennung des Martyriums an. 2013 schließlich sprach Papst Franziskus Antonio Pezzulla alias »Antonio Primaldo« und seine Mitstreiter heilig. *Mamma li Turchi*, Mama, die Türken kommen, heißt es noch heute in Apulien. Der Kulturkampf um die Straße von Otranto und mit ihm um die westliche und östliche Adriaküste hält sich bis in unsere Tage.

Doch spielte sich das Geschehen damals tatsächlich so ab, wie es die katholische Kirche in Rom behauptet? Der Historiker Hubert Houben hat da seine Zweifel. Zwar sei es »unstrittig, dass das osmanische Heer am 11. August 1480 nach 14-tägiger Belagerung Otranto eroberte, nachdem die Einwohner es abgelehnt hatten, sich zu ergeben«, meint der Mediävist. Allerdings, so Houben, berichtete »keiner der befragten Zeugen (…) von einer Aufforderung zur Konversion zum Islam«.

Weshalb aber dann die Legende? Houben meint, dass die Erzählung von den Märtyrern von Otranto durchaus im Einklang mit der Selbstwahrnehmung der Bewohner entstand: »Die 800 ›Märtyrer‹ wurden zum Symbol der lokalen Identität der Stadt Otranto, die sich als ein Bollwerk des Christentums gegen die Türkengefahr verstand.« Ein Kulturkampf soll sich da in Otranto abgespielt haben: Christen gegen Muslime, West gegen Ost, Zivilisation gegen Barbarei. Es war also weniger die normannische Eroberung von Byzanz als der Kampf des christlichen Abendlandes gegen den Islam, der den Urknall des adriatischen Ost-West-Konfliktes darstellte.

Bis heute ist diese Lesart verbreitet. So schreibt etwa der katholische Jurist und italienische Senator Alfredo Mantovano:

»Im Jahre 1453 hat Mehmed II., an der Spitze einer Armee von 260 000 Türken, Byzanz erobert, das ›zweite Rom‹, wie es damals hieß. Von diesem Augenblick an entstand der Plan auch das ›erste Rom‹ in seinen Besitz zu bringen – und den Petersdom in einen Stall für seine Pferde zu verwandeln.«

Ganz im Duktus der italienischen Neofaschisten beschwört Mantovano die Einheit des Christentums – und zieht zugleich eine Parallele zur Flüchtlingsproblematik und Integrationsdebatte der Gegenwart. Auch heute werde Europa wieder angegriffen. Zwar sei der Feind nicht so deutlich erkennbar wie damals. Doch das mache die Gefahr umso größer. Nur eine homogene Gesellschaft könne diesen Attacken widerstehen. Eine multikulturelle Gesellschaft würde dagegen dem islamischen Feind in die Hände spielen. Man könnte diesen Aufruf zum Religionshass als extremistische Position abtun. Freilich hat sie sich die katholische Kirche – zumindest indirekt – zu eigen gemacht. Die Anerkennung des Martyriums durch den deutschen Papst Benedikt XVI. beinhaltete ausdrücklich die Feststellung des *odium fidei*. Das Motiv der Muslime sei der »Hass gegen den christlichen Glauben« gewesen.

Kaum hatte Gedik Ahmed Pascha, der Heerführer Mehmeds II, am 11. August 1480 Otranto eingenommen, stockte der angebliche Marsch auf das »erste Rom«. Statt von der Adria aus die italienische Halbinsel zu erobern, sicherten die Türken zunächst ihren Brückenkopf. Auch die Überfälle auf Brindisi oder Vieste am Gargano, die die Türken zu Schiff über die Adria unternahmen, dienten eher der Einschüchterung als der militärischen Expansion. Den Eroberern war weitaus mehr am Ausbau der Staatlichkeit und der Sicherung ihrer Herrschaft als am Übertritt der Bevölkerung zum Islam gelegen. Bald schon wurde ein Großteil der Truppen wieder abgezogen. Als Mehmed II. am 3. Mai 1481 starb, setzten neapolitanische Truppen zur Rückeroberung Otrantos an. Am 23. August 1481 war

Otranto wieder in christlicher Hand – und aus Santa Annunziata, zwischenzeitlich zu einer Moschee umgebaut, wurde wieder eine christliche Kathedrale. Das Emirat von Bari von 847 bis 871 und die türkische Eroberung Otrantos blieben die beiden einzigen Episoden des Islam auf der italienischen Seite der Adria.

Umso größer war die propagandistische Ausschlachtung. Am 13. Oktober 1481, so will es die katholische Legende von diesem »Kampf der Kulturen«, wurden die Gebeine der 800 Leichen, die am 14. August 1480 ermordet worden waren, auf einem Feld vor der Stadt aufgefunden und in der Kathedrale Santa Annunziata beigesetzt. So lebendig ist diese Erzählung bis heute, dass ein Großteil der Besucher in der Kathedrale nicht wegen des Bodenmosaiks von Pantaleon kommt, sondern wegen der heiliggesprochenen »Märtyrer von Otranto«. Als sich im August 1980 die angebliche Massenexekution zum fünfhundertsten Male jährte, war sogar der damalige Papst Johannes Paul II. in die Stadt gekommen, deren Meeresenge die christliche Adria von der muslimischen trennt.

Auf nach Albanien

Am nächsten Morgen sind wir bereits vor Sonnenaufgang an Deck. Aus dem Laster mit den Rindern auf der Laderampe steigt kein Gestank mehr nach oben, die frische Brise hat ihn wohl vertrieben. Wir sind gerade noch rechtzeitig gekommen, um die Einfahrt der *Superfast* in die Straße von Korfu zu erleben. Rechts vor uns liegt die Insel, die lange Zeit ein venezianischer Vorposten vor der osmanischen Adriaküste war. Zur Linken erstreckt sich die albanische Küste mit der Bucht von Saranda. Nur zweitausend Meter breit ist die am dichtest befahrene Wasserstraße südlich der Adria. Anders gesagt: Zur Zeit des Kalten Krieges trennten das Nato-Mitglied Griechenland nur zwei Kilometer vom kommunistischen Albanien.

Welches Bild haben wir von Albanien? Diese Frage drängt sich in der Straße von Korfu förmlich auf. Je heller es dämmert, desto schärfer erkennen wir die Umrisse der zahllosen Bunker, die die Küstenlinie säumen. 750 000 dieser Betonpilze hat Albaniens Diktator Enver Hoxha in den siebziger und achtziger Jahren in seinem Land aufstellen lassen – auf vier Albaner kam ein Bunker. Wie viel Paranoia muss damals in diesem Land geherrscht haben, das sich peu a peu vom Rest der Welt abwandte. Erst vom sozialistischen Jugoslawien, von dem es sich 1947 lossagte, dann 1968 von der Sowjetunion und schließlich noch vom letzten Verbündeten China. Bis 1989 sind kaum Informationen aus dem Land gedrungen, in dem im siebten Jahrhundert vor Christus die griechische Kolonisierung der Adria begonnen hatte. Und wenn, dann waren diese Nachrichten so skurril, dass sie ohnehin keiner geglaubt hätte. Die Bunker gehörten zu diesen Skurrilitäten ebenso wie das Verbot privater Autos. Selbst die Minister Hoxhas mussten darauf verzichten. Hoxha selber fuhr, standesgemäß, eine Daimlerlimousine. Ob das wohl ein Grund dafür ist, dass Albanien heute die höchste Dichte an Wagen des Stuttgarter Automobilbauers in ganz Europa hat?

Der Balkan, das ist nach wie vor eine Metapher für das Rückständige. Doch neben den »wilden Barbaren« gab und gibt es immer noch die Vorstellung vom »edlen Wilden«. Ihn hat vor allem Karl May mit seinen Orientbüchern populär gemacht. So ritten Kara Ben Nemsi, der deutsche Abenteurer und sein treuer Gefährte Hadschi Halef Omar durch das »Land der Skipetaren« und seine »finsteren, drohenden, kalten Schluchten«. Ein Christ und ein Moslem, die sich gegenseitig bekehren wollten. Der Schriftsteller aus dem sächsischen Radebeul, der den Balkan nur aus Büchern kannte, entwarf in seinen Romanen einen kulturellgeografischen Raum, der ebenso vom Kampf der Kulturen geprägt war wie die Straße von Otranto zu Zeiten Mehmeds des Eroberers. Als der Sultan nach der Eroberung Konstantinopels seinen Fuß auf den Balkan setzte, konnte noch niemand wissen, dass die osmanische Herrschaft auf der Balkanhalbinsel erst 1912 enden würde – im gleichen Jahr, in dem Albanien seine Unabhängigkeit erlangte. Bis dahin herrschte die Hohe Pforte nicht nur über die Schluchten, die Karl May beschrieben hat, sondern auch über die albanische Adriaküste bis hinauf nach Kotor.

Albanien, das ist bis heute eine wilde Mischung, in der das archaisch Vormoderne seinen Platz in Europa gehalten hat. Was daran ist Wirklichkeit, was westlich geprägter »Orientalismus«? Immerhin hatte Karl May keine Skrupel gehabt, seinen Hadschi Halef Omar Ben Hadschi Abul Abbas Ibn Hadschi Dawuhd al Gossarah am Ende den christlichen Glauben annehmen zu lassen.

Die *Superfast* hat die Straße von Korfu durchfahren und nähert sich dem Hafen von Igoumenitsa. Bald werden wir an jener Küste sein, die kaum einer der adriatischen Urlauber in Caorle oder Rimini je zu Gesicht bekommen hat. Auch in Griechenland ist Albanien noch immer eine Blackbox. Erst nach langem Fragen konnte uns jemand erklären, wie wir zur Grenze kommen. »Ihr müsst über Mavroudi nach Filiates, dann wieder Richtung Küste nach Sagiada, von dort sind es nur noch ein paar Kilometer bis Mavromati. Auf der anderen Seite liegt die albanische Grenzstadt Konispol.« Auf der Karte war der Weg nur als unbedeutende Landstraße eingezeichnet, auf den Straßenschildern fehlte der Hinweis auf Albanien völlig. Von der gemeinsamen Geschichte in Epirus, jenem Gebirge, das sich zu beiden Seiten der griechisch-albanischen Grenze erstreckt und im Osmanischen Reich von beiden Ethnien bewohnt wurde, scheint nicht viel geblieben zu sein. Umso mehr dagegen von den nationalen Konflikten, die dem Rückzug der Türken vom Balkan 1912 folgten. Und bis heute ihren Nachklang haben. Als illegale Arbeiter auf

Adriablau auf der kroatischen Insel Lošinj

In Apulien wähnt man sich manchmal in Griechenland

Im italienischen Termoli lässt es sich entspannt aufs Meer schauen

Der »Strand« von Dubrovnik – auch im Oktober sind noch Sonnenbäder erlaubt

Trabucchi nennt man die traditionellen Pfahlbauten zum Fischfang an der apulischen Küste

Siesta am Platz der Republik in Split

Straßenszene in Shkodra in Albanien, unweit des gleichnamigen Sees gelegen

Chioggia – die kleine Stadt im Süden der Lagune ist ein Venedig *en miniature*

Direkt am Meer gelegen: die Kathedrale San Nicola Pellegrino in Trani

Altäre wie dieser finden sich in Bari an vielen Hauswänden

Rab auf Rab - hinter der Skyline der Inselhauptstadt sieht man die karge Küste von Pag

Muslime bilden die Mehrheit der Bevölkerung in Ulcinj, Montenegro

dem Bau sind die Albaner in Griechenland gerne gesehen, ansonsten werden sie wie Menschen zweiter Klasse behandelt.

Am nächsten Abend verstehen wir die Welt nicht mehr. Kaum hatten wir den Grenzübergang Mavromati-Konispoli passiert, waren die Schlaglöcher verschwunden, unser altersschwaches Auto bekam endlich wieder Asphalt unter die Reifen. Vier bis sechs Stunden, hatte man uns gewarnt, bräuchten wir bis Saranda. Tatsächlich war es nur eine dreiviertel Stunde. Dass die albanische Küstenstraße SH 8 mit EU-Mitteln inzwischen auf westlichen Standard gebracht wurde, hatte wohl in keiner griechischen Zeitung gestanden. Doch das sollte nicht die einzige Überraschung sein. Anders als Igoumenitsa, die etwas heruntergekommene Kleinstadt, die ihre Bekanntheit einzig dem Fährhafen zu verdanken hat, ist das albanische Saranda proper herausgeputzt. In den Cafés an der Promenade gibt es italienischen Espresso, die Tourismusinformation ist in einem avantgardistischen Ufo-Neubau untergebracht, die Hochhäuser, die die Promenade säumen, machen nicht den Eindruck von Bauruinen wie in Griechenland. »Shijoni Sarandan, merrni kënaqësinë!« begrüßte uns ein Spruchband in der Innenstadt, »Genießen Sie Saranda, seien sie zufrieden!«

Zufrieden sind wir tatsächlich, als wir am nächsten Abend in Borsh bei Wein, Fisch und Wellengang unseren ersten Tag in Albanien Revue passieren lassen. Dem Auftakt in Saranda war eine herrliche Fahrt über die Küstenstraße entlang der albanischen Riviera gefolgt. Als »letztes Paradies am Mittelmeer« hat einst die *Berliner Zeitung* diese Küste genannt, die noch nicht zur Adria, sondern zum Ionischen Meer gehört – und das war nicht übertrieben. Nach Borsh, das Fischerdorf, in dem es nur ein, zwei Hotels gibt, brachte uns eine Stichstraße von den Bergen hinunter. Wir quartierten uns im »Hotel Take« ein, eine kleine Herberge, die von einer jungen Frau betrieben wird, die Englisch spricht. Ihr Vater ist Weinbauer, Ziegenhirt und Fischer in einem. Dorade, Ziegenkäse, Grillgemüse und kühler Rotwein – das war tatsächlich ein Paradies auf Erden. Nur der Blick vom Balkon auf das Nachbargrundstück hat uns verraten, dass es auch noch andere Möglichkeiten geben muss, sein Geld in Albanien zu verdienen als mit Fisch, Käse und Wein. Hinter meterhohen Zäunen und von der Kiesstraße am Strand nicht einsehbar, parkten mehrere SUV's auf dem Grundstück. Noch immer ist der Menschen- und Zigarettenschmuggel in Albanien ein einträgliches Geschäft. Wohl auch im Paradies an der albanischen Riviera.

Die Irrfahrt der »Vlora«

Den 8. August 1991 haben die Menschen an der albanischen Adria bis heute nicht vergessen. Wochenlang kursierten damals Gerüchte, dass Italien seine Grenzen für Flüchtlinge aus Albanien schließen wolle. Mehr als 30 000 Albaner hatten zu diesem Zeitpunkt bereits die Straße von Otranto überquert. Auslöser für die Massenflucht waren die albanischen Wahlen im März 1991 gewesen, aus denen die kommunistische Arbeiterpartei überraschend als Sieger hervorgegangen war. Viele sahen die Hoffnung auf grundlegende Reformen enttäuscht – und kehrten ihrem Land den Rücken. Der *Spiegel* sprach von einem »gefährlichen Sommer«. Auch nach dem Fall des Eisernen Vorhangs war die Adria ein Pulverfass – sie sollte es bis zu den Balkankriegen der neunziger Jahre bleiben. Tatsächlich hatte Italien den Flüchtlingen ein Ultimatum gesetzt. Wer bis zum 31. Juli im Land war, durfte auf ein Bleiberecht hoffen, sofern er Arbeit gefunden hatte. Alle anderen sollten den Heimweg über die Straße von Otranto antreten. Um der Regierung in Tirana die Rückkehr schmackhaft zu machen, kündigte Rom ein millionenschweres Hilfsprogramm an. Doch der Erfolg war mager, berichtete ein italienischer NGO-Mitarbeiter im Dezember 1991 aus Albanien: »Bis ich hierherkam, hatte ich Hunger nur auf Fotos gesehen. Kinder, meist schwarze, mit Wasserbäuchen und fliegenumschwärmten nassen Augen, ausgemergelte Alte, Skelette. Hier habe ich erstmals gesehen, dass Hunger sich nicht nur im Blick oder in der durchsichtigen Haut ausdrückt. Für mich, der ich Hunger nur aus einer Dreitage-Diät kannte, war unvorstellbar zu sehen, wie der Hunger Menschen zu Bestien macht.«

Angesichts der Hungersnot in Albanien war Flucht für viele die einzige Rettung. In der Hafenstadt Durrës hatte diese Hoffnung einen Namen – *Vlora*. Seit Tagen lag der schrottreife Frachter vor Anker. Über Mund-zu-Mund-Propaganda hatte sich herumgesprochen, dass er bald auslaufen sollte. Kurzerhand stürmten Tausende die *Vlora* und zwangen den Kapitän den Hafen zu verlassen – mit Kurs auf die apulische Adriaküste. Ein Akt der Piraterie aus schierer Verzweiflung.

Dass das Schicksal der *Vlora* bis heute nicht vergessen ist, hat viele Gründe. Einer davon ist, dass bis zum Auslaufen über 10 000 Menschen den Frachter geentert haben – die Bilder von ausgemergelten Menschen, die sich über die Reling beugen, gingen um die Welt. Nach tagelanger Irrfahrt erreichte die *Vlora* schließlich Bari. Italiens Ministerpräsident Giulio Andreotti gab den Befehl aus, dem Schiff die Zufahrt in den Hafen zu verweigern. Doch der Kapitän, der sich seit dem Auslaufen aus Durrës in der Gewalt der Flüchtlinge befand, erklärte die *Vlora* kurzerhand für seeuntüchtig. Eine Rückkehr nach Albanien sei unmöglich. Als es auf der *Vlora* zu Krawallen kam und einige Flüchtlinge mit Selbstmord drohten, gab Rom nach. Doch die Odyssee war damit nicht zu Ende. Statt in Flüchtlingslagern brachten die Behörden die 10 000 Menschen im Stadion von Bari unter. Asylanträge durften sie nicht stellen. Um mögliche Ausschreitungen zu verhindern, wurden die Elenden aus der Luft versorgt. Flugzeuge warfen über dem Stadion Lebensmittelpakete ab. »Wenn wir heute diese Bilder sehen«, schrieb der Schriftsteller Gianrico Carofiglio in seinem Roman *Eine Nacht in Bari*, »verspüren wir ein Gefühl der Entfremdung. Während die Geschichte hier durchzog, waren wir nicht wirklich hier. Aber auch nicht woanders.«

Doch es half nichts. Mit Eisenstangen versuchten die Flüchtlinge aus dem italienischen Käfig auszubrechen, es kam zu blutigen Auseinandersetzungen. Der *Spiegel* sprach von einem »dantesken Inferno aus dem dunkelsten Mittelalter«, das über das »schmucke Bari, den Stolz Apuliens« hereingebrochen sei. »Stadion della Vittoria« hieß die ausgediente Fußballarena, die den 8. August 1991 auch in Italien zu einem symbolischen Datum werden ließ. Aber wer hat den Sieg im Siegesstadion davongetragen?

Nach den Ereignissen im August wurden die 10 000 Boat-People von Bari in nur zwei Wochen nach Albanien zurückgebracht. Amnesty International bezeichnete diese Massenabschiebung als illegal, weil es zuvor keine Einzelfallprüfung gegeben hatte. Doch der Zustimmung der Bevölkerung, die in den Monaten zuvor überaus hilfsbereit gewesen war, konnte sich Rom inzwischen sicher sein. Nicht nur die italienische Rechte, die in Person des Katholiken und Senators Alfredo Mantovano eine Linie vom Massaker von Otranto zu den albanischen Flüchtlingen zog, machte Stimmung, sondern auch die Linke. Fünfhundert Jahre nach dem Massenexodus der Albaner, der auf die Niederlage Skanderbegs gegen die Türken folgte, waren die Albaner keine Freiheitshelden mehr, sondern Hungerleider und Kriminelle. Daran änderte sich auch nichts, als im März 1997 78 Albaner in der Adria ertranken. Ein Boot der italienischen Küstenwache hatte das Flüchtlingsschiff gerammt. Alleine 1999 starben 340 Menschen auf der Flucht übers Meer. Die Straße von Otranto heißt in Albanien seitdem »Kanal der Tränen«.

Es ist später Nachmittag, als wir in Vlora eintreffen, der zweitgrößten Küstenstadt Albaniens, nach der der Flüchtlingsfrachter vom 8. August 1991 benannt war. Eigentlich wollten wir schon früher in der Adriastadt ankommen, doch die albanische Küstenstraße SH 8, die bis Saranda und entlang der albanischen Riviera in einem ausgezeichneten Zustand ist, erwies sich auf der Fahrt über den Llogara-Pass als Hindernis. Um die 1027 Meter über dem Meer gelegene Passhöhe im Akroceraunischen Gebirge zu erreichen, müssen zahlreiche Serpentinen genommen werden. Eine jede der unzähligen Schluchten mussten wir bis zum Ende ausfahren, Tunnel und Brücken gibt es nicht. Nicht einmal der Ausblick von oben war uns vergönnt. Rund um die Raststätte »Panorama« herrschte dichter Nebel.

Der Llogara-Pass ist nicht nur eine abenteuerliche Straße durch die albanischen Berge. Als Gegenüber von Otranto an seiner gleichnamigen Meerenge scheidet er auch das Ionische vom Adriatischen Meer. Den Unterschied spürten wir, als wir die Nordseite Richtung Orikum hinabfuhren. Keine karge und steinige Berglandschaft hatten wir vor Augen, sondern eine bewaldete und grüne Landschaft, in der es um einige Grad wärmer war als im Süden. So hieß uns die Adria diesmal also mit gutem Wetter willkommen, auch wenn die wildromantische Küste nun zu Ende war. Das albanische Adrialand bis zur Grenze nach Montenegro ist flach. Dafür gibt es ausgedehnte Sandstrände. Die Topografie der albanischen Adriaküste hatten sich schon die Römer zu eigen gemacht. Im Jahre 48 vor Christus landete Gaius Julius Caesar in der weitläufigen Bucht von Vlora und zog gegen Pompeius in die Schlacht von Dyrhachium. Dass der römische Bürgerkrieg an der albanischen Adriaküste ausgefochten wurde, war nicht erstaunlich. Die illyrischen Provinzen zählten im Römischen Reich keineswegs zur Peripherie.

Wer die 72 Kilometer breite Straße von Otranto beherrscht, beherrscht auch die Adria: Aulon, wie die Römer Vlora nannten, hatte eine strategische Bedeutung – und die bestimmte auch die Geschichte der Stadt am östlichen Ende der Meerenge. 1081 waren es die Normannen, die von Bari aus über die Adria setzten und die Stadt verwüsteten. Anschließend setzten sie ihren Weg über die *Via Egnatia* nach Konstantinopel fort. Die umgekehrte Richtung nahmen mehr als hundert Jahre später die Byzantiner. Nach der Zerstörung Konstantinopels im Vierten Kreuzzug gründeten sie 1204 in Vlora das Despotat Epirus, ein Nachfolgestaat des Byzantinischen Reiches. Nach einem kurzen Intermezzo, in dem Vlora zum Königreich Sizilien der Anjou gehörte, kamen 1417 die Türken. Vlora war damit die erste Stadt an der Adria, die zum Osmanischen Reich gehörte. Vom römischen Aulon leiten sich übrigens auch der griechische und türkische sowie der italienische Name der Stadt ab, Avlona und Valona.

Am Strand haben wir ein Café gefunden. Leider stehen auf der Karte nur Getränke. Kein Problem, meint der Kellner, was wünschen Sie? Haben Sie Salat?, fragen wir ihn. Kein Problem, wiederholt er und verschwindet. Eine halbe Stunde später staunen wir über einen klapprigen Mercedes, der vor uns am Strand eine Sandwolke aufwirbelt. Kurz darauf kommt der Kellner und bringt den Salat. Noch nie zuvor hat uns ein Mercedes mit Nahrung versorgt. Am Nachbartisch sitzen zwei orthodoxe Popen. Anders als an der albanischen Riviera, die zum Ionischen Meer gehört, ist die Mehrheit an der Adria aber nicht mehr orthodox. In Vlora sind wir an der islamischen Küste angekommen. So wie vor fünfhundert Jahren der französische Abenteurer Jean Carlier de Pinon. 1579 war er mit Freunden von Venedig nach Alexandria gesegelt und hatte auch der albanischen Küste einen Abstecher abgestattet. Über Vlora schrieb er: »Wie die meisten türkischen Städte hat Vlora keine Mauern und Gräben. Es liegt sechshundert Meilen von Venedig entfernt, gehört zu Albanien, wird aber von den Türken verwaltet, die hier ein Sandschak eingerichtet haben. Die Lage ist sehr reizvoll. Man findet viele Zypressen, und der Boden ist fruchtbar. Vlora ist am Ufer eines Flusses gebaut, der breiter als tief ist und von der Stadt ins Meer fließt. Es gibt fünf Moscheen, wie die muslimischen Kirchen heißen, zu denen schmale weiße Minarette oder Uhrentürme gehören. Die Stadt wird von Türken (Muslimen), Juden und Griechen (orthodox) bewohnt. Weizen, Wein und Fleisch sind preiswert. Im Süden gibt es eine Festung, die den Hafen beherrscht. Ihre Ausmaße sind enorm, ihre Gestalt ist rund. Eine Hälfte geht zu den Bergen, die andere öffnet den Blick aufs Meer.«

Das wohlhabende, mächtige Vlora zur Türkenzeit: Was für ein Gegensatz zum »dantesken Inferno aus dem dunkelsten Mittelalter«, das sich in den neunziger Jahren abspielte. Aber auch Anfang des 20. Jahrhunderts, als die Albaner die Türkenherrschaft abgeschüttelt haben, ging es der Stadt an der albanischen Adriaküste nicht schlecht. 1912, da hatten die Albaner endlich ihren Nationalstaat, wurde Vlora sogar zur ersten Hauptstadt. An der Adria wehte nun die Skanderbegflagge mit dem schwarzen Doppeladler auf rotem Grund. Allerdings war diesem albanischen Staat keine lange Dauer vergönnt. Nach dem Ersten Weltkrieg besetzten die Italiener die Stadt. Mussolini und seine Faschisten hatten die Adria kurzerhand zum *mare nostrum*, zum italienischen Meer erklärt, zu dem natürlich auch die albanische Küste gehören sollte. Zwar gelang es den Albanern, kurzzeitig die Italiener zu vertreiben, doch 1939 wurde Vlora erneut von Rom besetzt. Bis heute wirkt die Stadt, wie auch Tirana und Shkodra, eher italienisch als balkanisch.

Sind seit unserer Abreise aus Bari tatsächlich erst vier Tage vergangen? Sind wir noch am gleichen Meer? Ist Otranto wirklich nur 72 Kilometer entfernt? Aber was sind schon Entfernungen, wo es neben der messbaren auch eine gefühlte Geografie gibt. Mögen die Albanesi den Apuliern lieb geworden sein: Das Albanien von heute ist, wenn nicht gerade die Menschen zu Tausenden auf Schiffe steigen, weit weg. Selbst Initiativen wie die von Biancamaria Bruno erreichen nur den aufgeschlossenen Teil der Bevölkerung. 2011 hatte die Chefredakteurin der Zeitschrift *Lettera Internazionale* ein Heft über die Adria als »Schnittstelle Europas« herausgegeben. Sie selbst war nach Tirana gereist – und überrascht von einem Land im Aufbruch. »Von seiner Kultur her«, schrieb sie in ihrem Beitrag, »ist Albanien so europäisch wie die Baltischen Staaten oder Slowenien.« Auch deshalb halten viele Autoren in Brunos Adriaheft den Ost-West-Gegensatz für überwunden. Viel stärker sei inzwischen der Nord-Süd Gegensatz, meint etwa Onofrio Romano. »Apulien und Albanien haben trotz unterschiedlicher Traditionen und Geschichte vieles gemeinsam«, ist der Bareser Politologe überzeugt. »Beide Gesellschaften wurden von den Zentren der Macht an den Rand gedrängt. Also haben die Bewohner der unteren Adria gelernt, das Beste daraus zu machen. Sie wissen, wie man beim zuständigen Mitarbeiter im Amt Aufschub bekommt und wie man Netzwerke bildet, um seine Interessen durchzusetzen.« Diese informelle Kultur des Durchwurschtelns, die Apulien und Albanien verbinde, nennt Romano eine »Anthropologie der Abwesenheit«, die weit zurückreiche, und zwar bis zur Zeit des Homer und seiner *Odyssee*.

An der Küste gelandet, betreten Odysseus und seine Gefährten eine Höhle und halten sich schadlos an Wein und Fleisch. So beginnt im neunten Gesang der *Odyssee* des Homer die Begegnung Odysseus mit Polyphem, dem Zyklopen. Es ist von Anfang an keine Begegnung auf Augenhöhe. Zur Überheblichkeit des Griechen gesellt sich die Missachtung diplomatischer Regeln durch den einäugigen Riesen, der nicht einmal Gastgeschenke zu würdigen weiß. Es ist also tatsächlich ein Kampf der Kulturen, den Homer herbeischreibt – und natürlich lässt er keinen Zweifel daran, wessen Kultur überlegen sei.

Als Polyphem zurückkehrt und die Eindringlinge bemerkt, rollt er einen Findling vor den Eingang zur Höhle und erweist sich – horribile dictu! – als Kannibale, indem er kurzerhand zwei Griechen verspeist. Odysseus und den übrigen neun gelingt es, den Zyklopen mit reichlich Wein schläfrig zu machen. Töten werden sie ihn aber nicht, weil sie auch zu zehnt nicht in der Lage sind, den Stein am Eingang der Höhle zu entfernen. Am nächsten Morgen setzt sich der Albtraum fort. Noch angetrunken fragt Polyphem den Odysseus nach seinem Namen. Der antwortet, ich heiße »Outis«, was auf Deutsch so viel wie Niemand oder Keiner heißt. Nachdem Polyphem abermals einen Gefährten verspeist, lässt ihm Odysseus Wein reichen und der Riese fällt in einen tiefen Schlaf. Schließlich blenden ihn die Griechen mit einem glühenden Schwert, worauf Polyphem so erschütternd schreit, dass auch die anderen Zyklopen in seiner Nachbarschaft aufmerksam werden. Diese lässt Homer nun herbeieilen und fragen, wer Polyphem denn Gewalt antue. Als dieser antwortet, Niemand sei es, überlassen die Zyklopen Polyphem seinem Schicksal.

Eine List, mithin also kulturelle Überlegenheit, hat Odysseus das Leben gerettet. Für Onofrio Romano ist die Zyklopengeschichte auch eine Metapher für die Kluft zwischen dem reichen und dem armen Europa an der südlichen Adria. So wie Odysseus als Vorhut der griechischen Kolonisten an diesen archaischen Rand der bekannten Welt gekommen war, so verhalte es sich auch mit der Europäischen Union. Die herkömmlichen Entwicklungsstrategien aus Brüssel, meint der Politologe, seien in Apulien und Albanien gescheitert. Selbst aus der Perspektive von Rom seien Bari und Vlora Städte des Südens, Afrika näher schon als Mitteleuropa. Statt weiter auf Hilfe von oben zu hoffen, müsse man an der unteren Adria die Zukunft selbst in die Hand nehmen. Romano nennt das die »Erfahrung des Zyklopischen«: »Nur in der Wüste geschehen Wunder, und nur in der Wüste gibt es jene Erscheinungen, die alle mitreißen.« Für den Bareser Politologen ist die untere Adria, die von der Straße von

Otranto überbrückt wird, deshalb ein »Niemandsland« im Sinne der Odyssee. Und es ist ein Labor, in dem an der Peripherie Europas über die Zukunft nachgedacht wird.

Noch immer sitzen wir am Strand von Vlora. Längst ist der Mercedes verschwunden, der uns das Essen gebracht hatte. Stattdessen waten ein Mann und eine Frau knietief durch die Adria und ziehen ihr Boot hinter sich her. Warum rudern sie nicht? Hat ihr Boot ein Leck? Wovon leben sie? Haben auch sie einmal versucht, über die Straße von Otranto nach Italien zu fliehen? Gehörten sie womöglich zu den 10 000 Unglücklichen auf der schrottreifen *Vlora*, die nach den demütigenden Tagen im Siegesstadion von Bari wieder auf ihre Seite des Meeres zurückgeschickt wurden? Und was ist mit unseren Gastgebern in Borsh? Ist nicht unser Paradies, dass wir an diesem Teil der albanischen Küste gefunden haben, dem archaischen Leben der Zyklopen näher als der Zivilisation der Griechen? Haben vielleicht auch unsere Gastgeber einmal ihr Geld als Menschenhändler verdient, um sich etwas zurückzulegen für eine Rückkehr in die Legalität? Gehört auch das zur »zyklopischen Erfahrung«, von der Onofrio Romano spricht?

Was für Fragen denke ich, als der Mann und die Frau mit ihrem Boot aus unserem Blickfeld verschwunden sind. Wird es je eine Antwort geben? Wo die Rinder geblieben sind, die mit uns auf der *Superfast* die Straße von Otranto befahren haben, haben wir übrigens nie erfahren.

Mediterrane Küsten
oder Schluchten des Balkan?

ALBANIENS SUCHE NACH DER ADRIA

Einmal droht der Held schwach zu werden. Während einer Hochzeitsfeier, die die Fehde zweier albanischer Fürstenfamilien beenden soll, entfernen sich Skanderbeg und Donika von der Festgesellschaft und blicken auf die atemberaubende Kulisse der albanischen Berge. »Was siehst du?«, fragt Skanderbeg seine Verehrerin. Donika antwortet: »Majestätische Berge, Hügel und Täler mit Feldern und dichten Wäldern.« – »Mir will es scheinen, dass sich hinter diesen hohen Gipfeln unsere Feinde verbergen«, entgegnet Skanderbeg, als Freiheitskämpfer immer auf der Hut. Daraufhin stellt ihm Donika die Frage, was er denn mache, wenn er nicht gegen die Türken kämpfe. Mit dieser Frage hat der Held der Albaner nicht gerechnet. »Ach Donika«, entfährt es ihm. »Du bist gefährlicher als eine Armee Türken.«

Eigentlich ist Sergej Jutkewitschs Film *Skanderbeg. Ritter der Berge* aus dem Jahre 1953 ein sozialistischer Kostümfilm. Gut und Böse sind schnell zu erkennen, wie schon der Vorspann verrät, in dem es heißt: »Im Westen der Balkanhalbinsel liegt das Bergland Albanien. Dort lebt ein freiheitsliebendes Volk.« Bedroht wird diese Freiheit von den Türken, die nicht nur Albanien erobern wollen, sondern den gesamten Balkan und mit ihm Europa. Doch die Guten haben einen Trumpf. Gjergj Kastrioti heißt er, ein Fürst, der als Kind an den Hof des Sultans nach Adrianopel, heute Edirne, entführt worden war und als Heerführer im Osmanischen Reich Karriere gemacht hatte. So beeindruckend war seine Kriegskunst, dass ihn die Türken nach Alexander dem Großen Iskander nannten. Bald war sein Name Skanderbeg, der Herr Alexander. Doch die Heimat ließ ihn nicht los. Als sein Vater von den Osmanen ermordet wurde, kehrte Skanderbeg nach zwanzig Jahren nach Albanien zurück, einte die zerstrittenen Familien, schaffte die Blutrache ab und warf die türkischen Besatzer aus seinem Land. Ein Happy End also, zumindest vorerst. *Skanderbeg. Ritter der Berge* war eine sowjetisch-albanische Koproduktion. Josef Stalin und Enver Hoxha, der sowjetische und albanische Diktator, waren 1953 noch Freunde. Und Gjergj Kastrioti, genannt Skanderbeg, war der Schirmherr dieser Freundschaft.

Bis heute ist Skanderbeg eine Legende in Albanien. Seine Fahne mit dem schwarzen Doppeladler auf rotem Grund ist Albaniens Nationalflagge. Das große Skanderbeg-Denkmal in Tirana dient als Treffpunkt für die Jugendlichen, und die Burg Kruja, die er zur uneinnehmbaren Festung gemacht hat, ist ein Symbol für den Widerstandsgeist dieses Bergvolkes. Denn auch das zeigt Jutkewitschs Film: Die albanische Kultur ist eine Bergkultur. Das Meer, das ebenfalls zu Albanien gehört, wird in Jutkewitschs *Skanderbeg* nur einmal gezeigt: Es ist nicht die albanische Adria, sondern der Canal Grande vor dem Dogenpalast in Venedig. Dort bittet Skanderbeg den Dogen um Hilfe beim Kampf gegen die Türken. Doch die Serenissima will den Handel mit der Hohen Pforte nicht aufs Spiel setzen – schon gar nicht wegen eines kleinen, zänkischen Volkes am Ausgang der Adria ins Ionische Meer. Und natürlich fürchtet man auf San Marco auch um den eigenen Einfluss an der südlichen Adria. So sind die Albaner nicht nur ein Bergvolk aus freien

Stücken, sondern auch, weil ihnen Venedig ihren Platz an der Adria streitig gemacht hatte.

»Der Traum vom Meer als Ausgangstor zum Kennenlernen des Unendlichen kollidiert mit der Wirklichkeit eines Meeres, in dem man ertrinkt, und zerbricht daran.« Dieser wenig optimistische Blick in die Zukunft stammt aus der Feder des Schriftstellers Fatos Lubonja, einem der wenigen Intellektuellen Albaniens, der auch im Westen bekannt ist. Das Literarische Colloquium Berlin hatte Lubonja im Mai 2013 zu einer Tagung an den Wannsee eingeladen, um über »das Mittelmeer als ewige Fantasie« zu sprechen. Doch Lubonja hielt sich lieber ans Reale.

Was aber hätte Lubonja gesagt, wenn es nicht um die Fantasie und das Meer gegangen wäre, sondern um die Fantasie und die Berge? Hätte er davon gesprochen, wie Albanien sich im Kommunismus vom Meer ab- und den Bergen zugewandt hatte? Dass die Heldentaten der muslimischen, katholischen und orthodoxen Seefahrer aus Albanien heute so gut wie vergessen sind, die des Skanderbeg aber umso lebendiger? Dass die Burgruine von Kruja, in der das Geschlecht der Kastrioti herrschte, im sozialistischen wie im postkommunistischen Albanien ein Wallfahrtsort der nationalbewussten Albaner ist? Dass Skanderbeg, je mehr Albanien die Isolation wählte, zur Gallionsfigur eines Sozialismus und Nationalismus wurde, der keine Freunde mehr kannte, sondern nur noch Feinde? Gäbe es also mehr zu den Bergen in Albanien zu sagen als zum Meer?

Die Geografie würde sagen: Ja. Mit einer mittleren Höhe von 700 Metern über Normal Null ist Albanien das am höchsten gelegene Land Europas. Im Rücken der ionischen Küste, der albanischen Riviera, wie sie inzwischen heißt, erstreckt sich das Akroceraunische Gebirge, hinter dem sich bis zum Ohrid-See, der Grenze zu Makedonien, weitere Gebirgsketten anschließen. Dieses alpine Hinterland des Ionischen Meeres im Süden des Landes wird vom Fluss Shkumbin von den mittelalbanischen

Bergen getrennt. Entlang des Shkumbin verlief einst nicht nur die römische *Via Egnatia*. Der Fluss trennte auch die albanische Sprache in zwei Dialekte – das *Gegen* im Norden und das *Tosken* im Süden. Im Norden schließlich liegen die albanischen Alpen, eine bis heute kaum zugängliche Bergregion, in der noch die Blutrache praktiziert wird. Zwar seien die Albaner kein reines Bergvolk, meint Oliver Jens Schmitt in seinem Standardwerk *Die Albaner. Eine Geschichte zwischen Orient und Okzident*, »doch spielen Berge in ihrer Vergangenheit eine überragende Rolle.« Hinzu kommt, dass das Meer an der ionischen und der adriatische Küste zu Zeiten Enver Hoxhas de facto eine No-go-Area war. Denn das Meer war Feindesland, die Adria ein Grenzland zum imperialistischen Feind, gegen den sich Hoxhas Albanien nicht nur mit ideologischer Festigkeit zu schützen wusste, sondern auch mit 750 000 Bunkern. Viele von ihnen wurden an der Küste errichtet.

Irgendwann wird es laut, morgenlaut. Die Vögel flöten ihre Morgenmelodien, die Mopeds knattern die Hauptstraße entlang, die Alten halten Tratsch. Es ist Freitag, kein Muezzin ist zu hören in Shiroka, einem malerischen Dorf am Ufer des Shkodra-Sees. Anders als im benachbarten Montenegro, wo die Muslime in Titos Jugoslawien in die Moschee gehen konnten, wurden die Gotteshäuser in Enver Hoxhas Albanien zerstört. Albanien war offiziell der erste atheistische Staat der Welt. Der einzige Glaube, der erlaubt war, war der an den Kommunismus.

Ich ziehe den Vorhang zur Seite, öffne die Balkontür und trete in den albanischen Morgen. Unter mir wässert die Hausbesitzerin die staubige Straße. Ich frage sie, ob sie auch unseren Clio abspritzen könne. Kurz darauf glänzt unser Auto wieder. Es war eine gute Wahl, einen Abstecher an den Shkodra-See zu machen. Der größte Binnensee des Balkans ist nicht nur malerisch von Bergen umgeben. Das beschauliche Shiroka ist auch eine angenehme Abwechslung zum Trubel in den Adriastädten. Auf der gegenüberliegenden Straßenseite befindet sich der Dorfplatz: Eine staubige Fläche zwischen Straße und Seeufer, die den parkenden Autos gehört, den Anglern und dem Dorfbunker. Etwas verlassen steht das Betonrund unter einer Tamariske, der Eingang ist vermüllt. Nicht mehr Bunker, aber noch nicht Kiosk verharrt er in einer Art Schockstarre – eine Hinterlassenschaft der Vergangenheit, die in der Gegenwart noch keinen Platz hat. So ist der Bunker in Shiroka auch ein Symbol für den Weg Albaniens in die Zukunft.

Wie die meisten der 750 000 Bunker wurde auch der in Shiroka in den Jahren zwischen 1973 und 1984 gebaut. Das Geburtsjahr der »Verbunkerung« Albaniens hat Fatos Lubonja, der zu Zeiten des kommunistischen Regimes 17 Jahre lang in Tirana im Knast saß, mit der beginnenden Paranoia Enver Hoxhas erklärt. Nach einem Herzinfarkt, den er im Dezember 1973 erlitten hatte, witterte der ehemalige Partisanenführer eine Verschwörung, in deren Mittelpunkt Mehmet Shehu, der Ministerpräsident, gestanden haben soll: »Mehmet Shehu scheint die drohende Gefahr als Erster erkannt zu haben«, so Lubonja. »Um sich selber aus der Schusslinie zu bringen, denunzierte er den Verteidigungsminister beim Diktator. Dieser verfechte die dubiose These, einem Angriff der Nato oder des Warschauer Paktes müsse mit den Mitteln des Partisanenkriegs begegnet werden. Dem Feind die Städte überlassen? Sind wir nicht Manns genug, ihm frontal entgegenzutreten? Das sind Verräter, Meuterer!«

Die Denunziation ging auf, der Verteidigungsminister, sein Stellvertreter und der Stabschef der Armee wurden erschossen. Albanien wurde mit den pilzförmigen Betonbunkern überzogen. Shehu selbst gelang es allerdings nur kurzfristig, seinen Kopf aus der Schlinge zu ziehen. Als sich sein Sohn mit einer Frau verlobte, die aus einer bürgerlichen Familie stammte, die während des Bürgerkriegs nicht auf Seiten der Partisanen stand, begann eine Hetzkampagne gegen den Ministerpräsidenten. 1981 wurde er in seinem Bett erschossen aufgefunden. Die offizielle Erklärung lautete: Selbstmord. In seinem Tagebuch notierte Hoxha: »Dieser Agent und Söldner der Ausländer hat sich den Schädel an der Einheit der Partei und des Volkes eingerannt.«

Nachdem wir gefrühstückt haben – statt zum Freitagsgebet zu gehen, kredenzte uns die Gastfamilie Omelette und Raki – statten wir dem Dorfbunker von Shiroka einen Besuch ab. Der kleine runde Betoniglu mit einem Durchmesser von drei Metern ist eigentlich kein Bunker, sondern ein Witz. Weil der Sockel in den Boden eingegraben wurde, sieht man lediglich die Halbkugel aus Beton, die auf dem Sockel sitzt. Im Inneren des Bunkers konnte die Einmannbesatzung gerade halbwegs aufrecht stehen. Die Schießscharte öffnete sich nur in eine Richtung – der des angenommenen Feindes. Was aber, wenn der den Verteidigern in den Rücken fiel?

Neben diesen Minibunkern der Marke *Quender Sjarri* gab es auch größere Bunker mit dem Namen *Pike Zjarri*. Dieser Bunkertyp hatte einen Durchmesser von sechs Metern und konnte mehrere Personen aufnehmen. Überliefert ist die Geschichte, dass Enver Hoxha den Konstrukteur der Bunker fragte, ob diese auch einem Panzerbeschuss standhielten. Als der Ingenieur bejahte, befahl ihm Hoxha im Bunker Platz zu nehmen und ordnete den Beschuss durch einen Panzer an. Der Ingenieur hatte Glück, und die Bunker gingen in Serie. Die Gesamtkosten für das albanische Bunkerprogramm werden nach neuesten Berechnungen auf 2,2 Milliarden Euro geschätzt – fast doppelt soviel wie die Maginotlinie Frankreichs in der Zwischenkriegszeit gekostet hatte. Viele Bunker, hatte uns die Gastgeberin beim Frühstück berichtet, würden inzwischen gesprengt. Das sei zwar gefährlich, aber auch einträglich. »Der Stahl aus dem Beton bringt bei einem großen Bunker 150 bis 200 Euro. Das ist soviel wie ein Montagsgehalt in Albanien.«

Das erste Land, von dem Albanien sich nach der Übernahme der Macht durch die Partisanen abgewandt hatte, war 1948 das sozialistische Jugoslawien. Nichts fürchtete Hoxha mehr als von Tito und seinem benachbarten Partisanenstaat vereinnahmt zu werden – als sechste jugoslawische Teilrepublik. Also wandte sich Albaniens Führer der Sowjetunion und Stalin zu. 1951 wurde Albanien Mitglied im Rat gegenseitiger Wirtschaftshilfe RGW. Nach Stalins Tod im Jahre 1953 kühlte das Verhältnis allerdings ab, bis es 1961 zum Bruch kam. Die Sowjetunion war in den Augen Hoxhas nun ein sozialimperialistischer Staat. Das neue Land an der Seite des kleinen Balkanlandes war das große China. Aber auch diese Liaison blieb flüchtig. Als Mao 1978 starb und China sich in Richtung Westen orientierte, beschloss Albaniens Diktator, den Weg in Richtung Kommunismus künftig ohne Verbündete anzutreten. Mit dem imperialistischen Italien im Westen der Adria, Jugoslawien im Norden und Griechenland im Süden, mit dem noch nicht einmal der Kriegszustand beendet war, war Albanien von allen Seiten von Feinden umgeben. Man igelte und bunkerte sich ein im kleinen Balkanland.

Zur Selbstisolierung Albaniens gehörte auch ein Tunnelblick auf die Geschichte. In einem überaus lesenswerten Aufsatz hat der kosovarische Historiker Enver Hoxhaj, der nach der Unabhängigkeit von Serbien Außenminister seines Landes wurde, nachgezeichnet, wie die nationalistische und die kommunistische Ideologie zu einer albanischen Großerzählung verschmolzen: »Im Einklang mit dieser Vision wurde auch die Geschichte der Albaner so dargestellt, dass sie in vier zentrale Phasen einer heroischen Vergangenheit unterteilt wurde: illyrische Kämpfe, der Widerstand von Skanderbeg, die Nationalbewegung der Rilindja (der nationalen Wiedergeburt, U.R.) und der Partisanenkrieg im Zweiten Weltkrieg.«

Wir packen unsere Sachen zusammen und schlendern ein letztes Mal zum Dorfbunker. Wir wollen uns auf den Weg machen, um die vier Epochen, in die die albanische Geschichte noch heute gerne eingeteilt wird, auf die Frage abzuklopfen: Wie viel Adria steckt in Albanien? Und wieviel Gebirge?

Römer und Illyrer

Die Straße von Shiroka nach Durrës ist gut ausgebaut, zwischendurch gibt es sogar ein Stück Autobahn. Albanien holt auf, nicht nur in der Hauptstadt Tirana, das bis 1920 noch ein kleines Bergnest war, sondern auch in der Hafenstadt Durrës, der zweitgrößten Stadt des Landes, deren Bewohnerzahl in den vergangenen Jahren auf mehr als 115 000 gestiegen ist. Seit sich Albanien nicht mehr einigelt, ist die Adria kein Feindesland mehr, sondern ein Tor nach Europa. Der Kompass zeigt in Richtung Zukunft, dabei bleibt die Vergangenheit oft auf der Strecke. Manchmal braucht es sogar einen Zufall, um sie mit Händen zu greifen. So wie im Jahre 1960. Damals sollte in Durrës ein Weinkeller angelegt werden, doch bei den Erdarbeiten entdeckten Bauarbeiter ein Stück römische Geschichte, die bis dahin verschüttet gewesen war: das römische Amphitheater von Dyrrhachium aus dem zweiten Jahrhundert nach Christus. 15 000 Menschen hatten in dem Halbrund mit einer Höhe von zwanzig und einem Durchmesser von 120 Metern Platz. Doch im Laufe der Jahrhunderte war die Geschichte über die antike Stätte hinweggegangen. Das neue Durrës war auf den Ruinen des antiken Dyrrhachium gebaut worden. Weil aber Durrës nicht nur eine römische Provinzhauptstadt war, sondern eine Stadt, deren Geschichte noch viel weiter zurückreichte, ließen die Behörden weitergraben. Über sechzig Häuser wurden abgerissen, dann war das Amphitheater halbwegs freigelegt. Sogar Wandmosaike aus dem 6. nachchristlichen Jahrhundert wurden in einer der Katakomben gefunden – frühchristliche Mosaikkunst, wie man sie an der Adria sonst nur in Ravenna und Poreč findet. Was aber hatte das mit den »illyrischen Kämpfen« zu tun, von denen in Albanien noch heute gesprochen wird?

Als Gründungsdatum der Stadt gilt eigentlich das Jahr 627 vor Christus. Nachdem schon im achten Jahrhundert in Süditalien und Sizilien griechische Kolonien gegründet worden waren, dehnte sich *Magna Graecia*, das hellenistische Großgriechenland, im siebten Jahrhundert auch in Richtung Adria aus. Die erste Kolonie war das heutige Durrës, das von den Siedlern der Mutterstädte Kerkyra (Korfu) und Korinth Epidamnos genannt wurde. Doch unbesiedelt war die Ostküste der Adria keineswegs. In den Bergen oberhalb der Küste lebten die Stämme der Illyrer, ein kriegerisches Volk, wie es schon damals hieß. Herodot etwa bezeichnete die Illyrer als primitives Volk, das Menschen opfere und sich tätowieren lasse.

In Wirklichkeit aber gab es keinen »Kampf der Zivilisationen«. In Epidamnos, das zur wichtigen Handelsstadt aufstieg, die mit der Stadt Adria an der Po-Ebene Getreide, Wein und Keramik handelte, lebte bald schon die illyrische Oberschicht. Aber auch in den Bergen entwickelte sich eine illyrische Stadtkultur, in der etwa griechische Keramik als Luxusgut galt. In Durrës sind sie heute stolz auf die Illyrer. Jenen Griechen und Serben, die immer wieder behaupten, die Albaner seien erst in der Frühen Neuzeit auf den Balkan gewandert und Albanien sei deshalb eine späte und unbedeutende Nation, entgegnet man in Albanien: Unsinn. Wir stammen von den Illyrern ab und sind deshalb sogar die älteste Nation Europas. Wir waren viel früher an der östlichen Adria als Griechen, Mazedonier und Serben, die so lange versucht haben, ein unabhängiges Albanien zu verhindern.

Zwar wurde 588 mit Apollonia in der Nähe der heutigen Stadt Fier eine zweite Kolonie von Siedlern aus Korfu und Korinth gegründet, doch der griechische Einfluss im heutigen

Albanien schwand bald. Der Peloponnesische Krieg zwischen Athen und Sparta schwächte auch die Kolonien, so dass die Illyrer bald die Oberhand gewannen und an die Küste vordrangen. Nach und nach wurden sie zu Seefahrern. So sind auf vielen illyrischen Münzen Symbole aus der Schifffahrt zu sehen. Ein illyrischer Schiffstyp, der *Lembos*, wurde später zum Prototyp für die römischen Galeeren. Ende des 6. Jahrhunderts und zu Beginn des 5. Jahrhunderts vor Christus erlebte das illyrische Reich mit seinem Königssitz in Scodra, dem heutigen Shkodra, seine Blüte. Bis an die Donau im Nordosten reichte es, im Süden bis zum Epiros und im Nordwesten bis zur Neretva. Vor allem bei den römischen Kaufleuten, die mit dem Aufstieg Roms zur Macht in Italien die Adria befuhren, waren die illyrischen Piraten gefürchtet.

Zu den »illyrischen Kämpfen«, also zur militärischen Eskalation zwischen dem illyrischen Königreich und Rom, kam es dann im dritten Jahrhundert vor Christus. Immer weiter waren die Piraten vorgedrungen, auf ihren Plünderungsfahrten war auch Korfu, die Mutterstadt von Epidamnos, nicht mehr sicher. Kurzerhand unterstellten sich Epidamnos und Apollonia sowie die Insel Issa (heute Vis) im Jahre 230 dem Schutz Roms. Der Senat am Tiber reagierte auf den Hilferuf zunächst diplomatisch und entsandte zwei Unterhändler an den Hof der illyrischen Königin Teuta nach Scodra. Rom forderte Entschädigungen für den wirtschaftlichen Schaden durch die Piraten, doch Teuta blieb hart. Als die Unterhändler mit militärischem Eingreifen drohten, ließ Teuta sie ermorden. Zwar waren die Illyrer inzwischen eine Seemacht, ihre Grausamkeit aber, das suggeriert diese Geschichte, hatten sie nicht abgelegt.

Rom hatte keine Wahl, es musste militärisch eingreifen. Mit einer Flotte von zweihundert Schiffen wurde zunächst Korfu erobert, dann Apollonia und im Jahre 228 schließlich Scodra. Teuta hatte hoch gepokert – und verloren. Der erste der beiden illyrischen Kriege war verloren. Die illyrische Flotte wurde bedeutungslos, nur noch zwei Schiffe gleichzeitig durfte die junge Seefahrernation auf die Adria schicken. Noch hatte Rom nicht vor, sich dauerhaft an der östlichen Adriaküste niederzulassen. Doch dann wurde es gezwungen. Nach dem Abzug der römischen Flotte hatte sich Roms Statthalter auf Korfu überraschend mit den Illyrern verbündet. Zehn Jahre nach dem ersten folgte 219 vor Christus der zweite Illyrische Krieg. Wieder endete er mit einer Niederlage der Aufständischen. Rom blieb nun dauerhaft im Osten der Adria und gründete in der Kaiserzeit schließlich die Provinz Illyricum, aus der später die Provinzen Pannonien und Dalmatien hervorgingen. Den Illyrern blieben die Berge.

Auf den Spuren von Skanderbeg

Auch uns zieht es in die Berge. Bei Fier verlassen wir die Küstenebene und fahren Richtung Poshnija. Je weiter wir die Ebene hinter uns lassen, desto katastrophaler werden die Straßen. Teilweise müssen wir unseren Clio auf den Asphalträndern zwischen den tiefen Schlaglöchern steuern, ein Zickzackkurs, der nicht nur höchste Konzentration erfordert, sondern auch Geduld. Unser Ziel heißt Berat, eine der ältesten Städte in Albanien. Als Welterbe der Unesco steht die 2400 Jahre alte Stadt am Fluss Osum aber nicht nur für das antike Albanien. Als Handelsstadt florierte Berat auch im Osmanischen Reich. Seine türkische Altstadt im Stadtteil Mangalem ist bis heute eine der bedeutendsten auf dem gesamten Balkan.

Der türkische Vormarsch auf den Balkan hatte 1354 begonnen, und 1389 kam es zur entscheidenden Schlacht auf dem Amselfeld. Zwar gelang es den vereinigten serbischen, ungarischen, bulgarischen und albanischen Kämpfern, den türkischen Sultan Murad I. zu töten. Doch am Ende erlitt das christliche Bündnis eine verheerende Niederlage. Mit der Schlacht am Amselfeld begann die 500-jährige Vorherrschaft des Islam auf dem Balkan.

Unter Murads Nachfolger Mehmet I. begann der türkische Vormarsch aus der Kosovo-Ebene über die Berge nach Albanien. 1415 wurde die Burg Kruja erobert, zwei Jahre später drangen die Türken in Vlora erstmals an die Adria vor. Im gleichen Jahr fielen auch Berat und Gjirokastra. Der östliche Balkan wurde ins Verwaltungssystem des Osmanischen Reiches eingegliedert. Das albanische Gebiet zwischen dem Fluss Mat im Norden und dem Epirus im Süden wurde als Sandschak zur türkischen Provinz. Aber war die osmanische Herrschaft in Albanien auch eine Schreckensherrschaft?

Wer wollte, konnte seinen christlichen – orthodoxen oder katholischen – Glauben behalten, einen Zwang zum Islam überzutreten gab es nicht. Dennoch konvertierten im Süden des Landes vor allem die Männer. Der Grund war einfach. Muslime mussten in der neuen Provinz keine Steuern zahlen. Auch waren sie nicht verpflichtet, einen ihrer Söhne zum Militärdienst nach Istanbul zu schicken. Wer aber wie Skanderbegs Vater christlich blieb, dem wurde ein Sohn genommen. So kam es, dass die Männer bald zum Islam wechselten und ihre Frauen christlich blieben. Dieses eher pragmatische Verhältnis zur Religion gilt heute als Grund für die sprichwörtliche religiöse Toleranz in Albanien.

Im Norden dagegen, jenseits des Sandschaks, hatten sich zahlreiche Kämpfer in die Berge zurückgezogen. Hier war die Basis jenes 25 Jahre währenden Aufstands, der im Rückblick *Moti i madh*, die »große Zeit« genannt wurde. »Mit diesem Aufstand«, schreibt Oliver Jens Schmitt, »gelangten die Albaner erstmals ins Bewusstsein des Abendlandes«. Allerdings habe Skanderbeg keinen gesamtalbanischen Aufstand angeführt. Militärisch war er ohnehin aussichtslos. Dennoch blieb Berat lange Zeit umkämpft. Skanderbeg, der *Athleta Christi*, der Held des Christentums, als der er in Rom gefeiert wurde, begann 1455 mit

der Belagerung Berats. Es ist dies die Szene, in der in Jutkewitschs Film Donika dem Helden die Liebe gesteht. Das mit der
Liebe war am Ende erfolgreich. Die Belagerung Berats aber
schlug fehl. Skanderbeg musste sich in den Norden nach Kruja
zurückziehen, wo er 1468 an Malaria starb. Tausende Albaner,
wanderten nach Süditalien aus. Berat wurde Sitz eines Sand-
schak-Beys – und der Bau von Mangalem begann.

Wir steigen über die Gassen der osmanischen Altstadt hinauf zur Festung Kalaja. Von dort hat man einen schönen Blick
auf das 19 Kilometer lange Bergmassiv des Tomorr mit dem
2425 Meter hohen Çuka Partizan als höchstem Gipfel. »Die
tiefen Ursachen der Erhebung«, schrieb der Albanienkenner
Schmitt über die Rebellion Skanderbegs, »lagen in einem Grund-
zug der albanischen Geschichte, dem Unwillen der Hochlandbe-
wohner, ihre Freiheit an die Herren der Ebene abzugeben.« Die
Zeit der Seefahrer war nun endgültig vorbei. Im Erinnern an
Skanderbeg als dem Zentralhelden der albanischen Geschichte
wurden auch die Albaner zum Bergvolk.

Der Rückweg von Berat an die Adria ist so beschwerlich wie
die Hinfahrt. Auf dem Weg über Fier nach Vlora trösten wir uns
damit, dass die Strecke vor mehr als hundert Jahren noch schlechter gewesen sein muss. Damals, am 26. November 1912, kam Ismail Quemali in Vlora an. Er hatte zuvor in Wien und Budapest
eine diplomatische Initiative mit dem Ziel der Unabhängigkeit
Albaniens gestartet. Nur ein unabhängiger Nationalstaat der
Albaner, lautete sein Argument, könne den Griff Serbiens – und
damit seiner Schutzmacht Russland – an die Adria verhindern.
Neu war das Argument nicht, mit dem Quemali den österreichischen Kaiser und die Ungarn überzeugen wollte. Schon bei der
Berliner Konferenz 1878 warben albanische Politiker und Intellektuelle um die Unabhängigkeit. Doch bei der Neuaufteilung
der politischen Landkarte des Balkan gingen sie leer aus. Bis-
marck, der Gastgeber der Konferenz, dachte weniger an die Al-

baner als an den Ärger, den er sich mit Istanbul einhandeln würde, wenn Albanien aus dem Osmanischen Reich herausgelöst werden würde. Bis heute ist in Albanien seine spöttische Bemerkung in Erinnerung, derzufolge Albanien lediglich ein geografischer Begriff auf der Landkarte sei. Statt Albanien wurden Bulgarien, Rumänien und Makedonien unabhängig – und zögerten nicht, sich sogleich albanische Territorien einzuverleiben.

Mehr als drei Jahrzehnte später aber hatte sich die Lage geändert. Das Osmanische Reich, das schon 1878 schwere Niederlagen hinnehmen musste, war nun »der kranke Mann vom Bosporus«. In Wirklichkeit war der kranke Mann aber schon scheintot. Russland dagegen, die neue Macht auf dem Balkan, war quicklebendig. Das wussten auch die Verhandlungspartner in Wien und Budapest, die Ismail Quemali aufgesucht hatte. In Budapest hatte Außenminister Leopold Graf Berchthold deshalb grünes Licht gegeben. Eine albanische Unabhängigkeit galt nunmehr als die letzte Rettung vor einer serbisch-russischen Übermacht in Südosteuropa – und auch an der Adria. Als Quemali in Vlora eintraf, brachte er also eine gute Botschaft mit. Albanien wird unabhängig und neben Österreich-Ungarn, Italien und Montenegro der dritte Staat an der Adria. Adriatisch sollte auch die Hauptstadt sein. Auch wenn der schwarze, doppelköpfige Adler auf blutrotem Grund ein Symbol der Berge war: Mit Vlora als erster Hauptstadt rückte Albanien wieder ans Meer zurück.

Im Vlora von heute ist der erste Ministerpräsident des Landes allgegenwärtig. Zwar steht das Gebäude nicht mehr, auf dessen Balkon Quemali am 28. November 1912 die Skanderbeg-Flagge hisste, dafür aber heißt der Platz nun *Sheshi i Flamurit* – Flaggenplatz. Auf seiner Mitte thront das riesige Denkmal mit dem Bannerträger der albanischen Unabhängigkeit. Weitaus aufschlussreicher über diese aufregenden Tage ist das Unabhängigkeitsmuseum in der Nähe des Hafens. Dort sind noch alle Räume so belassen wie zu Quemalis Zeiten. Auf seinem Schreibtisch –

diese Entdeckung hat Renate Ndarurinze in ihrem lesenswerten Albanien-Reiseführer gemacht – steht auch noch eine Muschel, in die das Abbild einer Frau eingraviert ist, die einen Adler mit ihrer Milch füttert. Welch besseren Hinweis könnte es geben für das maritime Element am Ende der albanischen Wiedergeburt. Und noch etwas: Im Unabhängigkeitsmuseum haben wir auch erfahren, dass Quemali im November 1912 nicht wie wir den beschwerlichen Landweg nach Vlora genommen hat. Er war mit einem österreichischen Schiff von Pula an die albanische Küste gekommen.

Ein guter Start war dem ersten Ministerpräsidenten aber nicht vergönnt. Wütend über die Entscheidung Österreich-Ungarns, rückten die Serben im Norden gegen Shkodra vor und besetzten außerdem das Kosovo. Im Süden marschierten die Griechen auf und näherten sich Vlora. Als Österreich-Ungarn und das Deutsche Reich im Januar 1914 von Ismail Quemali abrückten und den Deutschen Wilhelm zu Wied als Fürsten von Albanien inthronierten – und die Unabhängigkeit damit mit Füßen traten – verließ Albaniens Staatsgründer das Land und floh über die Adria nach Italien. In entgegengesetzter Richtung kamen 1939 Mussolinis Truppen. Zwar war Albanien nach dem Ersten Weltkrieg 1920 wieder unabhängig geworden. Die neue Hauptstadt hieß nun Tirana. Doch wirtschaftlich wurde es immer abhängiger von Italien. Aus Albanien wurde ein italienisches Protektorat. Doch das genügte den italienischen Faschisten nicht. Am 5. April landeten Mussolinis Truppen in Vlora. Die albanischen Freiheitskämpfer, die ihren Adriastaat nicht halten konnten, mussten wieder einmal zurück in die Berge.

Im Herbst 1943 kehrten sie dann zurück. Aus den albanischen Freiheitskämpfern waren in der Zwischenzeit Partisanen geworden, die erbittert gegen die italienische Besatzung gekämpft hatten. Als Italien nach der Invasion der Westalliierten am 8. September 1943 kapituliert und seine Neutralität erklärt hatte, war ein machtpolitisches Vakuum entstanden, das die Partisanen unter der Führung von Enver Hoxha und seiner kommunistischen Partei Albaniens sogleich nutzten. Noch bevor die Deutschen die italienischen Besatzungstruppen abgelöst hatten, verließen die Partisanen die Berge und befreiten Vlora.

Was im folgenden Jahr geschah, war ein erbitterter und blutiger Kampf. Für jeden toten Deutschen, so befahl es Hitler, sollten hundert Albaner ermordet werden. Die Nazis schreckten auch nicht davor zurück, eine albanische SS-Division zu gründen. Sie bekam den Namen Skanderbeg. Allerdings kämpften die albanischen SS-Männer weniger im Albanien westlich der Berge, sondern östlich davon in der Ebene des Kosovo, wo es gegen Serben und Juden ging. In Albanien selber waren unter der italienischen Besatzung keine Juden ermordet worden. Doch schon 1944 hatte Hoxha seinen Kampf gewonnen. Am 29. November hatte die Wehrmacht Shkodra verlassen, Albanien war befreit. Am 11. Januar 1946 rief der Vorsitzende der Kommunistischen Partei Albaniens die Sozialistische Volksrepublik Albaniens aus. Der Weg in die Isolation nahm seinen Lauf. Enver Hoxha ließ die Bunker bauen und Albanien hatte sich erneut von der Adria abgewandt.

Die Wiederentdeckung der Adria

Wohin bewegt sich das Albanien von heute? Wieder hin zur Adria? Hat Albanien überhaupt eine Meereskultur? Glaubt man der Statistik, dann stellt sich die Frage ohnehin nicht mehr. Seit dem Ende der bürgerkriegsähnlichen Zustände von 1997, in deren Folge eine OSZE-Mission Albanien vor dem Schicksal eines *failed state* retten musste, zieht es immer mehr Menschen von den Bergen in die Städte. Vor allem in Saranda und den beiden Adriastädten Vlora und Durrës hat ein bis dahin beispielloser Bauboom eingesetzt. In der Hoffnung auf den Aufschwung durch ausländische Touristen wurden Hotels und Appartmenthäuser an den Strandpromenaden aus dem Boden gestampft, von denen heute ein großer Teil leer steht. Zwar kamen durchaus ausländische Touristen – 2011 waren es sogar zwei Millionen – doch die meisten von ihnen sind Kosovoalbaner oder Albaner aus Mazedonien, die an der Küste ihren Urlaub verbringen. Touristen aus Westeuropa sind dagegen eine Seltenheit. Und wenn, dann sind es Backpacker, die lieber am Strand oder in einer privaten Pension schlafen als in einer Bettenburg.

Doch nicht nur als Touristenort wird die Adria in Albanien wiederentdeckt, sondern auch als Zeugnis der Geschichte. Wo einst die Griechen Epidamnos und Apollonia gegründet haben und die Römer Dyrrhachium und Butrint, sind heute die Taucher des *Illyrian Coastal Exploration Programs* unterwegs. In einem grenzüberschreitenden Projekt arbeiten Archäologen und Historiker aus Albanien, Montenegro und Kroatien daran, alte Schiffswracks und Amphoren vom Meeresgrund zu bergen. Vielleicht finden sie dabei ja irgendwann auch einen illyrischen *Lembos*. Denn noch immer weiß man über die Illyrer, die kaum schriftliche Zeugnisse hinterlassen haben, vergleichsweise wenig. Die Verwissenschaftlichung des Mythos der Illyrer ist ebenso ein Hinweis auf eine neue Epoche wie die langsam einsetzende Entmythologisierung Skanderbegs. So hat Fatos Lubonja darauf hingewiesen, dass man nationalistische Mythen wie Skanderbeg überwinden müsse, um Albanien die Chance zu geben, zu einer offenen und demokratischen Gesellschaft zu werden. Und auch die Bunker, die für Lubonja ein Hinweis waren, dass die Adria zum »Synonym für ein feindliches Territorium« wurde, haben ihren Schrecken verloren. Vielerorts wurden sie zu Kiosken umgewandelt, Architekten wollen ihnen neues Leben einhauchen. Während die Älteren die Hinterlassenschaften der kommunistischen Paranoia am liebsten weg haben wollen, sind sie bei den

123

Jüngeren auf dem besten Wege, zur Popkultur zu werden. Nein,
die Adria ist nicht mehr das »Meer der Tränen«, für die aus Albanien stammende Schriftstellerin Lindita Arapi ist die Adria
sogar ein Versprechen: »Die Verbindung zu Europa durch dieses
Meer ist eine Sehnsucht in diesem Land. Es war eine Trennung.
Es war uns bewusst, dahinter ist Europa, und wir gehören nicht
dazu. Aber es ist auch vielsagend, dass, als die Wende kam, die
ersten Versuche, nach Europa zu kommen über dieses Meer
führten.«

Gibt es sie also doch, die Meereskultur in Albanien, seitdem
die Küste nicht mehr feindliches Gelände ist, sondern ein Tum-
melplatz für Taucher, Historiker, Urlauber und Investoren?

Lange Zeit, bemerkte Ismail Kadare einmal, habe Albanien
als ein Land zwischen Okzident und Orient gegolten, das eine
kulturelle Brücke schlage zwischen Europa und Asien, zwischen
Christentum und Islam. Tatsächlich aber sei Albanien schon immer ein Teil Europas gewesen. Für Lubonja ist das auch eine
Frage der Geografie, denn diese sei, wie er einmal launig bemerkte, »die hartnäckigste Sache der Welt«. Die Hunderttau-
sende von Albanern, die nach dem Tod Skanderbegs 1468 nach
Apulien auswanderten, bilden heute noch eine kulturelle Verbindung zwischen beiden Ufern der Adria. Bei den Jungen hat
das maritime Element längst Oberhand gewonnen. Die Adria
als Teil des Mittelmeers ist keine »Fantasie« mehr, sondern Realität.

Nur eines dürfen sie nicht: sich schnelle Motorboote kaufen.
Weil mit solchen PS-Riesen in den neunziger Jahren Flüchtlinge nach Italien und Drogen ins Land geschleust wurden, ist
ihr Besitz bis heute für Privatpersonen verboten.

Kriegerische Adria

KOTOR UND EUROPAS GRENZEN

Diese Mauer reicht in den Himmel. Wer auf dem *Trg od bražne*, dem Mehlplatz, steht und nach oben schaut, weiß, dass eine Stadtmauer nicht nur um eine Stadt herum führen muss. In Kotor, Montenegros wohl am meisten beeindruckende Adriastadt, schlingt sich die Mauer auch um den Hausberg, um die einstige Hafenstadt der Venezianer vor den Türken zu schützen. Fast fünf Kilometer lang sind die Mauern von Kotor und zwanzig Meter hoch, es ist die drittgrößte Stadtmauer der Welt. Wer vom Mehlplatz zum höchsten Punkt, der Festung San Giovanni, hochsteigen möchte, muss 260 Höhenmeter überwinden. Der Blick hinab auf die Stadt, die zum Welterbe der Unesco zählt, und die gleichnamige Bucht, sucht seinesgleichen an der Adria.

Wir sind am Nachmittag in der Bucht von Kotor angekommen und haben im benachbarten Dobrota eine hübsche Unterkunft mit Meerblick gefunden. Wobei das Wort Meerblick in der *boka kotorska* etwas in die Irre führt, eher ist es ein Fjordblick. Kotor und Dobrota haben sich ans äußerste Ende der einem »M« ähnelnden inneren Bucht von Kotor zurückgezogen, umrahmt von den Bergen des Lovćen-Massivs, die hier unmittelbar ins Meer stürzen. Die Meeresenge von Verige trennt die innere von der äußeren Bucht, die schließlich über die Meerenge von

Denovici und einer dritten Bucht mit dem Adriatischen Meer verbunden ist. Feindliche Schiffe, die auf Kotor Kurs nehmen wollten, mussten über 30 Kilometer durch gut zu verteidigende Buchten segeln – ein schier unmögliches Unterfangen.

Unsere Terrasse war allerdings weniger still und beschaulich als es der Blick auf das benachbarte Perast und die gegenüberliegenden Berge vermuten ließ. In der Nachbarwohnung hatte sich eine russische Familie einquartiert. Kaum haben wir unsere Terrasse in Besitz genommen, stürmte der Nachbarssohn mit einer blinkenden und knatternden Spielzeugmaschinenpistole auf die Nachbarterrasse und jagte, ohne uns eines Blickes zu würdigen, unsichtbaren Feinden hinterher. Seine Eltern schienen das zu billigen, jedenfalls unternahmen sie nichts, was man als erzieherischen Hinweis hätte deuten können. Wäre da nicht der kindliche Kriegslärm gewesen, wäre die Szenerie wie hineingepinselt in ein Landschaftsgemälde des 18. Jahrhunderts: Vor uns die Bucht und die Berge, unter uns die schmale Dorfstraße, hinter der sich ein paar betonierte Terrassen erstrecken – der Badestrand von Dobrota. Wo die Berge steil ins Meer fallen, muss das Baden dem steinernen Gelände abgerungen werden.

Weil der Nachbarsjunge noch nicht alle Feinde erledigt hatte, haben wir uns gleich nach der Ankunft auf den Weg nach Kotor gemacht, stehen nun auf dem Mehlplatz – und versuchen eine Stadt zu begreifen, die vom Wasser aus fast uneinnehmbar ist und dennoch sehr verwundbar scheint. Bis zum 15. Jahrhundert hatte Cattaro, wie Kotor zu Zeiten Venedigs und Österreichs hieß, wenig zu befürchten. Mit dem Eindringen des Osmanischen Reiches in die christliche Welt aber wurde es in seinen Grundfesten erschüttert. Weil ein Angriff der Hohen Pforte, nicht so sehr Seemacht als Reiterheer, weniger über die Adria und ihre Buchten erwartet wurde als über die »Schwarzen Berge« von Montenegro, baute man die steil aufragende Mauer samt der Festung San Giovanni. Denn Kotor lag mitten im

Kampfgebiet zwischen Venedig und Österreich auf der einen, und dem Osmanischen Reich auf der anderen Seite.

Venedigs Aufstieg zur Seemacht lässt sich genau datieren. Nachdem die Markusrepublik im so genannten Chioggia-Krieg 1381 die Konkurrentin Genua ausgeschaltet hatte, folgte eine Welle der Kolonisierung in der Adria und im Mittelmeer. Stolz nannten die Venezianer ihre Republik *stato da mar*. Zu diesem Meeresstaat gehörte seit 1420 auch Cattaro. Wie in seinen anderen Kolonien setzte Venedig auch in die *Bocche di Cattaro*, den Buchten von Kotor, einen *Rettore* ein, eine Art Oberbefehlshaber, dem es oblag, regelmäßig Steuern einzutreiben. Weiter mischte sich Venedig nicht in die inneren Angelegenheiten seiner adriatischen Kolonien ein. Wichtig war der Serenissima vor allem ein Netz von Stützpunkten entlang der Ostküste der Adria zu haben, um seinen Handel mit dem Rest Europas auch militärisch absichern zu können.

Doch das war nur die eine Richtung der Expansionen, die die Adria Anfang des 15. Jahrhunderts erlebte. Die zweite kam aus der entgegengesetzten Richtung von Ost nach West. Die Türken waren Mitte des 14. Jahrhunderts über den Bosporus gelangt und hatten in Adrianopel/Edirne und damit auf europäischem Boden 1362 ihre neue Hauptstadt gegründet. Wenig später besiegten sie auf dem Amselfeld ein serbisches Heer, die serbischen Fürsten mussten fortan die Oberhoheit der Osmanen anerkennen. Doch damit gaben sich die Sultane nicht zufrieden. Es drängte sie ans Meer. Als erste Adriastadt fiel ihnen 1417 Vlora in die Hände. Bald darauf kam es zu den ersten Kämpfen mit Venedig, die später, als der Konflikt längst chronisch geworden war, als Erster Venezianischer Türkenkrieg in den Geschichtsbüchern vermerkt wurde.

Venedig war vorsichtig geworden. Um seine Expansion nicht zu gefährden, schloss es einen Frieden mit dem Osmanischen Reich – und trat das kurz zuvor eroberte Saloniki 1430 wieder an die Türken ab. Doch ganz traute der Meeresstaat dem Frieden nicht. Stattdessen begann er, seine Außengrenze und mit ihm auch Cattaro zur Festung auszubauen. Neben der *Albania Turca* gab es nun auch *Albania Veneta*, und das sollte um jeden Preis verteidigt werden.

Kotor und die Türkenkriege

»Ein Labyrinth von Gassen und taschentuchgroßen Plätzen führt von Schönheit zu Schönheit. Es gibt eine Kathedrale aus dem zehnten Jahrhundert, rauh, aber mit einer feinen Vorderseite, zwei Türme und ein Portal formen den Zugang.« So beschreibt die britische Schriftstellerin und Essayistin Rebecca West in ihrem Reisebuch *Black lamb and grey falcon* die historische Grenzstadt Kotor, die sie auf ihren Jugoslawienreisen zwischen 1936 und 1938 besucht hatte. Während sich West vor allem in den Kirchen der Stadt bewegte, berauschen wir uns an der Vogelperspektive. Von der Festung San Giovanni aus wirkt der Mehlplatz tatsächlich wie ein Taschentuchplatz. Aber an dieser Schnittstelle zwischen dem venezianischen und türkischen, dem christlichen und dem muslimischen Kosmos erzählen nicht so sehr die Kirchen, Plätze und Paläste die Geschichte einer Stadt, sondern die Mauern, die sie umgeben. Am Schutzwall um Kotor lässt sich gut ablesen, wie es wann um die Hegemonie in der östlichen Adria stand.

Am Anfang stand Byzanz, das die Stadt bereits im sechsten Jahrhundert befestigt hatte. Auch der Kampanaturm und die Zitadelle unten am Meer existierten schon, bevor die Venezianer kamen. Dieser erste Verteidigungsring war im 13. und 14. Jahrhundert geschlossen worden und sollte vor allem Eindringlinge von der See abwehren. Das änderte sich, als sich Venedig an den Ausbau der Festen machte. Das erste venezianische Bauwerk in

Kotor war das Gurdictor, das als drittes Tor neben dem Seetor und dem Flusstor im Jahr 1470 gebaut wurde. Markierte das Seetor den Eingang zur Stadt für Handelsschiffe und Kaufleute, lag das Flusstor im Norden und schirmte Kotor in byzantinischer Zeit vor allem gegen Venedig ab. Nun aber, unter der Herrschaft des Markuslöwen, richtete sich das Augenmerk gen Süden. Dort entstand das Gurdictor als Schutz gegen Eindringlinge von den Bergen. Eine Belagerung vom Wasser aus war an dieser Stelle nicht mehr möglich, denn am Südende von Kotor endet die Bucht, es beginnen die Mauleselpfade hoch ins Lovćen-Gebirge.

1470, das Jahr, in der das Gurdictor entstand, war kein gutes Jahr für Venedig und seine Besitztümer in der Bucht von Kotor, zu denen auch Perast und Dobrota zählten. Es befand sich bereits im zweiten der so genannten Venezianischen Türkenkriege. Und diesmal sollte es nicht so glimpflich davonkommen wie im Türkenkrieg Nummer eins. Schließlich stand inzwischen kein Geringerer als Mehmet II. der Eroberer an der Spitze der Janitscharenregimenter, jener kampferprobte Sultan, dem im Jahre 1453 das scheinbar Unmögliche gelungen war – die Eroberung von Konstantinopel. Die Diplomatie, das wusste man in Cattaro, hatte kaum mehr eine Chance. Nach Konstantinopel, das Adrianopel als Hauptstadt des Osmanenreiches ablöste, waren 1459 Serbien und 1463 Bosnien türkisch geworden. Nun wollte Mehmet noch einmal etwas Unmögliches schaffen – die Eroberung Cattaros, das Tor zur venezianischen Adria.

Wir werfen erneut einen Blick auf die Dächer der Stadt. Wie ein großes Dreieck liegt Kotor vor uns, eingezwängt zwischen Berge und Meer. Winzig und schmal wirken seine Gassen, die sich aber immer wieder zu Plätzen öffnen, deren prächtigster der langgezogene Waffenplatz ist. Das Kotor von heute ist unzweifelhaft venezianisch geblieben. Die Piazze, der Campanile, die Paläste, die Proportionen. Was für ein Unterschied zum nur fünfzig Kilometer entfernten Ulcinj an der montenegrinischen

Grenze zu Albanien. Keine Kirchen prägen dort das Stadtbild, sondern Moscheen. 1578 war Ulcinj, das auf Venezianisch Dulcigno hieß, türkisch geworden, es gehörte bis 1878 zum Osmanischen Reich. Anders als Kotor lag Ulcinj dreihundert Jahre lang nicht mehr innerhalb, sondern außerhalb der »Mauern der Christenheit«. Und so ist es geblieben, auch wenn Ulcinj 1878 zum neuen Staat Montenegro gekommen war. Bis heute machen die muslimischen Albaner mit 70 Prozent die Mehrheit der Bevölkerung in der 20 000 Einwohner zählenden Stadt aus. In Kotor dagegen zählt sich die Hälfte der Bevölkerung zu Montenegrinern, ein Drittel zu Serben und der Rest zu Kroaten. Eine nennenswerte muslimische Minderheit gibt es nicht. »Die neue EU-Außengrenze war einst ein Wall gegen die Osmanen«, titelte der österreichische *Standard* nach dem Beitritt Kroatiens zur EU. Auch das, denke ich mir, ist ein Erbe der Festung und der Einmauerung dieser militärischen Grenzfeste, die im 15. Jahrhundert begonnen hat.

Um es vorwegzunehmen: Kotor haben die Türken nicht einnehmen können und auch nicht das einige Kilometer entfernte Perast, von dem Rebecca West in den dreißiger Jahren schrieb, es überrasche durch einen beinahe »surrealistischen Charme« wegen seines gotisch-venezianischen Baustils. Anders als Kotor ist Perast weniger eine Handelsstadt gewesen als ein kleines Seefahrernest. An der inneren Bucht von Kotor mit Blick auf die beiden Inseln Sveti Đorđe und Gospa od Šrpjela ließen sich die Kapitäne der Handelsschiffe und der Kriegsmarine nieder, hier wurden Galeeren gebaut und Schiffe instandgesetzt. Im *Palato Bujević*, in dem sich heute ein kleines Schifffahrtsmuseum befindet, erfährt man, dass Perasto, wie es damals hieß, zeitweise bis zu hundert Handelsschiffe sein eigen nannte. Wenn man die beiden Städte mit Venedig, seiner Schutzpatronin, vergleichen will, wäre Kotor der Handelsplatz am Rialto, während Perast das Arsenal gewesen wäre.

Heute ist Perast ein verschlafenes Dorf. Ein wenig aber scheint es nach all den Jahren des Stillstands wieder aufwärts zu gehen. Als wir ankommen, stehen zwei Männer auf dem Dach eines venezianischen Hauses und erneuern die morschen Balken. Einen Blick für die Schönheit von Sveti Đorđe und Gospa od Šrpjela haben sie nicht. Das Kloster auf der kleinen Insel des heiligen Georg wurde bereits im 12. Jahrhundert gegründet und ist damit älter als Perast selbst, das erst im 14. Jahrhundert eine gewisse Bedeutung erlangte. Doch eigentlich begann die Geschichte der Seefahrerstadt erst 1420. Anders als viele Städte Dalmatiens hatte sich Perast freiwillig in die Obhut Venedigs begeben – und wurde von der Serenissima mit dem Titel der *Fedelissima Gonfaloniera*, der »Treuesten Bannerträgerin belohnt.«

Was den Bauarbeitern vertraut sein mag, weckt unsere Neugier. In Deutschland ist die Insel Sveti Đorđe, die bis 1866 auch als Friedhof für Perast diente, als die Toteninsel bekannt, die Arnold Böcklin bei seinem gleichnamigen Gemälde Pate gestanden hat. Auf der zweiten Insel steht eine Kirche, und die alljährliche Prozession der *fašinada* erinnert daran, wie mühselig es war, die beiden Inseln der Adriabucht abzuringen. Während der Prozession am 22. Juli werden Steine von den Booten geworfen, ein Brauch, der in die Jahrhunderte geht, als Erinnerung daran, wie das Eiland zu festigen und gegen das Meer zu verteidigen war. In den Schoß gefallen ist einem in den Buchten von Kotor nichts.

Eines aber erstaunt in dieser einst so reichen Stadt der Kapitäne. Wohin man auch blickt, es gibt keine Mauern, keine Bastionen, keine Stadttore. Stattdessen reichen die mattweißen Designerhocker der Bars an der Riva bis ans Wasser. Perast war sich des Schutzes Venedigs offenbar sicher. Zumindest bis zum Jahre 1470, als das venezianische Negroponte an Mehmet den Eroberer fiel und sich die Machtverhältnisse im östlichen Mittelmeer und in der Adria zu verschieben begannen. Venedig war nun in der Defensive, Konstantinopel auf dem Vormarsch. Zwar baute man in Perast keine Mauer wie in Kotor, aber neun Türme gaben den Kapitänen nun etwas mehr Sicherheit.

Wie Albanien ist auch Montenegro ein weißer Fleck auf der Landkarte Europas. Noch in den fünfziger Jahren diente es dem amerikanischen Krimiautor Rex Stout als Schauplatz für einen seiner Nero Wolfe-Romane. In *Nero Wolfe in Montenegro* reist der New Yorker Privatdetektiv illegal von Bari ins Land des »Schwarzen Berges«, um den Mörder seines montenegrinischen Freundes Marko Vukčić zu finden, der sich längst wieder ins kommunistische Jugoslawien abgesetzt hatte. Nun entspinnt sich ein Geheimdienstplot aus einheimischen Montenegrinern, Albanern aus dem Kosovo oder denen, die über die nahe Grenze gekommen sind sowie Titos Getreuen aus Belgrad, bei dem der Leser nie richtig weiß, wer auf welcher Seite steht. So ist das eben auf dem Balkan, wo am Ende nur Amerikaner für Recht und Ordnung sorgen können, lautet die Botschaft des Romans. Im Original heißt der Krimi natürlich *The Black Mountain*.

Eine andere Angloamerikanerin, die Britin Maude M. Holbach, schildert in ihrem Reisebuch über Dalmatien auch eine Fahrt von Cattaro auf der berühmten Serpentinenstraße in die hoch in den Bergen gelegene alte montenegrinische Hauptstadt Cetinje: »Es wäre ganz unverzeihlich, wollte man Cattaro besuchen an der Grenze des Reiches der ›Schwarzen Berge‹ und nicht eindringen in das Innere dieses seltsamen, wilden Ländchens (…) Das Fürstentum Montenegro trägt den Titel ›eines Königreiches, das seine Gründung und seinen Bestand einzig und allein persönlicher Tapferkeit verdankt‹, und dieser ehrende Beiname entspricht der Wahrheit. Als das alte serbische Königreich der türkischen Übermacht zum Opfer fiel, rettete sich eine kleine Anzahl von Serben in die ›Schwarzen Berge‹ und gründete hier einen unabhängigen Staat.«

Diese Flucht auf den »Schwarzen Berg«, auf Montenegrinisch oder Serbisch Crna gora, im Italienischen Montenegro, datiert auf das Jahr 1521. Die Osmanen hatten Belgrad erobert und in einen Sandschak, eine osmanische Provinz, umgewandelt. Zur gleichen Zeit, als die Rebellen in die Berge flüchteten, baute Perast weiter seine Türme, und Kotor befestigte seine Mauern. Es war ein Wettlauf gegen die Zeit, ein verzweifeltes Ringen um die Vorherrschaft in den Bergen über Kotor. Wer Montenegro hatte, hatte nicht nur freie Bahn bis Wien. Er beherrschte auch das Tor zu Adria.

Venedig, immer noch geschockt von der Niederlage im zweiten Türkenkrieg von 1479, straffte nun die Zügel im venezianischen Albanien. Zum *Rettore* oder *Kapitane*, der bislang über die Interessen der Serenissima gewacht hatte, kam nun ein *Provveditore*. Der neue Statthalter im venezianischen Albanien war nicht nur dem Dogen rechenschaftspflichtig, sondern auch dem Gouverneur in Dalmatien. Doch allzu viel war von *Albania Veneta* nicht mehr übrig geblieben. Und der Niederlage im zweiten Türkenkrieg folgten weitere. Der entscheidende, der Fünfte Venezianische Türkenkrieg endete 1573 mit der Niederlage Venedigs in der Schlacht von Lepanto. Nun verlor der *Stato da Mar* neben Zypern auch noch Antivari/Bar und Dulcigno/Ulcinj. Die Schlinge um Kotor zog sich immer enger.

Als die Britin Maude M. Holbach 1909 ihre Reise von Cattaro nach Cetinje, die alte Hauptstadt Montenegros, unternahm, war der Meeresstaat von Venedig schon lange Geschichte, die dalmatinische Küste gehörte zur österreichisch-ungarischen k.u.k. Monarchie. Wien erbte von Venedig damit auch die Grenze zum Osmanischen Reich. Doch fremd war Österreich diese Grenzlage nicht. Auf der Balkanhalbinsel hatte es schon seit dem 16. Jahrhundert mit den Türken zu tun. Je weiter die Osmanen auf der Balkanhalbinsel vorankamen, desto größer waren die Anstrengungen Österreichs und Ungarns, die Grenzen der christlichen Welt gegen die ungläubigen Muslime zu sichern.

An dieser Grenze kämpften Österreicher, Ungarn, Serben, Kroaten und Montenegriner einen Kampf an einer Front, deren Linien sich immer wieder verschoben. Und sie kämpften jenseits des Gesetzes. Militärgrenze, das bedeutete auch, dass an der Scheidelinie zwischen Abendland und Morgenland andere Regeln galten als bei Hofe in Wien oder Budapest. Nicht nur in den Kriegs-, sondern auch in den Friedenszeiten nahm sich der Stärkere vom Schwächeren, wonach ihm der Sinn stand. Das westliche Bild des Balkan hat die Barbarei seiner eigenen Verteidiger bislang nicht in die Gesamtrechnung einbezogen.

Noch immer stehen wir auf dem Hausberg von Kotor. Von der Festung San Giovanni ahnt man auch den Verlauf der Passstraße, die hinauf nach Cetinje führte. Das christliche Europa hatte seit dem 16. Jahrhundert nun zwei Außengrenzen gegen das Osmanische Reich: die Mauern von Kotor, an denen wir stehen, sowie die Militärgrenze im Hinterland der Balkanhalbinsel, zu der auch die Schwarzen Berge gehörten. Anderthalb Jahrhunderte waren die Adria und die Berge umkämpft, der türkische Halbmond wollte nach Wien, die Heilige Allianz führte einen späten, letzten Kreuzzug, der die Türken vom Balkan werfen sollte. Erst mit dem Frieden von Karlowitz 1699 und dem folgenden Frieden von Passarowitz 1716 waren die Türkenkriege zu Ende.

Wir sind der kriegerischen Jahrhunderte müde und steigen wieder hinab in die Stadt. Venedig hatte zwar einen Großteil seines Meeresstaates eingebüßt, aber die Mauern von Cattaro hatten gehalten. Die Stadt und die fjordartige Bucht blieben der Markusrepublik erhalten. Doch lange währte die Atempause im venezianischen Albanien nicht. Nicht nur der Beginn des *Stato da Mar* lässt sich mit dem Sieg Venedigs über Genua genau datieren, sondern auch sein Ende. Mit ihm ging auch in Kotor, dieser Grenzstadt des alten Europa an der Adria, nach fast vierhundert Jahren eine Epoche zu Ende.

Der 12. Mai 1797 war ein Freitag. An diesem Tag legte Ludovico Manin, der letzte Doge von Venedig, sein Amt nieder. Vier Tage später standen, erstmals in der Geschichte der Stadt, fremde Truppen vor dem Dogenpalast am Markusplatz. Nicht den Türken war Venedig in die Hände gefallen, sondern den Franzosen. Venedig war nun keine Serenissima mehr, die allerdurchlauchteste Seefahrerrepublik hatte aufgehört zu existieren. Goethe musste seine dritte Italienreise abbrechen und fuhr statt nach Venedig in die Schweiz.

An der östlichen Adria läuteten die Glocken zum Zeichen der Trauer. Schenkt man den Chronisten von Perast Glauben, soll der venezianische Stadtkommandant das Ende der Republik den Bürgern mit folgenden Worten in venezianischem Dialekt übermittelt haben: »Dreihundertundsiebenundsiebzig Jahre lang gehörten wir, unsere Seelen und unser Leben zu dir, Heiliger Markus. Und immer konnten wir sicher gehen, dass du mit uns warst und wir mit dir. Mit deiner Hilfe waren wir zur See unbesiegbar, keiner hat uns je, mit dir an der Seite, fliehen sehen.«

Lange aber dauerte die Franzosenzeit nicht in Cattaro. Nachdem Dalmatien eine Weile zwischen Frankreich und Österreich hin und her gegangen war, war es 1815 mit dem Wiener Kongress endgültig zu Österreich gekommen. Was aber hatten die Bewohner in der Adriabucht von den neuen Herren zu erwarten? Glaubt man Peter Stachel, war es nicht allzu viel: »Dalmatien«, schreibt der Wiener Historiker in einem Beitrag über Österreichs »eigene Fremde«, »galt aufgrund der anhaltenden Vernachlässigung durch die österreichische Verwaltung als so etwas wie das ›österreichische Sibirien‹.«

Das neue Königreich Dalmatien war als Kronland Österreichs in vier Kreise unterteilt: Zara und Spalato mit je 150 000 Einwohnern und Ragusa und Cattaro mit je 50 000. Am Bild

Dalmatiens als äußerster Peripherie des Reiches aber änderte sich wenig. Nur zwei Prozent der Bevölkerung und 4,28 Prozent des Territoriums trug Dalmatien zu Österreich-Ungarn bei. Während sich der Tourismus in Abbazia und auch auf der Insel Lussin prächtig entwickelte, blieb Dalmatien zwischen Zara und Cattaro ein Reiseziel für ein paar Intellektuelle und einige gut betuchte Kulturtouristen. Straßen- oder Bahnverbindungen gab es wenige, die meisten Städte waren nur per Schiff erreichbar. Zeitgenössische Reiseführer sprachen von einem »Übergangsland« oder einem »Zwischenland«, so auch das vielgelesene Dalmatienbuch der britischen Autorin Maude M. Holbach. Es trug den Untertitel »Das Land, wo Ost und West sich begegnen«.

Nicht mehr von Venedig wurde die Adria nun regiert, sondern von Wien. Oder besser: Vom Oberbefehlshaber der k.u.k. Kriegsmarine. Zwar hatten sich die Türken seit den Friedensschlüssen von Karlowitz und Passarowitz hinter ihre Grenzen zurückgezogen. Am westlichen Ufer des Adriatischen Meeres war aber ein neuer Feind aufgetaucht – Italien.

Es hatte sich also wenig geändert, seit Österreich die venezianischen Besitzungen übernommen hatte. Die östliche Adriaküste war und blieb militärisches Grenzgebiet. Schon in den vierziger Jahren des 18. Jahrhunderts hatte der Dalmatienführer *Nach dem Süden*, den der Österreichische Lloyd herausgab, bemerkt: »Leider ist oft gerade an den schönsten Gegenden das Photographieren aus militärischen Gründen verboten.«

Österreich hatte freilich Grund misstrauisch zu sein. Mit Venedig waren ihm nicht nur die Territorien des Meeresstaates zugefallen, sondern auch seine Marine. Mit einem Schlag war der Vielvölkerstaat, der bis dahin nur eine kleine Donauflotte betrieben und in Triest ein paar Boote stationiert hatte, zur Seemacht geworden. Mit den Handels- und Kriegsschiffen Venedigs erbte Wien aber auch seine Matrosen und Seeleute. Und die waren den neuen Befehlshabern wenig zugeneigt. Dazu kam, dass die Besatzung der nun österreichischen Kriegsschiffe nahezu ausschließlich Venezianisch sprach. Wieder einmal wurde die Donaumonarchie, die nun auch eine Adriamonarchie war, von ihrem Nationalitätenproblem eingeholt.

Wie fragil die neue Ordnung in der Adria war, zeigt ein Exponat, das im Heeresgeschichtlichen Museum in Wien ausgestellt ist. Es handelt sich um so genannte »Ballonabwurfbomben« der Marke »Uchatius«, mit denen 1849 der erste Luftangriff der Geschichte geflogen wurde. Ziel des Angriffs waren Aufständische in Venedig, das sich nicht einmal fünfzig Jahre nach dem Untergang der alten Seefahrerrepublik vom neuen Machthaber Österreich losgesagt hatte. An der Lagune war am 23. März 1848 die *Repubblica di San Marco* ausgerufen worden. Zusammen mit den Aufständischen in Mailand und anderen Städten Oberitaliens forderten die Venezianer die nationale Einheit in einem italienischen Staat, zu dem auch Venedig gehören sollte. Der österreichische Völkerfrühling hatte auch die Adria erreicht.

Fast anderthalb Jahre konnten sich die Aufständischen in der Lagune gegen die österreichische Übermacht behaupten. Erst als Wien den Aufstand im Piemont niedergeschlagen hatte, konzentrierte es sich auf die Wiedereroberung Venedigs. Das war die Stunde, in der Österreichs neue Kriegsmarine die Uchatius-Ballonabwurfbomben zum Einsatz brachte. Doch der Versuch, die vielleicht schönste Stadt der Welt mit Hilfe von Brandbomben zu zerstören, scheiterte. Darüber hinaus liefen zahlreiche Venezianer der k.k. Marine zu den Aufständischen über. Die österreichische Militärführung versuchte es nun wieder mit der altbewährten Kriegsführung. Von Mestre aus wurde Venedig vierundzwanzig Tage lang mit Artillerie beschossen. Doch die Aufständischen hielten weiter tapfer ihre Stellungen. Erst als die Stadt von einer Cholera heimgesucht wurde, mussten sie sich ergeben. In Cattaro war man also gewarnt.

Im Heeresmuseum der ehemaligen Donaumonarchie sind nicht nur die Brandbomben ausgestellt, mit denen Österreich Venedig niederbrennen wollte. In einem der drei Hauptsäle hängt auch ein großformatiges Gemälde von Alexander Kirchner. Es trägt den Titel *Seeschlacht bei Lissa*. Den monumentalen Schinken aus dem Jahre 1918, dem Jahr, in dem Österreich-Ungarn in die Geschichtsbücher verschwand, kann man auch als eine auf die Leinwand gepinselte Beschwörung deuten. 1866 wurde Österreich wie 1529, 1683 und 1848 wieder in eine Schockstarre versetzt. In Königgrätz hatte Wien die Entscheidungsschlacht gegen Preußen verloren, Venedig war endgültig an Italien gefallen, und vor der Adria-Insel Lissa kreuzten italienische Kriegsschiffe. Würde die k.k. Kriegsmarine diese entscheidende Schlacht gegen Italien verlieren, wäre es mit der österreichischen Vorherrschaft an der östlichen Adriaküste vorbei. Auch Cattaro, Venedigs einstiger Vorposten gegen die Türken, würde dann italienisch werden. Statt österreichischer Schriftsteller und Kulturtouristen würden dann italienische Intellektuelle nach Cattaro und Dalmatien reisen – und in ihren Reportagen und Reiseberichten keine österreichische, sondern eine italienische Sehnsuchtslandschaft schaffen. Doch die Reformen in der Marine der Donaumonarchie hatten gegriffen. Oberbefehlshaber der österreichischen Marine war Wilhelm von Tegetthoff geworden, der bereits zwei Jahre zuvor, da war Österreich noch mit Preußen verbündet, die Dänen bei Helgoland geschlagen hatte. Mit Joseph I. saß außerdem ein junger Monarch auf dem Thron in der Hofburg, der die Bedeutung der Marine erkannte und die nötigen Gelder zur Verfügung stellte. Dennoch konnte Österreich noch nicht aus dem Vollen schöpfen. Die neuen Fregatten *Erzherzog Ferdinand Max* und *Habsburg* waren noch nicht vom Stapel gelaufen, und das Flaggschiff der Kriegsmarine, die Kaiser, war ein hölzernes Ungeheuer aus Zeiten, in denen man den Gegner nicht beschoss, sondern rammte.

Der Ausgang der Schlacht war also offen. Im Sommer 1866 traf die k.k. Marine vor Lissa, heute Vis, auf einen Gegner, der zu einer der größten Seemächte des Mittelmeers zählte. Legendär, weil angeblich unsinkbar, war das italienische Kriegsschiff *Affondatore*, ausgestattet mit einem neun Meter langen Rammsporn. Doch Tegetthoff, dessen Matrosen nun loyal zu ihrer Führung waren, hatte einen Trumpf in der Hand: die Zerstrittenheit der sizilianischen, neapolitanischen und sardischen Flotte des Königreichs Italien. So kam es, dass die größte Seeschlacht, die das Adriatische Meer bis dahin gesehen hatte, am 20. Juli 1866 mit einem überraschenden Sieg der k.k. Kriegsmarine endete. Tegetthoff, wissend um die Überlegenheit des Gegners, hatte ganz auf einen Rammkrieg gesetzt, dieses archaische Zitat einer Bajonettschlacht auf See, und er hatte gewonnen. Noch am selben Abend gratulierte ihm der Kaiser persönlich zum Sieg. Für die Bewohner von Cattaro aber war es ein Pyrrhussieg. Kaum sind wir wieder in die Stadt hinabgestiegen, erfahren wir, dass es die Seeschlacht von Lissa war, die den Ausschlag gegeben hatte, Cattaro neben Pola und Sebenico zum österreichischen Kriegshafen auszubauen. Denn ähnlich wie Venedig 1848 galt auch die italienische und slawische Bevölkerung von Cattaro als aufrührerisch. Wieder einmal stand Cattaro nicht vor einer politischen Lösung der Konflikte im Süden Dalmatiens, sondern vor einer militärischen.

Unruhiges Cattaro

Ein Militärhafen also. Was für eine Schmach für die einst so stolze Handelsstadt Cattaro und ihre Schwester Perasto, die Stadt der Kapitäne und Seefahrer. Wer in Kotor immer noch zur See fahren wollte, konnte sein Patent nun nicht mehr im Süden Dalmatiens machen. Er musste bis nach Triest und dort die

Schule der Handelsmarine absolvieren. Cattaro war Peripherie geworden und eine Hochburg der slawischen Nationalbewegung. Wien war gewarnt, denn nicht nur an der Küste war es unruhig geworden, sondern auch auf dem Balkan. Die Serben hatten sich als Regionalmacht etabliert und erboten sich, die Interessen der slawischen Brüder und Schwestern zu vertreten. Montenegro, das Land der Schwarzen Berge, die als Zufluchtsort für die Kämpfe gegen die Türken dienten, drang auf seine Unabhängigkeit. Als Wien auf die zunehmenden Spannungen an seiner südöstlichen Grenze mit der Verhängung eines neuen Wehrgesetzes reagierte, das auch die Montenegriner und Serben im Süden Dalmatiens betroffen hätte, kam es im nahen Krivošije zu einem Aufstand. Wieder einmal musste die Marine eingreifen, um die Unruhen im Vielvölkerstaat niederzuschlagen. Der Unterschied war nur der, dass aus der k.k. Kriegsmarine nach dem Ausgleich mit Ungarn und der Gründung eines zweiten Landesteils ein »und« eingeschoben wurde. Offiziell hieß es nun k.u.k. Kriegsmarine.

Einstmals waren der Balkan und die südöstliche Adria wegen des Vormarsches der Türken zur Krisenregion Europas geworden. Nun war es umgekehrt. Weil das Osmanische Reich zum »kranken Mann am Bosporus« wurde, fürchteten Preußen und Österreich um ihre Einflusssphären. Denn auch Russland redete nun ein Wörtchen mit. Auf der Krim hatte sich Sankt Petersburg schon festgesetzt – und infolge des Rückzugs der Türken das Schwarze Meer erreicht. Mit allen Mitteln wollten Wien und Berlin die Ausdehnung der russischen Einflusssphäre durch einen serbischen Zugang zur Adria verhindern. So kam es, dass der Berliner Kongress, auf dem 1878 die Grenzen Südosteuropas neu verhandelt wurden, mit der Unabhängigkeit Montenegros endete. Mit dem kleinen Land und seiner Hauptstadt Cetinje, die so wunderbar über uns in den Bergen liegt, war ein Puffer zwischen Serbien und der Adria geschaffen worden. Darüber hinaus hatte Österreich-Ungarn auch noch Bosnien und die Herzegowina besetzt.

Cattaro freilich, das die Montenegriner nun immer öfter in ihrer eigenen Sprache Kotor nannten, blieb österreichisch. Und es blieb unruhig. Erneut kam es 1882 zu einem Aufstand in der Region von Krivošije. Wieder mussten das Militär und die Marine eingesetzt werden. Das war die geopolitische und militärische Lage, in der die Reisenden und Intellektuellen aus Wien begannen, das zauberhafte Dalmatien zu entdecken und mit ihm die wunderbaren venezianischen Städte Kotor und Perast. Über Letzteres hatte der Linzer Schriftsteller Hermann Bahr geschrieben, dass man sich »vor dem schlanken Campanile und gebräunten, in Verfall prunkenden Palästen wirklich im Canal Grande glaubt«. Allerdings wusste der Dalmatienreisende auch über die Unruhen in Krivošije. »Schon zeigt sich der Lovćen, der Berg von Montenegro«, schrieb er in seiner *Dalmatinischen Reise*. »Vor uns aber sieht eine große Straße her, die sich langsam in die Berge windet, oben von zwei Forts bewacht, das ist der Weg in die Krivošije, zu den wilden Hirten mit den Opanken, den kurzen Hosen und dem braunen Tuch über dem rauhen Hemd, die, der Tracht und dem Sinn nach, unsere Schotten sind.«

Tritt man in Kotor durch das Seetor, blinken weiße Jachten und schaukeln die Schönen und Reichen sanft auf ihren Sonnendecks. Wie Budva ist auch Kotor ein beliebtes Ziel bei russischen Urlaubern, die Nachbarn auf unserem Balkon in Dobrota waren ein Vorgeschmack. In Budva habe ich zudem zum ersten Mal eine Abramowitsch-Jacht gesehen. Ich habe keine Ahnung, wie groß die Jachten von Abramowitsch sind, aber das mussten Abramowitsch-Jachten sein. Außerdem war da dieses Werbebanner: *Azimut Yachts, Montenegro*. Zwei Filialen hat die Abramowitsch-Jacht-Filiale: in Moskwa, Rossija und in Budva, Tschernogorija. Fest in der Hand der reichen Russen ist die montenegrinische Adriaküste. Es wirkt wie eine Replik auf die

Politik des Westens im 19. Jahrhundert, den russischen Vormarsch an die Adria stoppen zu wollen.

Doch die Österreicher, die Herren über Dalmatien, Cattaro und auch die »wilden Hirten« von Krivošije hatten das Heft des Handelns schon damals nicht mehr in der Hand. Montenegro, die Gründung von Wiens Gnaden, war ihnen entglitten. Als nach den Schüssen von Sarajevo der Erste Weltkrieg begann, schlug sich Cetinje, die Fürstenstadt über dem Berg von Kotor, auf die Seite der Entente. Auf dem Lovćen patrouillierten nun französische Soldaten. Kotor war, wie zu Türkenzeiten, wieder einmal eingeschlossen – und vor seiner Küste sollten bald wieder die Seeschlachten toben.

Die k.u.k. Marine befand sich, als im August 1914 der Große Krieg begann, in einer Zwickmühle. Italien, eigentlich im Dreibund mit Österreich-Ungarn und Preußen verbündet, hatte überraschend seine Neutralität erklärt. Die Marine Wiens hatte somit ihren Stützpunkt im sizilianischen Messina eingebüßt und war in ihre Adriahäfen Cattaro, Sebenico und Pola zurückgedrängt worden. Darüber hinaus hatte Montenegro sein Staatsgebiet von den Bergen zur Küste ausgedehnt – aus der Konkursmasse des Osmanischen Reiches waren ihm Antivari/Bar und Dulcigno/Ulcinj zugefallen. Für die österreichischen Kriegsschiffe, unter ihnen das 1911 in Dienst gestellte Schlachtschiff *Viribus Unitis*, galt es nun, den Nachschub für Serbien über die montenegrinischen Häfen zu unterbinden. Doch dafür musste erst einmal der Lovćen von den Franzosen zurückerobert werden. Das freilich gelang den österreichischen und ungarischen Marineeinheiten erst 1916. Bis dahin hatte oberhalb von Cattaro weiterhin der Feind das Sagen.

Und der war inzwischen mächtig geworden. Mit dem Kriegseintritt Italiens 1915 auf Seiten der Entente hatte sich das Blatt in der Adria gewendet. Zwar war es der k.u.k. Marine gelungen, in Ancona einige Schiffe der italienischen Marine zu versenken, doch blieb die Marine Österreich-Ungarns bis 1918 in der Adria eingesperrt. Die Sperre von Otranto war selbst für die vier Schlachtschiffe der »Tegetthoff-Klasse«, unter ihnen die *Viribus Unitis,* nicht zu durchbrechen. Im Februar 1918 setzten dann die Matrosen von Cattaro die Serie von Aufständen in der Region fort. Der Aufstand, dem auch Friedrich Wolf ein Drama widmete, zeigte, dass die Matrosen und Soldaten des Krieges müde waren. Daran konnten auch die Niederschlagung der Erhebung sowie die Hinrichtung von vier angeblichen Rädelsführern nichts ändern.

Am 31. Oktober 1918 war die Geschichte Cattaros als österreichischer Militärhafen nach 121 Jahren zu Ende. Der österreichisch-ungarische Admiral Nikolaus von Horthy übergab die k.u.k. Kriegsflotte an den neu gebildeten slawischen Nationalrat, aus dem kurz danach das Königreich der Serben, Kroaten und Slowenen hervorgehen sollte, zu dem auch Montenegro gehören würde. Es war ein seltsam feierlicher Akt und ähnlich skurril wie der im Jahre 1797, als Wien die Flotte Venedigs übernommen hatte. Mit der Übergabe an Belgrad wollte Kaiser Karl I., der 1916 die Nachfolge Franz Josephs angetreten hatte, verhindern, dass seine *Viribus Unitis* und die anderen Schiffe in die Hände Roms fallen. Doch nicht einmal dieser Triumph blieb Wien gegönnt: Am 1. November 1918 sollten zwei italienische Kampftaucher in den Hafen von Pola eindringen und an der *Viribus Unitis* zwei Haftminen anbringen. Kurze Zeit später sank der ganze Stolz der österreichischen Marine. Der Rest wurde, so wie es die Alliierten vereinbart hatten, den Italienern übergeben. Horthys Akt war vergeblich gewesen. Italien holte sich zurück, was Wien von Venedig bekommen hatte. Und an der Adria standen sich nun neue Gegner gegenüber. Italien auf der einen Seite und Jugoslawien auf der anderen. Cattaro aber lag wieder an einer Grenze. Nicht weit von der Stadt begann Albanien.

Okay, würde ich dem Jungen sagen, du hast gewonnen, wir räumen das Feld. Fest entschlossen, die Kapitulationsurkunde dem Bengel mit dem blinkenden und ratternden Maschinengewehr zu übergeben, öffne ich am nächsten Morgen die Balkontür. Doch meine Kapitulation wurde nicht angenommen, der kleine Putin hatte das Weite gesucht, die russische Familie war abgereist. Auf unserem Balkon ging es wieder ruhig zu und friedlich.

Was für eine Stadt, denke ich, als wir hinab auf den Betonweg klettern, um in der Bucht von Kotor eine Runde zu schwimmen. Nicht nur Perast hatte zu Zeiten Venedigs seine Kapitänshäuser, sondern auch Dobrota auf halbem Wege von Perast nach Kotor. Und in beiden Städten werden sie inzwischen wieder aufgebaut. Die österreichischen Intellektuellen, die Wien dafür kritisiert hatten, Dalmatien nur als militärisches Aufmarschgebiet zu betrachten, hätten ihre Freude gehabt. Es zieht wieder Leben ein in die Küstenregion von Montenegro. Auch die reichen Russen, das gestehe ich gerne ein, haben daran ihren Anteil.

Nach dem Bad statten wir ein letztes Mal dem *Trg od bražne*, dem Mehlplatz, einen Besuch ab. Viel ist nicht mehr zu sehen von den Schäden, die das große Erdbeben von 1979 in Kotor angerichtet hat. Die Mauern, die einst Venedig vor den Türken, dann Österreich, zuerst vor den Türken, dann vor den Montenegrinern, geschützt haben, sind dank der Unesco wieder aufgebaut. Keine Außengrenze zwischen der Zivilisation der Küste und der Barbarei in den Bergen sollen sie nun mehr sein, sondern Welterbe der Menschheit. Und fotografieren darf man endlich auch.

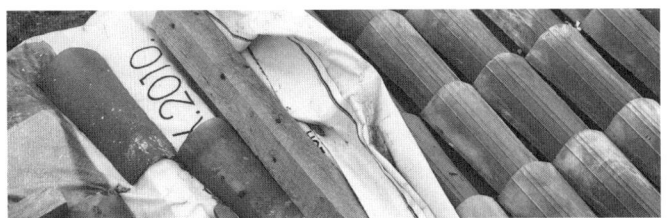

Küste und Hinterland

VON RAGUSA NACH DUBROVNIK

Als der Alarm ausgelöst wurde«, erinnert sich Maja Petrović, »sind wir hinunter in den Hausflur. Einen Keller haben wir nicht. Dicht gedrängt standen wir im Erdgeschoss, meine Mutter, meine Tochter, mein Sohn und ich. Wir hörten die Granaten pfeifen. Man sagt ja, dass man ungefähr weiß, wann es ernst wird, aber wir hatten keine Ahnung. Im Zweiten Weltkrieg wurde Dubrovnik nicht bombardiert. Natürlich gab es schon vor dem Beginn der Belagerung Übungen. Man hat uns gezeigt, wie man auf die andere Seite des Stradun kommt, ohne den Boulevard überqueren zu müssen. Einfach am Ploče-Tor unter der Stadtmauer durch, dann ist man drüben. Dort haben sie einen Bunker eingerichtet. Ich erinnere mich noch genau an das Datum der ersten Übung. Es war der 16. September 1991. Ich weiß es deswegen so genau, weil unsere Nachbarn in Hut und Mantel erschienen waren. Kurz danach wussten wir, warum. Sie waren verschwunden, einfach so, nach all den Jahren der Nachbarschaft. Unsere Nachbarn waren Serben. Wahrscheinlich hat ihnen jemand verraten, dass es bald losgehen wird. Uns ist dagegen nie in den Sinn gekommen, die Altstadt zu verlassen. Ich bin hier geboren, meine Mutter ist hier geboren, wir sind eine alteingesessene Dubrovniker Familie.

Dubrovnik war erst spät an der Reihe«, zählt Maja Petrović auf, »die Kämpfe fanden zunächst am südlichen Küstenabschnitt statt. Die Serben und Montenegriner rückten von der Grenze vor und haben Konavle eingenommen. Dann haben sie versucht, Cavtat zu erobern, das ist ihnen aber nicht gelungen. Andere Einheiten der Jugoslawischen Volksarmee kamen über Bosnien und die Berge. Im Oktober begann dann der Beschuss von Dubrovnik. Drei Monate hat die Belagerung gedauert. Wir hatten kein Wasser, keinen Strom, nichts. Das Wichtigste waren Kerzen und Batterien. Kerzen, damit wir abends etwas sehen können, und Batterien, um Radio zu hören. Fünf Minuten pro Stunde hat Radio Dubrovnik gesendet, das war der einzige Kontakt zur Welt da draußen. Sie glauben ja gar nicht, mit wie wenig der Mensch auskommen kann. Der Hunger hat uns nichts ausgemacht. Aber wenn wir keine Batterien hatten und nicht Radio hören konnten, das war schlimm.

Ich habe mich schmutzig gefühlt«, flüstert Maja Petrović. »Wir sind doch eine zivilisierte Stadt. Wir leben mitten in Europa. Im zwanzigsten Jahrhundert. In Berlin war gerade die Mauer gefallen. Deutschland war wiedervereinigt. In Osteuropa ging der Kommunismus zu Ende – und in Dubrovnik war Krieg. Deshalb habe ich mich schmutzig gefühlt. Weil wir mitten in diesem Krieg waren, ohne ihn zu wollen. Und kein Wasser hatten, nichts.

Wir standen im Erdgeschoss, als die Granate einschlug«, schließt Maja Petrović. »Wir wussten sofort, dass unser Haus getroffen wurde. Sie haben schon ein paarmal in diese Richtung geschossen. An der Ecke zum Stradun war ein Büro der HDZ, der Partei von Tudjman, das wollten sie unbedingt zerstören. Stattdessen haben sie unser Haus getroffen. Wir sind schnell hoch gerannt, aber es hat schon gebrannt. Es war keine normale Granate, sondern eine Brandbombe. Wir haben sofort versucht zu löschen. Ein paar Kanister mit Meerwasser hatten wir immer im Haus. Aber wir haben nicht verhindern können, dass das Dach ausbrennt. Wenigstens kam keiner von uns zu Schaden. So war das an diesem 6. Dezember 1991.«

Es gibt da dieses Video des kroatischen Fernsehsenders *HRT*, das in einer Ausstellung über die Belagerung Dubrovniks in Dauerschleife läuft. Zu sehen sind Granaten, die im Minutentakt auf die Stadtmauer, den Hafen und die Festung Sveti Ivan niedergehen. Abgeschossen werden sie von Artilleriestellungen, Kriegsschiffen oder Kampfflugzeugen der Jugoslawischen Volksarmee. Manche der Granaten verpuffen im Meer, andere schlagen in Fischerboote oder Jachten ein, wiederum andere treffen die Stadtmauer. Gegen die bis zu sechs Meter dicke und zwanzig Meter hohe Befestigung konnten die Geschosse nichts anrichten. Seitdem sie im 9. Jahrhundert errichtet, im 14. Jahrhundert verstärkt und im 16. Jahrhundert uneinnehmbar gemacht wurden, haben die Mauern von Dubrovnik jeden Feind fernhalten können. Zuerst die Venezianer, dann die Türken. Die Perle der Adria war uneinnehmbar.

Doch ihr Inneres, dieses filigrane Gewebe von Gassen und Plätzen, Wohnhäusern und Palästen, Kirchen und Klöstern, war verletzlich. Das kroatische Fernsehen zeigte am 6. Dezember 1991 Männer, die sich hinter dicke Mauern ducken, Fotografen, die auf der Stadtmauer von einer Deckung zur nächsten rennen, Kinder, die nicht wissen, wo das Abenteuer aufhört und der Kinderalbtraum beginnt. Trotz der Proteste der Europäischen Union und der Unesco schossen die Serben und Montenegriner ihre Granaten über die Mauern hinweg ins Herz von Dubrovnik. In eine Stadt, von der der britische Dichter Bernard Shaw einmal gesagt hat, wer den Himmel auf Erden suche, werde ihn in Dubrovnik finden. Der Himmel am 6. Dezember 1991 war voller Raketen. Und fast alle haben in Dubrovnik ihr Ziel gefunden. An diesem Tag, an dem das Dach des Hauses von Maja Petrović ausbrannte, gingen 600 Geschosse auf die Altstadt nieder. Auf einem Plan, der an jedem der sieben Tore angebracht ist, durch die man die Stadt betreten kann, sind die Treffer eingezeichnet. Granaten, Brandbomben, ausgebrannte Häuser, Einschläge auf dem Stradun, dem Mittelpunkt des öffentlichen Lebens von Dubrovnik. Auch der Einschlag im Dach des Hauses von Maja Petrović in der Petlovrijenci-Straße ist mit einem schwarzen Dreieck vermerkt. Schwarzes Dreieck, das steht für »zerstörtes Dach nach Granateinschlag«. 19 Zivilisten kostete der 6. Dezember 1991 das Leben. Von den 824 Gebäuden innerhalb der Stadtmauern, so die Bilanz des »Instituts für den Schutz von Kulturdenkmälern«, waren neun völlig zerstört und ausgebrannt. 92 Gebäude wurden schwer, 362 leicht zerstört.

Mit dem Beschuss von Dubrovnik hatte der Jugoslawienkrieg die Adria erreicht. Zuvor hatte die Volksarmee Jugoslawiens nach der Unabhängigkeitserklärung Kroatiens am 25. Juni 1991 weite Teile des Nachbarlandes besetzt und die so genannte *Republika Srpska Krajina*, die Republik Serbische Krajina ausgerufen. Ein Drittel des kroatischen Territoriums war damit in der Hand Belgrads. Die besetzte Region reichte von Knin bis kurz vor Zadar an der Adria, erreichte bei Karlovac fast Slowenien und war in Petrinja keine fünfzig Kilometer von Zagreb entfernt. Überall, wo Serben lebten, sollte auch Serbien sein, hieß es in Belgrad und den besetzten Gebieten. Von einer »Befreiung« einer serbischen Minderheit konnte in Dubrovnik aber keine Rede sein. In der Adriastadt machte die serbische Bevölkerung nur 6,5 Prozent der 50 000 Bewohner aus. Ähnlich viele Bosnier lebten in Dubrovnik, doch die übergroße Mehrheit war mit über 80 Prozent katholisch und kroatisch.

Warum also dieser Furor? In Dubrovnik galt die Zerstörungswut nicht nur der Altstadt, sondern auch den Luxushotels außerhalb der Stadtmauer wie dem Excelsior, dem Libertas oder dem Grand-Hotel. Die kroatische Zeitung *Danas* sprach in diesem Zusammenhang von einem »schmutzigen Spiel um Dubrovnik«, bei dem auch die montenegrinische Tourismus-Konkurrenz mitgemischt habe. Allein aus der rivalisierenden Küstenstadt Budva hätten sich 1000 Freiwillige für die Angriffe auf Dubrovnik gemeldet. An der südlichen Adria sollten die Karten offenbar neu gemischt werden. Für den 1922 in Belgrad geborenen Architekten und Stadtforscher Bogdan Bogdanović war die Belagerung Dubrovniks nichts anderes als ein »diabolischer Akt«. »Die Angreifer erinnern an einen Wahnsinnigen, der einer schönen Frau Salzsäure ins Gesicht schüttet«, sagte Bogdanović, bevor er, in Serbien zur persona non grata geworden, 1993 nach Wien ins Exil ging.

Warum der Furor? Ein Jahr nach der Belagerung versuchte sich der kroatische Filmemacher Božidar Violić an einer Erklärung für die Zerstörungswut der Serben und Montenegriner: »Dubrovnik, das ist eine Stadt von einzigartiger Schönheit und Harmonie«, schrieb Violić. »Dubrovnik, das war die Zivilisation der Küste. Die Barbaren aus dem Hinterland haben sie zerstören wollen, weil sie diese Schönheit nicht ertragen konnten.«

Die Topographie der Adria

Der französische Historiker Fernand Braudel hat von der Adria als einer Art Mittelmeer *en miniature* gesprochen. Ganz ähnlich sah das, wenige Jahre vor dem Fall des Eisernen Vorhangs in Europa, der kroatische Schriftsteller und Literaturwissenschaftler Predrag Matvejević. Matvejević nennt die Adria ein »Meer der intimen Nähe« – im Gegensatz zum Atlantik und Pazifik, die er als »Meere der großen Entfernungen« bezeichnet, oder dem Mittelmeer, das ihm ein »Meer der Nachbarschaft« ist.

Zur Intimität der Adria gehört auch seine Topographie. Nahezu alle Reisebeschreibungen erzählen von einer fast schon symbiotischen Beziehung zwischen Meer und Küstenstreifen.

Ohne die steil aufragenden Berge wäre diese Symbiose aber nicht denkbar. Anders als etwa an der flachen maghrebinischen Mittelmeerküste, wo man nicht weiß, wann das Küstenland endet und das Binnenland beginnt, ragen unmittelbar hinter der adriatischen Ostküste die Gipfel des Dinarischen Gebirges empor. Wie ein Raumteiler trennt der 650 Kilometer lange Gebirgszug, der parallel zur Adria verläuft, den schmalen Küstensaum von den Schluchten und Gipfeln im Inneren der Balkanhalbinsel. Wer einmal eine Reliefkarte Kroatiens gesehen oder mit den Fingern berührt hat, weiß, dass es ein »davor« und ein »dahinter« gibt. Predrag Matvejević, ein großer Liebhaber der Adria, schreibt in seinem Buch *Der Mediterran*: »Schon hinter dem ersten Bergrücken verliert sich die Bindung ans Meer, das Land verwandelt sich plötzlich zum Zagorje (Land hinter dem Berg), wird schwer zugänglich und rau.«

Dinarisches Gebirge und Apennin an der italienischen Adriaküste bilden so den topographischen Rahmen für jene Intimität, von der Predrag Matvejević spricht. Dazu gehört auch, dass die Küsten- und Hafenstädte – unabhängig davon, an welchem Ufer sie liegen – mehr miteinander zu tun haben als mit den Städten in ihrem jeweiligen Hinterland. Wer am alten Hafen von Dubrovnik auf das Wasser schaut, denkt nicht an den Berg Srđ, sondern vielleicht an den Hafen von Trani mit dem Stauferkastell und der Kathedrale San Nicola Pellegrino. Vielleicht zählt er auch die Namen der italienischen Küstenstädte auf, mit denen Dubrovnik Handelsbeziehungen hatte: Molfetta, Barletta, Ancona. Der Kompass in den Häfen der Adria zeigt aufs Meer und die Gegenküste, auf das »Vorderland« also. Dem Hinterland kehrt man den Rücken zu.

Wann aber wird aus dieser topographischen Grenze eine kulturelle? Predrag Matvejević, der 1932 in Mostar an der Neretva geboren wurde und damit nach eigener Auskunft ein Bewohner des Mittelmeerraums ist, beschreibt das Hinterland der kroatischen Küste zunächst ganz sachlich als das »Andere«: »Andere Bräuche stellen sich ein, die Menschen singen andere Lieder (…). In den Augen der Küstenbewohner sind sie mehr oder weniger eigentümlich und fremdartig.« Morlaken oder Walachen werden die Hinterlandbewohner in Dalmatien genannt oder auch Froschesser. Nicht nur fremd ist das Hinterland also, es gilt auch als unterentwickelt und rückständig. Der Grazer Historiker Harald Heppner sieht in den Bergen damit auch eine Art psychologische Grenze: »Die (…) wasserarmen Gebirgszüge fungierten seit jeher als Barriere, die den Zugang vom oder ins Hinterland enorm erschweren. Dieser Umstand hat für die Einheimischen lange den Vorteil gehabt, von hinten weitgehend ungeschoren zu sein, wodurch das Vorne automatisch das Meer und hiermit die große weite Welt ausmachte.«

Vom Meer, also der großen weiten Welt, kamen auch die meisten Reisenden, die Dalmatien und seine landschaftliche Schönheit im 19. Jahrhundert entdeckten. Es waren vor allem österreichische Reiseschriftsteller, die sich aufmachten, die neue Peripherie ihrer Monarchie zu erkunden. In seiner *Dalmatinischen Reise* schildert der Linzer Schriftsteller und Theaterkritiker Hermann Bahr die Ankunft in Gravosa und die Weiterfahrt mit dem Schiff in den alten Hafen von Ragusa: »Plötzlich ist die alte Stadt Ragusa vor uns, mit ihren Felsen und ihren Wällen in das schäumende Meer tretend; und man weiß nicht, was Fels, was Wall ist, was gewachsen und geschaffen, was von Ewigkeit und was das Werk der Zeiten ist.«

»Die Ziele der Reisenden«, schreibt der Historiker Peter Stachel, »lagen ohnedies ausschließlich an der Küste. Das verkehrstechnisch kaum erschlossene Hinterland blieb dem touristischen Blick verborgen.« So wurde Österreichs Adria bald zu einer »Kulissenküste«, wie es der Naturforscher Kurt Floericke formulierte. So unerreichbar die Berge für die Reisenden waren, so groß waren die Ressentiments denen gegenüber, die auf dem

Balkan lebten. Denn die Küste, das war zugleich ein Synonym für die romanische, die ehemals venezianische Welt, hinter der alsbald die Welt der Slawen begann. So zitiert Hermann Bahr den österreichischen Stammtisch, der sich sein eigenes Bild von den Bergen gemacht hat. »Der verfluchte Serb hat ja keine Kultur«. Achtzig Jahre später sind es nicht die Österreicher, die verächtlich auf die Slawen herabschauen, sondern die Kroaten, die ihre slawischen Brüder aus Serbien der Barbarei bezichtigen.

Ragusa versus Dubrovnik

Am frühen Morgen muss man am Fort des Sveti Ivan, des Heiligen Johannes also, noch nicht anstehen. Wo das Halbrund der Festung über die Einfahrt in den alten Hafen wacht, befindet sich einer von zwei Aufgängen zur Stadtmauer von Ragusa/ Dubrovnik. Eine Umrundung der Stadt auf der 1.940 Meter langen, komplett erhaltenen Mauer, gehört für die Touristen zum absoluten Muss. Nicht zuletzt wegen dieser Befestigung wurde Dubrovnik wie auch Kotor schon 1979 in die Welterbeliste der Unesco aufgenommen. Die Geschichte Dubrovniks und seiner Gegenwart spiegelt sich nirgendwo so wider wie auf diesen Mauern.

Von der Festung, auf der der Rundgang beginnt, hat man einen wunderbaren Blick auf den Stradun, Dubrovniks Prachtstraße, auf der die Kellner die ersten Tische und Stühle aufstellen. Für Hermann Bahr war der Stradun ein Symbol für den einstigen Glanz der Seefahrerstadt, aber auch eine kleine Enttäuschung. Denn die mit hellem Kalkstein von der Insel Brač gepflasterte Hauptstraße ist nicht allzu lang: »Das ist, von der Porta Pile zur Porta Ploce, Ragusas große Straße, der Stradone. Kein Trottoir. Mit großen Platten gepflastert. Man hat das Gefühl durch einen langen, schmalen Saal zu schreiten.«

Im Staunen Bahrs verbirgt sich auch die Verwunderung über eine Stadt, deren einstige Größe sich offenbar nicht alleine an der Länge der Prachtmeile messen ließ, sondern auch an den Kontoren und Handelsplätzen, die sie rund um die Adria und das Mittelmeer unterhalten hatte. Der Stradun war Ragusa, aber Ragusa war nicht nur der Stradun. Nun aber, da die einstige Konkurrentin Venedigs zu Österreich gehörte, war es plötzlich klein und provinziell.

Dreihundert Meter lang ist der Stradun, den die Dubrovniker auch Placa nennen, wegen seines öffentlichen Charakters. Er teilt die Altstadt in zwei Teile. Zu den Bergen hin liegt die Wohnstadt mit ihren Gassen, die vom Stradun abzweigen und schließlich auf Treppen hoch zur nördlichen Stadtmauer führen. Südlich davon, zum Meer hin gelegen, befindet sich der alte Kern der Stadt, mit dem Dom und dem Rektorenpalast, dem politischen Zentrum der unabhängigen Handelsstadt und Republik Ragusa. Doch der Stradun war nicht immer eine Prachtmeile. Kurz nach der Gründung Ragusas im 8. Jahrhundert verlief an seiner Stelle ein Meeresgraben, der die Inselstadt der romanisch sprechenden Bevölkerung von den Slawen trennte, die auf dem Festland lebten. Küste und Hinterland: Diese Trennlinie verlief mitten im heutigen Stadtgebiet. Denn ähnlich wie Venedig, die große Konkurrentin in der Adria, und Split, die Grandezza im Norden Dalmatiens, war auch Ragusa von Flüchtlingen gegründet worden.

Im 8. Jahrhundert war die romanische Bevölkerung vor den Slawen und Awaren aus ihrer römischen Kolonie Epidaurus auf jenen Felsen geflüchtet, den sie Rausium nannten und später Ragusium. Von den Slawen, die ihnen folgten, waren sie durch den Meeresgraben getrennt. So entstand auf dem Felsen das romanische Ragusa und auf dem Festland das slawische Dubrovnik. Der Name stammt von den Eichenwäldern, die es umgaben. Der Eichenwald hieß *Dubrava*. Dub, das ist das slawische Wort für Eiche. Ragusa und Dubrovnik: zwei Namen, die auf den Gegensatz zwischen Küste und Hinterland hinweisen, ihn zugleich aber auch überwinden. Denn schon bald vermischten sich die romanisch- und die slawischsprachige Bevölkerung, und der Graben, der sie trennte, wurde zugeschüttet. So entstand der Stradun, die Flaniermeile der Stadt, von der die Wiener Lyrikerin Paula Preradović schrieb: »Gibt es viele Straßen auf der Welt, die so herrlich sind wie der Stradon von Ragusa?«

Mein Blick geht auf die schmalen Gassen der Oberstadt, die wie in den Fels gehauene Stollen wirken. Auch die Petlovrijenci-Straße, in der das Haus von Maja Petrović steht, gehört dazu. Die 14 nördlichen Seitengassen des Stradun waren allesamt nach dem Stadtbrand von 1296 angelegt worden. Moderner und hygienischer sollte dieser Teil Dubrovniks werden, also wurde das ganze Viertel rechtwinklig angelegt, mit der Prijeko-Straße als Querstraße. Die Mauer, die die Stadt schützen sollte, umschloss seitdem nicht nur Ragusa, sondern auch Dubrovnik. So ist Dubrovnik heute Stein gewordenes Beispiel dafür, dass sich die Bewohner der Küste und des Hinterlandes nicht unbedingt als Feinde gegenüber stehen müssen. Anders als Venedig war Ragusa zudem zweisprachig. Dalmatinisch wurde dort gesprochen, ein alter romanischer Dialekt, aber auch Südslawisch. Der größte Feind Ragusas waren sowieso nicht mehr die Slawen, sondern die Venezianer.

Vom Fort des Heiligen Johannes hat man nicht nur einen schönen Blick auf den Stradun, sondern auch auf den Hafen von Dubrovnik. Im Jahre 1205 aber durfte der Blick auf die Adria den stolzen Ragusanern nicht gefallen haben. Das Hafenbecken war voller Schiffe aus Venedig. Es waren keine Handelsschiffe, sondern Kriegsgaleeren. Es war nicht das erste Mal, dass die Serenissima eine Kriegsflotte nach Ragusa befohlen hatte. Schon 971 hatte Venedig die Konkurrentin an der südlichen Adria belagert. Auf diese Zeit geht die Verehrung des Sankt Blasius zurück. Der nämlich soll Alarm geschlagen und für die Rettung der Stadt gesorgt haben. Seitdem wacht er als Stadtheiliger an den Mauern und über den Toren über die Freiheit der Stadt.

Bereits dreißig Jahre später tauchten die Schiffe mit der Markusflagge erneut im Hafen von Ragusa auf. Angeführt wurden sie diesmal vom Dogen selbst. 998 hatte sich Pietro II. Orseolo auf den Weg entlang der adriatischen Ostküste gemacht. Es war eine regelrechte Strafexpedition gegen alle Handelsstädte, die gegen Venedig aufbegehrt hatten. Und natürlich auch gegen die kroatischen Piraten, die von der Neretva-Mündung immer wieder gegen venezianische Schiffe vorstießen. Zara, das heutige Zadar, wurde eingenommen, Biograd, Trogir und Split. Nur Ragusa weigerte sich erneut, sich Venedig zu unterwerfen. Fast schon trotzig nannte sich der Doge fortan *Dux Dalmatiae*. Doch der Titel eines Fürsten von ganz Dalmatien war Blenderei. Ragusa hatte seine Freiheit behaupten können.

Erst 200 Jahre später konnte Venedig den adriatischen Konkurrenzkampf für sich entscheiden. Nach langem Streit zwischen Kirche und Heiligem Römischen Reich war 1177 zwischen Friedrich I. Barbarossa und Papst Alexander III. der »Friede von Venedig« geschlossen worden, aus dem die Markusrepublik gestärkt hervorging. Der Doge bekam das Privileg, einen goldenen Ring zu tragen und das Recht auf die »Vermählung mit dem Meer«. Weil kurz zuvor erneut ein Versuch gescheitert war, Ragusa einzunehmen, ließ der Doge nun seine neuen Beziehungen zur Kurie in Rom spielen. Ein neuer Kreuzzug sollte unternommen werden, um Jerusalem von den Ungläubigen zu befreien. Der Doge Enrico Dandolo, damals schon ein alter und fast blinder Mann, versprach den Kreuzfahrern, bis zum Juni 1202 Schiffe für 4500 Ritter und ihre Pferde, 9000 Knappen und 20 000 Mann Fußvolk bereitzustellen. Als das Kreuzfahrerheer schließlich in der Lagunenstadt eintraf, stellte sich heraus, dass nur knapp 10 000 Freiwillige gekommen waren – zu wenige, um den Venezianern die teuren Schiffe zu bezahlen. Doch Dandolo kamen die Nöte der Kreuzfahrer nicht ungelegen. Er versprach den Kreuzfahrern, ihnen die Kosten zu erlassen, wenn sie sich bereit erklärten, auf dem Weg in den Nahen Osten, quasi *en passant*, Zara an der Adriaküste zu plündern und zu zerstören. Leid und Zerstörung, das barbarische Element an der Adria, kamen Anfang des 13. Jahrhunderts nicht vom Hinterland über die Berge, sondern aus der Wiege der adriatischen Zivilisation – aus Venedig.

Ragusa war also gewarnt. Doch es sollte nichts nutzen. Auf der Rückfahrt von Konstantinopel, das die Kreuzfahrer ebenfalls plünderten, segelte die venezianische Flotte auch in Ragusa vorbei, das mit Konstantinopel seinen Verbündeten verloren hatte. Der Zerstörung konnte Ragusa zwar entgehen, weil es angesichts der Übermacht die Oberhoheit des Dogen anerkannte. Doch seine so gepriesene *Libertas,* die Freiheit, war Geschichte. Kein Adliger aus Ragusa beherrschte fortan die Geschicke der Stadt, sondern ein Statthalter des Dogen von Venedig.

Es gehört zu den Paradoxien der Beziehungsgeschichte zwischen der adriatischen Ostküste und ihrem Bergland, dass Ragusa ausgerechnet unter der Herrschaft Venedigs eine neue Blüte erlebte. Zwar war es den Kaufleuten vom Stradun verboten, jene Seerouten zu benutzen, auf denen auch venezianische Schiffe unterwegs waren, und auch in Venedig selbst durften sie, außer mit Venezianern, keinen Handel treiben. Gegen den Handel mit dem Hinterland aber hatte Venedig nichts einzuwenden, schreibt Robin Harris in seinem Standardwerk über die Geschichte von Ragusa: »Venedig war froh, dieses slawische Hinterland mit seinen unberechenbaren Prinzen, den barbarischen Bauern und der unverständlichen Sprache den Ragusanern überlassen zu können.« Ragusa musste nicht einmal Steuern auf jene Güter zahlen, die es von der Balkanhalbinsel bezog.

Also importierten die Kaufleute vom Stradun Gold und Silber aus den Minen Serbiens und Bosniens, darunter auch aus

Srebrenica nahe der Drina. Srebrno ist das bosnische und serbische Wort für Silber. Im Gegenzug versorgte Ragusa den Balkan mit Getreide aus Apulien oder der Levante. Ragusa, die Konkurrentin Venedigs, war zur Drehscheibe des Balkan- und Orienthandels geworden. Nicht mehr nur auf die Küste schauten die Kaufleute vom Stradun, sondern auch auf die Handelswege, die vom Berg Srđ ins Innere der Balkanhalbinsel führten.

Ohne diplomatisches Geschick wäre eine solche Erfolgsgeschichte nicht möglich gewesen. Bereits 1186 hatte Ragusa mit den serbischen Machthabern Frieden geschlossen – 1215 gewährte der serbische Großgespan Stefan Nemanja den Kaufleuten von Ragusa die volle Handelsfreiheit. Ähnliche Verträge schloss die Handelsmetropole auch mit den bosnischen Banus Matej Ninoslav und Kulin. »Indem Venedig die maritimen Ambitionen Ragusas kontrollierte und es zwang, seine Beziehungen zum Hinterland zu intensivieren, half es die wirtschaftliche Zukunft des Stadtstaates zu sichern«, resümiert Harris. »Ragusa hatte fortan zwei Lungen, mit denen es atmen konnte: Den Seehandel und den Handel mit dem Hinterland.«

So erfolgreich atmeten Ragusas beide Lungenflügel, dass sich die Stadt 1272 sogar ein eigenes Statut gab, die Sklaverei abschaffte und eigene Münzen zu prägen begann. Das Territorium des Stadtstaates, zu dem die neuen Inseln gekommen waren, wurde in Provinzen gegliedert, der neue starke Mann wurde fortan Rektor genannt. Im Jahre 1358 konnte Ragusa nach 153 Jahren auch die Herrschaft Venedigs abschütteln. Diplomatisch geschickt hatte es sich gegen den Willen des Dogen unter ungarische Hoheit begeben und war seitdem, bis zu seinem Niedergang 1808, freie Republik. Ein später Triumph über die Markusrepublik, die bereits 1797 untergegangen war.

Dass die Freiheit auch ihren Preis hatte, kann ich beim Rundgang auf Dubrovniks Mauern beobachten. Nach ihrer Unabhängigkeit von Venedig musste sich die freie Adriarepublik wieder selbst um ihren Schutz kümmern. 14 Türme wachten nun über Angreifer vom Meer oder vom Hinterland, im Hafen wurde die Zahl der Durchgänge in die Stadt auf einige wenige reduziert. Wo das Hafenbecken an die Rückseite des Rathauses grenzt, war das Arsenal ausgebaut worden, jene Werft, in der die Republik Ragusa ihre Handelsflotte vom Stapel laufen ließ. An der Seeseite des Hafens entstand der erste Turm der Festung Sveti Ivan.

Der ganze Stolz der runderneuerten Befestigung war der Neubau der Festung Lovrijenac, die die Stadt gegen die Adria sicherte. Juraj Dalmatinać, eigentlich eher Bildhauer als Architekt, gab ihr von 1421 bis 1424 das Aussehen, das sie noch heute besitzt. Zur See hin maß die außerhalb der Stadtmauer gelegene Festung über zehn Meter dicke Mauern, zur Stadt hin waren die Mauern dagegen nur 60 Zentimeter dick. Eine Art mittelalterliche Compliance-Regelung für den Fall, dass sich ein Festungskommandant gegen Ragusa erhoben hätte. Lovrijenac wäre dann einfach vom Fort Bokar an der Ragusaner Stadtmauer in Schutt und Asche geschossen worden. Doch dazu kam es nicht – und noch heute führen stolze Dubrovniker ihren Besuch auf die Festung. Dort nämlich wurden im 16. Jahrhundert die Worte des Dichters Ivan Gundulić über den Eingang gemeißelt: NON BENE PRO TOTO LIBERTAS VENDITUR AURO. Die Freiheit wird um alle Reichtümer der Welt nicht verkauft. Eine Freiheit freilich, die es ohne die dicken Mauern nicht gegeben hätte.

Als Ivan Gundulić am 8. Januar 1589 in Ragusa geboren wurde, war die Freiheit nicht mehr von Venedig bedroht, sondern von jener Stadt, die Venedig und Ragusa einst unter ihren Schutz genommen hatte. Doch Konstantinopel gab es nicht mehr. Die

Metropole des Oströmischen Reiches und Mutterstadt aller byzantinischen Kolonien war bereits seit fast 150 Jahren türkisch. Aus der Kathedrale der Heiligen Sophia war eine Moschee geworden, und auch der Name der Stadt war ein anderer – Istanbul. Das Mittelmeer und die Adria, resümiert der britische Historiker David Abulafia, »waren nun in zwei Hälften geteilt, einen osmanischen Osten und einen christlichen Westen.«

Ragusa reagierte auf die neue Gefahr wie immer in einer solchen Bedrohungssituation: mit einer Mischung aus Sicherung und Diplomatie. Schon als die Nachricht vom Fall Konstantinopels 1453 am Stradun eingetroffen war, hatte der Rektor einen italienischen Baumeister nach Dalmatien berufen. Der Fiorentiner Michelozzo di Bartolomeo sollte den Minčeta-Turm an der Landseite der Stadtmauer ausbauen, schließlich wusste man auch in Ragusa, dass die Truppen des Sultans eher eine Land- als eine Seemacht waren. Um den viereckigen Turm aus dem 14. Jahrhundert, der einst zum Schutz gegen Venedig errichtet wurde, wurde nun ein Rondell gebaut. Sechs Meter dicke Mauern hatte die neue Feste, unterbrochen nur von zahlreichen Kanonenscharten. 1464, zwei Jahre, bevor die Türken ein zweites Mal die Adria erreichten, wurde der Minčeta-Turm fertiggestellt. Er ist heute nicht nur das größte Festungswerk entlang der Stadtmauer von Dubrovnik, sondern auch das am höchsten gelegene.

Das zweite Bollwerk gegen die Türken sollte die Festung des Heiligen Johannes werden, denn auch die Meeresseite sollte nicht vernachlässigt werden. Für die Hafenfeste wurde der Dubrovniker Baumeister Paskoje Miličević engagiert. Er gab dem Hafen seine bis heutige gültige Gestalt. Von der Seeseite her wirkt die Festung Sveti Ivan wie eine runde, uneinnehmbare Trutzburg. Zum Hafenbecken ist sie, als Vertikale, fast schon elegant. Die mächtigen Mauern von Dubrovnik, die der Reisende heute auf seinem Rundgang über die fast zwei Kilometer langen Stadtmauern bestaunen kam, hatten ihre endgültige Gestalt in jener dritten Ausbaustufe im 16. Jahrhundert erhalten. Die ganze östliche Adria bis zur Grenze in Cattaro war eine einzige Festung. Doch Ragusa verließ sich nicht nur auf seine Mauern, sondern auch auf seine Diplomatie.

»Andere Städte, andere Länder führten Krieg und verbluteten unter dem Trommelwirbel ihrer Feldmusiken«, notierte einmal der österreichische Schriftsteller Humbert Fink. »Ragusa drehte Pirouetten in den adriatischen Karst, hielt sich Mönche und Juden, Künstler und Gelehrte und verzichtete ebenso feige wie raffiniert auf den undankbaren Luxus einer eigenen Dynastie.« Die Diplomatie war das zweite Bein, mit dem Ragusa seine *Libertas* gegen die Türken schützen wollte. So gelang es den Rektoren des Stadtstaats, 1472 einen Vertrag mit der Hohen Pforte abzuschließen. Gegen die Zahlung von 10 000 Dukaten jährlich erneuerte der Sultan des Osmanischen Reiches die Handelsprivilegien Ragusas. Der Papst hatte den Kaufleuten des Stadtstaates zuvor höchst offiziell erlaubt, mit den Ungläubigen Handel zu treiben. Nicht nur den Landweg über die Balkanhalbinsel nahmen die Händler auf dem Weg an den Bosporus, sondern auch den Seeweg, weiß Historiker Abulafia: »Die Schiffe von Ragusa vermochten weiterhin ungehindert ihre Flagge in türkischen Gewässern zu zeigen und Waren zwischen Ost und West zu transportieren.« So wurde Ragusa, die ehemalige Konkurrentin von Venedig, endgültig zum Zentrum des Ost-Westhandels. Denn die Teilung des Mittelmeers und der Adria in eine östliche, islamische Hälfte und in eine christliche im Westen, von der Abulafia sprach, war die eine Realität. Es gab aber auch noch eine andere, betont der britische Historiker: »Zwischen den beiden Welten bestanden auch einige Brücken. Der osmanische Hof war fasziniert von der westlichen Kultur (…) Zugleich waren die Westeuropäer bemüht, die Türken zu verstehen, und sie erwarben weiterhin exotische orientalische Güter.«

Eine dieser Brücken, wenn nicht sogar die wichtigste, war Ragusa. Die Vorherrschaft des Islam auf dem Balkan und in der Adria hatte Venedigs größtem Konkurrenten die Freiheit nicht genommen. Im Gegenteil: Dank ihrer Vermittlerrolle zwischen Westen und Osten wurde Ragusa bald so mächtig wie die Serenissima: Dreihundert Handelsschiffe, die auf dem Arsenal unterhalb der Festung Sveti Ivan vom Stapel gelaufen waren, waren nun in der Adria und im Mittelmeer unterwegs. Noch im 19. Jahrhundert blickte voller Bewunderung der österreichische Schriftsteller Alexander von Warsberg auf diese Zeit zurück: »Das Bedeutendste seiner Thätigkeit leistete Ragusa im Zwischenverkehre zwischen Orient und Occident. Durch zweihundert Jahre, wenn die ganze Welt in Flammen stand, diente es diesem, ungehindert von allen Parteien. Und das ist seine große Rolle in der Weltgeschichte.« Das Goldene Zeitalter von Ragusa hatte begonnen. Ragusa, schrieb von Warsberg, »war entschieden das Emporium aller Civilisation für diese Seite des adriatischen Meeres«. Von einem Konflikt zwischen Küste und Hinterland sprach niemand mehr.

Auf dem Srđ

Seit einigen Jahren fährt die Seilbahn wieder auf den Hausberg von Dubrovnik. Im jüngsten Krieg war sie zerstört worden. Eines der Fotos, die der Fotograf Božidar Gjukić im November 1991 gemacht hatte, zeigt eine Gondel der Bahn, die aus den Seilen geschossen wurde. Wie sie da auf dem felsigen Boden unterhalb des Gipfels des Srđ liegt, wirkt fast surreal. Wie ein Maikäfer auf dem Rücken sieht sie aus, äußerlich kaum zerstört, nur aus der Bahn geworfen. Eine große Trauer erfüllt mich bei diesem Bild, über die ich mich sogleich ärgere. All die anderen Fotos in der Ausstellung von Gjukić im Rektorenpalast haben mich weniger berührt. Warum also eine vom Krieg beschädigte Gondel? Weil eine Seilbahn ein Symbol des Fortschritts und der Zivilisation ist? Hat sich auch mir der scheinbare Gegensatz zwischen der Zivilisation der Küste und der Barbarei des Hinterlandes eingeschrieben?

Oben angekommen, wird die Gefühlslage nicht besser. Wie eine Spielzeugstadt liegt Dubrovnik da, umfasst von seiner gewaltigen Stadtmauer. Ich sehe den Stradun in seiner Gestalt, die er nach dem verheerenden Erdbeben 1667 angenommen hatte. Damals war jene Architektur entstanden, die im 19. Jahrhundert die Österreicher so faszinieren sollte. Unter mir liegt der Sponza-Palast, in dem sich das Stadtarchiv befindet. Auch dieser Palast aus dem Jahre 1520, in dem die mittelalterlichen Handelsverträge Ragusas aufbewahrt werden, war ein Opfer des Beschusses vom 6. Dezember 1991 gewesen. Offenbar war die Freiheit des einstigen Stadtstaates für die Angreifer eine unerträgliche Provokation. Ich sehe den Platz Pred Dvorom vor dem Dom und die Tische und Stühle der *Gradska Kafana*, die im Sommer auf der Terrasse stehen. Ich kann die 14 Gassen erkennen, die vom Stradun hinauf in Richtung Minčeta-Turm führen. Auch die Bastionen der Befestigung sind vom Srđ zu sehen. Die Bokar Festung, von der, im Fall der Fälle, die Lovrinijac-Feste beschossen werden konnte, die Festung Sveti Ivan, die beiden wichtigsten Tore der Stadt, das Pile-Tor im Westen und das Ploče-Tor im Osten.

Ich kann den Strand von Ploče sehen, an dem ich tags zuvor am späten Nachmittag noch baden war, die Insel Lokrum, die Dubrovnik vor dem Jugo schützt, dem Südwind, der in Italien Scirocco heißt. Ich sehe das gewaltige Kreuzfahrtschiff, das zwischen Lokrum und dem Strand von Ploče festgemacht hat, weil die Terminals in Gruž allesamt belegt waren – nun müssen die Reisenden mit kleinen Booten in den Hafen gebracht werden, bevor sie dann im Schnelldurchgang über den Stradun geschleust werden. Nur das Buža-Café kann ich vom Srđ aus nicht erkennen. Außerhalb der zum Meer gelegenen Mauer klebt es wie ein Schwalbennest am Felsen. Der Heilige Blasius an der Mauer schützt nun nicht mehr die Bewohner Ragusas vor den feindlichen Schiffen. Er wacht über die Touristen, die im Felsencafé die Abendsonne genießen oder ein Bad in der Adria nehmen wollen.

Dubrovnik, das wird mir hier oben auf dem Srđ plötzlich bewusst, liegt schon lange nicht mehr im Zentrum der Handelswege und Schifffahrtsrouten. Gerade einmal 40 000 Einwohner zählt es heute, nicht einmal eine Universität kann es sein eigen nennen. Durch den Korridor von Neum ist es vom Rest Kroatiens getrennt. Montenegro und Albanien sind näher als Zagreb oder Istrien. Die Zivilisation der Küste ist der Realität einer schrumpfenden Stadt gewichen. Wann aber wurde die einst so mächtige Konkurrentin Venedigs zur Peripherie?

Und wann zu jener konservativen Hochburg, als die sie Miljenko Jergović in seinem großartigen Dubrovnik-Roman *Das Walnusshaus* beschrieben hat? Wann hat die Stadt der Zivilisation die Zuflucht ins Ressentiment gesucht? Beim kroatischen Referendum im Dezember 2013 stimmte mit 68,9 Prozent eine große Mehrheit der Dubrovniker gegen die Homoehe und für die von Gott gewollte Partnerschaft von Mann und Frau. Im kosmopolitischen Istrien oder in Rijeka war es genau andersherum. Nicht mehr kosmopolitische Kaufleute geben den Ton vor, sondern nationale Kleriker. Ist das einst weltoffene Dubrovnik zu einer Hochburg der Nationalisten geworden? Ich steige in die Seilbahn und lasse mich noch einmal in die Altstadt hinabtragen. Ich will wissen, wann und warum der Niedergang von Dubrovnik begonnen hat.

Als Hermann Bahr im November 1909 zu seiner dalmatinischen Reise aufbrach, war der Balkan bereits ein Pulverfass. Im österreichischen Kronland Dalmatien wurden die Stimmen der nationalen Vorkämpfer lauter, die sich gegen das Diktat aus Wien und den »österreichischen Völkerkerker« wehrten. Die österreichische Verwaltung reagierte mit Unverständnis und strich die Gelder für dringend benötigte Investitionen an der Peripherie des Vielvölkerreichs Österreich-Ungarn, zu dem auch Ragusa gehörte. Aus Furcht vor dem Ausbruch eines Krieges – Serbien hatte sich inzwischen an die Spitze der slawischen Autonomiebewegungen auf dem Balkan gestellt – versiegte der Touristenstrom an der dalmatinischen Küste und in Dubrovnik. Auf dem Dampfer, der Hermann Bahr von Triest aus in den Süden brachte, waren weniger als zwanzig der achthundert Plätze belegt. So bot die reiche Geschichte der Seefahrerrepublik Ragusa einen hübschen Kontrast zur trostlosen Gegenwart. Hermann Bahr notierte: »In den Gassen gebummelt, in Kirchen und Palästen. Dazwischen ein paar Besuche gemacht. So mit einem Bein in der Vergangenheit, mit dem andern in der Zukunft. Denn das ist das Merkwürdige hier: es gibt keine Gegenwart! Überall steht groß: Es war einmal!«

Als Regina Sikirić 1905 in Ragusa zur Welt kam, gehörte es noch zu Österreich. Mit 13 Jahren wurde Sikirić Bürgerin der Stadt Dubrovnik im Königreich der Serben, Kroaten und Slowenen, bevor sie 1929 zur Bürgerin des Königreichs Jugoslawien wurde. 1941, da hatte sie schon Ivo Delavale geheiratet, lebte sie im Unabhängigen Staat Kroatien des Faschisten Ante Pavelić, der sich wie Adolf Hitler Führer nannte, auf Kroatisch *Poglavnik*. 1945 wurde Dubrovnik von Titos Partisanen erobert und Regina Delavale lernte ihren fünften Staat kennen, ohne sich je vom Fleck gerührt zu haben. Der sechste war dann die Republik Kroatien, auf deren Unabhängigkeit die Serben mit dem Beschuss von Dubrovnik reagiert haben. Kurz vor dem 6. Dezember 1991 war Reginas Tochter Diana aus Afrika an die Adria zurückgekehrt, von der Zuspitzung der Lage in ihrer Heimatstadt hatte sie nichts mitbekommen. Als sie beim Auspacken der Koffer Detonationen hört, fragt sie panisch ihre Mutter, was das denn sei. »Nichts«, sagt Regina, »die kommen nur gleich runter und schlachten uns wie die Säue ab.« Regina Delavale, geborene Sikirić, ist eine Romanfigur, die Heldin in Miljenko Jergovićs grandiosem Jahrhundertroman *Das Walnusshaus*, der zugleich eine poetische Vermessung von Dubrovnik und seiner Beziehungen zum Hinterland ist.

Jergović, 1966 in Sarajevo geboren, flüchtete während des Krieges nach Zagreb, wo er noch heute lebt. Dubrovnik aber lässt ihn nicht los, auch sein jüngster Roman, eine Liebesgeschichte aus den fünfziger Jahren, handelt dort. Für Jergović ist Dubrovnik beides: eine Stadt mit Geschichte und ein konservativer Ort. Dafür steht auch die Geschichte der Romanfigur Regina Delavale, die er 2002 97-jährig in Dubrovnik sterben lässt. »Über jede Familie, die seit mehr als einer Generation in der Stadt ansässig ist«, heißt es über Dubrovnik im *Walnusshaus*, »sind mindestens zehn üble Geschichten im Umlauf, und du kannst dich dagegen nur schützen, indem du in fremden Höfen und Stammbäumen Unkraut säst und die Erinnerung an die Scheußlichkeiten und Gemeinheiten der anderen wachhältst.«

Es hat sich also nicht viel geändert, seit Dubrovnik von Österreich zur Peripherie degradiert wurde, zum Hinterland von Wien. Auch in Kroatien gelten die Dalmatiner heute als hinterwäldlerisch, das bisschen Zivilisation an der Küste ist Geschichte, aufbewahrt im physischen Speicher der Stadt, ihren dicken Mauern und dem filigranen und verletzlichen Gewebe rechts und links des Stradun.

Auch Jergović unterläuft das Schwarz-Weiß-Schema des Gegensatzes von Hinterland und Küste, in dem er an Dubrovnik und seinen alteingesessenen Familien kein gutes Haar lässt. Und auch nicht an den Bemühungen der Stadt, durch den Tourismus wieder aus der peripheren Lage herauszukommen. Als der kroatische Touristenverband 2009 in Belgrad auf Plakaten mit dem Motiv der Altstadt von Dubrovnik um serbische Touristen warb, spottete der Autor, man wolle wohl so tun, als habe die hässliche Vergangenheit zwischen beiden Staaten nie existiert. Auf den Plakaten waren unter anderem die Sätze *Kad srce kaže leto, kaže jadran* (»Wenn das Herz Sommer sagt, sagt es Adria«) und *Tako lepo, tako blizu* (»So schön, so nah«) zu lesen. Tatsächlich aber ist es so, dass viele serbische Touristen die kroatische Adria noch meiden, weil sie damit rechnen müssen, ihre Autos mit zerstochenen Reifen vorzufinden. Lieber fahren die Belgrader deshalb nach Herceg Novi, Budva oder Kotor nach Montenegro als an die »Perle der Adria«. Dass sich das so schnell nicht ändert, davon ist Jergović überzeugt. Zu mächtig sind für den Gegner aller Nationalismen die Schatten der Vergangenheit.

Zu diesen dunklen Seiten gehört auch der kroatische Faschismus. Als Deutschland und Italien 1941 Jugoslawien überfielen, gehörte Dubrovnik nicht zur Beute Mussolinis, der sich der Adriaküste bemächtigt hatte, um seinen Traum vom italienischen *Mare Nostrum* zu verwirklichen. Der Süden Dalmatiens war Teil des Unabhängigen Staats Kroatien, der von den Deutschen unterstützten kroatischen Spielart des Terrorstaats. In ihrem Hass auf Serben und Juden waren den Ustascha von Dubrovnik sogar die Italiener zu Feinden geworden, weil die immer wieder Juden versteckt und zur Flucht nach Italien verholfen hatten. Zwar galten auch in Mussolinis Reich die Rassengesetze, oft aber weigerten sich lokale Behörden und Militärs, sie anzuwenden. Kroatien hingegen errichtete in Jasenovac das einzige Konzentrationslager auf dem Balkan. Mindestens 80 000 Serben und Juden ließ Kroatiens *Poglavnik*, der Ustascha-Führer Ante Pavelić, hier abschlachten. Besonders repressiv war der Ustascha-Staat in Dubrovnik. Hier wurde der 1915 geborene Ivo Rojnica gleich nach dem Überfall 1941 zum Ustascha-Kommandanten von Dubrovnik erklärt. »Für die Perle der Adria setzte er die Rassengesetze um«, schrieb Christian Schmidt-Haeuer 1998 in der *Zeit*. Eines seiner Dekrete lautete: »Allen Juden und Serben ist untersagt, sich zwischen sieben Uhr abends und sieben Uhr morgens in den Straßen zu zeigen.«

Bis in die neunziger Jahre hinein blieb der oberste Faschist von Dubrovnik in Kroatien ein ehrenwerter Mann. 1994 verlieh ihm Präsident Tudjman, aus Anlass eines Staatsbesuchs in Argentinien, wohin Rojnica ins Exil gegangen war, sogar den Großorden des Fürsten Trpimir. Er habe sich für die Förderung des kroatischen Ansehens in Argentinien verdient gemacht. Wie gut, denke ich, als ich wieder vom Berg Srđ zurückgekehrt bin, dass sie in Dalmatien die Serben haben. So müssen sie sich nicht mit ihrer eigenen Geschichte auseinandersetzen.

Der neue Tourismus

»Mein Mann fuhr zur See, deshalb hängen überall die Fotos von den Schiffen«, sagt Maja Petrović, »aber das ist lange her. Heute fährt in Dubrovnik keiner mehr zur See. Überhaupt haben die wenigsten einen Job, von dem man normal leben könnte. Wir sind hier zwar in der Europäischen Union, gleichzeitig aber auch am Rande Europas. Das Einzige, das wir haben, ist die Schönheit der Stadt und ihre Geschichte.

Als unser Haus bombardiert wurde und der Dachstuhl ausbrannte«, betont Maja Petrović, »wussten wir nicht weiter. Aber dann haben wir gehört, dass der kroatische Staat ein Programm aufgelegt hat, mit dem die Reparatur der Häuser unterstützt wurde. Es war zugleich ein touristisches Programm. Also haben wir das Dachgeschoss zu einer Ferienwohnung ausgebaut. Es läuft ganz gut. Auch mein Sohn arbeitet nun im Tourismus. Er macht Stadtführungen. Auf Englisch. Nun will er auch Deutsch lernen.

Als 2006 zum ersten Mal von dem Golf-Projekt auf dem Berg Srđ die Rede war, war ich wie die meisten sehr angetan«, erinnert sich Maja Petrović. »Es war ein seriöses Vorhaben, das viele Arbeitsplätze geschaffen hätte. Mit einer Investitionssumme von einer Milliarde Euro war es das größte Tourismusprojekt an der kroatischen Adriaküste. Ich war damals bei der Tourismuswerbung von Dubrovnik zuständig für die Öffentlichkeitsarbeit. Mehr und mehr stellte sich aber heraus, dass sich hinter dem Golf-Projekt ein Immobilienprojekt verbarg. Ein internationales Immobilienkonsortium soll 240 Ferienvillen, 408 Apartments, ein 250-Zimmer-Hotel und ein Boutique-Hotel errichten. Neue Hotels aber brauchen wir nicht in Dubrovnik. Die 30 000 Betten, die wir haben, sind jetzt schon nicht ausgelastet, nicht einmal im Sommer. Im Mai 2013 haben dann junge Leute, Architekten, Leute aus der Kulturszene und Umweltschützer ein Referendum durchgesetzt. 80 Prozent stimmten gegen das Projekt, leider wurde die vorgeschriebene Wahlbeteiligung von 50 Prozent verfehlt. Wenigstens hat die Verwaltung der Gespanschaft Dubrovnik-Neretva durchgesetzt, dass die Hotels und Villen von der Stadt aus und von der Insel Lokrum nicht zu sehen sind.

Der Berg Srđ«, endet Maja Petrović, »ist ein wichtiger Erinnerungsort für uns. Er ist unser Symbol für unsere Freiheit und Unabhängigkeit. Wenn sie auf den Berg gehen, sehen sie dahinter das Gebirge, die bosnische Grenze ist nicht weit. Wir wissen genau, was dort vor mehr als zwanzig Jahren passiert ist, im Krieg. Es findet ein Ausverkauf statt. Wir verlieren unsere Rückendeckung.«

Eine Nacht in Neum

BOSNIENS ZIPFEL AN DER ADRIA

»Dobry wieczór«, begrüßt uns der Kellner, guten Abend. »Dobry wieczór«, grüßen wir zurück und fragen ihn, ob er aus Polen stammt. »Ich dachte, sie gehören zu dieser polnischen Reisegruppe«, verneint er lachend und stellt sich vor. »Ich bin Bakir«. »Und warum sprechen Sie Polnisch?«, wollen wir von Bakir wissen. »Polnische Touristen«, antwortet er und zeigt auf das Dutzend Polen, das sich an den Tischen des Strandrestaurants *Delfin* in Feierlaune getrunken hat. »Alles meine Gäste, nun gehört ihr auch dazu.« Wir bestellen Weißwein und frisch gefangenen Fisch. »Ich komme aus Sarajevo«, lässt uns Bakir wissen. »Dann haben wir etwas gemeinsam«, antworten wir. »Wir sind auch gerade aus Sarajevo gekommen.« Bakir klatscht in die Hände. »Willkommen an der bosnischen Adriaküste«, sagt er und stellt uns seinem Chef vor. »Der hat wunderbare Weinberge in Mostar: weißen Žilavka, roten Blatina und natürlich Rakia.«

Es ist dunkel geworden über der schmalen Bucht von Neum, die Apartments und Hotels sind nur noch in Schemen zu erkennen. Nur wenige Lichter leuchten, selbst das *Hotel Neum*, eine sozialistische Bettenburg, mit der die Teilrepublik Bosnien-Herzegowina in Titos Jugoslawien touristischen Boden gut machen wollte, wirkt verwaist. Erst im Hochsommer wird es hier voll werden. Dann sind die 7000 Betten an der zwanzig Kilometer langen bosnischen Adriaküste belegt. Polen, Tschechen, Letten kommen dann, Billigurlauber, die keine pittoreske Altstadt suchen, sondern preiswerte Unterkünfte – und die ausgelassene Stimmung bei Bakir im Fischrestaurant *Delfin*.

Bereits vom Balkon unseres *Hotels Adria* haben wir das *Delfin* entdeckt – der einzige Ort in der kleinen Bucht im Süden Neums, an dem ein paar Glühbirnen funkelten und von dem Gelächter zu uns drang. Nun, da wir uns einen der freien Tische am Strand ergattert haben und es dunkel ist, wirkt die Szenerie noch märchenhafter. Weil die Hotels an diesem wohl dichtest bebauten Teil der Adria noch im Winterschlaf liegen, können wir die hässlichen Seite von Neum ausblenden und uns im *Delfin* mit seinen bunten Tischen und roten Decken auf den Stühlen hineinträumen in einen lauen Frühsommerabend in einem kleinen Fischerdorf. Alles Leben der bosnischen Adriaküste konzentriert sich für uns in diesem Moment auf diese kleine Bucht, von den Glühbirnen unter der Markise nur schwach erleuchtet. Nicht mehr weit reicht der Blick, nur noch bis zur kleinen Promenade mit ihren fünf Palmen, dem schmalen Kiesstrand unterhalb der ersten, noch Maß haltenden Häuserzeile, zur Mole, an der ein paar Plastikkajaks schaukeln, zum Fischerboot, das gerade zwei Männer besteigen, zum Minileuchtturm auf dem Horn, das den Süden Neums mit dem *Delfin* vom Hauptstrand und den Hotelanlagen abschirmt. Diese nächste Bucht, in der sich im Sommer auch die Gäste des *Hotel Neum* tummeln, können wir vom *Delfin* nicht sehen. Unser Strand ist uns ohnehin genug. Eine kleine Bucht vor großer, unsichtbarer Kulisse. Warum brauchen wir Kroatien, wenn wir Neum haben, meint Bakir und schenkt Weißwein nach. Wir prosten ihm zu.

In einem Essay über das »Donauland Bosnien« schrieb der bosnische Schriftsteller Muharem Bazdulji einmal, das ehemalige Jugoslawien habe drei großen Kulturen angehört – der balkanischen, der mitteleuropäischen und der mediterranen. Der balkanische Einfluss, in der öffentlichen Wahrnehmung negativ besetzt, sei dabei vorherrschend gewesen. »Dieses balkanische Element«, so Bazdulji, »ist auch das, was an Bosnien-Herzegowina nach dem Zerfall Jugoslawiens haften blieb. Seine Verbindungen zum Mittelmeer und zu Mitteleuropa sind hingegen in Vergessenheit geraten.«

Zu unrecht, meint Bazdulji. Über die vier von Süd nach Nord fließenden Flüsse Bosniens, die in die Save münden – Una, Vrbas, Bosna und Drina – hält das Land Kontakt mit der Donau und damit mit Mitteleuropa. Über die Neretva hingegen, Bosnien-Herzegowinas einzigen Fluss, den es von Norden in den Süden drängt, ist das Land mit der Adria verbunden. Auch Neum, dieser skurrile Zipfel Bosniens, der an der engsten Stelle nur fünf Kilometer breit ist, gehört zum adriatischen Element des Landes. Und keiner, der entlang der *Jadranska Magistrala*, der E 65, von Split nach Dubrovnik fährt, kann ihn ignorieren. Zweimal muss der Reisende die Grenze passieren; wie ein Keil spaltet Neum die kroatische Küste. Die Durchreisenden kennen freilich nur das Neum an der 1965 gebauten E65 mit ihren Tankstellen mit billigem Benzin und den Schnäppchenmärkten wie dem *Shopping Centar Karaka*, in dem alles preiswerter ist als in Kroatien. Die andere Welt der bosnischen Adria unterhalb der Küstenstraße kennen sie nicht. Vom *Delfin* ist die E65 nicht zu sehen und zu hören, hier riecht es nicht nach Benzin, sondern nach Meer und gebratenem Fisch.

Von Sarajevo nach Neum

Und plötzlich war da diese Vorstellung vom Süden. Am Nachmittag waren wir in Sarajevo aufgebrochen und hatten die Baščaršija, die osmanische Altstadt mit ihren Basaren, Karanwansereien und Moscheen, in Richtung Westen verlassen. Noch befanden wir uns, dank der Miljacka, an deren Ufer am 28. Juni 1914 der österreichische Thronfolger Franz Ferdinand erschossen wurde, im »Donauland Bosnien«. Die Miljacka mündet in die Bosna und gehört zum Einzugsgebiet der Donau. Aber schon in Konjic, fünfzig Kilometer von Sarajevo entfernt, erreichten wir die Neretva. Von nun an ging es nur noch bergab, vorbei an Stauseen und Dörfern, an deren Ufern die Boote schaukeln und durch die spektakuläre Neretva-Schlucht hinter Jablanica, durch die auch die Eisenbahn von Sarajevo nach Mostar und weiter nach Metković und Ploče verläuft.

Dann aber weitete sich das Flusstal in eine Ebene, in der seit Jahrhunderten Oliven und Wein angebaut werden. Die herzegowinische Weintraube Blatina, die es auch bei Bakir im *Delfin* gibt, stammt von dort, eine einheimische Rebsorte, die einen hervorragenden Rotwein hervorbringt. Die Zypressen in der Herzegowina erinnern eher an die Toskana als an ein balkanisches Land. Die Adria ist noch lange nicht zu sehen, aber der Kompass zeigt schon unbeirrt in Richtung Meer.

Wie sehr das Ringen zwischen dem balkanischen und mediterranen Element die Region geprägt hat, zeigt die Festung Počitelj unterhalb von Mostar. Wo sich die Neretva zum letzten Mal in ihrem 220 Kilometer langen Lauf durch eine Schlucht zwängt, ließ der bosnische König Trvtko I. 1383 eine befestigte Siedlung anlegen. Schon damals war klar: Wer Počitelj beherrscht, kontrolliert das Delta der Neretva und damit die »bosnische Pforte«. Die Ungarn, die im 15. Jahrhundert in Bosnien herrschten, bauten Počitelj deshalb zur Festung aus. Nicht ohne Grund geschah das, denn nach der Eroberung des byzantinischen Konstantinopel durch Mehmed den Eroberer 1453 zog es die Osmanen auf ihrem Eroberungsfeldzug in Richtung Balkan. Um nach Wien zu gelangen, mussten sie durch Bosnien und die Herzegowina. Auch an der Neretva sollte sich entscheiden, ob Mitteleuropa christlich bleiben oder muslimisch werden sollte.

Am 19. September 1471 gelang den Osmanen der Durchbruch. Počitelj wurde türkisch, die Festung verstärkt. An ihrem Fuße entstand eine osmanische Stadt mit einer *Sahat kula*, einem Uhrturm, einem *Hamam*, dem Badehaus, und einem *Han*, einem Gasthaus. Unter den Türken wurde auch Mostar osmanisch. Weithin sichtbares Zeichen türkischer Baukunst wurde die *stari most*, die Alte Brücke, die von Mimar Hajrudin im Auftrag von Sultan Süleyman I. von 1556 bis 1566 errichtet wurde. Im jüngsten Balkankrieg von Kroaten beschossen und zerstört, wurde sie 2004 mit Mitteln der Europäischen Union wieder aufgebaut. Der Stellungskampf aber bleibt, wenn auch nur noch symbolisch. Den Minaretten der Altstadt am linken Ufer der Neretva haben die Katholiken auf ihrem Hausberg am rechten Ufer ein weithin sichtbares Kreuz entgegengesetzt.

Nach der Eroberung durch die Türken wurde die Herzegowina zum Ausgangspunkt der osmanischen Herrschaft auf dem Balkan. Immer weiter rückten die Türken vor, bis sie 1683 vor Wien standen. Erst mit dem österreichischen Sieg in der Schlacht am Kahlenberg mussten die türkischen Janitscharen wieder den Rückzug antreten. In Bosnien und der Herzegowina aber setzte sich das Osmanische Reich fest. Als Österreich 1878 auch diesen Landstrich eroberte und später annektierte, hatten viele Bewohner bereits den islamischen Glauben angenommen. So gehört nicht nur in Albanien der Islam zur Adria, sondern auch in der Herzegowina.

Bakir bringt den Fisch nicht bloß, er zelebriert den Vorgang. Auf dem rechten Handteller balanciert er die Platte mit all den Köstlichkeiten, die sein Chef am Grill zubereitet hat: Dorade, Gemüse, Meeresfrüchte. In der Linken hält er die kühle, beschlagene Weinflasche, um uns nachzuschenken. »Auch der Chef kommt aus Sarajevo«, sagt Bakir, »sonst leben in Neum fast nur Kroaten.« Er zeigt auf die Halbinsel Klek gegenüber der Nordbucht von Neum. »Morgen früh, wenn es hell ist, könnt ihr es sehen. Auf Klek haben sie eine riesige Šahovnica an den Felsen gepinselt.« Die Šahovnica, das ist die kroatische Fahne mit ihrem rot-weißen Schachbrettmuster. »Wegen der Fahne denken viele Touristen, dass da drüben schon Pelješac, also Kroatien ist«, seufzt Bakir. »Aber die Halbinsel Klek gehört noch zu uns. Auch wenn die bosnischen Kroaten meinen, sie müssten da die kroatische Šahovnica hinpinseln.«

Eines aber unterscheidet die Kroaten in der Herzegowina von denen in Kroatien. Auch wenn sich der ein oder andere während des Krieges den Anschluss der Herzegowina an Kroatien gewünscht hatte, müssen sie sich nun, wohl oder übel, mit dem neuen Staat arrangieren. Keine einfache Übung, schließlich besteht das Staatengebilde Bosnien-Herzegowina, das 1995 im Vertrag von Dayton aus der Taufe gehoben wurde, aus drei »Entitäten« genannten Teilstaaten: der serbischen Republika Srbska, der Bosnisch-Kroatischen Föderation und dem Gebiet von Brčko, das keiner der Entitäten zugeschlagen wurde, damit alle Ethnien in diesem Nordteil Bosniens den freien Zugang zur Save und damit zum Handel auf der Donau haben. Die Herzegowina und Neum, der Zugang zur Adria, gehören zur Bosnisch-Kroatischen Föderation, die ihrerseits wieder den Spannungen zwischen Kroaten und Bosniaken, Katholiken und Muslimen ausgesetzt ist. In Mostar halten sich Bosniaken und Kroaten noch die Wage, in Neum mit seinen 4000 Einwohnern haben die Kroaten das Sagen. »Nur zehn Prozent«, sagt Bakir, »sind Bosniaken.«

Ein wenig redet sich Bakir nun in Rage. Erzählt von der Brücke, die von der Halbinsel Pelješac hinüber führen soll zum anderen Klek, nicht zu der zu Bosnien gehörenden Halbinsel, sondern zur Stadt auf dem kroatischen Festland gleich hinter dem Grenzübergang. »Wie eine Spange würde der bosnische

Adriazipfel dann umfahren werden. Die Teilung Kroatiens wäre damit beendet. Das bisschen Aufschwung in Neum aber wohl auch. Wenn die Brücke kommt«, sagt Bakir, »haben die da oben ein Problem.« Er deutet hoch in Richtung Fernstraße, auf der der Verkehr auch in der Nacht brummt. »Alles ist in Bosnien-Herzegowina billiger als in Kroatien: Alkohol, Zigaretten, Benzin. Die Tankstellen und Supermärkte an der E65 können dann einpacken.« Aber auch das andere Neum, das Neum der Hotels, Pensionen, Restaurants und Strandcafés, dieses »bosnische Jesolo«, wie die österreichische Tageszeitung *Standard* einmal schrieb, wird die Brücke zu spüren bekommen, prophezeit Bakir. »Die Einnahmen aus der Fernstraße fließen als Investitionen in die Hotels. Gut möglich, dass die Quelle bald versiegt.«

»Die Bucht von Klek und die schmale Halbinsel Klek gehören zum türkischen Reiche, welches hier das Meer erreicht und ehemals die Republik Ragusa von dem venezianischen Dalmatien trennte; dieser türkische Antheil der Küste beträgt kaum 3 Seemeilen und wurde trotz der nicht ungünstigen Lage nicht benützt; man findet nur drei kleine Häuser am innersten Ende der Bucht.« So steht es in einem Aufsatz mit dem Titel »Küstenfahrt des Adriatischen Meeres«, der in der Zeitschrift *Hertha* veröffentlicht ist, ein Fachblatt für Erd-, Völker- und Staatenkunde, an dem auch Alexander von Humboldt beteiligt war. Die Ausgabe von 1827 widmet sich neben dem Kaukasus auch dem Schwarzen Meer und der Adria. Akribisch nimmt der namentlich nicht genannte Verfasser eine kartographische Bestandsaufnahme der Küste vor, an der sich Österreich nach dem Untergang der Republik Venedig 1797 einen großen Anteil gesichert hatte. Der österreichische Teil der Adria reichte von der Pomündung in Italien über Venedig, Istrien, die Kvarner Bucht und Dalmatien bis hinunter nach Kotor, das heute in Montenegro liegt. Einzige Ausnahmen: das ungarische Fiume und die Bucht von Klek, die heute Neum heißt.

Kaum waren wir am Nachmittag in unserem Zimmer im *Hotel Adria* angekommen, hatten wir im Internet eine kleine Recherche über Neum begonnen und dabei die »Küstenfahrt des Adriatischen Meeres« entdeckt. Weit mehr interessierte uns aber eine Karte von 1699, dem Jahr, in dem in Karlowitz die Jahrzehnte währenden »Türkenkriege« zwischen Österreich und dem Osmanischen Reich beendet wurden. Bei diesem Friedensschluss wurde die Grenze zwischen der christlichen und muslimischen Welt nicht nur entlang der Donau gezogen, sondern auch dort, wo heute Bosniens Zipfel an die Adria reicht.

Und das ging so: Nach der Niederlage am Kahlenberg bei Wien musste Istanbul Ungarn und Siebenbürgen abtreten, beim Osmanischen Reich blieb nur noch das Banat von Temesvar. Auch Kroatien hatten die Türken an Österreich abgeben müssen. Doch Istanbul konnte auch einen Zugewinn verbuchen. Anders als auf der Balkanhalbinsel, wo Österreich und das Osmanische Reich um ihre Einflusssphären rangen, waren die Küstenregionen an der Adria damals in den Händen von Venedig und Ragusa. In Karlowitz konnte der *Stato da mar* seine dalmatinischen Besitzungen behaupten. Ragusa fürchtete daher eine Expansion der erstarkten Dogenrepublik – und nutzte seine guten Kontakte zu Istanbul zu einem diplomatischen Geniestreich. Um Venedig auf Abstand zu halten, vermachte Ragusa einen Teil seines Territoriums dem Osmanischen Reich. Neum wurde türkisch. Bis heute hat diese Grenzziehung, zu der auch der bosnische Grenzverlauf zu Kroatien gehört, Bestand.

Am nächsten Morgen schlendern wir vom *Hotel Adria* ein zweites Mal die Treppen hinab zur kleinen Südbucht mit dem *Delfin*. Das Fischrestaurant ist noch geschlossen, auch Bakir steht noch nicht am Strand, um Gäste anzulocken. Diesmal schlendern wir vorbei am Horn mit dem Leuchtturm, über dem sich das terrassenartige *Hotel Neum* erstreckt. Nach dem Ende des Bosnienkriegs hat die österreichische Skandalbank Hypo

Alpe Adria 14 Millionen Euro an eine Investmentgesellschaft gegeben, um unter anderem das Monsterhotel aus Titos Zeiten fit für die Zukunft zu machen. Schließlich ist Österreich der mit Abstand größte Investor in Bosnien.

Gleich hinter dem Horn schreiten wir durch eine großzügige Grünanlage, die wir an dieser Stelle nicht erwartet hätten: Zwischen der Bettenburg und der Adria wachsen rechts und links des Wanderwegs Macchiagestrüpp, Zypressen und Wacholderbäume, unterbrochen immer wieder von großartigen Ausblicken aufs tiefblaue Meer. Obwohl die Sommerfrische Sarajevos nur zwanzig Kilometer Küstenlinie hatte, waren die Oberen wohl bemüht, einen, wenn auch kleinen, Streifen Natur zu lassen. Dass Neums Geschicke auch heute noch – zumindest dem Papier nach – von Sarajevo gelenkt werden, zeigen auch die Boote am Ende der Anlage: An einem Steg schaukeln die wohl drei einzigen Wasserpolizei- und Zollboote der Republik Bosnien-Herzegowina. Doch auch Neum hat im Bosnienkrieg eine Rolle gespielt. Im Juli 1992 berichtete der *Spiegel*-Korrespondent Walter Mayr von Ivan Bender, dem Bürgermeister von Neum, der im Zimmer 245 des *Hotels Neum* sein Lagezentrum eingerichtet hatte. Offiziell sollte Bender in Neum die Interessen Sarajevos vertreten, der Hauptstadt der Republik Bosnien-Herzegowina, die sich wie Kroatien von Jugoslawien losgesagt hatte. Doch in Neum mit seiner mehrheitlich kroatischen Bevölkerung war die Hauptstadt weit weg. Also war Bender übergelaufen zum kroatischen Verteidigunsgrat HVO. Dessen Chef Mate Boban hatte kurz vor dem Eintreffen des *Spiegel*-Reporters die autonome kroatische Republik »Herceg-Bosna« ausrufen lassen – und alle ehemaligen Bürgermeister zu HVO-Statthaltern gemacht. Das war eine feindliche Übernahme mit dem Ziel, die mehrheitlich kroatisch besiedelte Herzegowina unabhängig vom Staat Bosnien-Herzegowina zu machen und irgendwann an Kroatien anzugliedern. Für die Muslime war es eine Kampfansage. Die

Mehrheit der kroatischen Kämpfer waren Nationalisten, unterstützt zum Teil von rechtsradikalen Kroaten aus Österreich und Deutschland, die als Freiwillige in der HVO kämpften. »Von Neum aus«, berichtete 1992 der *Spiegel*-Korrespondent, »führt die Straße am Ufer der Neretva entlang nordwärts ins Kernland der Herzegowina: ›Das hier ist altes Ustascha-Land‹, sagen die Kroaten von der Küste und grinsen. Dem Hitler-Statthalter Ante Pavelić schlugen hier vor 50 Jahren Wogen der Begeisterung entgegen.« Vielleicht hat es ja doch einen Grund, warum die KP-Kader aus Sarajevo in den Siebzigern aus Neum ein sozialistisches Ferienparadies machten. Damit haben sie die herzegowinische Küste immerhin symbolisch von der Ustascha zurückerobert.

Bis heute hat der Bosnienkrieg in Neum seine Spuren hinterlassen. Hinter der Grünanlage und dem Anleger für die bosnischen Zollboote erstreckt sich die Marina von Neum, an der Promenade lauern die Kellner der Restaurants und Fischbratereien auf Gäste. Gleich dahinter bannt uns der Anblick einer Kriegsruine, von der wir erst glaubten, man habe sie demonstrativ stehen lassen, um an den Beschuss der jugoslawischen Volksarmee auf Kroatien und das von Kroaten bewohnte Neum zu erinnern. Inzwischen ist das ehemalige Hotel *Sunčana Obala* aber mehr Investitions- als Kriegsruine, wie uns ein Ladeninhaber erklärt. »Die Millionen, die die Hypo Alpe Adria für das Hotel Neum locker gemacht hat, waren auch für den Wiederaufbau des Hotels Sunčana Obala bestimmt«, sagt er. »Aber offenbar ist das Geld in den Taschen der Bänker und Politiker verschwunden, bevor sich auch nur ein Baukran gedreht hat.« Auch Aida Daidžič ist vom Verschwinden der Hypo-Millionen in Neum betroffen. Die Architektin aus Sarajevo hatte von der Bank den Auftrag bekommen, das *Hotel Neum* umzubauen und für das *Sunčana Obala* nach einer neuen Lösung zu suchen. »Wir wollten das Hotel Neum mit einer großen Hülle samt Photovoltaik umgeben, so dass es ein ganz anderes Gesicht bekommen hätte«, sagt Daidžić. Für eine städtebauliche Sünde hält sie das »bosnische Jesolo« nicht. »Da gibt es ganz andere Sünden«, meint sie und nennt als Beispiele Šibenik oder Kaštel bei Split. »Dass sich in Neum alles auf so engem Platz konzentriert, hat mit der Geschichte zu tun«, betont sie. »Die Leute in Sarajevo wollten eben auch ein Stück von der Adria abhaben und im eigenen Gebiet Urlaub machen.«

Daidžić weiß aber auch, dass der Boom von Neum seine Grenzen hat. »Der Blick von den Hotels auf die Halbinsel Klek«, sagt sie, »ist ein One-Million-Dollar-View.« Doch schon zu Jugoslawien-Zeiten wäre er beinahe verbaut worden. »Damals sollte der nördliche Teil der Halbinsel ebenfalls mit Hotels zugestellt werden. Doch das scheiterte an den Eigentümern. Die Bauern auf Klek sind Bauern geblieben. Die halten Schafe und bauen etwas an. Die waren stur und haben einfach nicht verkauft.« Inzwischen gelten die ungeklärten Eigentumsverhältnisse auf Klek als Hindernis für einen neuen Bauboom.

So attraktiv für Daidžić die Lage von Neum ist, so wenig hat die Politik daraus gemacht, sagt sie. »Ich habe den Politikern immer wieder gesagt, dass in Neum ein Lungomare gebaut werden muss. Jede Stadt an der kroatischen Adria, die etwas auf sich hält, hat einen solchen Spazierweg am Meer. Nur Neum nicht. Bis heute hat sich nichts getan.« Dass die kroatische Mehrheit in Neum die Entwicklung behindert, glaubt Aida Daidžić aber nicht: »Die herzegowinischen Kroaten in Neum sind loyal. Die wissen, dass sich Kroatien nicht um sie kümmert und ihre Zukunft deshalb nicht an Zagreb hängt, sondern an Sarajevo.«

Das Neretva-Delta ist neben der Po-Mündung in Italien und der Mündung der Buna zwischen Albanien und Montenegro die größte Flussniederung an der Adria – und es ist der Gemüsegarten Bosnien-Herzegowinas und Kroatiens. Auf einem Großteil des 20 000 Hektar großen Deltas, das unterhalb von Metković beginnt und an der Küste von Raba bis Rogotin reicht, werden Orangen, Tomaten, Gurken und Aprikosen angebaut. Auf unserem Abstecher ins kroatische Ploče, den wir auf der Fahrt von Sarajevo nach Neum eingelegt hatten, standen überall Händler mit Orangen und Aprikosen – und mischten das ermattete Grün der Bäume mit warmen Orangetönen. Wer diese orangenen Straßen gesehen hat, wird sie nicht vergessen.

Nach Ploče fährt nur, wer nach Ploče muss. Auf den touristischen Straßenkarten ist die Stadt im Neretva-Delta mit ihren 10 000 Einwohnern nicht verzeichnet, wohl aber bei Eisenbahnfreunden. 1937 wurde mit der Verlängerung der Bahnlinie von Metković nach Ploče begonnen. Damit sollte die Adriastadt an den Schienenverkehr nach Zagreb (über Split) sowie nach Belgrad (über Mostar und Sarajevo) angeschlossen werden. Der Grund für die Millionen-Investition: Im Königreich Jugoslawien war im Jahr zuvor beschlossen worden, Ploče zum Adriahafen auszubauen. Schließlich war der wichtigste Hafen des Landes, Rijeka, immer noch geteilt. Der Haupthafen westlich der Grenze an der Rječina gehörte zu Mussolinis Italien. Bei Jugoslawien war nur der östlich gelegene Hafen in Rijeka-Sušak geblieben.

Ploče wurde, um die Bedeutung der künftigen Hafenstadt zu unterstreichen, zu Ehren des 1934 ermordeten Königs in Alexandrowo umbenannt. Als die Eisenbahnlinie 1942 fertiggestellt war, gab es das Königreich Jugoslawien allerdings nicht mehr. Italien hatte die Küste besetzt und wollte seinerseits den Hafen zur Drehscheibe des italienischen Adriahandels ausbauen. Ploče, die Stadt am nördlichen Rand des Neretva-Deltas, hieß nun Porto Tolero. Nach dem Krieg setzte auch Tito auf Ploče als jugoslawischen Adriahafen. Die Bahnstrecke wurde auf Normalspur umgerüstet und schließlich elektrifiziert. 1979 wurde Ploče, in Gedenken an den slowenischen Weggefährten Titos Edvard Kardelj in Kardeljevo umbenannt. So ist Ploče auch ein Symbol für das Kommen und Gehen der Machthaber in diesem Teil der Adria.

Seitdem Kroatien am 1. Juli 2013 der Europäischen Union beigetreten ist, soll das vorerst letzte Kapitel in der Geschichte des Adriahafens beginnen. Die Stadt, die schon zuvor für den Großteil des Umschlags von Gütern aus Bosnien-Herzegowina gesorgt hat, soll zum Hafen Sarajevos ausgebaut werden. Das erzählte uns, als wir, nur eine Nacht und einen Tag später, Neum verlassen haben, ein kroatischer Grenzbeamter. Ein wenig unwohl war ihm bei diesem Gedanken schon, immerhin war Ploče während des Bosnienkriegs auch der Ort, an dem Waffen aus Saudi-Arabien und militante Islamisten ins Land gebracht wurden.

Wir haben den Beamten auch nach dem Stand der Dinge für die Brücke von Pelješac gefragt, deren Bau 2012 wegen zu hoher Kosten eingestellt worden war. »Die Brücke ist tot«, sagte der Grenzer. »Sarajevo hat sich erfolgreich gewehrt. Inzwischen ist aber ein Kompromiss gefunden worden. Die EU baut eine 5,5 Kilometer lange Schnellstraße auf Stelzen durch den Neum-Korridor, von dem es keine Abfahrt nach Bosnien-Herzegowina gibt.« Ein entsprechendes Abkommen hätten die Infrastrukturminister von Kroatien und Bosnien bereits unterzeichnet. »Im Gegenzug bekommt Sarajevo einen zollfreien Zugang zum Hafen in Ploče.«

Vom Grenzübergang sind es nur ein paar Kilometer ins Küstenörtchen Klek. An einer besonders markanten Stelle halten wir an und schauen zurück. Von der Küstenstraße aus kann man Neum sehen – mit dem gleichnamigen Hotel als Landmarke. »Dieses Hotel«, hatte Aida Daidžič etwas überraschend für uns betont, »ist eine Erholung für das Auge.« Und warum, wollten wir wissen? »Weil Neum kein Zentrum hat. Keine Altstadt. Das Hotel übernimmt deshalb diese Funktion. Das Hotel gibt einem die Möglichkeit, sich in Neum zu orientieren.«

Die Architektin aus Sarajevo und bekennende Neum-Liebhaberin hatte recht. Bei unseren Spaziergängen entlang der Küste des »bosnischen Jesolo« war uns das Hotel immer wieder Anhaltspunkt. Inzwischen gibt es aber auch andere Landmarken. In der nördlichen Bucht, wo die Ruine des *Sunčana Obala* darauf wartet, wachgeküsst zu werden, hat das *Hotel Sunce*, Sonne, neue Maßstäbe gesetzt. Und eine Bucht weiter, schon kurz vor dem Ende der zwanzig Kilometer langen Küstenlinie, erstreckt sich die weitläufige Anlage des *Hotels Zenit*, ein Sammelsurium von aneinandergewürfelten Apartments, in dem 2001 die Miss Bosnien und Herzegowina gekürt wurde.

Als wir am Ende der Bucht ein Café gefunden hatten, in dem es echten italienischen Cappuccino gab, war uns fast zumute wie am Abend zuvor bei Bakir im *Delfin*. Neum, dieser unwirkliche Ort an der bosnischen Adriaküste, strahlte etwas vertraut Normales aus. Das »adriatische Element« in Bosnien-Herzegowina war uns ans Herz gewachsen.

Gesamtkunstwerk Split

NEUES LEBEN IN ALTEN MAUERN

Er ist pünktlich. Wie verabredet steht Goran Nikšić vor dem Café Luxor und hält Ausschau nach dem Gesprächspartner. Noch ist nicht viel los auf dem Peristyl, dem zauberhaften Mittelpunkt des römischen, mittelalterlichen und modernen Split. Einheimische und Touristen sind noch erschöpft von den Feiern am Vorabend. »Lassen Sie uns lieber am Donnerstag treffen«, hatte Nikšić vorgeschlagen. »Am Mittwoch ist Sudamja, da feiert ganz Split das Fest seines Stadtheiligen Domnius. Da gibt es kein Durchkommen.« Split, Kroatiens zweitgrößte Stadt und neben Rijeka und Triest die einzige Metropole an der Ostküste der Adria, ist nicht nur ungemein lebendig, es ist auch traditionsbewusst.

Goran Nikšić, Ende fünfzig, Pullunder, den Rucksack lässig um die rechte Schulter gehängt, ist von Beruf Architekt. »Allerdings habe ich kein einziges Gebäude gebaut«, schränkt er ein. »Mein ganzes Berufsleben habe ich dem Denkmalschutz gewidmet.« Seit 2006 ist der geborene Spliter Chef der Altstadtbehörde und damit der Hüter der Stadtgeschichte. Zuvor hat er für das Kulturministerium in Zagreb gearbeitet. Im Café Luxor, benannt nach den einst dreißig Sphinx-Statuen, die Roms Kaiser Diokletian von einer Ägyptenreise an die Adria mitgebracht hatte, kennen sie den schlanken, hochgewachsenen Mann mit dem gestutzten grauen Bart. Nikšić ist kein Schreibtisch-Denkmalpfleger, er ist ein Mann der Praxis, der weiß, dass er Verbündete braucht in diesem Job. In Splits Kult-Café, untergebracht im Cipci-Palast aus der frühen Renaissance, organisiert Nikšić manchmal Diskussionen und Vorträge. Auch Künstler hat er mit ins Boot geholt, schließlich braucht die Bewahrung der Vergangenheit auch junges Blut. Das zeitgenössische Deckenfresko im Innern des Cipci-Palastes stammt von Petar Grimani, einem Maler, der 1971 in Split geboren wurde.

Zeitweilig musste Nikšić den Café-Betreibern aber beibringen, dass es mit dem Geschäft etwas holprig werden könnte. Von 2007 bis 2012 wurde das Peristyl samt seiner antiken Säulen einer Frischzellenkur unterzogen, Splits römisches Zentrum war eine Baustelle. »Angefangen haben wir damit, den schwarz gewordenen Kalkstein zu reinigen«, lächelt Nikšić. »Doch dann wurde daraus ein Mammutprojekt. Wir haben das Ensemble nach dem neuesten Stand der Forschung und der Technik konserviert.« Das Ergebnis kann sich sehen lassen. Der Kalkstein glänzt wieder, auf den Stufen des Peristyls haben die Luxor-Betreiber hübsche Brettchen und rote Sitzkissen drapiert – als Ersatz für Tische und Stühle. Nirgendwo ist ein Säulengang der Antike so voller Leben wie hier im Herzen der Altstadt von Split. Goran Nikšić hat seine Freude daran. »Denkmalschutz um des Denkmalschutzes willen ist Unsinn«, sagt er. »Ein Denkmal muss leben.«

Nähert man sich Split mit dem Schiff, betritt man eine Bühne, wie sie sich sonst an der Adria nicht darbietet. Mit offenen Armen begrüßt die Stadt das Meer und ihre Besucher: zur Linken erhebt sich der Hausberg Marjan, an dessen Fuß sich sanft der Stadtteil Veli Varoš schmiegt. Zur Rechten erstreckt sich der Hafen mit seinen Molen, wo die Schiffe zu den Inseln im Halbstundentakt ab- und anlegen. In der Mitte schließlich zeigt sich stolz die Riva, die Meerespromenade, deren rechte Hälfte zur Fassade des ehemaligen kaiserlichen Palastes gehört. Die Verlängerung nach Westen haben die Österreicher gebaut, als die venezianischen Bastionen und Festungsmauern geschleift waren und der Schutt dem Meer neues Land abgewonnen hatte. Mondän sollte Split an der österreichischen Riviera sein und nicht mehr mittelalterliches Versteckspiel.

Also wurde die Riva, die auf den Stadtplänen offiziell *Obala Hrvatskog narodnog preporoda*, Ufer der kroatischen nationalen Wiedergeburt heißt, mit dem marmorähnlichen Kalkstein von der Insel Brač gepflastert, Palmen wurden gepflanzt, unter deren Schatten die Müßiggänger dösen, während in den Cafés schon morgens die Geschäftsleute ihren Espresso trinken und die Morgenzeitung studieren. Wie gut, dass die Digitalfotografie die analoge abgelöst hat. Bei der Einfahrt nach Split hätte der Reisende sonst seine ganzen Vorräte an 36er Filmen verknipst.

Eigentlich aber haben die Architekten aus Wien nur vollendet, was knapp 1600 Jahre vor ihrer Zeit Marcus Aurelius Gaius Valerius Diocletianus begonnen hatte. Auch der Palast, den der römische Kaiser zwischen 295 und 305 nach Christus hatte bauen lassen, hatte seine Schauseite zum Meer. Ein Säulengang im Obergeschoss der Südfassade öffnete den Blick auf die Adria und die vorgelagerten mitteldalmatinischen Inseln.

Was für ein Unterschied zu den anderen Hafenstädten an der Adria. Südlich von Split haben sich Budva und Kotor aus Furcht vor den Türken hinter beeindruckenden Mauern verschanzt. Dubrovnik kann sogar noch dickere Befestigungen vorweisen. In Apulien sind die Altstädte auf Felssporne gebaut – und halten so Abstand zu denen, die sich von Wasser und zu Lande nähern. Venedig hat zwar keine Mauern und Felsvorsprünge, allerdings verhindern die Lidi, dass die Einfahrt in die Serenissima einem ähnlichen Fest gleicht wie dem in Split mit seiner wunderbaren Kulisse. Einzig die Häfen Istriens – Rovinj,

Poreč oder Piran – zeigen sich dem Meer ähnlich offen wie die dalmatinische Hafenstadt. Die Türken waren weit weg und Venedig nah genug, um im Ernstfall den gewünschten Beistand zu leisten.

Am meisten aber haben seit jeher die Riva von Split und seine Altstadt die Reisenden beeindruckt. Ein »Epos aus Steinquadern, das aus der Verbindung klassischer Ruinen mit einer mittelalterlichen Stadtanlage entstand«, nennt Max Dvořák, Anfang des 20. Jahrhunderts Generalkonservator in Wien, das damals schon so vitale Freiluftmuseum, das sich einem bei der Einfahrt in den Hafen zeigte. Cornelius Gurlitt, der 1850 geborene Dresdener Kunsthistoriker, konnte seine Begeisterung ebenfalls kaum zurückhalten: »Spalato ist eine Perle. Ich zweifle nicht, dass es dereinst zu den größten Sehenswürdigkeiten der Welt gerechnet werden wird.«

Ein Palast an der Adria

Der kaiserliche Palast hat sei jeher die Fantasien beflügelt. Warum ließ Diokletian seinen monumentalen Ruhesitz ausgerechnet in dieser Bucht errichten? War es wirklich nur ein privates Bauwerk oder diente es auch der Verteidigung in diesen stürmischen Zeiten, in denen ein Angriff der Barbaren von Norden jederzeit möglich war? Wie lebte es sich im Innern des von dicken Mauern und sechzehn Türmen umgebenen Palastes? Der französische Stadtplaner Ernest Hébrard zeichnete 1912 ein Modell der 250 Mal 218 Meter großen Anlage. Es zeigt den kaiserlichen Palast aus der Vogelschau von der Seeseite, die unmittelbar ans Meer grenzte. Vier Tore führten in das Innere: das Seetor im Süden, das »Goldene Tor«, der Haupteingang, im Norden, das »Eiserne Tor« im Westen und das »Silberne Tor« im Osten. Die vier Tore wurden durch zwei Straßen miteinander verbunden. Der so genannte *Decumanus* führte von West nach Ost und der *Cardo* von Nord nach Süd; sie kreuzen sich nördlich des Peristyl, wo sich die Touristen heute auf den Kalksteinquadern vor dem Café Luxor von den Kellnern fotografieren lassen.

Von diesem antiken Säulengang mit seinen ägyptischen Statuen waren auch die vier Viertel des Palastes, die von den Straßen unterteilt waren, erreichbar: die privaten Gemächer des Kaisers im Süden, die durch das Vestibül zugänglich waren, sowie die Räume der Palastwache im Norden. Darüber hinaus führte das Peristyl zum Mausoleum Diokletians sowie zu den Tempeln, deren größter Jupiter gewidmet war. Roms später Herrscher begründete seine Macht mit seiner angeblich göttlichen Abstammung.

Goran Nikšić deutet an, dass es Zeit sei, das Peristyl zu verlassen. Der drahtige Mann, der sich trotz seines vollen Terminkalenders Zeit für den Gast genommen hat, geleitet mich über zahlreiche Treppen und Gassen, vorbei an antikem Mauerwerk, romanischen Torbögen, mittelalterlichen Palästen und pittoresken Wohnhäusern aus dem 19. Jahrhundert auf die obere Ebene, den Portikus an der Meeresseite. »Hier war der Arkadengang des Kaisers«, erklärt Nikšić und weist auf die Besonderheit der Südseite hin. Das Erdgeschoss mit seinen Gewölben diente als Lagerhalle für die Waren, die die Schiffe brachten. Fenster zum Meer gab es nicht. Das Obergeschoss mit seinen Bogenfenstern war dagegen die Schauseite des Palastes, ein besonderer Ort, an dem es sich auch bei Regen entlang der Adria flanieren ließ. Ein flanierender Kaiser, denke ich mir. Offenbar bringt dieser Ort an der Adria einen bestimmten Menschenschlag hervor.

»Die Stadt sitzt in einem Palast«, hatte schon vor dem Ersten Weltkrieg der österreichische Schriftsteller Hermann Bahr in seiner *Dalmatinischen Reise* notiert. »Ein alter Mann hat seiner Einsamkeit ein Haus gebaut, und in diesem Haus haben sich dann dreitausend Menschen versteckt.«

Diokletian, zwischen 236 und 245 nach Christus geboren, so genau weiß es niemand, war seiner ostadriatischen Heimat offenbar verbunden. Geboren und aufgewachsen war er wohl in der römischen Metropole Salona, keine fünf Kilometer vom heutigen Split entfernt. Diokletian zählte zu den illyrischen Kaisern des Römischen Reiches, und der Westen, die italienische Halbinsel, blieb ihm Zeit seines Lebens fremd. Vor allem aber war der Kaiser als Reformer des Römischen Reiches in die Geschichtsbücher eingegangen. Als er 284 nach Christus zum Augustus ernannt wurde, war das Reich fast unregierbar gewesen. Soldatenkaiser hatten über Jahrzehnte die Macht an sich gerissen, die durchschnittliche Amtszeit betrug zwei Jahre, aus dem Imperium Romanum, das sich rühmte, Kultur und Zivilisation an die Ränder der damals bekannten Welt gebracht zu haben, war eine Militärdiktatur geworden. Also reformierte Diokletian das Steuerwesen, setzte Preise fest, um die einheimische Textilindustrie vor Importen aus dem Ausland zu schützen, erhöhte die Zahl der Provinzen, verringerte die Zahl der Soldaten in einer Legion. Einen Bürokraten nannten ihn die Kritiker. Einer, der Stabilität ins Reich brachte, urteilte die Nachwelt.

Kaum an der Macht, machte sich Diokletian zudem daran, diese aufzuteilen. Um künftigen Usurpatoren und Diktatoren das Leben zu erschweren, führte der Kaiser die so genannte Tetrarchie ein. Statt von einem sollte das Reich künftig von vier Kaisern regiert werden, zwei Seniorkaisern, Augustus genannt, und zwei Cäsaren als Unterkaiser. Der Trick dabei: Gesetze konnten nur von allen vier gemeinsam beschlossen werden. Diokletian setzte im Kampf gegen die Tyrannei auf das Konsensprinzip.

Vielleicht war es diese komplizierte Art zu regieren, die ihn nach mehr als dreißig Jahren amtsmüde hat werden lassen. Möglich aber auch, dass seine Maßnahmen zur Christenverfolgung, die er, der Nachfahre Jupiters, mit unermüdlicher Härte betrieb, nicht mehr auf ungeteilte Zustimmung stießen. Darüber hinaus, heißt es, sei auch seine Gesundheit angegriffen gewesen. Tatsache ist, dass Marcus Aurelius Gaius Valerius Diocletianus am 1. Mai 305 – als erster römischer Kaiser überhaupt – freiwillig sein Amt zur Verfügung stellte und in den Ruhestand trat. Es war das Jahr, in dem sein Palast fertig geworden war.

Doch deswegen hat mich Goran Nikšić nicht auf den Wandelgang mit Adriablick geführt, sentimentale Anwandlungen sind seine Sache nicht. Er will, den Blick aufs Meer im Süden, und im Norden auf die Hinterlassenschaften des Palastes und seines Bauherrn gerichtet, die kulturelle Bedeutung des antiken Split würdigen. »Es gibt in Europa kein Bauwerk der Spätantike, das so gut erhalten ist wie dieser Palast«, sagt er. »Das macht es auch zu einem Modellfall für den Denkmalschutz weltweit.« Und, sagt er vielsagend, es gibt auch heute kaum ein antikes Gebäude, dessen Nutzung so viele Fragen aufwirft.

Ich bin am Tag vor der Verabredung mit Goran Nikšić in Split angekommen – und tatsächlich hineingeraten in die Feierlichkeiten für den Stadtheiligen Domnius. »Der Parkplatz am Hafen ist gesperrt«, belehrte mich ein Verkehrspolizist freundlich, aber bestimmt. Irgendwo außerhalb der ehemaligen Stadtmauern, die die Venezianer um Spalato herum errichtet hatten, habe ich schließlich einen Parkplatz gefunden. Mit kleinem Gepäck bin ich zur Schlüsselübergabe für die Ferienwohnung am Obstmarkt geeilt. Eine junge Frau drückte mir den Schlüssel in die Hand, fotografierte mit dem Handy meinen Personalausweis und kassierte die 125 Euro für zwei Nächte in bar. Das war nicht billig, aber ich wollte unbedingt in der Nähe des Palastes wohnen. Die Entscheidung habe ich nicht bereut. Kaum hatte ich die Tür zu meinem Appartement zugezogen und die grün gestrichenen, hölzernen Fensterläden geöffnet, musste ich tief durchatmen. Unter meinen Fenstern tobte das Leben, in den Cafés am Platz steckten die Touristen ihre Köpfe in die Reiseführer, Lieferanten schoben Kartons auf Transportwagen über das glatte

Pflaster, japanische Reisegruppen folgten ihren Guides und staunten über den Mittelaltermarkt, der am Fest des Heiligen Domnius am Obstmarkt abgehalten wurde.

Gegenüber ragte der Turm des Kastells empor. Kaum hatte Venedig 1420 neben Kotor, Perast und Trogir auch Split unter seinen Einfluss gebracht, wurde das Stadtkastell errichtet – nicht aus Schutz gegen Feinde von außen, sondern weil sich die Statthalter des Dogen der eigenen Bevölkerung nicht sicher sein konnten. Doch das ist Geschichte, der Platz unter meinen Fenstern war Gegenwart pur. Schon am Mittag lärmten die Touristen, ein kurzer Check beruhigte mich aber: Wenn ich die Fenster vor den Holzläden schloss, drang kein Laut in mein stilvoll eingerichtetes Appartement.

Vom Obstmarkt, der offiziell Trg Braće Radić heißt, gibt es zwei Zugänge zur Riva. Der eine, größere, führt über die Ulica Marka Marulića, die die Trennlinie zwischen dem Palastviertel und dem venezianischen Viertel bildet. Ein kleiner Durchschlupf befindet sich gleich hinter dem Kastell. Wer durch ihn hindurch findet, muss für einen Moment die Augen schließen. Gleißend knallt die Maisonne auf das marmorweiße Pflaster der Riva, das Meer ist unverschämt blau. Der Marjan und die Hafenmole sind von der Riva betrachtet eine ebenso eindrucksvolle Bühne wie die Kulisse der Altstadt, wenn man sich ihr vom Wasser nähert. Allerdings hatte Goran Nikšić recht behalten. Der Genuss wurde an diesem Mittwoch in der Tat getrübt – vom Rummel, der dem Stadtheiligen auch auf der Riva dargebracht wurde. Luftballons, Zuckerwatte, Souvenirstände, Livemusik: Dass der Bischof am Vormittag mit den Reliquien des Stadtheiligen über die Riva gezogen war, war längst vergessen.

Also kletterte ich über die Stufen von Veli Varoš hinauf auf den Marjan und genoss den Blick auf die Stadt. In diesem Moment wusste ich noch nicht, dass das mit ein paar Dutzend Glühbirnen versehene Holzkreuz am Aussichtspunkt unter den

Einheimischen heftige Debatten ausgelöst hatte. Das Kreuz ist eine Hinterlassenschaft von Željko Kerum, dem ehemaligen Bürgermeister, der die 180 000 Einwohner zählende Stadt ebenso selbstherrlich geführt hatte wie ein spätantiker Kaiser. Der schwerreiche Unternehmer, sein Vermögen wird auf über 50 Millionen Euro geschätzt, ließ an der Riva nicht nur ein Denkmal für den nationalistischen Staatspräsidenten Franjo Tudjman aufstellen. Er erklärte auch unverblümt, niemals mit Serben Geschäfte machen zu wollen. Vor allem aber wollte er mit dem Kreuz auf dem Marjan ein Zeichen setzen. Es sollte das größte Kreuz der Welt werden, größer noch als das in Rio de Janeiro. Doch daraus wurde nichts. Die Spliter beendeten die »Kerumisierung« ihrer Stadt, in dem sie ihren nationalklerikalen Bürgermeister 2013 abwählten. Mit seinen alten Glühbirnen wirkt das Kreuz inzwischen eher wie eine Parodie als eine tatsächliche Machtdemonstration im Namen von Kirche und Vaterland.

Vorerst aber hatte ich auf dem Marjan nur den Blick für das natürliche Hafenbecken, die rummelige Riva und die Dächer der Altstadt. Auch die Südmauer des Palastes war gut zu erkennen, auch wenn sich von außen kleine Häuschen aus dem 18. und 19. Jahrhundert an sie schmiegen, in denen heute Schmuck, Olivenöl und Wein verkauft werden. So ist Split nicht nur ein antikes Freiluftmuseum, sondern ein Sammelsurium verschiedener Epochen, das für mich in diesem Augenblick selbst Rom in den Schatten stellte. Überragt wird die Altstadt aus der Vogelschau vom 52 Meter hohen Campanile aus dem 13. Jahrhundert. Doch das neue Zeitalter von Split, die Zeit nach Diokletian und seinem Palast, hatte bereits im siebten Jahrhundert nach Christus begonnen.

Wie aus einem antiken Palast eine mittelalterliche Stadt wurde, hat Hermann Bahr in seiner *Dalmatinischen Reise* so beschrieben: »Der Tote wehrt sich immer noch und will allein sein. Aber die Lebenden fragen nicht und zwängen sich durch, und überall ist Lärm. In die starken alten Fassaden haben sie kleine Fenster gebrochen, und blühende Blumen hängen heraus, und lachende Lippen grüßen herab. Ein ungeheures Beispiel starker Menschen ist's, die nichts achten als ihr eigenes drängendes schwellendes brennendes Leben. Es gibt keine Stadt, in der der Ruf des Lebens stärker ist. Von hohen Türmen, aus tiefen Kellern, in engen Gassen, zwischen Säulen, durch Tore jauchzt taumelnd das Leben.«

Das ist bis heute so. Im Vergleich mit den kosmopolitischen Istriern oder den bürgerlichen Zagrebern gelten die Spličani, die Leute aus Split, als laut und eine Spur zu sehr von sich selbst überzeugt. Aber vielleicht brauchte man solche Eigenschaften, um sich damals, vor mehr als 1400 Jahren, die neue, fremde Umgebung anzueignen. Denn auch Split war eine Gründung von Flüchtlingen. Und wie immer, wenn man fremde Gemächer betritt, zumal, wenn sie einem nicht gehören, muss man erst einmal die Stimme erheben und laut ins Dunkel hinein rufen, um die eigene Unsicherheit und Bangheit zu überwinden. Der Ruf, der den Spličani vorauseilt, ist er nicht der Nachruf derer, die im frühen siebten Jahrhundert auf der Flucht vor den Awaren und Slawen aus Salona, das bald zerstört worden war, in den leer stehenden Palast eingedrungen waren? Und gab ihnen der Erfolg nicht recht? Geschützt von den Mauern und Türmen des ehemaligen Kaiserpalastes hatten sie sämtliche Attacken der Angreifer abwehren können. Wenn das kein Grund ist, laut zu sein.

Der imposante Glockenturm, der die Dächer der Altstadt überragt, ist ein Zeichen dafür, dass sich die Nachfolger der Besetzer den Palast angeeignet und nach ihren Bedürfnissen umgebaut hatten. Auch die anderen Bauwerke der Antike wurden umgebaut. Aus dem Mausoleum des Diokletian entstand die Kathedrale, die Tempel wurden zu Kapellen, auf die Unterkünfte der Palastgarde wurden Häuser gesetzt – und selbst einen Stadtheiligen haben die Spliter, bei denen sich das romanisch-dalmatinische bald mit dem slawisch-kroatischen Element mischte, schließlich gefunden. Domnius war ein Syrer, der, glaubt man der Legende, ein Jünger des heiligen Petrus gewesen sein soll. So ist also, wie in Dubrovnik und Venedig, auch der Stadtheilige von Split apostolischer Herkunft.

War Split in der Zeit der slawischen Fürsten und kroatischen Könige vor allem auf das Hinterland orientiert, richtete sich sein Blick ab 1420 auf die Adria. Unter venezianischer Herrschaft entstanden nicht nur die neue Stadtmauer und das Kastell. Die Stadt wurde auch in Richtung Westen erweitert. Regierte im römischen Teil der Altstadt der rechte Winkel, war es hier der Schwung des ausgehenden Mittelalters. Auf Schmuckplätze haben die neuen Herren der Stadt jedenfalls Wert gelegt – nicht nur der Obstmarkt ist ein solcher, sondern auch der Volksmarkt, an dem, als Zeichen venezianischer Baukunst, auch der Kommunalpalast aus dem 15. Jahrhundert steht.

Eine wilde und einzigartige Mischung herrscht also in Split, baulich und wohl auch anthropologisch. Zum Nachteil ist es der Stadt nicht gereicht. 1979 wurde die Altstadt von Split samt Diokletianspalast und venezianischer Stadterweiterung zum Welterbe der Menschheit erklärt. Zur Begründung teilte das Pariser Unesco-Büro mit, nirgendwo würden römische und mittelalterliche Geschichte und das Leben der Neuzeit so ineinandergreifen wie in diesem lebendigen Organismus. Besser hatte es auch der Österreicher Hermann Bahr nicht ausdrücken können, der ja schrieb, die Stadt sitze in einem Palast.

Restaurierung oder Konservierung

Rückblickend betrachtet, sagt Goran Nikšić, sei die Entscheidung der Unesco gerade noch rechtzeitig gekommen. Wir stehen inzwischen auf dem Dach der Gewölbe im südöstlichen Viertel des Palastes oder das, was von ihm übrig geblieben ist. »An dieser Stelle«, sagt Nikšić und deutet über ein Geländer in die Tiefe, »stand einmal der Palast des Bischofs. Beim großen Stadtbrand von 1506 brannte er samt den umliegenden Häusern ab, stürzte ein und brach durch die Decken, die das Untergeschoss der kaiserlichen Gemächer von den Privaträumen im Obergeschoss getrennt hatte.« Das Erzbistum baute den Palast des Bischofs neben dem Peristyl wieder auf, der zerstörte Teil des Palastes wurde dagegen sich selbst und der Vegetation überlassen. So blieb das, bis im 18. und 19. Jahrhundert auf den Ruinen des alten Bischofssitzes wieder Häuser gebaut wurden. Keine architektonisch wertvollen, wie Nikšić betont. Aber sie gehörten wie auch die Neubauten des Mittelalters zum baulichen Gesamtkunstwerk Split.

Goran Nikšić, der Hüter dieses Gesamtkunstwerks, hat nun sein Thema gefunden. »Und was ist von diesem Split des 18. und 19. Jahrhunderts übrig geblieben?«, fragt er und zeigt auf das riesige Loch, das sich unter uns ausbreitet. Nichts, lautet die Antwort auf seine rhetorische Frage, oder besser: ein paar neue Ausgrabungsstätten. »In diesem Teil des Palastes«, erregt Nikšić sich, »wird ein Kampf ausgefochten, der mehr als 150 Jahre alt und noch immer nicht zu Ende ist. Es ist der Kampf zwischen den Archäologen und den Denkmalschützern, denen, die das Alte in seiner Vielschichtigkeit bewahren und denen, die es auf seine historisch bedeutsamste Epoche zurückbauen, und diese dann womöglich noch originalgetreu rekonstruieren wollen.«

Eskaliert war der Streit ein erstes Mal, als Wien 1902 eine so genannte »Palastkommission« einsetzte. Die mit Fachleuten besetzte Runde sollte klären, wie in Zukunft mit strittigen Denkmalfragen verfahren werden sollte. Dass dabei der Palast des Diokletian im Mittelpunkt der Debatten stand, ist für Nikšić nicht ungewöhnlich. Split und sein Palast, sagt er, seien für Österreich-Ungarn das gewesen, was das Heidelberger Schloss für die Deutschen war. Bewahren, wie es war, oder freilegen und wiederaufbauen? Das war die Frage der Zeit.

Wien hatte das Verfahren an sich gezogen. Zuvor war nicht die Hauptstadt zuständig für die Denkmäler in den Kronländern der Donaumonarchie gewesen, sondern die jeweiligen Kommunen. Weil diese aber ständig klamm waren, hatte es zahlreiche Klagen über die Verwahrlosung der Denkmäler gegeben. Auch in Split war das bauliche Erbe der Spätantike in einem bedauernswerten Zustand. Vertreter eines radikalen Purismus hatten das genutzt, um unter anderem den Abriss des Campanile zu fordern. Der Glockenturm aus dem 13. Jahrhundert verfälsche das Bild des römischen Palastes, hieß es. Um dieses Erbe – das Mausoleum, das Peristyl, die Tempel und die Gewölbe – gebührend in Szene zu setzen, gab es sogar die Forderung, alle mittelalterlichen und barocken Bauwerke in der Nähe dieser »richtigen« Denkmale abzureißen. Was ist schon ein venezianischer Palazzo, wenn es um einen römischen Palast geht.

Vorbild der Puristen waren die Deutschen. In Regensburg und in Köln hatte man im 19. Jahrhundert sogar mittelalterliche Bauten entfernt, um die Dome an Donau und Rhein besser zur Geltung zu bringen. In Split scheute man vor einem radikalen Eingriff zunächst zurück. Stattdessen wurden erst einmal die Kathedrale und der Glockenturm saniert. Für den Erwerb der umliegenden Grundstücke zum Zwecke ihres Abbruchs reichte das Geld nicht mehr. Die Puristen waren vorerst gescheitert. Das war die Vorgeschichte, der sich die Wiener Kommission zu stellen hatte.

»In der Palastkommission flammte der Streit natürlich wieder auf«, erklärt Goran Nikšić. »Am Hofe in Wien sah man sich gerne in imperialer Tradition, als eine Art legitimer Nachfolger des Römischen Reiches, und da war der Diokletianspalast natürlich keine regionale Aufgabe, sondern die der ganzen Donaumonarchie.« Doch es waren weniger die Wiener als die kroatischen Denkmalschützer, die ihre reine Lehre des Denkmalschutzes wieder auf die Tagesordnung brachten. Stein des Anstoßes war nun das neue Bischofspalais, das nach dem Brand und dem Einsturz des Vorgängerbaus an die Nordostseite des Peristyls gesetzt worden war. Überall in Europa wäre der barocke Bischofspalast aus dem 17. Jahrhundert sakrosankt gewesen, nicht so in Split. Hier stand er einer historisierenden Inszenierung des Peristyls und des ehemaligen Mausoleums im Weg.

Wäre es nach Franjo Bulić, dem damaligen Direktor des Spliter Archäologischen Museums und damit gewissermaßen dem Vorgänger von Goran Nikšić, gegangen, würde es heute am Peristyl weder ein Cipci-Palais geben, noch ein Café Luxor. Freilich konnten sich die Puristen nicht durchsetzen. Rückblickend auf die erste Sitzung der Palastkommission resümierte Otto Benndorf, der Direktor des Österreichischen Archäologischen Instituts: »Die Palastkommission erklärt, dass sie Freilegungen im modernen Sinne des Wortes, welche schädigende Eingriffe bedeuten, unbedingt ablehnt.« Zuvor hatte auch Alois Riegl, die graue Eminenz der Wiener Denkmaldebatte und späterer Generalkonservator Österreich-Ungarns, ins gleiche Horn geblasen: »Der Gefertigte glaubt diesen Bericht nicht schließen zu sollen, ohne nachdrücklich darauf hinzuweisen, dass gerade das allgemeine Interesse an der Erhaltung des mit den antiken Resten historisch so reich verbundenen mittelalterlichen und neuzeitlichen Alt-Spalato mit seinem unvergleichlichen und unersetzlichen Stimmungsreiz die Schaffung eines seine Integrität gewährleistenden Schutzgesetzes (...) fordert.«

Es war die Debatte um Split, die dazu geführt hatte, dass sich Anfang des zwanzigsten Jahrhunderts in der Habsburger-Monarchie eine neue Schule des Denkmalschutzes durchgesetzt hatte. Auch bauliche Ensembles galten nun als erhaltenswert.

Eine ganz andere Schule vertraten die Italiener, die 1941 Split besetzten. Im Faschismus des Benito Mussolini gab es nur eine historische Bezugsgröße, und das war das Imperium Romanum. Eine von Rom eingesetzte Kommission unter Leitung des Architekten Gustavo Giovannoni griff folglich die alten Vorschläge von Bulić wieder auf. Erklärtes Ziel war es nun, »durch städtebauliche Maßnahmen nach römischem Vorbild die Integrität des diokletianischen Monuments zurückzugewinnen«. Zudem sollte, so der Denkmalexperte Achim Hubel, »die ganze Altstadt systematisch überarbeitet werden, wobei durch Entkernungen, Abbrüche und Abbau der oberen Stockwerke die dichte Bebauung aufgelockert und mehr Licht, Luft und Gärten gewonnen werden könnten.« Dass Rom in Split nicht zum Zuge kam, lag daran, dass Italien 1943 kapitulierte und nun die Deutschen in Split das Geschäft der Besatzungsmacht verrichteten. Als die dalmatinische Hafenstadt schließlich 1944 von Titos Partisanen befreit wurde, war wieder, wie schon im jugoslawischen Königreich zwischen 1918 und 1941, Belgrad für die Denkmalschutzfragen in Split zuständig.

Goran Nikšić blickt hinab auf die Ausgrabungsflächen im Südosten des Palastes, die »Wunde«, wie er diese Ecke zum wiederholten Male nennt. Dass diese Ecke zum Hinterhof des einst so prächtigen Palastes werden konnte, geht auf das Jahr 1956 zurück. Damals wurden unter der Leitung des verantwortlichen Denkmalpflegers Tomislav Marasović die zugeschütteten Gewölbekeller vom Unrat befreit, zum großen Teil rekonstruiert und für die Öffentlichkeit zugänglich gemacht. Dafür wurde vom Peristyl eine Treppe hinab ins Untergeschoss gebaut, die es so nie gegeben hatte, wie Nikšić betont. Doch die Rekonstruktion der antiken Gewölbe war Marasović wichtiger als denkmalpflegerische Genauigkeit. Der zweite Ausgang aus dem Gewölbe des Diokletianspalasts, das heute Souvenirhändler bevölkern, führt durch das Seetor direkt auf die Riva. Vom Peristyl durch römische Gewölbe direkt zum Meer und obendrauf eine ganze Stadt: Für die Touristen ist es ein Riesenspektakel.

Doch das war nicht alles, was Tomislav Marasović, ein Bewunderer von Gustavo Giovannoni, angeschoben hatte. »Zur gleichen Zeit, in der das Gewölbe rekonstruiert wurde, hörte man auf, in die Häuser aus dem 18. und 19. Jahrhundert, die eine Etage höher standen, zu investieren«, sagt Goran Nikšić. »Es war eine Art von unterlassener Hilfeleistung. Die Bewohner wurden in neue Wohnungen in den Neubaugebieten umgesiedelt. Die Stadt hat das auch damit begründet, den schlechten Ruf des Viertels verbessern zu wollen. Tatsächlich gab es hier viel Prostitution und auch Drogenhandel. Auf der anderen Seite war hier auch viel Leben. Sogar ein Kino hat es innerhalb der Palastmauern gegeben. Doch das zählte nicht. Man wollte freie Hand haben, um mit den Grabungen fortzufahren. Von Ensembleschutz sprach niemand mehr.«

Man merkt Goran Nikšić die Verbitterung immer noch an. »95 Prozent dessen, was hier nach dem Krieg gemacht wurde, ist eine Katastrophe«, sagt er. »Die Grabungen in den fünfziger und sechziger Jahren haben überhaupt nichts Neues zutage gebracht. Für diesen Unsinn musste ein ganzes Viertel weichen. Deshalb nenne ich das immer wieder eine Wunde. Im Grunde haben die Kommunisten das Geschäft der Faschisten besorgt.«

Auferstanden aus Ruinen

Inzwischen ist das Gedränge größer geworden. Eine Gruppe amerikanischer Touristen fotografiert das Loch unter uns und ein paar halbwüchsige Jungs, die vor einem abbruchreifen Haus Fußball spielen. Der Weg zu dem Haus ist nur über einen Steg erreichbar. Die Jungs scheinen die Blicke und Fotoapparate der Touristen nicht zu stören. Stoisch kicken sie sich den Ball zu, als spielten sie unbeobachtet, irgendwo in einem ganz normalen Stadtteil. Doch was ist schon normal in einem Viertel, in dem

Touristen freudig erregt brüllen: »Look here, they're living there!«

Das mit dem Tourismus beschäftigt auch Goran Nikšić. »Der Tourismus hat rapide zugenommen«, sagt er. »Die Kreuzfahrtschiffe legen mittlerweile mehrmals in der Woche an. Das ist zwar noch kein Vergleich mit Dubrovnik oder Venedig, aber wenn da eine ganze Schiffsladung durch die Spliter Altstadt kommt, ist kein Durchkommen mehr.« Auch die A 1, die Autobahn von Zagreb nach Split, die 2005 fertig wurde, hat Dalmatien näher an Mitteleuropa gerückt. Seitdem jedenfalls boomt der Tourismus in der Altstadt, sagt Nikšić: »Früher kamen die Touristen nach Split, um sofort auf die Fähren zu den Inseln zu steigen. Split war nicht das Ziel der Reisenden, sondern Durchgangsstation.« Doch das ist Geschichte. Auch die Zahl der Betten im Zentrum ist inzwischen gestiegen. »Die durchschnittliche Aufenthaltsdauer ist in den letzten zehn Jahren von einem Tag auf drei Tage gestiegen.«

Nikšić ist weit davon entfernt, diese Entwicklung zu beklagen. Ohne die Vermietung von *Sobe*, Ferienwohnungen, wäre etwa Veli Varoš, der Stadtteil aus dem 19. Jahrhundert, der so malerisch den Hausberg Marjan hochklettert, weiter dem Verfall preisgegeben gewesen. Nikšić weiß, dass die Stadt Touristen braucht, aber wenigstens soll der Tourismus verträglich sein mit den Anforderungen an ein Welterbe. In einem Managementplan, den sein Büro ausgearbeitet hat, ist deshalb auch von einer nachhaltigen Steuerung der Touristenströme die Rede. Ein neues Wegeleitsystem hat den Anfang gemacht. Um die zahlreichen Werbeaufsteller aus den engen Gassen und auf den Plätzen zu verbannen, hat die Stadt auf Anraten von Nikšić neue Tafeln angebracht. Nicht nur auf historische Orte wie das Peristyl oder den Jupitertempel wird nun hingewiesen, sondern auch auf Boutiquen und Souvenirläden. »Split verändert sich«, sagt Goran Nikšić, »und wir müssen diese Veränderung organisieren.«

Auch das Pflaster aus dem Kalkstein aus Brač ist inzwischen teuer geworden. »Die Immobilienpreise steigen«, sagt Nikšić. Auch ausländische Investoren haben die Altstadt auf den Mauern des Palastes entdeckt. »Ein Italiener aus Rom hat eine Immobilie erworben, direkt mit Blick auf die Riva«, sagt Nikšić. »Im Vergleich zu vielen anderen Eigentümern ist er sehr engagiert und sorgt sich um die Entwicklung der Altstadt.« Offenbar gibt es auch noch andere Römer als die, die aus Split eine große Ausgrabungsstätte machen wollten.

Die Jungs haben den Ball in die Ecke gekickt. »Das sind übrigens die Kinder von Hausbesetzern«, erklärt Nikšić und lächelt. Die Nachfahren derer, die einst aus dem Palast eine Stadt gemacht haben, entfährt es mir. Nikšić nickt. »Sie können dort leben, weil die Eigentumsverhältnisse unklar sind. Ganz genau wissen wir nicht, wie viele Menschen noch in den Mauern des Palastes leben. Die letzte Volkszählung hat den Palast nicht alleine erfasst, sondern die gesamte Altstadt. Wahrscheinlich sind es zweitausend Menschen, die hier noch leben. Viele hausen in unzumutbaren Verhältnissen. Es ist deshalb auch unsere Aufgabe, die Bedingungen für diese Menschen zu verbessern.«

Nikšić führt mich durch eine Bauplane hindurch zu einer Stelle, die Touristen normalerweise nicht zu Gesicht bekommen. Wir stehen vor einer Brandmauer, an der links daneben abrupt eine Gasse endet. Wäre keine Absperrung davor, würden die Fußgänger in die Tiefe stürzen. An der Brandmauer ist ein Gerüst aufgebaut. »Das Haus sieht aus, als wäre es kurz vor dem Einsturz«, sagt Goran Nikšić. »Aber es leben Leute darin. Gipsys, eine Großfamilie. Ganz tolle Leute. Sie haben eine Wohnung von etwa dreißig Quadratmeter, in der 15 Menschen leben. Wir wollen, dass sie nun ans Abwassersystem und an die Warmwasserversorgung angeschlossen werden.« In den Gassen, die in der Titozeit vor dem Abbruch verschont geblieben waren, hat die Stadt bereits neue Abwasserrohre gelegt. Oft ein richtiges

Puzzle, wie Nikšić weiß. »Manchmal sind es nur ein paar Zentimeter, die bleiben, um die Rohre so zu legen, dass keine römischen und romanischen Mauern beschädigt werden. Aber wir gewinnen auch etwas. Früher ging der ganze Unrat in die Untergeschosse. Nun können wir die antiken Kloaken reinigen und tun so auch etwas für das Denkmal.« Unter der Marulić-Straße, die den Palastteil der Altstadt vom venezianischen teilt, will Nikšić sogar hundert Meter römische Abwasserkanäle zugänglich für Touristen machen.

Auf dem Weg vom Südosten des Palastes, dem Hinterhof, der Goran Nikšić so am Herzen liegt, zurück zum Peristyl, treffen wir den Römer. »Das ist der Investor aus Rom«, stellt ihn Nikšić vor. »Ist das nicht großartig hier«, gerät der sofort ins Schwärmen. »Mein ganzes Leben habe ich in Rom verbracht, aber so etwas wie hier habe ich noch nicht erlebt. Kann ich in Rom auf dem Forum Romanum oder im Colosseum leben? Natürlich nicht, das ist das Terrain der Archäologen. Hier aber kann ich es. Wunderbar.«

»In der Altstadt von Split muss ganz normales Leben möglich sein«, ergänzt Nikšić. Auch deshalb will er nicht nur die Bedingungen der Bewohner verbessern, damit es keine weitere Abwanderung gibt. Er will auch neue Bewohner in den Palast holen. Auch da hat er wieder den Südosten, die »Wunde« im Blick. »Natürlich kann man eine solche Wunde nicht einfach heilen«, sagt der Architekt und vertröstet einen Anrufer auf seinem Handy. »Man könnte auch argumentieren, dass die Abrisse der fünfziger und sechziger Jahren ebenfalls zu den historischen Schichten der Stadt und zu ihrer Konservierungsgeschichte gehören. Als Mahnmal sozusagen.« Doch Nikšić lässt das Argument nicht gelten. Er will wieder gutmachen, was sein Vorgänger Tomislav Marasović zerstört hat. »Wenn man will, dass Split als lebendiger Organismus erhalten bleibt, muss man nicht nur konservieren, sondern auch investieren.«

Split verändert sich. Und Goran Nikšić ist einer der treibenden Kräfte dieser Veränderung. Nachdem er die Abrisspolitik im Südosten des Palastes endgültig gestoppt hat, wollen er und seine Mitarbeiter nun einen Schritt weitergehen. Sie planen, auf den intakten Decken über dem Gewölbe im Untergeschoss ein Stück der Spliter Stadtgeschichte zu reparieren. »Warum soll hier kein Wohnungsneubau möglich sein?«, fragt Nikšić, bevor er sich doch zu seinem nächsten Termin aufmacht. »Ob der nun historisierend oder modern ist, muss man sehen. Das Wichtigste ist, dass sich die neuen Gebäude an den Grundriss aus dem 18. und 19. Jahrhundert anpassen.« Und noch eine Neuigkeit hat der Hüter über die Spliter Stadtgeschichte parat. »Immer wieder habe ich mich gefragt, warum die Anlage des Diokletianpalastes kein exaktes Rechteck bildet.« Inzwischen hat es der Architekt und Denkmalpfleger herausgefunden. Grund waren keine topografischen Schwierigkeiten, die wären für die Baumeister der Spätantike kein Problem gewesen. »Die Ursache war wohl eine Umplanung mitten im Baugeschehen«, erklärt er. Entgegen der bisherigen Forschung hat Nikšić nämlich herausgefunden, dass der Ursprungszweck des Palastes gar kein Alterssitz für einen amtsmüden Kaiser war. Stattdessen sollte in der Bucht von Split eine Textilmanufaktur entstehen. »Als Diokletian dann aber krank wurde und sich abzeichnete, dass er von seinem Amt zurücktreten würde, wurde die ursprüngliche Planung aufgegeben. Erst ab diesem Moment wurde aus der Fabrik ein Wohnpalast. Das erklärt die vielen Ungereimtheiten im Grundriss.«

Nicht einen kaiserlichen Palast hatten die dalmatinischen Flüchtlinge aus Salona im siebten Jahrhundert also besetzt. Die Vorfahren der Spličani hatten sich in einer Art römischem *Sweat Shop* eingerichtet. Split, dieses Gesamtkunstwerk am Meer, ist immer wieder für eine Überraschung gut.

Piraten in der Adria

SENJ, DIE ROTE ZORA UND DIE USKOKEN

Eines Nachts saßen sie zusammen in einem Ruderboot. Branko und Zora waren im Schutz der Dunkelheit zu Gorian geschlichen. Sie wollten dem alten Fischer, der in der Bucht von Duboka bei Senj in einer kleinen Hütte lebte, die Hühner zurückgeben, die einige aus ihrer Bande geklaut hatten. Doch Gorian, der arme, aber ehrliche Fischer, wollte die Hühner gar nicht zurückhaben. Stattdessen bat er Branko und Zora, mit ihm aufs Meer zu fahren und die Netze auszuwerfen.

Also legten sie los, Zora und Branko in einem, Gorian im andern Ruderboot. »Haltet Euch immer an die Lichter des Leuchtturms von Rab«, gab ihnen der Alte die Richtung vor. Doch da waren die Kinder schon draußen auf der Adria – und Zora begann Branko zu erzählen. Von ihrer Mutter, die wegen der Blutrache aus Albanien fliehen musste. Von der Ankunft in Senj und der Sehnsucht nach der verlorenen Heimat. Es war die Geschichte eines Mädchens, das mit seiner Mutter als Vertriebene nach Senj angekommen war, in diese kleine, unzugängliche Bucht mit ihrem Hafen, der seit Jahrhunderten als Piratennest verschrien war. Erst als ihre Mutter starb, wurde Zora, das rothaarige Mädchen zur »roten Zora«, die eine Bande anführte und die Tradition der Uskoken, der Piraten der Adria, fortsetzte.

Branko, der Neue in der Bande, dem sich Zora so unvermittelt anvertraute, schwieg. Auch er hatte seine Mutter verloren. Vor ein paar Tagen erst war sie gestorben. Wie Zoras Mutter hatte sie in der Tabakfabrik gearbeitet. Es war die Lunge, hatte der Arzt gesagt. Nun war Branko ohne Obdach. Doch die rote Zora und ihre Bande hatten ihn aufgenommen, jetzt gehörte er zu diesen seltsamen Uskoken, die hoch über der Stadt in einer Burgruine hausten. Vor vielen Jahrhunderten war die Burg mit dem Namen *Nehajgrad* einmal der Rückzugsort für die richtigen Uskoken gewesen. Nehaj, das heißt auf Deutsch »Fürchte dich nicht«. Das war auch die Devise von Zora, Branko, Pavle, Nikola und Đuro.

Gorian, der alte Fischer, hatte die beiden eingeholt. Nun galt es, einen ordentlichen Fang zu machen. Gorian war der Einzige, dem die Fünf in Senj vertrauten. Auch er war ein Außenseiter. Weil er sich weigerte, seine kleine Hütte an der Dubokabucht mit ihren reichen Fanggründen an die korrupte Fischereigesellschaft zu verkaufen, durfte er seine Fische auf dem Markt von Senj nicht mehr verkaufen. Doch gemeinsam, das ist die Botschaft der roten Zora, ihrer Bande und ihres Autors Kurt Held, lassen sich die Verhältnisse aus den Angeln heben. Die Botschaft aus Senj, dem einstigen Piratennest an der kroatischen Adriaküste, wird bis heute vernommen. Mehrere Hunderttausend Mal hat sich das Jugendbuch von Kurt Held aus dem Jahre 1941 verkauft. Die 13-teilige Fernsehserie, eine deutsch-schweizerisch-jugoslawische Koproduktion von 1979, ist inzwischen Kult, und als 2008 der Film *Die Rote Zora* mit Linn Reusse als Zora, Jakob Knoblauch als Branko, Mario Adorf als Fischer Gorian und Ben Becker als fiesem Fischhändler Karaman in die Kinos kam, war deutlich: Die rote Zora ist unsterblich.

Der Schöpfer des wilden Mädchens, der Schriftsteller Kurt Held, war im Sommer 1940 nach Senj gekommen. Seine Frau, die Kinderbuchautorin Lisa Tetzner, hatte die Reise nach Jugo-

slawien vorbereitet. Sie wollte dort Honorare für die Lizenzaus-
gaben ihrer Bücher eintreiben. Kurt Held war als Kurt Kläber
1897 in Jena geboren worden, doch unter seinem alten Namen
durfte er nicht mehr publizieren. Kläber war Kommunist. Gleich
nach dem Ersten Weltkrieg, den er als Jugendlicher noch im
Schützengraben erlebte, war er in die KPD eingetreten. Der
23-Jährige verstand sich als Mann der Tat, beteiligte sich an den
bewaffneten Kämpfen im Ruhrgebiet, in Hamburg und beim
Widerstand gegen den Kapp-Putsch. Doch der zornige junge
Mann hatte auch eine andere Seite. Über das Jahr, in dem sie
Kurt Kläber kennenlernte, schrieb Lisa Tetzner einmal: »[Er war]
ein junger Bursche mit dichtem, braunem, ziemlich struppigem –
oder sagen wir es offen – liederlichem Haar. Es fiel ihm bei jeder
Bewegung über Augen und Nase und wurde dann mit kühner
Kopfbewegung nach rückwärts geworfen. Er trug nach damaliger
Wandervogelart einen rostbraunen Leinenkittel mit dem frei-
deutschen Jugendabzeichen, kniefreie schwarze Manchesterho-
sen, nackte Beine und Sandalen, so genannte ›Jesuslatschen‹.«

Die beiden wurden, gegen den Willen von Tetzners Vater,
ein Paar und führten ein für die damalige Zeit unkonventionel-
les Leben. Gemeinsam zogen sie durch Thüringen, Kläber als
fahrender Buchhändler, Tetzner als Märchenerzählerin. 1923
ging Kläber für ein Jahr in die USA, hielt Vorträge, bezeichnete
sich selbst als »Berufsrevolutionär für die Gerechtigkeit«. Sein
Roman *Passagiere der III. Klasse* bescherte Kurt Kläber bald den
Ruf eines führenden Vertreters der kommunistischen Arbeiter-
literatur. Mit Johannes R. Becher gründete er 1927 die *Proletari-
sche Feuilleton Korrespondenz*, verdiente sein Geld als Lektor im
Internationalen Arbeiterverlag der KPD und gehörte ein Jahr
später zu den Gründungsmitgliedern des Bundes Proletarisch-
Revolutionärer Schriftsteller.

Als in Berlin im Februar 1933 der Reichstag brannte, wurde
Kläber verhaftet. Nur seiner Frau hatte er es zu verdanken, dass

er wieder freikam. Über Österreich floh das Paar ins Schweize-
rische Carona, wo es bis zum Kriegsende im Exil lebte. Weil
Kläber in Nazideutschland Publikationsverbot hatte, nannte er
sich fortan Kurt Held. All das wäre heute freilich vergessen,
hätte er im Jahr 1940 nicht Senj besucht und den Kindern mehrerer Generationen die Geschichte von der roten Zora und ihrer
Bande vermacht.

Der Stopp in Senj war ein Zufall. Kurt Kläber, ohnehin
nicht bei bester Gesundheit, fühlte sich nicht wohl. Also bezog
er mit Lisa Tetzner in dem beschaulichen, aber auch etwas lang-
weiligen Küstenstädtchen im *Hotel Nehaj* Quartier. Es war ein
schwüler Tag, schreibt Tetzner in ihren Memoiren. Nachdem sie
ihr Gepäck ins Hotel gebracht hatten, sah Kläber einen mageren
Jungen, den er zum Essen einlud. Nach und nach setzten sich
auch dessen Freunde an den Tisch, unter ihnen ein rothaariges
Mädchen. »Das ist Zora La Rouquine«, gab der Kellner hinter
vorgehaltener Hand zu verstehen. »Immer wieder ist die Polizei
hinter ihnen her, aber sie entwischen regelmäßig.« Zora und ihre
Freunde, erfuhren Kurt und Lisa, lebten in einer Burg über der
Stadt. Also machte sich Kurt Kläber auf den Weg zu dieser
Burg, die den gleichen Namen trug wie das Hotel, in dem er und
Lisa gerade abgestiegen waren. Wenige Monate später, da hatte
der Krieg auch Jugoslawien eingeholt, erschien sein Buch. Heute
würde man sagen, es basiere auf einer wahren Geschichte.

Der Bus ist pünktlich. Etwas mehr als eine Stunde wird die
Fahrt von Rijeka nach Senj dauern. Es geht vorbei an Bakar mit
seiner atemberaubenden Lage an der gleichnamigen Bucht, dem
Abzweig auf die Insel Krk, die seit 1980 durch eine Brücke mit
dem Festland verbunden ist, und Crkvenica, einer der ältesten
Tourismusorte an der Kvarner Bucht. Dann aber dünnt die Besiedlung aus, und das bis fast ans Meer reichende Massiv des
Velebit bestimmt das Bild der Adriaküste. Es stimmt schon: Als
die Uskoken im 16. Jahrhundert aus dem südlichen Dalmatien

vor den Türken flüchteten, haben sie in Senj einen Ort gefunden, der nur schwer zugänglich war. Ein Ort, der dem Meer und dem steil aufragenden Gebirge förmlich abgerungen war. Nur übers Wasser konnte man damals Senj erreichen. Eine Küstenstraße wie heute gab es nicht.

Und plötzlich taucht sie vor mir auf. Nehaj, die Burg, die Krone der Stadt auf dem 62 Meter hohen Hügel Trbusnjak. Der Busfahrer lässt mich an der Haltestelle am Kiosk aussteigen. Gleich darauf mache ich mich auf den Weg nach oben. Ich bin der einzige Reisende, der in Senj ausgestiegen ist. Wer Fritz Umgelters in Senj gedrehte Fernsehserie von 1979 gesehen hat, wird die Burg sofort erkennen. Mit ihrem quadratischen Grundriss und den vier mal 23,5 Meter langen Mauern ist sie keine dieser neogotischen Schwansteinburgen, die neuerdings die Kinderzimmer erobern, sondern eine kühne und rationale Demonstration der Macht. Allerdings entsprang ihr Bau eher einer Ohnmacht. Die Gegend von Senj war im 16. Jahrhundert immer wieder das Ziel türkischer und venezianischer Plünderer. Weil er sich gegen die Eindringlinge nicht besser zu schützen wusste, ordnete Ivan Lenković, der Hauptmann von Senj, 1558 den Bau der Burg an. Alles, was außerhalb der Stadtmauern stand, Kirchen, Klöster, Wirtschaftsgebäude, wurde niedergerissen. Das Material diente dem Bau der Festung. Senj war schon immer eine arme Region gewesen. Aber auch eine widerständige. Kurt Kläber muss es gespürt haben bei seinem Zwischenstopp an der Adria.

Senj war aber auch ein Zufluchtsort. Bereits 1537 waren tausend bewaffnete Kämpfer nach Senj gekommen und dort mit offenen Armen empfangen worden. Sie trugen Pumphosen aus Leinen, weite Hemden, ein rotes Käppchen und waren mit Äxten oder Krummschwertern bewaffnet. »Herübergefallene Türken«, sagten manche, wohl weil ihr katholischer Glaube noch recht frisch war. Auch wenn die martialische Schar der Kämpfer aus

Kroaten, Albanern oder türkischen Deserteuren wild zusammen-
gewürfelt war, einte die Uskoken doch eines – der Hass auf die
Türken, die sie aus ihrer Region im südlichen Dalmatien und der
Herzegowina vertrieben hatten. Diese Feindschaft hatten sie mit
den Bewohnern von Senj gemeinsam. Also blieben sie, zogen in
die Burg und machten die Stadt erstmals in ihrer 3000 Jahre
während Geschichte berühmt. »Gegenüber den Uskoken waren die Leute von Senj gastfreundlich«, geht es mir durch den
Kopf, als ich zur Burg Nehaj hinaufsteige. »Das Schicksal der
hungernden Zora und ihrer Freunde hat sie nicht erweicht.«

Piraten an der Adria

Es gab Zeiten, da war in der Adria kein Schiff sicher, keines aus
Venedig, nicht die aus Ragusa und auch kein Handelsschiff des
Osmanischen Reiches. Die der dalmatinischen Küste vorgelagerten Inseln waren wie geschaffen für die Piraterie, und die
erlebte seit dem 16. Jahrhundert eine wahre Blüte. Kroatische
Piraten stießen von der Neretva in die Adria vor, türkische Piraten stachen im osmanischen Albanien in See, sogar Korsaren
und Barbaresken fanden den Weg ins Meer der Venezianer. Gegen diese Piraterie hatte sich Venedig aber bald gewappnet. Bis
1580, schrieb Fernand Braudel in seinem Mittelmeerbuch, waren
die Piraten der Adria eine kalkulierbare Gefahr. Doch dann
machte sich eine andere Gefahr bemerkbar, die weitaus schlim-
mer war: das Piratentum der Uskoken aus Segna und Fiume.
»Diese beiden Städte, Treffpunkt slawischer und albanischer
Abenteurer«, so Braudel, »sind nur ein paar Schritte von Venedig
und dem Knoten seines Handelsverkehrs entfernt.«

In einem irrt Braudel. Anders als Zora, die Anführerin von
Kurt Helds Uskokenbande, waren die richtigen Uskoken nicht
aus Albanien gekommen, sondern aus Klis.

Diese kleine Siedlung im Hinterland von Split, lag an der so genannten Militärgrenze. So nannten die Österreicher die immer wieder umkämpfte Grenzmark des Habsburgerreiches, die den bewaffneten Angriffen der Osmanen standhalten sollte. Reguläre Truppen hatte Wien nicht an seine Außengrenze geschickt, man bediente sich einheimischer Kämpfer. Zu denen gehörten auch die Uskoken, über die Kaiser Ferdinand I. schrieb: »Nur diese Leute sind in der Lage, die Grenzen zu bewachen. Sie sind mutig und bereit zu leiden, was weder Deutsche noch andere Völker tun können. Nur sie können viele Tage kämpfen mit einem einzigen Laib Brot pro Mann.« Aber nicht nur kämpfen konnten die Uskoken, sondern auch plündern. Wien wusste es, und seine Statthalter drückten beide Augen zu. Ein Laib Brot, das wussten sie besser als der Kaiser, reichte eben doch nicht.

Zwar waren die Türken nach der Belagerung von Wien 1529 wieder zurückgedrängt worden, doch schon einige Jahre später hatte die Hohe Pforte in Istanbul eine erneute Offensive begonnen. Auch um Klis zog sich ein Belagerungsring. 1536 musste der österreichische Kommandant die Stadt aufgeben. Die Uskoken, die in Klis die Basis für ihre Raubzüge hatten, zogen weiter nach Senj und passten sich schnell der Umgebung an. Aus einer Schar von rund tausend Landräubern wurden bald die gefürchtetsten Piraten der Adria. Es sei einfacher, sagte einmal ein Senator aus Venedig, die Vögel mit bloßen Händen am freien Flug zu hindern, als den Uskoken mit unseren Galeeren den Seeweg zu versperren. Die kleinen, aber schnellen Ruderboote der Uskoken mit einer Besatzung von bis zu 50 Mann waren in den Kanälen zwischen Festland und Inseln den Handelsschiffen der Türken und Venezianer an Wendigkeit und Schnelligkeit weit überlegen. »Diavoli« nannte man die Uskoken auf San Marco, Leute, die vor nichts mehr Respekt hätten. Dabei waren sie nichts anderes als enttäuschte Kämpfer, denen verwehrt blieb, was einst die Flüchtlinge geschafft hatten, die in der

Lagune von Venedig, dem Palast des Diokletian oder dem Felsen von Ragusa ein neues Zuhause fanden. Die Grausamkeit der Uskoken ist auch das Symbol für ein ungelöstes Flüchtlingsschicksal der Adria.

Von der Burg Nehaj hat man einen hübschen Blick aufs Meer. Unverschämt blau liegt die Adria vor mir, doch ihre Wasser waren hier immer auch rot gefärbt vom Blut der Gefallenen aus zahlreichen Schlachten. Auch in der *roten Zora* von Kurt Held war von diesen blutigen Auseinandersetzungen die Rede. Eines Abends, beim Lagerfeuer bei Gorian in seiner Bucht, wollte Zora wissen, was es mit diesen Uskoken auf sich hatte. Also erzählte Gorian die Geschichte der tapferen, berüchtigten und gefürchteten Piraten. Doch nicht nur heldenhaft war das Senj der Uskoken, von dem Gorian erzählte, sondern auch machtgierig. Denn an seiner Machtgier, verriet Gorian der Kinderbande, ging Senj zugrunde.

Bald reichten den Uskoken die Gewässer vor Senj nicht mehr aus. Immer wieder stießen sie mit ihren schnellen Booten Richtung Süden vor und durchquerten dabei auch venezianische Hoheitsgewässer. Selbst große Handelsschiffe waren vor ihnen nicht sicher, wussten die Piraten doch, dass die Türken, ihre erbitterten Feinde, ihre Waren nicht selten unter venezianischer Flagge segeln ließen. Bald begann Venedig, wegen der Piraten in Wien vorstellig zu werden. Anfangs wiegelten die Österreicher, zu denen das Hinterland von Senj gehörte, noch ab und erklärten, sie könnten gegen die gesetzlosen Räuber wenig unternehmen. Natürlich war da auch Eigeninteresse im Spiel, denn Triest, über das Wien schon seit 1382 Zugang zur Adria hatte, war schnell zum Umschlagplatz des Schwarzhandels geworden. Was die Uskoken erbeutet hatten, wurde bald auf den Triester Märkten zum Verkauf angeboten.

Doch die Uskoken, da hatte der alte Gorian Recht, wurden immer frecher. 1596 gelang es ihnen sogar, Klis, die alte Heimat, zurückzuerobern. Allerdings nur für kurze Zeit. Venedig, dem weiterhin an guten Beziehungen mit Istanbul gelegen war, sperrte kurzerhand die Nachschubwege. Klis fiel zurück in türkische Hände – und die Uskoken schworen blutige Rache. Ein Jahr später war der Zeitpunkt gekommen. Ostern 1597 verließ eine Flotte mit 500 Uskoken Senj, um das venezianische Städtchen Rovigno/Rovinj in Istrien zu plündern. »Dieser Angriff«, schreibt der Militärhistoriker Frank Westenfelder, »kam einer Kriegserklärung gleich.« Doch die Uskoken trieben es noch bunter. 1599 belagerten sie Albona/Labin an der Ostküste Istriens und zerstörten anschließend Plomin. Nun war auch Wien gezwungen, gegen die Piraten an der Adria vorzugehen. Doch die Uskoken wehrten sich und zogen sich immer wieder geschickt in die Berge zurück. Erst nachdem 1615 wegen der Piraten sogar ein regelrechter Krieg zwischen Venedig und Wien, der so genannte Uskokenkrieg, ausgebrochen war, schickte Wien Truppen nach Senj. Damit ging die achtzig Jahre dauernde Geschichte zu Ende, an die man sich bis heute in Senj gerne erinnert. Die Burg, auf der die Piraten lebten, wurde schon in kommunistischen Zeiten von 1964 bis 1974 saniert. Fünf Jahre später rückten die Drehteams für die Fernsehserie an und begannen mit der Arbeit an der Legende von der roten Zora.

Auf dem Weg hinunter in die Stadt bieten sich immer wieder überraschende Blicke auf die Bucht. In einem sanften Bogen umschließt die Uferpromenade mit ihrer repräsentativen Schauseite die Adria, dahinter erstrecken sich die Gassen der Altstadt. Senj war im Krieg stark zerstört worden, doch der Wiederaufbau im sozialistischen Jugoslawien hat den Charakter der Stadt erhalten. Einzig das Hotel Nehaj, in dem Kurt Kläbner und Lisa Tetzner während ihres Aufenthalts 1941 gewohnt hatten, musste einem gesichtslosen Klotz weichen. Es heißt heute Hotel Libra und ist Senjs einziges Dreisternehotel.

Den Weg von der Burg zur Bucht markiert ein neu ange-
legter Spazierweg. An ihm kommt man an zahlreichen Orten
vorbei, die in der Fernsehserie von 1979 Schauplätze der jugendlichen Abenteurer wurden: Durch den Stadtgraben mit seinen
halboffenen Tunnelröhren ist Zora alias Lidija Kovačević mit
ihrer Bande geflüchtet. Der Fischmarkt wurde an der Hafenmole abgehalten. Im »Hotel Zagreb«, auf dessen Terrasse sich
die Bürger von Senj abends zum Roten und zu Geigenspiel trafen, befindet sich das Restaurant Fastfood Ivana. Die Bäckerei,
in der sich die Bande mit Brot versorgte, heißt heute Restaurant
Tropicana. Ein Provinznest war Senj damals, und daran hat sich
bis heute nichts geändert. Nicht nur war ich der Einzige, der an
diesem Sonntag im Januar ausgestiegen ist. Außer dem Restaurant im Hotel Libra hat auch keine Gaststätte geöffnet. Ein
Café gibt es ohnehin nicht in Senj.

Auch für die Schauspieler, die 1979 in Fritz Umgelters Drei-
zehnteiler mitwirkten, war Senj ein Ort am Rande der Welt, erinnert sich Lidija Kovačević. Die Figur der Zora mochte die
junge Schauspielerin allerdings sehr, verriet sie einmal einem
Journalisten der *Neuen Züricher Zeitung*: »Ich konnte mich gut
mit ihr identifizieren. Zora war stets optimistisch, trotz ihrer
schwierigen Lebensumstände. Und sie war stark, weil sie lernte,
stark sein zu müssen.« Lidija Kovačević, geboren 1963 in Peć, das
heute im mehrheitlich von Serben bewohnten Norden Kosovos
gelegen ist, war sechzehn Jahre alt, als sie in Senj am Set stand.
Rote Haare hatte sie nicht, die wurden einfach gefärbt. Über die
Dreharbeiten sagte sie: »Es war das schönste Erlebnis meiner
Kindheit.« Es war eine jugoslawische Kindheit, die Kovačević in
Senj erlebte. Ihr Mitschauspieler Nedeljko Vukasović, der den
Branko spielte, war Kroate und wurde 1966 in Senj geboren.
Heute ist er Polizist in einer Sondereinheit der Polizei in Zagreb.
Dragomir Felba, der Darsteller des alten Gorian, wurde 1921 in
Skopje in Mazedonien geboren. Boris Ninkov alias Đuro stammt

aus Belgrad, ebenso wie Anđelko Kos, der in die Rolle des schmächtigen Nicola schlüpfte. Sie alle tragen bis heute die Geschichte der roten Zora in sich. Zu Helden hat sie das in Jugoslawien und später in den Nachfolgestaaten nicht gemacht. Zwar ist das Jugendbuch von Kurt Held ins Chinesische und Persische übersetzt. Eine kroatische oder serbische Ausgabe gibt es aber bis heute nicht.

Auch Darko Nekić, der Bürgermeister von Senj, erinnert sich gut an die Dreharbeiten. Vor einiger Zeit hat er sogar einmal eine Umfrage unter den älteren Bewohnern der Stadt gestartet. Er wollte herausfinden, ob es, wie Lisa Tetzner in ihren Memoiren behauptete, die rote Zora tatsächlich gab. »Leider konnte sich keiner an sie erinnern«, sagt er, aber eigentlich ist es ihm auch egal. Nekić hat begriffen, dass die Zora zu Senj gehört wie die Burg und die Uskoken. »Neunzig Prozent der deutschen Touristen, die nach Senj kommen, kennen die Geschichte der roten Zora«, weiß er. Auch deshalb hat seine Stadtverwaltung inzwischen eine Broschüre herausgegeben. »Die Stadt der rothaarigen Zora« heißt sie, und stellt auf Kroatisch, Deutsch und Englisch die Schauplätze vor, die in der TV-Serie das kleine Städtchen in Deutschland bekannt machten. Bürgermeister Darko Nekić ist der Zora-Tourismus-Boom allerdings immer noch nicht ganz geheuer. »War Kurt Held nicht Kommunist?«, fragte er die Journalisten, die nach Senj kamen, um zum Start des – im montenegrinischen Perast gedrehten – Kinofilms *Die Rote Zora* des Regisseurs Peter Kahane 2008 einige Reportagen zu verfassen. Dann erzählt er, dass nicht weit von Senj Ante Pavelić geboren wurde, der Anführer der Ustascha, die mit ihrem Unabhängigen Staat Kroatien willige Handlanger der Nazis waren. 1941, ein Jahr nach dem Aufenthalt von Kurt Kläber, hatte Pavelić seinen Faschistenstaat gegründet. Und die Leute von Senj waren ganz auf seiner Seite, erzählt der Bürgermeister.

Wie konnte einem Menschen wie Kurt Held die nationalistische und aggressive Atmosphäre der Stadt gefallen?, fragte Nekić. Wie konnte jemand wie er ein Buch über Senj schreiben? Eine Stadt, die heute noch so konservativ und nationalistisch ist wie 1940 oder 1941. Eine Stadt, in der es, anders als in Rijeka, keine Titostraße gibt, wohl aber eine, die nach Franjo Tudjman benannt ist, dem ersten Präsidenten der Republik, ein überzeugter Nationalist? Eine Stadt, die das Denkmal »Drei Seeleute« zu Ehren der zwischen 1941 und 1945 gefallenen Partisanen des 1921 geborenen Bildhauers Ivan Vukučić nicht mag?

Kurt Held kann nicht mehr antworten. Er ist 1959 in Carona seinem langjährigen Herzleiden erlegen. Doch die Frage des Bürgermeisters ist auch ohne den Schriftsteller zu beantworten. Das nationalistische Senj des Jahres 1941 ist bei Kurt Held das Senj des Bürgermeisters Iveković, des skrupellosen Fischhändlers Karaman, der Polizisten Begović und Đordević. Demgegenüber steht das »andere Senj«, das der armen Leute, des Fischers Gorian, der hungernden Kinder, des mildtätigen Priesters, des Bäckers, der der Bande jeden Morgen etwas vom alten Brot abgibt.

Der vergessene Held

Kurt Kläber kannte den Balkan, bevor er 1940 nach Senj gekommen war. Im Ersten Weltkrieg war er dort als junger Soldat gewesen, und auch später verfasste er für die Zeitschrift *Naturfreund* Reportagen über seine Balkanerfahrungen. Die Reise nach Senj war nicht seine erste Fahrt nach Jugoslawien. Und wie die Uskoken, die in Senj von Landräubern zu Seeräubern geworden waren, hat auch Kurt Kläber an der Adria eine Wandlung durchgemacht. Aus dem Parteisoldaten der KPD, der sich vom Stalinismus abgewandt hatte, war ein genauer Beobachter der sozialen Verhältnisse geworden. Zu Hilfe kam ihm dabei auch der Namenswechsel. Die Idee, die Geschichte der roten Zora nicht unter seinem Namen, sondern unter einem Pseudonym zu verfassen, war in Senj aufgekommen.

In Jugoslawien wurde aus Kurt Kläber, dem ehemals kommunistischen Arbeiterschriftsteller, Kurt Held, der Kinderbuchautor. »Der ›Held‹«, schreibt Susanne Koppe in ihrer Biografie über Kurt Held, »bot nicht nur Schutz vor Zensur und Polizei, sondern auch die Möglichkeit eines schriftstellerischen und persönlichen Neuanfangs.« Kurt Held sei nun ein »ungebundener Freigeist« geworden, »der mit seinen Büchern weder der marxistischen, noch einer anderen Literaturtheorie Genüge leisten musste«.

Ein Freigeist wurde auch die rote Zora. Indem Kurt Held ihre Bande zu den Helden seines Romans machte, verdammte er die Erwachsenen zur Zuschauerrolle. Dies war Helds literarisches Konzept, und im Grunde ist die Geschichte von Zora, Branko, Pavle, Nicola und Đuro eine Aneinanderreihung von Abenteuern. Immer wieder geraten sie mit dem Fischhändler Karaman aneinander, prügeln sich mit den hochnäsigen Gymnasiasten der Stadt, müssen befreit werden und fliehen. Einmal kämpfen Branko und Đuro, die sich bis dahin spinnefeind waren, mit einem riesigen Tintenfisch und begegnen einander fortan mit Respekt. Einzig die Liebe von Branko zu Zlata, der schönen Tochter des Bürgermeisters, die ihm das Geigenspiel beibringen will, ist nicht so leicht wegzustecken wie eine blutige Nase. Eifersucht ist schließlich etwas komplizierter als Gerechtigkeit. Doch auch die Eifersucht ist bald überwunden.

Bevor sich die Bande am Ende wie einst die wahren Uskoken auflöst, sitzen die fünf mit Gorian noch einmal am Feuer. Der Fischer erzählt ihnen die Geschichte von der »Mutter Welt«, die miterleben muss wie ihre beiden Söhne aneinander geraten. Der eine Sohn war der »Gottessohn«, der andere der »Teufelssohn«. Alles, was der Gottessohn aufbaute, zuerst die

Erdkugel, dann die Meere, die Berge und Tiere, machte der Teufelssohn wieder zunichte. »Deswegen ist auch der Mensch nicht immer gut, sondern genauso oft schlecht, weil wir ebenso viel Gutes wie Schlechtes in unserem Kopf und unserem Herzen haben«, erzählte Gorian der lauschenden Kinderbande. Es ist auch eine Allegorie auf die Geschichte der richtigen Uskoken.

Im großen Finale des Jugendbuchs schilderte Gorian auf einer Sitzung des Magistrats seine Sicht der Dinge. Nicht die Kinder seien schuld, wenn sie stehlen, sagte er, sondern wir sind es, die Gesellschaft, die zulässt, dass sie in Armut leben. Am Ende siegte das »andere Senj« über das konservative und korrupte Senj. Đuro ging in die Berge und wurde Bauer. Pavle half fortan dem Bäcker, der ihnen immer vom Brot gegeben hatte. Nicola lernte Matrose auf dem Segelschiff »Minerva«, das hinunter bis nach Korfu fuhr. Branko und die Zora blieben bei Gorian in der Bucht – und wurden redliche Fischer.

Die Geschichte der Adria als eines Meers der Flüchtlinge war um eine Episode reicher. Eine mit Happy End zumal. Ein glückliches Ende, das den wahren Uskoken nicht vergönnt war. Sie wurden nach dem Uskokenkrieg und dem nachfolgenden Frieden 1617 in alle Winde zerstreut. Ihre Boote mit den schwarzroten Flaggen, die jahrzehntelang der Schrecken Venedigs und Istanbuls waren, wurden verbrannt.

Fiume statt Rijeka

AN DER ADRIA WURDE DER FASCHISMUS
ERFUNDEN

Die Beute konnte sich sehen lassen. 26 Lastwagen, einen Panzer-
wagen und sogar einen richtigen Panzer hatten die 186 Legionäre
in ihre Gewalt gebracht und nach Ronchi überführt, eine kleine
Stadt an der Adria unweit des Ölhafens von Monfalcone. Die
erste Etappe hatten die italienischen Freischärler geschafft. Die
zweite begann am nächsten Morgen um fünf Uhr in der Früh.
Mit einem roten Sportwagen der Marke Fiat an der Spitze
machte sich die illustre Kolonne auf den Weg in Richtung Osten. Von Triest ging es hinauf auf den Karst, dann entlang des
Fußes des Ćićarija-Gebirges zur Kvarner-Bucht und wieder
hinab in die Bucht von Rijeka. Der *Commandante* hatte auf dem
Beifahrersitz des Fiats Platz genommen. Er konnte es nicht erwarten, dass auch die dritte Etappe erfolgreich sein würde. Der
12. September 1919 sollte sein Tag sein, der Tag des Gabriele
D'Annunzio, der Tag, an dem ein Dichter Geschichte schrieb.

Um 11.45 traf D'Annunzio mit seinem bewaffneten Gefolge, dem sich in den Bergen 2.500 desertierte Soldaten angeschlossen hatten, in Rijeka ein. »Fiume o morte«, lautete sein
Schlachtruf, »Fiume oder der Tod.« Fiume war der italienische
Name für Rijeka. An diesem 12. September, so hatte es sich

Gabriele D'Annunzio vorgenommen, sollte aus dem kroatischen Rijeka das italienische Fiume werden. Nicht nur Istrien wäre dann endlich italienisch, sondern auch die Kvarner-Bucht. Eine italienische Adria bis hinunter nach Dalmatien: So war es den Italienern im Vertrag von London versprochen worden – als Dankeschön für den Kriegseintritt gegen Österreich und Deutschland im Jahre 1915. Ein italienisches Fiume aber war im Londoner Vertrag nicht vorgesehen. Auch nach dem Krieg bestand Italiens Regierung nicht auf der »Fiume-Frage«. Südtirol, das Trentino, Istrien und die Inseln Cherso/Cres und Lussin/Lošinj hatte man sich aus der Konkursmasse der österreichisch-ungarischen Monarchie sichern können. Das wollte Rom nicht wieder aufs Spiel setzen. Für Gabriele D'Annunzio allerdings war das Verrat an der italienischen Sache. Auf die Politik in Rom gab er ohnehin nichts mehr. Der Dichter wollte mit dem »Marsch von Ronchi« Fakten schaffen. Wenn es sein musste, dann eben mit einem Handstreich.

Als die Kolonne in der Stadt eintraf, wurde sie von der mehrheitlich italienischen Bevölkerung gefeiert. Die kroatischen Bewohner verfolgten das Geschehen abwartend. Den Gouverneurspalast besetzte D'Annunzio kampflos. Die Soldaten der Alliierten, unter deren Verwaltung die Stadt stand, hatten sich in ihre Kasernen zurückgezogen. Mit einer militärischen Besetzung des strategisch wichtigen Adriahafens hatten sie nicht gerechnet, obwohl die Lage seit Kriegsende unübersichtlich war. Zunächst hatten die Kroaten die Stadt übernommen, die während der Donaumonarchie auch schon Fiume hieß, aber nicht von Wien verwaltet wurde, sondern von Budapest. Fiume war der Adriazipfel Ungarns im Vielvölkerreich, Budapests Zugang zum Meer. Das gesamte 19. Jahrhundert über wurde im Gouverneurspalast ungarisch gesprochen. Als der letzte ungarische Gouverneur, Graf Zoltan Jakelfalussy, am 29. Oktober 1918 den Palast an die kroatische Regierung übergab, wurde aus Fiume

Rijeka. Die Stadt wurde Teil des gerade erst proklamierten Königreichs der Serben, Kroaten und Slowenen, aus dem später das Königreich Jugoslawien werden sollte.

Doch schon einen Tag später marschierten italienische Truppen in Rijeka ein. Sie übergaben die Stadt – und mit ihr den Gouverneurspalast – an den eigens dafür gegründeten »Italienischen Nationalrat von Fiume«. Von nun an, hieß es in einer Erklärung, sei Fiume, das bis dahin nie zu Italien gehört hatte, mit dem Königreich Italien vereint. Nicht einmal zwei Wochen später war dann das 5. Serbische Infanterieregiment an der Reihe. Dessen Oberstleutnant Maksimović machte aus Fiume wiederum Rijeka und unterband den weiteren Einmarsch italienischer Truppen. Doch bereits am 17. November feierten die Italiener die »erste Befreiung Fiumes«. Unter Führung von General Di Marzano rückte das Zweite Regiment der Sardischen Grenadiere in die Stadt ein – aus Rijeka wurde wieder Fiume. So war das Pendel in der Bucht des Kvarner mehrmals hin- und hergeschlagen, als am 18. Januar 1919 in Paris die große Friedenskonferenz eröffnet wurde. Europas Grenzen mussten nach dem Sieg der Alliierten und der Niederlage der Deutschen und Österreicher auch an der Adria neu geordnet werden. Rijeka wurde unter alliierte Verwaltung gestellt.

Dagegen wandte sich der der *Commandante* – und wusste die Mehrheit der Italiener in und außerhalb des Landes hinter sich. Statt eines Selbstbestimmungsrechts propagierten er und die Anhänger des so genannten »Irredentismus« die »Erlösung« der italienischen Diaspora. Doch die Sache stand nicht gut. Die USA wollten vom Vertrag von London, bei dem sie nicht am Verhandlungstisch gesessen hatten, nichts wissen. Vielmehr schlugen sie vor, dass sich Italien mit Istrien begnügen und, mit Ausnahme Zaras, auf Dalmatien verzichten solle. Es war dieser Moment, in dem in Gabriele D'Annunzio der Plan reifte, mit seinem Stoßtrupp zuzuschlagen. Fiume sollte ein zweites Mal

»befreit« werden, diesmal mit ihm, dem Dichter-Politiker, an der Spitze. Lange bevor Benito Mussolini in Italien und Adolf Hitler in Deutschland die Macht eroberten, hatte er, Gabriele D'Annunzio, geboren am 12. März 1863 in der Adriastadt Pescara, seinen eigenen Staat gegründet. Bis heute gilt er darum als »Erfinder des Faschismus«.

Als der 56-Jährige Dichter-Soldat am Abend des 12. September 1919 auf den Balkon des Gouverneurspalasts trat, versprach er seinen Anhängern den Beginn einer neuen Zeit: »In der verrückten und feigen Welt gibt es heute ein Zeichen der Freiheit; in der verrückten und feigen Welt gibt es eine reine Sache: Fiume; es gibt eine einzige Wahrheit: und die ist Fiume; es gibt eine einzige Liebe: und das ist Fiume! Fiume ist der strahlende Leuchtturm, der Licht spendet inmitten des Meeres von Niederträchtigkeit.« Von seinem Triumph berauscht, erklärte D'Annunzio Fiume für annektiert. Doch Rom wollte das Geschenk nicht annehmen. Für die italienische Regierung war die Besetzung Rijekas das Werk eines Abenteurers, mit dem man nichts zu tun haben wollte. Also rief Gabriele D'Annunzio kurzerhand eine fiktive Regierung des Kvarner aus. Was aber war das für eine *Reggenzia italiana del Carnaro*, die da mitten in Europa und parallel zu den Verhandlungen über dessen Nachkriegsordnung entstanden war?

D'Annunzio wusste das wohl selbst nicht so genau. In einer Rede vom Oktober, die er mit »Italien und Leben« überschrieb, spielte er, wohl an die Adresse der USA und ihres Eintretens für das Selbstbestimmungsrecht der Völker gerichtet, zunächst die internationalistische Karte. Er gab vor, die »Chinesen in Kalifornien« und die »Neger Amerikas« befreien zu wollen. Fiume sollte zum Modell für den Kampf ethnischer Minderheiten um ihre Rechte werden. Sogar die Gründung einer *Lega di Fiume* verfolgte D'Annunzio, als Alternative zum Völkerbund. Befreundete Staaten waren Albanien und Montenegro, aber auch

Ägypten und Irland. Auch für die Rechte der Indianer sprach sich die Liga aus.

Wenig später aber vollzog D'Annunzio eine abrupte Wende zum Nationalismus. Nachdem die *Lega di Fiume*, auch aus Geldmangel, gescheitert war, begannen in der Stadt antikroatische Ausschreitungen. Gleichzeitig ließ D'Annunzio eine *Carta di Carnaro* verfassen. In diesem Grundsatzprogramm wurden zum einen sozialrevolutionäre Forderungen wie das Recht auf Gewerkschaften, das Frauenwahlrecht und die Pressefreiheit aufgenommen. Zum andern trägt es unmissverständlich diktatorische Züge. So heißt es in Paragraf 43: »Wenn die Regentschaft in äußerste Gefahr gerät und ihr Heil im uneigennützigen Willen eines einzelnen sieht, der es versteht, alle Kräfte des Volkes zum Kampf und zum Sieg zu sammeln, zu nutzen und zu führen, dann kann der Nationalrat, in feierlicher Beratung versammelt, durch mündliche Einzelabstimmung den Kommandanten benennen und ihm die oberste Befehlsgewalt ohne Berufung übertragen.«

Dieses Spiel mit dem Eros der Macht und das programmatisch Ungefähre waren Programm. Nicht nur politische, auch religiöse Elemente spielten bei der Geburt des Faschismus in Fiume eine Rolle. Als am 15. Juni 1920 das Fest des Heiligen Veit, des Schutzpatrons der Stadt, gefeiert wurde, waren sämtliche Bilder des Heiligen gegen Fotos des *Commandante* ausgetauscht worden. In den fünfzehn Monaten seiner Herrschaft versetzte D'Annunzi Fiume in eine Art Dauerzustand der Mobilmachung. Es war eine »Mobilisierung der Herzen« und eine »Mobilisierung der Körper«, wie es die Literatur- und Kulturwissenschaftler Hans Ulrich Gumpert, Friedrich Kittler und Bernhard Siegert in dem von ihnen herausgegebenen Buch *Der Dichter als Kommandant. D'Annunzio erobert Fiume* nennen. Ein anderer Autor, Emilio Gentile, spricht vom »Faschismus als politischer Religion«.

Zur permanenten Mobilisierung gehörte auch die Propaganda der Tat. Schon vor dem Beginn des Ersten Weltkriegs hatte sich D'Annunzio nicht mehr mit dem Verfassen pathetischer Gedichte begnügt. Ganz im Stile der Anarchisten war er einmal mit einem U-Boot in der Adria in österreichisch-ungarische Küstengewässer eingedrungen und hatte dort eine Flaschenpost mit antiösterreichischen Schriften hinterlassen. Später kreiste er mit einem Flugzeug über Wien und warf Propagandaflugblätter ab.

In Fiume war Guido Keller zuständig für Überraschungen dieser Art. Der Vertraute D'Annunzios wurde dessen »Aktionssekretär« und gründete umgehend ein »Büro für Handstreiche«. In einer »maritimen Sektion« des Büros organisierten sich die »Uscocchi« und vereinnahmten damit die Uskoken für ihren Kvarner-Faschismus. Zur modernen Piraterie in der Adria gehörte die Kaperung des Dampfers *Cogne*, den die »Uscocchi« nach Fiume brachten. Mit einer Lösegeldforderung an die italienische Regierung sollte der Balkanaufstand finanziert werden. Andere Schiffe wurden aufgebracht, um sich Nahrungsmittel und Waffen zu sichern. Dass die Tat an sich oft wichtiger war als ein Tatmotiv, zeigte eine Aktion in Abbazia. Im einstigen Nobelbadeort der Österreicher entführten die »Uscocchi« 46 Pferde aus einem Militärstall und brachten sie nach Fiume. Erst als Italien drohte, Fiume von der Eisenbahnverbindung nach Triest abzuschneiden, durften die Pferde wieder zurück.

So bizarr die Aktionen des »Büros für Handstreiche« oft waren – ihre propagandistische Wirkung haben sie nicht verfehlt. So nannte Richard Huelsenbeck, der Erfinder des Dada, die Eroberung Fiumes eine »dadaistische Großtat«. Weniger wohlwollend urteilte der Pariser Philosoph Georges Batailles. Er sprach im Zusammenhang mit Fiume von einer »heterogenen faschistischen Aktion«. Diese ziele darauf ab, »die Autorität als unbedingtes Prinzip zu konstituieren, das über jeder Nützlichkeitserwägung steht«. Neben dem religiösen Versprechen einer »Erlösung« und der Propaganda der Tat wurde die Technikbegeisterung zum konstitutiven Moment der faschistischen Mobilisierung in Fiume. Ein Jahr nach dem »Marsch von Ronchi« traf Guglielmo Marconi, der Pionier der Radiotechnik, mit seiner Jacht *Elletra* in Fiume ein. D'Annunzio begrüßte Marconi als »Meister der kosmischen Energie«. Dieser revanchierte sich, in dem er von seiner Jacht eine Ansprache des *Commandante* per Radio übertragen ließ – ein Propagandainstrument, dessen sich später auch Joseph Goebbels bemächtigte.

Rückblickend, urteilt Dirk Schümer in der *FAZ*, waren die fünfzehn Monate in Fiume, die dem 12. September 1919 folgten, eine »makabre Party aus Massenaufmärschen, Festen, Handstreichen und Volksreden«. Zwar war es den Freischärlern gelungen, den Versailler Friedensprozess nachhaltig zu stören. Doch eine schnelle Angliederung Fiumes an Italien zeichnete sich noch immer nicht ab. Zwar besuchte Benito Mussolini, damals schon Führer der außerparlamentarischen Rechten, am 6. Oktober 1919 Fiume. Doch der spätere *Duce* zögerte. Einen »Marsch auf Rom«, wie ihn D'Annunzio forderte, lehnte er zu diesem Zeitpunkt ab. Dem Dichter-Kommandanten rannte die Zeit davon. Aus Rijeka war zwar wieder Fiume geworden, doch der Anschluss an Italien und die »Erlösung« waren in weite Ferne gerückt.

D'Annunzios Aktion hing am seidenen Faden – umso mehr musste er seine Leute bei Laune halten. »Das Fiume-Abenteuer«, urteilt Hans Ulrich Gumbrecht, »musste zu einem rituellen Opfer uminterpretiert und das Erlöst-Sein musste aufgeschoben werden.« Aus einer Niederlage neue Heilsversprechungen zu formulieren: Das ist für Gumbrecht der Quell der »propagandistischen Stärke des Faschismus«, der in Fiume seinen Anfang nahm.

Mehr als neunzig Jahre nach dem »Marsch von Ronchi« nehme ich den gleichen Weg wie Gabriele D'Annunzio. Von Venedig geht es mit dem Zug Richtung Monfalcone – und über den Isonzo, jenen Fluss, an dem im Ersten Weltkrieg sage und schreibe zwölf Schlachten geschlagen wurden. Der Isonzo war so etwas wie die gefühlte Grenze zwischen Italiens Westen und dem »unerlösten« Osten. Aber auch für Jugoslawien hatte der Fluss eine symbolische Bedeutung. Während des Zweiten Weltkriegs hatten Titos Partisanen die Parole ausgegeben, die Italiener bis »hinter den Isonzo« zu verjagen. Das Friaul und Julisch-Venetien, einst österreichisch und nach dem Ersten Weltkrieg italienisch, sollten dann zu Jugoslawien gehören.

In Monfalcone, zu dem Ronchi heute gehört, geht es weiter nach Triest, wo ein Taxi auf mich wartet, das mich über die Via Carnaro, die Kvarner-Straße, hinaufbringt auf den Karst, vorbei am Naturkundemuseum auf die Strada dei Fiume und schließlich auf dem Rücken Istriens wieder hinab in Richtung Meer. Anderthalb Stunden dauert die Taxifahrt durch ein verschneites und menschenleeres Istrien. Die illustre Kolonne des Dichter-Kommandanten hatte sechs Stunden gebraucht.

»Rijeka«, sagt mein Taxifahrer, »war römisch, kroatisch, österreichisch, es hieß Tarsata, Rijeka oder Veit am Flaum. Aber erst unter den Ungarn, die es wie die Italiener Fiume nannten, wurde es zu dem, was es heute ist, eine prosperierende Hafenstadt.« Der Taxifahrer bringt mich zum Hotel Continental. Das imposante Bauwerk aus dem Jahr 1888 steht am linken, dem östlichen Ufer der Rječina, die der Stadt den Namen gegeben hat. Rijeka, das heißt im Kroatischen wie auch Fiume im Italienischen nichts anderes als Fluss. Mit seinen 65 Zimmern und vier Suiten war das »Kontinental«, wie es damals hieß, nicht nur das erste Haus am Platze. Es war auch ein Hinweis darauf, dass es mit der Stadt am Fluss aufwärts ging. Initiator des Baus war Hinko Bacićs, der Bürgermeister von Sušak, dem Stadtteil am linken Ufer der Rječina. Doch damals waren Fiume und Sušak bereits zu einer gemeinsamen Stadt zusammengewachsen.

Auch Giovanni da Ciotta, Bacićs Kollege auf der Fiumer Seite, hatte Großes vor. Ab 1870 wurde Fiume zur Hafenstadt der Ungarn ausgebaut, die seit dem so genannten österreichisch-ungarischen Ausgleich von 1866 gleichberechtigtes Mitglied der Donaumonarchie waren. Budapest strebte auch an, eine europäische Handelsmacht zu werden. Der Schlüssel dazu waren die Adria und der Hafen von Fiume. Dieser sollte Triest, dem österreichischen Hafen auf der gegenüberliegenden Seite Istriens, bald Konkurrenz machen.

Fiumes Bürgermeister Ciotta bestimmte die Geschicke seiner Stadt von 1872 bis 1896. In diesem goldenen Zeitalter von Fiume, das im Doppelreich auch »das Idyll« genannt wurde, bekam die Stadt das Gesicht, das sie bis heute hat. 1873 wurden die Bahnlinien nach Ljubljana, Zagreb, Wien und Budapest eröffnet, die ins konkurrierende Triest folgte zwei Jahre später. Nach der Eisenbahn forderte auch die Schifffahrt ihr Recht. Von Fiume aus sollte die Adria für die Handels- und Personenschifffahrt erschlossen werden, eine Vision, für die ein Architekt stand, der sowohl einen italienischen als auch einen kroatischen Namen hatte: Francesco Mattiassi oder Franjo Matiasić. Im Auftrag der Schifffahrtsgesellschaft *Adria*, einem ungarisch-amerikanischen Konsortium, begann er 1894 mit den Planungen für den Adria-Palast, der fortan das Bild Fiumes von der See bestimmen sollte. Der gelbe Palast beanspruchte mit seinem Skulpturenprogramm nicht nur die Herrschaft über die Adria, sondern über alle Weltmeere. Die Figur einer Japanerin steht für Asien, eine Ägypterin symbolisiert Afrika, eine Indianerin Amerika und eine Isländerin Europa. Das Hauptportal zur Meeresseite dominieren zwei

Titanen. Fiumes größter Palast ist heute auch ein Wahrzeichen von Rijeka. Natürlich hat darin die größte Schifffahrtslinie Kroatiens, die *Jadrolinija*, ihren Sitz.

Auch die Kultur bekam einen repräsentativen Bau. Drei Jahre vor der Eröffnung des Hotels Kontinental entstand am östlichen Ende der Riva das *teatro communale*. Das Theatergebäude der Wiener Architekten Fellner und Helmer wurde mit Verdis »Aida« eröffnet und war das erste öffentliche Gebäude der Stadt mit elektrischer Beleuchtung. »Dieser Tempel«, so prophezeite damals Architekt Fellner, »wird der beliebteste Treffpunkt der Bürger von Fiume werden.«

Fiume, die boomende Stadt, war nicht wiederzuerkennen. Zahlreiche Postkarten um 1900, meist mit der Riva, der Adriapromenade als Motiv, zeugen vom Stolz der Bewohner und der zunehmenden Touristenschar. Auch der Gouverneurspalast, aus dem Gabriele D'Annunzio gleich nach dem 12. September 1919 eine Kaserne machen sollte, war unter der Ägide von Giovanni da Ciotta entstanden. Auftraggeber war Graf Lajos Batthyány, der vierte ungarische Gouverneur von Fiume. Kaum war er 1892 in der Kvarner-Bucht angekommen, verlangte er den Bau eines neuen Palastes. Dieser sollte »ansehnlich und komfortabel sein, wie es der Würde des Staates und Fiumes, seines wichtigsten Hafens, verlange«, zitiert der Stadthistoriker Velid Đekić den neuen Gouverneur. In einer Bauzeit von nur zwei Jahren wurde der weiße Palast mit Blick auf die Adria auf dem karstigen Grund gebaut. Der prächtigste Saal war der so genannte »weiße Salon«, den man über eine pompöse Freitreppe im glasüberdachten Atrium erreichte. Hier richtete sich Gabriele D'Annunzio später seinen Arbeitsraum ein. Vom Balkon aus hielt er mit seinen Reden die Massen bei Laune. Fünfzehn Monate später sollte das italienische Kriegsschiff Andrea Doria den Palast mit Kanonen beschießen, um Fiume von seinem angeblichen »Befreier« zu befreien.

Es gibt da dieses Foto im Restaurant des Continental. Es zeigt die Brücke über die Rječina von der Fiumer Seite aus, im Hintergrund das Hotel mit den beiden markanten Türmen. Auf der Brücke stehen Grenzbeamte. Sie tragen Helme und stecken in viel zu langen schwarzen Mänteln. Auf beiden Seiten der Brücke stehen Wachhäuser. Unter dem Bild wird das Rätsel gelöst: »Fiume. Die Grenzbrücke zur Zeit der Teilung zwischen Italien und Jugoslawien.«

Als die Rječina 1924 zur Grenze zwischen Fiume und Sušak und damit zwischen Italien und Jugoslawien wurde und auf der Brücke die Grenzanlage errichtet wurde, war D'Annunzios »Regierung des Kvarner« bereits Geschichte. 1920 hatten sich Italien und Jugoslawien im Vertrag von Rapallo geeinigt: Italien bekam neben Istrien, Cres und Lošinj auch Zadar und drei kleine dalmatinische Inseln. Auf Split und Fiume musste es verzichten. Die Zeit des Dichter-Staates war abgelaufen. So demonstrativ D'Annunzio Rijeka erobert hatte, so heimlich, still und leise verließ er Fiume. Der späte Triumph war ihm nicht vergönnt.

Es war nämlich nicht D'Annunzio, der Fiume Italien angegliedert hat, sondern sein faschistischer Wiedergänger – Benito Mussolini. Nach Mussolinis »Marsch auf Rom« und der Machtübernahme des *Duce* in Italien 1922 wurde auch mit Jugoslawien ein neuer Vertrag ausgehandelt. Mit dem Vertrag von Rom 1924 wurde Fiume italienisch, gleich hinter der Rječina begann die Grenze zum Königreich der Serben, Kroaten und Slowenen. D'Annunzio, verbittert ob dieses Laufs der Geschichte, zog sich in seine Villa am Gardasee zurück.

Italiens *Duce* hatte zwei Jahre nach seinem »Marsch auf Rom« aus Rijeka 1924 wieder Fiume gemacht – doch damit gab er sich nicht zufrieden. Erst recht nicht, als in Deutschland mit Adolf Hitler im Januar 1933 ebenfalls der Faschismus an die Macht gekommen war. Ein Jahr später trafen sich die beiden Diktatoren zum ersten Mal – an der Adria. Hitler war mit einer JU52 der Lufthansa nach Venedig geflogen. Auf dem Flughafen San Nicolò empfing ihn Mussolini mit militärischen Ehren. Der *Führer*, auf seiner ersten Auslandsreise auf diplomatischem Parkett noch unsicher, kam im schwarzen Trenchcoat. Einen »linkischen Regenmantelmann« nannten ihn deshalb die Italiener.

Auch sonst war von einer späteren »Achse Berlin-Rom« noch wenig zu spüren. Eher war das Treffen an der Adria eine Art diplomatisches Abtasten. Wer verfolgt welche Pläne? Würden sich beide Herrscher bei ihren hegemonialen Bestrebungen ins Gehege kommen? Einen Anschluss Österreichs an Nazi-Deutschland, mit dem Hitler schon damals liebäugelte, machte Mussolini in Venedig klar, würde Rom nicht dulden.

Als dann die Nazis 1938 erst Österreich und dann das Sudetenland ihrem Dritten Reich einverleibten und im Jahr darauf die so genannte »Rest-Tschechei« und das litauische Memelland besetzten, zog Mussolini seine Expansionspläne aus der Schublade. Abessinien, das heutige Äthiopien, hatte er schon 1936 erobert. 1939 war die östliche Adria an der Reihe. Am 7. April, an Ostern, landeten 100 000 italienische Soldaten, unterstützt von 600 Kampfflugzeugen, in den albanischen Hafenstädten Saranda, Vlora und Durrës. Der *Duce* wusste, was schon die Dogen beherzigt hatten: Wer die Straße von Otranto beherrscht, beherrscht die gesamte Adria.

Auf Albanien hatte Italien schon lange ein Auge geworfen. Nach dem Zusammenbruch des Osmanischen Reiches war Albanien 1912 zwar unabhängig geworden. Doch schon im Ersten Weltkrieg verschwand das Land wieder von der Landkarte. Albanien wurde von Österreich-Ungarn im Norden und Italien im Süden besetzt. Als auf der Pariser Friedenskonferenz nicht nur die »Fiume-Frage« auf der Tagesordnung stand, sondern auch die Aufteilung Albaniens, sprang Italien als angebliche Schutzmacht ein. Der albanischen Delegation unter Turhan Pascha Përmëti blieb nichts anderes übrig, als das Angebot anzunehmen. Albanien wurde zum italienischen Protektorat.

Zwar mussten sich die italienischen Besatzungskräfte nach der erneuten Unabhängigkeit Albaniens 1920 zurückziehen. Doch Italien war und blieb die »Schutzmacht« des weiterhin instabilen Staates. Achtzig Prozent des albanischen Exports flossen in das Land auf der gegenüberliegenden Seite der Adria. Um sich gegen das Königreich der Serben, Kroaten und Slowenen abzusichern, machte sich Albaniens König Ahmed Zogu in den beiden so genannten Tiranapakten von 1926 und 1927 noch weiter von Italien abhängig. Rom bekam nun das ausschließliche Recht, in Albanien Bergbau zu betreiben. Für die Schiffsverbindungen von Bari nach Vlora und Durrës sicherten sich italienische Reedereien das Monopol. Die italienische Flotte bekam darüber hinaus in beiden Häfen Stützpunkte. Schon bevor es 1939 von Mussolini annektiert wurde, war Albanien de facto wieder italienisches Protektorat geworden.

Die Besetzung Albaniens 1939 war nach D'Annunzios Fiume-Abenteuer die zweite Etappe des Faschismus an der östlichen Adria, der nur zwei Jahre später die dritte folgte. Am 6. April 1941 besetzten deutsche und italienische Truppen Jugoslawien. Die Zerschlagung des jugoslawischen Königreichs war ein Triumph für Mussolini. Er sicherte sich sogleich Dalmatien und Split, die montenegrinische Adriaküste – und natürlich Fiume.

Vergleicht man die großen Reiche, die nach den Griechen, Römern und Byzantinern beide Küsten der Adria unter ihrer

Herrschaft vereinen konnten, so fällt auf, dass es ohne Kolonialismus offenbar nicht ging. Venedig, der Meeresstaat, brauchte seine Besitzungen an der östlichen Adria, um seine Stellung als Handelsmacht auszubauen. Der koloniale Charakter der Serenissima lässt sich heute noch am Namen der Riva ablesen, die gleich am Dogenpalast beginnt: Riva degli Schiavioni. Schiavioni, das war damals noch das gleichlautende Wort für Slawen – und für die Sklaven, die an der Riva gehandelt wurden.

Das zweite Regime, Österreich-Ungarn, war nicht weniger kolonialistisch. Mehr noch: Es degradierte Dalmatien und die östliche Adriaküste sogar zur Peripherie. Die Adria wurde zum Hinterhof Wiens – und blieb ein Kolonialmeer. Schließlich Mussolini und sein Adria-Faschismus. Er entsprang einem alten italienischen Traum – das Mittelmeer als *Mare Nostrum* der Italiener. Mit seiner de facto-Kolonie Albanien, aber auch mit dem besetzten Abessinien und Libyen wollte Italien diesen Traum Realität werden lassen.

Der Kolonialismus des *Duce* wirft auch die Frage auf, welches faschistische System in Jugoslawien für die Juden das schlimmere war: Das Besatzungsregime der Nazis in Serbien, das Regime der kroatischen Ustascha-Faschisten oder Mussolinis Küsten-Faschismus. Lange Zeit attestierten Historiker dem italienischen Regime einen »unblutigen Antisemitismus«. Tatsächlich verlief die Judenverfolgung in Split weniger brutal und mörderisch als in Zagreb, wo die Kroaten die Juden ermordeten oder in Serbien, wo die Deutschen mangels Kollaborateuren selbst morden mussten. Auch durch Fiume verlief einmal mehr eine Grenze. Westlich des Flüsschens Rječina, im italienisch besetzten Teil von Fiume, herrschten gewissermaßen »italienische Verhältnisse«. Östlich des Grenzflusses, im Unabhängigen Staat Kroatien, galten die Gesetze der Ustascha.

Inzwischen haben die Historiker allerdings ihre Meinung differenziert. Den Anweisungen der Wehrmacht, die Juden in

Lagern zu internieren, waren die Italiener ohne Widerstand nachgekommen. Immerhin hatte Rom, wenn auch erst nach 14 Jahren Mussolini-Diktatur, im Jahre 1936 ebenfalls antijüdische Rassegesetze erlassen. Dass vergleichsweise viele Juden in Italien überlebten, lag weniger am Staat und seiner Gesetzgebung, sondern an der Umsetzung vor Ort und dem Widerstand italienischer Beamter und Soldaten. Auch der Wehrmacht und der SA war dieser »Dienst nach Vorschrift« nicht entgangen. In einem Lagebericht »an den Führer« meldeten Generaloberst Alexander Löhr, General Claise von Horstenau und der SA-Obergruppenführer Siegfried Kasche: »Die Durchführung der Judengesetze des kroatischen Staates wird von italienischen Dienststellen derart behindert, dass in der Küstenzone, insbesondere in Mostar, Dubrovnik und Crikvenica, zahlreiche Juden unter italienischem militärischem Schutz stehen und andere Juden nach Italienisch-Dalmatien und nach Italien über die Grenze gebracht werden. Dadurch gewinnen die Juden Hilfe und können ihre staatsfeindliche Arbeit und damit diejenige gegen unsere gemeinsamen Kriegsziele weiterführen.«

Fiume wird wieder Rijeka

Doch die Deutschen blieben nicht auf ewig. 1945 hatten Titos Anhänger Jugoslawien befreit. Aus Fiume war wieder Rijeka geworden. Die Grenze an der Rječina war Geschichte. Noch heute kündet ein Mahnmal am kleinen Flüsschen vom Einmarsch der Partisanen in der Stadt. Gleich daneben steht eine Gedenktafel, die an die ehemalige Grenze an der Rječina erinnert. Aus meinem Zimmer im Hotel Continental habe ich einen hervorragenden Blick auf diesen symbolischen Ort der kroatischen Hafenstadt mit ihrer so bewegten Geschichte. Der Platz, der mir zu Füßen liegt, heißt noch immer Trg Tita, Titoplatz. Heute gehört

231

er den Jugendlichen und Skatern, aber auch den Flaneuren, die im Cafépavillon auf dem Platz schon bei den ersten Sonnenstrahlen im Januar draußen sitzen.

Unmittelbar nach der Befreiung war italienisch dagegen kein Symbol für Genuss, sondern für Unterdrückung. In ihrem sehr persönlichen Roman *Wassergrün* beschreibt Marisa Madieri, die 1996 verstorbene Dichterin und Ehefrau des Schriftstellers Claudio Magris, die Stimmung in Fiume. Ihre Familie bekam den Hass der kroatischen Bevölkerung zu spüren, und ihre Eltern waren gezwungen, eine Option zu wählen. Entweder sie nahmen die jugoslawische Staatsbürgerschaft an oder sie verließen Rijeka. Die Familie entschied sich, wie 300 000 Italiener aus Fiume und Istrien, für die Emigration. Als Flüchtlinge mussten sie hinter der neuen Grenze in Triest ein neues Leben beginnen.

Am 12. September 2009 trauten die Anwohner von Rijeka ihren Augen nicht. Mitten auf dem Trg Rijecke rezolucje, dem Platz der Erklärung von Rijeka, wehte die italienische Flagge. Auf ihr stand auf Italienisch: »Viva Fiume d'Italia. Viva gli Arditi«. Es lebe das italienische Fiume. Es leben die Arditi (die Kühnen).

Eine solche Provokation hatte Rijeka seit der Unabhängigkeit Kroatiens nicht erlebt. Am 90. Jahrestag des »Marsches von Ronchi« und dem Einmarsch von Gabriele D'Annunzio ließen Unbekannte die Arditi in Rijeka hochleben, jene Freischärler des Dichter-Kommandanten, die in Fiume den Faschismus erfunden hatten. Nach dem gescheiterten Fiume-Handstreich nannten sich Arditi auch jene faschistischen paramilitärischen Truppen, die Benito Mussolini im Oktober 1922 zur Macht verhalfen. Auch eine zweite Botschaft hatten die italienischen Revisionisten auf Flugblättern hinterlassen: »Wir werden nach Istrien, Fiume und Dalmatien zurückkehren.« Die Polizei in Rijeka fahndete vergeblich nach den Tätern. Der kroatische Ministerpräsident Furio Ratin verurteilte die Aktion als Tat von

Leuten, die die guten Beziehungen zwischen Kroatien und Italien auf eine Belastungsprobe stellen wollten. Wie aber steht es tatsächlich um die kroatisch-italienischen Beziehungen?

Ich bin etwas zu früh, doch die Bar hat schon offen. Über dem Busbahnhof am Zabica Platz am westlichen Ende der Altstadt von Rijeka hängt noch die Januarnacht. In einer halben Stunde, um sechs Uhr, wird mein Bus nach Triest fahren. Ob ich auch einen Pass dabei hätte, hat mich die Ticketverkäuferin im Terminal gefragt. Ich zeigte mein Dokument und bekam den Fahrschein ausgehändigt. In zweieinhalb Stunden würde ich in der Stadt sein, in der Marisa Madieri, deren Schicksal mich in diesen Tagen in Rijeka so sehr beschäftigte, eine neue Heimat suchen musste.

»Wenn ich die Augen schließe, kann ich mir unser altes Haus am Baross-Hafen vorstellen und das der Großmutter Quarantotto in der Nähe der Piazza Dante«, schreibt Madieri. Die Piazza Dante ist ein weit zur Adria hin geöffneter Platz, der in Rijeka heute Trg III Brigade Hrvatse Vojske heißt, benannt nach der dritten Brigade der Kroatischen Armee, die 1991 im Kroatisch-Jugoslawischen Krieg beteiligt war. Man kann dort bei klarem Wetter weit hinaus schauen auf die Adria, die Kvarner Bucht mit Opatija, dem mondänen Seebad der Donaumonarchie, und die steil aufragende Küste Istriens.

Manche der Exilanten ließen sich durch das erlittene Unrecht zu einem antislawischen Nationalismus verleiten. Andere, wie Marisa Madieri, bekannten sich zum Dialog zwischen Italienern und Slawen und fühlten sich einer italienisch und slawisch gemischten, venetisch-adriatischen und mitteleuropäischen Welt zugehörig. Doch das Heimweh blieb, schildert Madieri in ihrer Lebensgeschichte *Wassergrün*. Als sie in den achtziger Jahren die italienische Grenze Richtung Jugoslawien überquerte, machten sie und ihr Mann auch einen Abstecher auf die Insel Cherso, die nun Cres hieß: »Die Fähre, die Cherso mit dem Festland verbindet, durchquert ein Stück weit den Quarnaro, an dessen Ende man in der Ferne Fiume sieht. Wenn ich die Augen schließe, kann ich mir unser altes Haus am Baross-Hafen vorstellen und das der Großmutter Quarantotto in der Nähe der Piazza Dante.« Es waren diese Wolken und das Meer, das Marisa Madieri mit Fiume, der Stadt ihrer Kindheit, verbanden – und sie abschließen ließ mit der Vergangenheit, weil die Zukunft in Europa beide Länder einschloss. Die Adria war einmal mehr ein Fenster in die Vergangenheit und die Zukunft.

Abbazia revisited

WO WIEN EINST BIS ZUM MEER REICHTE

Als Franz Joseph, Kaiser von Österreich, König von Böhmen und Apostolischer König von Ungarn am 29. März 1894 um neun Uhr Morgens in der Bahnstation Mattuglie eintrifft, ist der Himmel blau und die Sonne scheint schon kräftig, Kaiserwetter halt. Empfangen wird Österreichs Monarch, dieser backenbärtige Dauerregent, der schon seit dem Revolutionsjahr 1848 die Geschichte der Habsburgermonarchie lenkt, von einem Kaiserkollegen, der sich erst seit ein paar Jahren zu den ganz Mächtigen in Europa zählen darf. Preußens Wilhelm II. ist mit seiner Familie – Gattin Auguste Viktoria und die sieben Kinder urlauben bereits seit dem 13. März am Quarnero-Golf – zum Bahnhof gekommen und gibt sich ganz als Österreicher. Er trägt eine Oberstuniform des österreichischen Husarenregiments, am Revers prangt der Stephansorden. Franz Joseph weiß es zu schätzen und klopft dem Jüngeren, den er eigentlich nicht leiden kann, freundschaftlich auf die Schulter. »Du bist ja von der Sonne schon ganz gebräunt«, scherzt er. »Jetzt setze aber gleich wieder deine Mütze auf!«

So oder so ähnlich wird es sich zugetragen haben an diesem Morgen beim Kaisertreffen in Abbazia, dem aufstrebenden Adriabad an der österreichischen Riviera. Zu besprechen gab es genug. Noch nicht einmal dreißig Jahre war es her, da hatte Preußen Österreich in Königgrätz niedergerungen und die deutsche Frage für sich entschieden. Statt einer großdeutschen, preußischen *und* österreichischen, Lösung der deutschen Frage gab es vorerst nur eine kleindeutsche, also ohne Wien. Österreich ging seine eigenen Wege, nicht als Nationalstaat, sondern als Vielvölkerreich.

Was das mit dem Vielvölkerreich bedeutet, kann Wilhelm II., der in Wien von vielen als Flottenkaiser und als Gernegroß verspottet wurde, bei der anschließenden Fahrt von Mattuglie hinunter ans Meer erleben, da hat er längst wieder das österreichische Ornament abgelegt. Nicht lange dauert es, da erreicht der kaiserliche Tross den Kurort Abbazia, und die Bewohner stehen Spalier. Aus den Häusern hängen die Flaggen der Habsburgermonarchie, Kaiserbilder werden hochgehalten, selbst die Fahne der österreichisch-ungarischen Handelsmarine ist zu sehen. Schon in Volosco, wo die Riviera von Abbazia beginnt, wurde Franz Joseph, in dessen Monarchie elf Sprachen gesprochen werden, von seinen Untertanen gebührend empfangen. Über die Straße war eine Art provisorischer Triumphbogen geschlagen worden, auf dem in großen Lettern geschrieben stand: »Franciscus Josephus! Gloriosissime Imperator! Salve!« Und natürlich wird der Kaiser auch in Abbazia gefeiert. Er lebe hoch, ruft die Menge – allerdings nicht auf Deutsch, und auch nicht auf Italienisch, wie es der deutsche Kaiser vielleicht vermutet hätte. Die Menge im größtenteils von Kroaten bewohnten Abbazia skandiert »Živio!«, er lebe hoch.

Für die Fahrt von Wien an die österreichische Küste hatte Franz Joseph 14 Stunden gebraucht. Preußens Kaiser dagegen war Frau und Kindern nachgereist und schon am 21. März in Abbazia eingetroffen. Der Hofstaat, den die Preußen mit ans *Litorale*, das österreichische Küstenland, brachten, war gewaltig, schreibt Johannes Sachslehner in seiner Biographie über Abbazia, den Sehnsuchtsort der k.u.k. Monarchie. »Nicht weniger als 75 Personen – vom Oberhofmeister Freiherr von Mirbach bis zu Erzieherin Miss Green – haben die Reise mitgemacht und umschwärmen die kaiserliche Familie.« Anders als Franz Joseph wird Wilhelm II. auch nach dem Kaisertreffen an der Adria bleiben. In Abbazia, das hat er schnell gelernt, ist das Klima angenehmer als in der Stadt an der Nordsee, die er zum Marinestützpunkt ausbauen will und seinen Namen trägt: Wilhelmshaven.

Immer größer wird der Jubel, als sich die Kutschen dem Ziel nähern. Um 9.35 Uhr trifft die kaiserlich-kaiserliche Kolonne am Hotel Kronprinzessin Stephanie ein. Auch hier gibt es »brausende Živio-Rufe«, wie die Lokalpresse bemerkte. Nachdem sich der 64-Jährige frisch gemacht hat, beginnt das offizielle Programm: Audienz der lokalen Würdenträger, Empfang bei der deutschen Kaiserin in der Villa Amalia, wo sich der preußische Hofstaat niedergelassen hat, und um 13.15 Uhr das große Déjeuner beginnt. Um 14 Uhr geht es hinunter zur Landungsbrücke bei der Villa Angiolina, wo die Kapelle des 79. Infanterieregiments die preußische Hymne *Heil dir im Siegerkranz* schmettert. Danach besteigt man ein Boot, die Jacht *Christable*, die Wilhelm, der Flottenkaiser, natürlich selbst steuert. Anschließend steht das Segelschulschiff *Moltke* auf dem Programm, ein präsentabler Dreimaster, auf dem der Nachmittagstee serviert wird. Um 18 Uhr wird die Gesellschaft von Beibooten wieder an Land gebracht, schließlich soll schon eine Dreiviertelstunde später das Diner in der Villa Amalia beginnen. Die Unterhaltung soll nicht besonders lebhaft gewesen sein, da der Kaiser der Österreicher, so notierte es Graf Eulenburg in seinem Tagebuch, sehr »einsilbig« gewesen sei. Um 20.15 Uhr schon heißt es Abschied nehmen von der preußischen Gesellschaft in der Villa Amalia, draußen wartet der Wagen. Wilhelm II. begleitet den Habsburger noch zum Bahnhof von Mattuglie, dann ist das Kaisertreffen am Quarnero zu Ende.

In seiner überaus lesenswerten Abhandlung über den in Rekordzeit aus dem Boden gestampften Kurort am »Wiener Meer«, hat Johannes Sachslehner von Abbazia als einer »Parallelwelt« zum Alltag in Wien sowie von einer perfekten »Heillandschaft« gesprochen: »Nirgendwo sonst blühen Tratsch und Klatsch prächtiger, nirgendwo sonst fühlen sich die Kranken gesünder und die Einsamen glücklicher, nirgendwo sonst gibt man sich sorgloser angesichts einer Welt, die immer dreister mit dem Feuer spielt. Das Amüsement kennt hier keine Pause.«

Abbazia war also beides: Mondäner Kurort und ungezwungenes Pflaster, zumindest für die, die es sich leisten konnten. Auch wer dem Trubel in der Hauptstadt entfliehen mochte, kam an der Riviera auf seine Kosten. Völlig enthusiastisch berichtete drei Jahre nach dem Kaisertreffen die sächsische Reisejournalistin Flora Horn von ihrem »Abbazia-Erlebnis«: »Abbazia ist nichts für Herdenmenschen. Es ist ein vornehm stiller Kurort, ein zur Wirklichkeit gewordenes süßes Märchen, das seine eigens dafür bestimmten Gemüther verlangt. (…) Es lernt sich hier sehr schnell das Nichtstun, eine Fähigkeit, die zu üben der an Thätigkeit gewohnte Mensch an anderen Orten oft viel Mühe braucht.«

Es gab aber noch eine andere Parallelwelt als die zwischen Wien und dem Kvarner, der in Österreich zumeist beim italienischen Namen Quarnero genannt wurde. Es waren die beiden Welten, in denen die Erholungssuchenden des k.u.k. Seebades und seine Bediensteten lebten, es war der Sprach- und Religionsstreit, der nicht nur Istrien, sondern auch den östlich des Monte Maggiore, auf Kroatisch Učka, gelegenen Kvarner erfasst hatte. Es war der beginnende Nationalitätenkonflikt im Vielvölkerreich Österreich-Ungarn, über den auch die »Živio«-Rufe nicht hinwegtäuschen konnten.

Auch über diese andere, diese soziale und ethnische Parallelwelt geben uns zeitgenössische Reiseberichte Auskunft. In einem Reisebrief, den der Wiener Arzt Theodor Billroth fast zehn Jahre vor dem Besuch Franz-Josephs am 2. Januar 1885 in der *Neuen Freien Presse* veröffentlicht hat, heißt es, neben allen Lobhudeleien: »Und ist denn nichts an Abbazia auszusetzen? wirst du fragen. Nun ja (…), es fehlen die italienischen Campanile, die malerischen Capuziner. Die gutmüthige Bevölkerung ist unschön, durch Armuth elend, ohne Race, nicht slavisch, nicht italienisch, auch noch recht abergläubisch.«

Als Jahre später der von einer Syphilis und einer Herzkrankheit gepeinigte britische Adlige Richard Francis Burton in Abbazia einen milden Winter zu verbringen sucht, wird er nicht nur von Schneestürmen überrascht, sondern auch von mangelndem Service, der so gar nicht zum Ruf eines hedonistischen Fluchtorts der Wiener Gesellschaft an der Adria passen will: Nicht nur das Essen und der Service missfallen dem Briten, sondern auch die Ausdünstungen der Bauern während der Gottesdienste. Seinen Abbazia-Verriss veröffentlicht Burton in einer aufsehenerregenden Artikelserie für die *Vienna Weekly News.* Als Höhepunkt der Suada zieht er über Abbazia als »a fair imitation of the Sibirian landscape« her.

Und dann waren da noch die nationalen Animositäten, die dem Kosmopoliten Burton aufgefallen waren: Spreche man einen kroatischen Bauern auf Italienisch an, so ernte man alsbald einen hasserfüllten Blick. Bezeichnend auch Schimpfnamen, die man füreinander parat habe. Ein Italiener würde mit *polenta* oder *irredenta* bedacht, ein Deutscher als *Knödel* bezeichnet. Dass es dennoch zu keinen größeren Konflikten kam, lag daran, dass in Abbazia die Gäste das Sagen hatten und nicht die Einheimischen. Abbazia war eine Enklave, resümiert Andreas Gottsmann in einem Aufsatz über die nationalen Spannungen an der österreichischen Riviera, »ein Fremdkörper, wo der Besucher mit den Schwierigkeiten des Landes nicht konfrontiert wurde«.

Die Anfänge einer Erfolgsgeschichte

Als Franz Joseph im März 1894 in Abbazia im Hotel Kronprinzessin Stephanie sein Tagesquartier bezog, war das Hotel, das
zweite in der Ortschaft, erst acht Jahre alt. Verantwortlich für
den rasanten Aufstieg Abbazias zum »Brighton im Sommer und
Cannes im Winter«, wie der bayrische Reiseschriftsteller Heinrich Noë frohlockte, waren aber nicht die Österreicher, sondern
ein Italiener. Zu Beginn der 1840er Jahre gelang Iginio Scarpa,
einem Weizen- und Holzhändler aus dem knapp zwanzig Kilometer entfernten Fiume, ein Schnäppchen. Für gerade einmal
700 Gulden kaufte er ein fast vier Hektar großes Grundstück
nahe der alten Kirche Sankt Jakob an der gegenüberliegenden
Bucht des Quarnero. Scarpa ließ den Wohnsitz des Verkäufers
umbauen und nannte die neue Villa nach seiner verstorbenen
Frau Angiolina. Das ist die sehr private Geburtsstunde des
Sehnsuchtsorts Abbazia. Die klassizistische Villa Angiolina, die
ebenso wie der wunderbare Park und das romantische »Schwei-
zerhaus« erhalten ist, beherbergt heute das Museum für kroatische Tourismusgeschichte.

Scarpa war ein geselliger Mensch, führte ein offenes Haus
und feierte rauschende Feste – was in dieser Abgeschiedenheit
am Fuße des Monte Maggiore, umgeben von Lorbeerwäldern,
nicht ganz einfach war. Also ließ der Unternehmer unterhalb
seiner Sommervilla einen kleinen Hafen anlegen. Zu denen, die
bei ihm ein- und ausgingen, gehörte auch Heinrich Noë, der bayrische Reiseschriftsteller, der die Kunde von diesem Idyll am Quarnero rasch verbreitete. Scarpa war das nicht ganz unrecht, hatte
er doch weitreichende Pläne. 1855 verheiratete er seinen Sohn
Paolo Ritter von Scarpa, einen Wichtigtuer, der sich gerne
»Gutsbesitzer, Besitzer mehrerer hoher Amten, Consul mehrerer
Mächte, Patrizier und Gemeinderat von Fiume« nannte, mit der
Tochter des späteren österreichischen Finanzministers. Die Tür

Venedigs Markusplatz im Januarnebel

Zadar wurde erst von Venedig erobert und dann von ihm geprägt

Rovinj ist auch ein Ort für Romantiker

Peschici am Gargano, dem Sporn des italienischen Stiefels

Dorfbunker im albanischen Shiroka – einer von 750 000 aus Enver Hoxhas Zeiten

Auf vier Rädern unterwegs in Albanien

Strandszene vor einem Hotel im albanischen Borsh

Muschelfang des Tages für Restaurants im istrischen Novi Grad

Altstadt in Termoli an der italienischen Adriaküste

Dächer von Dubrovnik – durch Granaten zerstört, nun wieder neu gedeckt

Fensterblick: Umag in Istrien

zur feinen Wiener Gesellschaft, aber auch zu den Bänkern und Finanziers, war aufgestoßen. 1869 gründete Paolo Scarpa die »Elisabeth Bad Aktiengesellschaft«. Doch der Versuch, aus der ländlichen Umgebung der Villa Angiolina ein dickes Geschäft zu machen, scheiterte zunächst an der Zurückhaltung der Investoren. Noch hatten die enthusiastischen Reisebeschreibungen den Heinrich Noë das Wiener Publikum nicht in Raserei versetzt.

Das änderte sich, als 1873 die Wiener Südbahn bis nach Fiume verlängert wurde. Schon seit 1857 betrieb die private Südbahngesellschaft den Zugverkehr zwischen Wien und Triest. Die Strecke führte vom Wiener Südbahnhof über Neustadt, Semmering, Bruck und Graz ins slowenische Marbach, dann weiter über Laibach zum Knoten Sankt Peter. Die Zweigstrecke in den Golf von Triest führte nach Görz, wobei es ab Duino eine Stichstrecke nach Triest gab.

Die 1873 in Betrieb genommene neue Strecke nach Fiume begann ebenfalls in Sankt Peter und hatte auch einen Halt in Abbazia-Mattuglie. Von dort mussten die Reisenden in einen Wagen steigen. Die Fahrt von Wien an die österreichische Riviera dauerte 1903 13 Stunden, eine Stunde weniger als noch beim Kaisertreffen. Von Graz war man in acht Stunden am Quarnero. Abbazia war zum maritimen Vorort Wiens und der Steiermark geworden. Man musste einfach nur in den Schlafwagen steigen und war über Nacht am Meer. Aber auch aus Deutschland und Sankt Petersburg reisten die Gäste um die Jahrhundertwende an. Von Berlin nach Abbazia fuhr man 27 Stunden, von der russischen Hauptstadt ins österreichische *Litorale* brauchte man 55 Stunden.

Die Südbahngesellschaft und ihr umtriebiger Generaldirektor Friedrich Julius Schüler waren auf private Reisende angewiesen. Die Soldaten, die sie nach Triest, Pola und Fiume transportierte, hätten die Investitionen nicht gelohnt. Deshalb hat Schüler auch am Quarnero von Anfang an auf den Fremdenverkehr gesetzt. Nach dem Vorbild des Südbahnhotels auf dem Semmering und der Railway-Hotels in England wollte Schüler auch in Abbazia Hotels für ein zahlungskräftiges Publikum bauen. Zugute kam ihm dabei, dass auch die Mediziner die Riviera von Abbazia entdeckt hatten. Schon in den 1870er Jahren hatte der Laibacher »Protomedicus und k. k. Gubernial Rath« Dr. Georg Mathias Šporer das milde Klima für »anämische und schwächliche Individuen, namentlich für blutarme Kinder« empfohlen. Südbahn-Chef Schüler förderte den Kur-Tourismus nach Kräften. Zum Chef-Kurarzt von Abbazia ernannte er Dr. Julius Glax, zu dessen Patienten später nicht nur das österreichische Thronfolgerpaar und der Wiener Adel gehörten, sondern, während des Kaisertreffens, auch die Söhne von Wilhelm II. und Auguste Viktoria. Doch bald war Schüler davon überzeugt, dass in Abbazia mehr möglich war als der Bau einiger Südbahn-Hotels samt Kuranlagen und Warmwasser-Bäder. Warum nicht an der Riviera mit ihrer unvergleichlichen Küste, dem milden Klima und den immergrünen Lorbeerwäldern etwas ganz Großes aufziehen, einen Ort, in dem der Wiener Adel nicht nur kurt, sondern, Scarpa hatte es vorgemacht, auch feiert, tanzt, und sich in allerlei Amouren verstrickt? Warum kein Nizza oder Cannes an der österreichischen Küste schaffen?

So wurde, mehr noch als Iginio Scarpa, Friedrich Julius Schüler zum *spiritus rector* dieser Wiener Adria-Liaison. 1882 gelang es ihm, die Villa Angiolina zu kaufen, die den Mittelpunkt des Südbahn-Abbazias bilden sollte. Der zweite Schritt war der Bau eines ersten Hotels. In nur neun Monaten Bauzeit wurde das luxuriöse Quarnero, das heute noch Kvarner heißt, fertiggestellt und 1884 eröffnet. Es war das erste Hotel an der östlichen Adria. An der Gegenküste setzte der Tourismus mit dem Grand Hotel in Rimini erst 1908 ein. Selbst am Lido von Venedig war erst um 1900 das Hôtel des Bains entstanden, dem 1907 das Grand Hotel Excelsior folgte. Weil das Quarnero bald den Ansturm auf Abbazia nicht mehr bewältigen konnte, wurde rasch ein zweites Hotel gebaut. Ursprünglich sollte es Cherso heißen, benannt nach der Abbazia gegenüberliegenden Insel, die heute auf Kroatisch Cres heißt. Bei einem Besuch des österreichischen Thronfolgers Rudolf und seiner Gattin Stephanie gelang Schüler aber ein PR-Coup. Bei der Thronfolger-Gattin holte er sich die Erlaubnis, das neue Hotel »Kronprinzessin Stephanie« nennen zu dürfen. Auch dieses Hotel steht den Gästen heute noch offen, allerdings unter dem Namen »Imperial«.

Es war also vollbracht, Wien lag nun am Meer. In seinem Buch *Abbazia. Idylle von der Adria* schwärmte Amand von Schweiger-Lerchenfeld, Österreichs damals meistgelesener Sachbuchautor, aber auch über die herrliche Umgebung und die Natur am Quarnero: »Dieser Blüthenduft zu Abbazia ist ein einziger langwährender Athemzug, den der Süden über Meere und Länder haucht. Auch in dieser Richtung schweift die Erinnerung gerne aus und schließt den Zauberring, der um das Mittelmeer und seinen schönsten Golf – die Adria – herumfließt.«

Abbazia war ein Selbstläufer geworden. Bald wurden neben den Südbahnhotels die ersten privaten Unterkünfte gebaut. 1891 errichtete Josef Grüsser das Hotel Bellevue südlich des Slatina-Strandes. Sein Sohn Anton Grüsser, Nachfolger von Schüler als Generaldirektor der Südbahn, baute 1908 das mondäne Hotel Palace. Nach Abbazia zog es jetzt nicht mehr nur die vornehm Blassen, die Herzkranken und Asthmatiker, die am Quarnero kurten oder den Winter verbrachten. Auch immer mehr Sommergäste kamen an die österreichische Riviera, stopften im Café Wagner Sachertorte in sich hinein oder spazierten den Lungomare entlang, den in Fels gehauenen Strandweg, der Volosca mit Abbazia und Laurana verband. Das Gästebuch, das heute in einer dickwandigen Vitrine in der Villa Angiolina ausgestellt ist, liest sich wie ein »Who is Who« der damaligen europäischen Gesellschaft. Nicht nur die gekrönten Häupter waren da, sondern auch Komponisten wie Gustav Mahler, Revolutionäre wie Józef Piłsudski, Schriftsteller wie Arthur Schnitzler, Anton Tschechow und James Joyce oder die Tänzerin Isadora Duncan, an deren freizügigem Badekostüm sich die Geister schieden. Die aktuelle Gästeliste wurde regelmäßig in der Badezeitung *Hygiea* veröffentlicht.

Im letzten Sommer vor dem Ersten Weltkrieg kamen mehr als 42 000 Gäste nach Abbazia. Österreichs Sehnsuchtsort an der Adria hatte das böhmische Karlsbad als beliebtestes Touristenziel der Donaumonarchie abgelöst. Nur mit dem Service blieb es ein Problem. Qualifiziertes Personal zu finden, war für die Südbahn, aber auch die privaten Hotelbetreiber, nach wie vor nicht einfach. Die Tabakfabrik im nahen Fiume zahlte ihren Arbeiterinnen gutes Geld. Also musste man die Bediensteten aus den nahen kroatischen Bergdörfern rekrutieren oder aus Böhmen und aus Ungarn. Die Zahlkellner kamen, soviel Ehrerbietung vor den Gästen musste sein, natürlich aus Wien.

Zweierlei Vergangenheit

Ich bin nicht mit der Bahn nach Opatija gekommen, wie Abbazia heute heißt, sondern mit dem Auto. Der Weg über die Berge ist aber derselbe. Von Mattuglie, heute Matulj, wo der Bahnhof noch immer den Charme verblichener k.u.k. Zeiten verbreitet, geht es auf engen Serpentinen hinab an die Küste – inklusive herrlicher Ausblicke auf das Meer, auf Rijeka, auf die Insel Cres.

Ich habe, soviel Nostalgie muss sein, ein Zimmer im Hotel Bellevue reserviert, jenes erste private Großhotel, das der Wiener Josef Grüsser 1891 an den Strand von Slatina bauen ließ und das heute, zusammen mit dem von seinem Sohn errichteten Palace, die Abbazia-Kulisse im Süden von Opatija abgibt. Das Palace mit seiner Empire-Fassade und der mondänen Seefront wäre für meinen Geldbeutel nicht in Frage gekommen, für ein Einzelzimmer mit »Bergblick« im Bellevue hat es gereicht.

Mit einer gewissen Vorfreude erreiche ich den Ortseingang. Hier muss der temporäre Triumphbogen gestanden haben, auf dem die Bewohner von Abbazia dem Kaiser auf Lateinisch gehuldigt haben. Auch heute stehen sie wieder Spalier, allerdings begrüßen mich nicht die Bewohner, sondern die Belle Epoche-Schönheiten mit ihren Schmuckfassaden, allesamt frisch in Beigetönen gestrichen, als wäre ich kurz vor dem Einbiegen auf die Wiener Ringstraße. Nun bin ich mitten drin in Vergangenheit und Gegenwart eines Seebades, das wieder den Anschluss an die europäischen Touristenziele sucht. Zur Rechten taucht das Imperial auf, zur Linken befindet sich der Eingang in den Park Angiolina, der hinabführt zum Meer, mit der gleichnamigen Villa als legendärem Mittelpunkt aller Erzählungen, Legenden und Mythen, die sich um Abbazia ranken. Eine Ecke weiter dann der Südstrand, jener langgestreckte Bogen, in dem der Tito-Boulevard das Adriatische Meer berührt. Dahinter die beiden Prachtbauten im Stile des Neobarock und der Sezession, das Bellevue und das Palace.

Ich parke meinen Clio in einem Parkhaus und bewege mich die Treppen hoch zur Rezeption. Doch statt dem Luxus des Fin de Siècle tritt mir die nur oberflächlich übertünchte Tristesse des Fin de Socialisme entgegen. Die Eingangstür, einst filigraner Jugendstil, knarrt und schließt nur schwer, plüschige Couchgarnituren aus den siebziger Jahren verunstalten die Lobby, und auch die Gäste passen nur schwer ins Bild der alten Herrlichkeit. Von wegen alter Charme von Österreich zu neuem Leben erweckt: Das Hotel Bellevue, bilanziere ich am Abend beim Wein im Restaurant *Kamelija*, ist wohl ebenso bloße Fassade wie der ganze Rummel um die österreichische Riviera. Ist Abbazia, der mondäne Kurort also doch im Ersten Weltkrieg, zusammen mit der Habsburgermonarchie, untergegangen?

»Es muss eine herrliche Zeit gewesen sein in Opatija, bis sie 1914 ein jähes Ende fand. Jetzt war Krieg in Europa, die Stadt verwelkte«, schrieb Theodor Geus im November 2006 in einer langen Reportage in der *FAZ* über den »Herbst in Istrien«. Nach dem Satz der Trauer folgte sogleich das abschließende Urteil: »Den endgültigen Todesstoß erhielt sie nach 1945, als die Kommunisten die Herrschaft übernahmen.« Ganz abgesehen davon, dass weder Abbazia noch Opatija zu Istrien gehörten und gehören, das erst hinter dem Učka-Massiv beginnt, passt die Erzählung vom Todesstoß, den Titos sozialistisches Jugoslawien dem mondänen Kurort verpasst habe, zum Seufzer all derer, die im Opatija der Gegenwart noch immer auf der Suche nach dem Glanz der österreichischen Riviera sind. Auch Johannes Sachslehner gehört zu diesen Trauerarbeitern, sucht er doch nicht den Bogen von der Vergangenheit zur Gegenwart zu schlagen, sondern beendet seine Geschichte mit einem Trauerflor: »Mit dem alten Europa«, so die abschließenden Sätze Sachslehners, »versinkt auch die einzigartige Welt des ›alten‹ Abbazia.«

Wie gut, dass es auch frischere Stimmen gibt. Im Juni 1913 veröffentlichte die *Welt* einen Beitrag über Opatija als die »Tourismus-Diva Südosteuropas«. Auch hier überrascht zunächst die geografische Unschärfe, denn mit dem Balkan haben weder Istrien noch der Kvarner zu schaffen. Doch die Autorin Heidi Müller machte den Fehler mehr als wett, als sie weniger dem untergegangenen Abbazia nachtrauerte, sondern vor allem das sozialistische Opatija würdigte und mit ihm einen Star, der damals auch in Deutschland verehrt wurde. 1959 stürmte Ivo Robić, der jugoslawische Karel Gott, mit seiner Schnulze *Morgen* die deutschen Hitparaden. Der Song war eine klare Absage an die Nostalgie und ein süßes Loblied auf die Zukunft: »Morgen, Morgen/lacht uns wieder das Glück/gestern, gestern/liegt schon so weit zurück.« Ivo Robićs Karriere, das ist nicht ganz unwichtig, begann nicht in Zagreb, wo er am Konservatorium Klavier und Saxophon studiert hatte, sondern in Opatija. Auf der Terrasse des Hotel Kvarner hatte er 1958, bevor er mit *Morgen* berühmt wurde, seinen ersten Auftritt. Dafür sind sie ihm bis heute dankbar an der Marschall-Tito-Promenade. Nicht nur eine Büste auf der Terrasse des ersten Hauses am Platz erinnert an den Sänger, der in Kroatien eine Legende ist, sondern auch ein Stein im *Walk of Fame*. Nicht die Stars und Sternchen aus der k.u.k. Zeit sind auf der Promenade vor den Hotels Bellevue und Palace verewigt, sondern die Stars aus Titos Jugoslawien, die an der »Opatija-Riviera« Station gemacht hatten.

Die Erinnerung an Ivo Robić und die fünfziger Jahre strafen auch Theodor Geus und den angeblichen Todesstoß für Abbazia im sozialistischen Jugoslawien Lüge. In der Tourismus-Ausstellung in der Villa Angiolina lernt man, dass nicht nur Robić im Kvarner auftrat, sondern zahlreiche weitere Künstler gastierten, die weit über die Grenzen Jugoslawiens hinaus bekannt waren. Ohne Bälle und Tanzveranstaltungen, heißt es in der Ausstellung, hätte der Tourismus in Opatija keinen Aufschwung genommen. Videoaufnahmen von rauschenden Tanzveranstaltungen der fünfziger, sechziger und siebziger Jahre zeigen Damen in extravaganten Abendkleidern mit Zigarettenspitzen zwischen den Fingern, die auch in Paris oder Rom für Furore gesorgt hätten. Das sozialistische Jugoslawien knüpfte also ganz bewusst an die bürgerliche Tourismus-Kultur der Vergangenheit an. Schließlich hatte das Kvarner ja auch seinen Namen behalten dürfen. Das Quarnero wurde nun lediglich beim kroatischen Namen genannt.

In der Ausstellung ist auch ein Foto aus den sechziger Jahren zu sehen. Die Busse sind schon etwas stromlinienförmiger als nach dem Krieg, und auch die Aufschrift *Kvarner Express* ist geschwungen und modern. Vor dem Bus posieren die Mitarbeiter des Unternehmens. Die Männer in der ersten Reihe sind in die Hocke gegangen, die Arme lässig über den Knien verschränkt. Die hintere Reihe, darunter auch eine Frau, steht, wenn auch nicht besonders stramm. Es ist Schichtwechsel beim jugoslawischen Reiseunternehmen aus Opatija mit Sitz in der Marschall Tito-Straße 136.

Das Foto ist eines von Hunderten, die ehemalige Mitarbeiterinnen und Mitarbeiter, aber auch Reisende des legendären Unternehmens an Hrvoje Đukez geschickt haben. Der Kulturwissenschaftler hatte zuvor in Zeitungen, aber auch im Internet einen Aufruf veröffentlicht. Das Ziel: Eine Ausstellung über das Unternehmen als eine Art Trauerarbeit. Denn der Kvarner Express fährt nicht mehr. »Viele Bewohner von Opatija erinnern sich noch an die Busse mit dem typischen Schriftzug«, schreibt Mirjana Kos im Katalog der Ausstellung, die im Frühjahr 2014 in der Villa Angiolina zu sehen war. »Sie verkehrten regelmäßig und waren nicht zu übersehen, schließlich standen sie im Mittelpunkt unseres Alltags. Sie verkehrten auf einer Ringstrecke, die am Slatina-Strand begann und endete und Einheimische wie Touristen beförderte. Plötzlich waren sie weg.«

Kvarner Express wurde am 2. November 1952 gegründet. Zuvor hatte die Regierung in Belgrad die Zügel gelockert und den jugoslawischen Teilrepubliken mehr Autonomie zugestanden. Vor allem in Slowenien und Kroatien, den touristischen Regionen Jugoslawiens, entstanden Reiseunternehmen, deren Namen auch Jugoslawienreisenden aus dem Westen bald vertraut waren: *Atlas, Dalmacijaturist, Generalturist, Kompas* – und natürlich der *Kvarner-Express*. Die Firma aus Opatija beförderte nahezu alle Touristen, die in Istrien und in der Kvarnerbucht unterwegs waren oder auf die Inseln Krk und Rab wollten. Wie einträglich das Geschäft gewesen sein musste, zeigte das rasche Wachstum des Unternehmens. Bereits 1965 war der *Kvarner Express* mit einer Flotte von 28 Bussen und drei Ausflugsschiffen unterwegs. Niederlassungen gab es in 15 Städten. Vom angeblich sozialistischen Todesstoß für den Tourismus am Kvarner, das zeigt der Erfolg der Firma, konnte keine Rede sein.

An den Stränden der Adria zeigte Titos Sozialismus sein menschliches Antlitz. Doch nicht nur die Urlauber aus Deutschland, Österreich und Italien profitierten von der Öffnung Jugoslawiens Richtung Westen. Auch die Einheimischen waren gern gesehene Gäste, wie die Ausstellung *Kvarner Express* in der Villa Angiolina zeigt. Die Erfolgsgeschichte des Busunternehmens ist damit auch ein Spiegel für die Etappen der Tourismus-Geschichte an der jugoslawischen Adria.

In den fünfziger Jahren hatte die Regierung in Belgrad noch ganz auf den einheimischen Tourismus gesetzt. Schon gleich nach der Gründung der Sozialistischen Föderativen Republik Jugoslawien war die Sozialgesetzgebung reformiert worden. Bezahlter Urlaub war nun gesetzlich verankert. Für Tito war der Tourismus der Motor der Modernisierung eines Landes, das Ende der vierziger Jahre immer noch vom Krieg gezeichnet war. Und natürlich sollte der Tourismus im Vielvölkerstaat Jugoslawien die Kontakte zwischen Kroaten und Serben, Slowenen und Bosniern, Mazedoniern, Montenegrinern und Kosovo-Albanern intensivieren: An den Stränden der Adria sollte die jugoslawische Nation entstehen.

Dazu musste die Infrastruktur ausgebaut und, vor allem im Süden, erst einmal geschaffen werden. Also legte die Regierung ein Programm für den so genannten »Sozial-Tourismus« auf, das »Arbeiter zu Touristen« machen sollte. Mit staatlichen Mitteln wurden Hotelanlagen gebaut und die Urlaubsreisen für die Arbeiter subventioniert. Höhepunkt des staatlichen Tourismusengagements war sicherlich die Fertigstellung der *Jadranska Magistrala*, die Küstenstraße, die von Piran in Slowenien über Pula, Rijeka, Senj, Split und Dubrovnik in Kroatien bis nach Budva, Kotor und Ulcinj in Montenegro führte. Es war eine Art *Autoput* der Adria. Als die letzten Abschnitte 1965 von Tito für den Verkehr freigegeben wurden, war endlich auch der rückständige Süden an die Touristenrouten angeschlossen.

Zu dieser Zeit hatte die Tourismus-Politik in Belgrad bereits eine entscheidende Wende genommen. Seit den sechziger Jahren setzte die Kommunistische Partei Jugoslawiens nicht mehr ausschließlich auf den einheimischen Tourismus, sondern auch auf Gäste aus dem Ausland. Beim *Kvarner Express* in Opatija hatte man da schon Erfahrungen gesammelt, griff man doch auf eine fast hundert Jahre währende touristische Tradition zurück. Und natürlich wollte sich das sozialistische Unternehmen, bei dem, wie in vielen jugoslawischen Betrieben, die Arbeiter ein Mitspracherecht hatten, nicht lumpen lassen. Um die neuen Gäste zu befördern, wurden 15 neue Busse gekauft, natürlich von Mercedes-Benz aus Stuttgart und natürlich auch mit Klimaanlage.

Mit dem Kapitalismus kam das Ende des *Kvarner Express*. Der Zerfall Jugoslawiens und die folgenden Kriege taten ein Übriges. Zwar wurden bald die Niederlassungen in Slowenien und Bosnien geschlossen, doch die Kriegsschäden konnte man mit einem solchen Sparkurs nicht wettmachen. 1993 meldete das Unternehmen Konkurs an. »Seitdem fehlen die blauen Busse«, schreibt Kos. »Neue fahren an ihrer Stelle, aber sie transportieren auch andere, neue Menschen.«

Am 9. Juli 1939 standen die Bewohner von Abbazia wieder Spalier, zumindest die Sportbegeisterten unter ihnen. Eigentlich sollte an diesem Sonntag in Reims der Große Preis von Frankreich ausgetragen werden, ein traditionelles Autorennen, das zwei Jahre nach dem Ende des Ersten Weltkriegs erstmals gestartet worden war. Doch Mussolini persönlich untersagte seinem Maserati-Team den Start in Reims. Als Ersatz beschloss der *Duce*, einen eigenen Grand Prix auszutragen – die *Coppa Mussolini* zwischen Abbazia, das seit 1918 zu Italien gehörte, und Fiume. Die wachsenden Spannungen der letzten Monate vor dem Beginn eines neuen Weltkriegs hatten auch den Sport erreicht. Dass die *Coppa Mussolini* am 9. Juli 1939 am Quarnero ausgetragen wurde, war auch ein politisches Statement. Ohne die Expansionspolitik Italiens auf Kosten Jugoslawiens wäre das Rennen nicht denkbar gewesen, das am 9. Juli 1939 mit einem italienischen Dreifachsieg endete – und einem Triumph für das Maserati-Team, das die ersten fünf Plätze belegte. Der *Duce* konnte zufrieden sein, auch wenn der Rest Europas sein Rennen in Reims gefahren war.

Die Rennstrecke in Abbazia war nicht das Einzige, was Mussolinis Italien an der einst österreichischen Riviera vermacht hatte. Schon 1931 wurde eine große Open-Air Bühne gebaut, auf der vor 6000 Zuschauern Verdis Aida aufgeführt wurde. Darüber hinaus ließ die Regierung in Rom die Villa Amalia um ein Stockwerk erweitern und errichtete das Hotel Savoy. Die italienischen Faschisten knüpften also da an, wo Österreich 1918 aufgehört hatte. Nur in einem setzten sie sich ab. Das Hotel Kronprinzessin Stephanie hieß nun Regina Elena, benannt nach der Gemahlin von König Vittorio Emanuele III.

Allerdings ist dieser Teil der Geschichte von Abbazia in Opatija weitgehend tabu. Weder im offiziellen Onlineportal *opatija.net*, noch in den Broschüren der Stadt ist vom faschistischen Abbazia, der Politik einer Italianisierung, dem Verbot des Kroatischen als Amtssprache, der aggressiven Ansiedlungspolitik aus Rom die Rede. Lieber beschwört man in den Hochglanzbroschüren den verblichenen Glanz der österreichischen Riviera – an den man liebend gerne wieder anknüpfen möchte.

In der Villa Angiolina gibt es keine historischen Tabus. Das Museum zur Geschichte des Tourismus ist keine provinzielle Geschichtsstube, es ist ein modernes Museum mit Ausstellungen, die den europäischen Vergleich nicht scheuen müssen. Das faschistische Abbazia wird dort ebenso thematisiert wie das sozialistische Opatija – nicht als Vorgeschichte für eine Stadt, die endlich ans Ziel gekommen ist, sondern als Geschichte mit Brüchen und Verwerfungen, die es ebenso zu akzeptieren gilt wie die Erfolgsgeschichte, die seit dem Umbau der Villa durch den Fiumer Kaufmann Scarpa geschrieben wurde.

Zu diesen Brüchen gehören auch die zunehmenden Schwierigkeiten Abbazias im faschistischen Italien. Seit dem Ersten Weltkrieg war Abbazia nicht mehr touristisches Zentrum des österreichischen Küstenlandes, das von Triest bis Cattaro/Kotor reichte, es war Italiens Peripherie. Der Sehnsuchtsort der Wiener Gesellschaft war italienisches Grenzgebiet geworden. Abbazia schrieb keine Erfolgsgeschichten mehr, der Kurort wurde zum Pflegefall. Doch dieses Schicksal teilte er mit den anderen Gebieten, die Italien im Vertrag von Rapallo an der östlichen Adria bekommen hatte. Anders als in Abbazia erhofft, setzte Mussolini aber eher auf Zara als auf den Quarnero. Tausende von jungen Italienern hatte Rom nach Zara, heute Zadar, seine Exklave in Norddalmatien geschickt, ein ebenso symbolischer wie demonstrativer Akt und der Beginn eines »politischen Tourismus«, der die Ansprüche Italiens an das einst venezianische Meeresreich an der östlichen Adria im Nachhinein untermauern sollte.

Abbazia, das nicht venezianisch war, sondern österreichisch, und Fiume, der ehemalige Adriahafen von Budapest, hatten es da schwerer. Und wenn Rom dann doch Grenzlandförderung betrieb, stand der Ausbau des Hafens von Fiume im Zentrum. Der hatte im benachbarten, jugoslawischen Sušak nämlich Konkurrenz bekommen. Auch bei der Gründung von Reiseunternehmern lieferten sich Italien und Jugoslawien ein Wettrennen. Rom hatte 1925 seine *Opera Nazionale Dopolavoro* gegründet. »Das war eine Organisation«, schreibt Maža Seršić, »die die Freizeitaktivitäten in Einklang mit den Zielen der faschistischen Politik bringen sollte.« Zwei Jahre zuvor hatte Belgrad allerdings schon das Unternehmen *Putnik* gegründet, jenes Reiseunternehmen, aus dem in Titos Zeiten regionale Betriebe wie der *Kvarner Express* mit Sitz in Opatija hervorgehen sollten.

Geschichte oder Gegenwart

Als ich am nächsten Morgen das Bellevue verlasse, regnet es. Auf der Terrasse, die, das gebe ich zu, einen angemessenen Blick aufs Meer bietet, haben sich dicke Pfützen gesammelt. Bewirtschaftet wird sie ohnehin nicht. Am Vorabend habe ich versucht, einen Espresso auf die Terrasse zu bestellen, ohne Erfolg. Im Speisesaal hatten die Bediensteten alle Hände voll zu tun, die Halbpensionsgäste haben Vorrang vor einem Individualreisenden mit Kaffeedurst. Wie im Rimini der achtziger Jahre genießen die Hotelgäste auch im postsozialistischen Bellevue den Charme der Vergangenheit, und verzichten dafür lieber auf den Restaurantbesuch. Auch wenn es zwischen der Westküste der Adria und seiner Ostküste eine erbitterte Konkurrenz gegeben hatte: Die Gemeinsamkeiten waren am Ende größer als die Unterschiede.

Dennoch gelingt es mir nicht, mich mit Opatija anzufreunden. Die Fotos von Abbazia, die einem in jedem Café, in Hotelbars, Restaurants und auch auf Billboards begegnen, sind so aufdringlich, dass man sich des Eindrucks nicht erwehren kann, dass Opatija zwar viel Geschichte zu bieten hat, aber wenig Gegenwart. Selbst der Lungomare, dieser traumhaft schöne Spazierweg, den man an der Saumkante der Felsen über die Adria gehauen hat, ist inzwischen nach Franz Joseph benannt. So offenkundig will die »Opatija Riviera« das Image des sozialistischen Ferienparadieses loswerden, dass es dabei vergisst, es selbst zu sein. Selbst der Fisch im *Karmelija* hat, obwohl nicht billig, am Vorabend nicht so vorzüglich geschmeckt wie in den istrischen Restaurants hinter dem Učka-Massiv, in Rovinj oder Poreč.

Ich hole meinen Clio aus der Tiefgarage und mache mich auf den Weg nach Lovran. Bis ans Ende der »Österreichischen Riviera« waren die Kaiser bei ihrem Treffen im März 1894 nicht gekommen. Auch die *Coppa Mussolini* endete 1939 in Abbazia

253

und nicht im sieben Kilometer entfernten Laurana, wie Lovran in Österreich hieß. Für mich aber ist Lovran der versöhnliche Schlusspunkt einer vergeblichen Suche. Ob Opatija, wo einst die Wiener Gesellschaft bis zum Vorabend des Ersten Weltkriegs das Tanzbein schwang, eine Seele habe, wollte ich herausfinden. Ob man dort heute mehr kann als in den verstaubten Kulissen einer lange verblichenen Geschichte zu wandeln. Ob es einen *Genius loci* gibt, der sich neu erfinden ließe. Gibt es nicht überall dieses kulturelle Gedächtnis des Raums, das sich auch Jahrzehnte später wieder aufrufen lässt? Hätte ich noch einen der blauen Kvarner-Busse angetroffen, ich hätte mich der Illusion gerne hingegeben.

In Lovran musste ich gar nicht lange suchen. Nicht nur das Parken ist dort umsonst, auch die Hotels und der Service sind besser. Vor allem aber atmet der Ort, benannt nach den Lorbeerhainen in seiner Umgebung, tatsächlich Geschichte. In der Altstadt, die sich vom Meer steil den Berg hinauferstreckt, haben die Seefahrer schon gehaust, als es noch keine Habsburger-Monarchie und auch keinen italienischen Faschismus gab. Endlich war ich angekommen an dieser Riviera der Adria, ganz egal ob sie einst österreichisch war oder nun kroatisch. Der in Opatija nach Franz Joseph benannte Lungomare heißt in Lovran übrigens einfach nur *obalni put*, Küstenweg. Und der Fisch im Restaurant *Lovranska Vrata* war hervorragend.

Trauriges Triest

EINE GRENZSTADT MUSS SICH NEU ERFINDEN

Diese Stadt hat den Blues. Wenn man auf der aufgeständerten Stadtautobahn mit ihren verbeulten Leitplanken von Osten nach Triest fährt, lodert hinter einem der zahlreichen Tunnel ein Feuer auf. Es ist die Abfackelflamme der Triestiner Raffinerie. Hier wird verbrannt, was man nicht mehr braucht. Für den Reisenden wirkt die züngelnde Dauerflamme in dieser Bucht der Adria, die ganz der Industrie gehört, wie ein Lebenszeichen. Hier bin ich, ich existiere noch, wenn auch auf kleiner Flamme.

Traurig ist Triest auch, wenn man die Innenstadt erreicht hat und das *Borgo Teresiano* durchquert. Man kann sich in den rechtwinklig angeordneten Straßen mit den hohen Häuserschluchten nicht begegnen. In der Stadterweiterung der Maria Theresia aus dem 18. Jahrhundert sind alle Straßen Einbahnstraßen. Will man an eine Stelle, die man zuvor entdeckt hat, zurückkehren, muss man weite Umwege in Kauf nehmen. Fährt man mit dem Zug nach Triest, ist an der Piazza Libertà Endstation. Hier befindet sich der Bahnhof *Trieste Centrale*. Die Bahnhofshalle aus österreichischer Zeit ist nicht nur ein Sackbahnhof, *Trieste Centrale* ist auch ein Endbahnhof. Weiter in Richtung Osten fahren keine Züge. Seit dem Bau der Südbahn durch die Habsburger 1857 hat sich nichts verändert.

Von trauriger Gestalt, sagt der Triestiner Schriftsteller Mauro Covacich, ist auch das Viertel *Chiarbola*, oder, wie er es nennt, *Little Istrien*: »Obwohl im Laufe der Jahre Menschen unterschiedlichster Herkunft in die Neubauten gezogen sind, blieb Chiarbola das vielleicht homogenste Viertel, was die Wurzeln seiner Bewohner angeht. Die Istrianer haben sich hier eingerichtet und diese Mischung aus Küsten- und ländlicher Atmosphäre mitgebracht, sie bestimmen über sich, wie eine Enklave Entwurzelter, die mit nostalgischem Stolz ihr italienisches Primat vor sich hertragen im Vergleich zu den weitaus stärker durchmischten Identitäten der Triestiner.« Müßig zu erwähnen, dass die Straßen in *Little Istrien* heute immer noch Via Pola, Via Umago, Via Pirano, Via Rovigno heißen.

Traurig ist es, wenn der verkehrsumtoste Platz, auf den ich vom Balkon des *Albergo della Posta* schaue, nach einem, wenn auch gescheiterten, Attentäter benannt ist. Wilhelm Oberdank, der am 1. Februar 1858 in Triest als Sohn einer Slowenin und eines Österreichers geboren wurde, wurde zu einem glühenden Kämpfer für die italienische Sache und nannte sich bald Guglielmo Oberdan. Als sich Triest 1882 für die Feiern zum 500sten Jahrestag der österreichischen Herrschaft rüstete, sah der Irredentist seine Stunde gekommen. Mit zwei Bomben wollte er den Kaiser in die Luft jagen. Doch Franz Joseph blieb unverletzt. Zwei Polizisten hatten von den Plänen Wind bekommen. Oberdan wurde verhaftet und später hingerichtet. Im italienischen Triest, diesem traurigen Nationalistennest, ist er ein Volksheld, dem man einen Platz widmet, die Piazza Guglielmo Oberdan.

Noch trauriger wirkt der Platz, weil die Straßenbahn nicht mehr fährt. Die berühmte *Tranvia* verband seit 1902 die Piazza Caserma, wie die Piazza Oberdan in den stolzen Zeiten Habsburgs hieß, mit dem malerischen Dorf Opicina hoch oben auf dem Karst, den Bergen, die Triest wie einen Halbkranz umringen. Wie in den meisten Karstdörfern wird auch Opicina mehrheitlich von Slowenen bewohnt. Opčena heißt das Dorf in ihrer Sprache, Trst die Stadt zu ihren Füßen. Die Straßenbahn können sie nun nicht mehr nehmen.

Von der Piazza Goldoni, die mit der Piazza Oberdan über die Via Carducci verbunden ist, vielleicht die einzige Straße in Triest, die sich Boulevard nennen darf, führen die Treppen steil hinauf zum Hügel von San Giusto. Je höher man steigt, desto weiter geht der Blick, wenn man eine Verschnaufpause einlegt und zurückschaut. Oben der Karstbogen, unten, eng von ihm umschlungen, die Stadt. Nicht nur die slowenischen Dörfer sind auf dem Karst beheimatet, sondern auch die Bora, jener eisige Nordwind, der von den Bergen hinab in den Stadtkessel drischt und alles mit sich nimmt, was nicht niet- und nagelfest ist. Mehrere Tage lang kann dieses Naturschauspiel dauern. Die Triestiner haben während der Bora viel Zeit, zu Hause zu hocken und über sich und ihre Stadt nachzudenken.

Der Hügel über der Stadt war schon zu römischen Zeiten bebaut, hier stand das Propyläum. Auch der Name der Stadt, Tergestium, geht auf die Römer zurück. Vom Hügel führte die Stadt über die heutige Via della Cattedrale hinab zum Meer. An der Piazzetta Riccardo steht noch der Torbogen der römischen Stadtmauer, die Octavian 33 vor Christus errichten ließ. Weiter unten befinden sich die Ruinen des Teatro Romano. Doch anders als in Split hat das römische Tergestium Triest nicht geprägt. Über dem Propyläum thront das Kastell, und das haben die Österreicher gebaut. 1382 hatten sich die Stadtväter in die Obhut Wiens gegeben, weil sie fürchteten, ihre Stadt könne in die Hände Venedigs fallen. Damit begann die mehr als fünfhundert Jahre dauernde Geschichte Habsburgs am Meer.

Wie österreichisch Triest bis heute ist, zeigt auch der Blick hinunter auf die Stadt. Vom San Guisto sieht man im Norden die rechtwinklige Anlage des *Borgo Teresiano* und den alten Hafen. Es ist das Triest des 18. Jahrhunderts. Nach Westen hin geht der Blick auf die Piazza dell'Unità d'Italia, der größte, dem Meer hin geöffnete Platz der Adria, der seit jeher die Phantasien beflügelt hat. Hier, im Triest des 19. Jahrhunderts, sind noch immer die Insignien habsburgischer Herrschaft versammelt: Der prächtige Sitz des Triestiner Lloyd, der Sitz des Gouverneurs und das verspielt kitschige Rathaus an der Stirnseite des Platzes. Wunderbar auch die etwas südlicher gelegene Fischhalle am Meer aus der Zeit des Jugendstils, die nun wieder saniert ist und als Ausstellungshalle dient. Reichlich protzig trotzt dazwischen das Hotel Savoia Excelsior Palace, damals wie heute erstes Haus am Platz und das einzige Triestiner Hotel mit Meerblick. Prächtig war das Triest des 19. Jahrhunderts und wenig bescheiden, schien ihm doch ganz und gar die Zukunft zu gehören.

Das mit den mehr als fünfhundert Jahren Habsburg stimmt, und es stimmt auch nicht, denn die große Zeit von Triest hat erst im 18. Jahrhundert begonnen. Im Jahre 1717 erklärte Kaiser Karl VI. die Schifffahrt des Adriatischen Meeres für »sicher und frei«. Zwei Jahre später machte er Triest zum Freihafen. Doch es dauerte noch etwas, bis die verschlafene Stadt an der Adriaküste aus dem Dornröschenschlaf erwachte, berichtet Claudio Magris in seinem Buch *Triest. Eine literarische Hauptstadt in Mitteleuropa*: »Erst die Politik Maria Theresias (…) verwandelt die Adriastadt in den Zugang zum Meer schlechthin und in den kommerziellen Umschlagplatz ihres Staates.«

Sie hat also nur zweihundert Jahre gedauert, die glückliche Zeit Triests. Und auch hier oben auf dem Hügel von San Giusto weht der Blues. Das Lapidarium mit den Gedenksteinen an die Gefallenen der Weltkriege, an die Kämpfer für die italienische Sache sowie die Helden der Italianità aus Istrien und Dalmatien macht den Hügel eher zum Ort der Toten als der Lebenden. Und dann ist da die Gedenktafel aus dem Jahre 1921, die am Ende der Via della Cattedrale prangt, mit den Versen des Nobelpreisträgers Giosuè Carducci: »O eilt zum schönen Meer

Triests und zu den Höh'n / Im Angesicht des Fremdlings, der bewaffnet auf / Unserem Boden weilt, singt: Italien! Italien!«

Ach du herrliches Meer von Triest, das du nun zu Italien gehörtest – was für eine Lüge. Als dir diese Tafel beschert wurde, war dein Niedergang längst beschlossen.

Die Stadt der Dichter

War Triest wirklich einmal fröhlich? Oder haben uns das nur die Dichter eingeredet? Das große Dreigestirn zum Beispiel, das Triest vor dem Ersten Weltkrieg bewohnt und auf die literarische Landkarte Europas gesetzt hat: Italo Svevo, Umberto Saba, Scipio Slataper. In ihren Romanen und Essays, Kurzgeschichten und Gedichten schufen sie das polyphone Grundrauschen einer Stadt, deren einzige Gemeinsamkeit vielleicht die der Andersartigkeit war. Eine österreichische Stadt am Meer, anders als Wien also; eine österreichische Küstenstadt, anders als die italienischsprachigen Städte an der östlichen Adria; eine Stadt, die sich jeder Eindeutigkeit entzog, begegneten sich in ihr doch das romanische, das germanische und das slawische Element.

Nein, das Triest des Fin de Siècle, zu dem sich auch noch ausländische Literaten wie James Joyce gesellt hatten, war nicht multikulturell, schreibt Claudio Magris, bis heute Literaturprofessor an der Triestiner Universität und selbst einer der großen Schriftsteller der Stadt. Eher war es bis zur Unerträglichkeit heterogen, immer in Gefahr, in seine einzelnen Bestandteile zu verfallen. Aber es waren auch die Literaten, die mit ihrer Triestinità jenes Bindemittel schufen, das die Stadt vor dem großen Völkerschlachten zusammengehalten hat: »Triest ist vielleicht mehr als jede andere Stadt Literatur, ist seine Literatur. Svevo, Saba und Slataper sind nicht so sehr Schriftsteller, die in ihm und aus ihm geboren werden, als Schriftsteller, die es schaffen und hervorbringen, die ihm ein Gesicht verliehen, dass es sonst so vielleicht gar nicht gäbe.«

Doch diese Triestinität war, wie sollte es anders sein, brüchig. In ihren Texten beschrieben die, die sie hervorbrachten, zugleich das große Auseinanderdriften, die zunehmende Individualisierung – und auch den beginnenden Nationalismus, der selbst vor den Triestiner Literaten nicht haltgemacht hat. Als mit den Schüssen von Sarajevo am 28. Juni 1914 das *Finis Austriae*, die Dämmerung des Habsburgerreiches begann, sah etwa Scipio Slataper keinen anderen Ausweg als den Irredentismus, die Ablösung der Triestinità durch die Italianità. Er wird als Freiwilliger in den Krieg ziehen und in ihm den Tod finden. Tempi passati: Mit Slatapers Fanatismus wird auch die Triestiner Literatur in den Abgrund gerissen.

Vielleicht ging das Vorkriegs-Triest auch erst am 13. Juli 1920 endgültig unter. Nicht weit von der Piazza, die nach dem Beinahe-Attentäter Oberdan benannt ist, befindet sich in der Via Filzi Fabio ein Gebäude, das zur Triestiner Universität gehört. Bis zum 13. Juli 1920 befand sich hier der *Narodni Dom*, das slowenische Volkshaus, in dem slowenische Kulturvereine, Organisationen und auch das slowenische Archiv der Stadt ihren Sitz hatten. Am 13. Juli 1920 haben es Mussolinis Schwarzhemden niedergebrannt. Am helllichten Tage. Unter den Augen der Passanten und der Polizei. Nun, da die Italiener erlöst waren und endlich an Italien angeschlossen, sollte kein Platz mehr sein für andere, auch wenn sie seit Generationen in der Stadt lebten.

Die andere Minderheiten, die der österreichischen Beamten, Lehrer und Militärangehörigen, die deutschen und jüdischen Kaufleute, hatten die Stadt bereits verlassen. Es war ein Exodus, von dem sich Triest nie wieder erholen sollte. Das »adriatische Problem«, wie Claudio Magris es nennt, der Dialog zwischen den italienischsprachigen Triestinern und denen, die slowenisch sprachen, war nicht gelöst worden. Und nicht nur kulturell, auch wirtschaftlich war Triest nach dem Anschluss an Italien am Ende. Weil das österreichische Hinterland mit Görz und der Krain nun fehlte, Triest mithin vom Donauraum und Mitteleuropa abgeschnitten war, blieb nur noch der Korridor nach Italien. Doch Rom war weit weg, und so wurde aus der Hafenmetropole der Habsburger eine italienische Provinzstadt, eine Stadt am Rande Italiens zur slawischen Welt.

Wie immer, wenn die Bedeutung verschwindet, sucht man im Bedeutungslosen nach Halt. Das bekamen hauptsächlich die Triestiner Slowenen zu spüren. Seit 1923 durfte in den Schulen nicht mehr auf Slowenisch unterrichtet werden. Seit 1927 war es untersagt, in der Öffentlichkeit Slowenisch zu sprechen, ein Jahr später wurden die slowenischen Zeitungen verboten. So wurde eine Stadt, Schritt für Schritt, zu Grabe getragen. Die Stimmen der Vernunft hatten kein Gehör gefunden. Zu ihnen hatte auch Valentino Pittoni gehört, der Führer der Triestiner Linken. Er hatte, eher als Akt der Verzweiflung denn als realistische Option, im Oktober 1918 die Bildung einer »Adriarepublik Triest« gefordert – um so den Anschluss an Italien zu vermeiden. »Der Vorschlag, eine unabhängige Republik auf einem kleinen Vielvölkerterritorium zu errichten«, blickt Claudio Magris zurück, »erscheint wie ein letzter Treueakt vor dem Ideal der Versöhnung zwischen unterschiedlichen Völkern, wie ein Versuch, Triest und sein unmittelbares Hinterland der Vorherrschaft eines der beiden konträren Nationalismen zu entziehen.«

Poris Pahor ist unweit der Piazza Oberdan geboren, die 1913, im Jahr seiner Geburt, noch Piazza Caserma hieß. Als die italienischen Nationalisten den *Narodni Dom* niederbrannten, war der slowenische Junge sechs Jahre alt. Er musste nicht nur die Untätigkeit der Polizei mit ansehen, sondern auch, wie Schaulustige die Löscharbeiten behinderten. Kurz darauf wurde er eingeschult und musste plötzlich eine andere Sprache sprechen, »gleichsam mit einem falschen Gebiss im Mund«, wie er es später einmal formulierte. »Schulen werden geschlossen, Namen bis in die In-schriften auf den Grabsteinen hinein italianisiert, Mädchen an ihren Zöpfen aufgehängt.« Da gehörten plötzlich welche nicht mehr zu Triest, die seit Generationen in der Stadt gelebt hatten. Für die Slowenen war Triest im Habsburgerreich, mehr noch als Laibach, das kulturelle Zentrum. Und sie hatten sich mit der Zeit etabliert. Nicht mehr nur Dienstmädchen und Bauern wa-ren die Slowenen, sondern Angestellte, Selbständige, Intellek-tuelle. Mit dem wirtschaftlichen Erfolg wuchs auch das Selbst-bewusstsein. Das alles wurde mit dem Brandanschlag am 13. Juli 1920 zu Grabe getragen. Von nun an sollte der Nationalitäten-kampf das italienische Triest begleiten. Zumal östlich der Grenze ein neuer Staat entstanden war, das Königreich der Serben, Kro-aten und Slowenen. Viele Slowenen radikalisierten sich, andere zogen weg, viele von ihnen noch mit einem Satz im Ohr, den Benito Mussolini formuliert hatte, als er 1920 in Pola aufgetreten war: »Zur Verwirklichung des mediterranen Traums muss der Adriaraum in unseren Händen sein; angesichts der minderwer-tigen und barbarischen Rasse der Slawen.«

Boris Pahor ist geblieben. Er ist heute, inzwischen mehr als hundert Jahre alt, der älteste lebende Schriftsteller slowenischer Sprache mit italienischem Pass. Und er ist noch immer Triesti-ner. Einer, der darum kämpfen musste, es zu bleiben. In seinem 1955 erschienen Buch *Die Stadt in der Bucht* schrieb Pahor über seine Geburtsstadt aus der Perspektive eines Partisanen, der sich oben in den Bergen des Karst versteckt hielt. Deshalb bin ich auf den Karst hochgefahren. Ich wollte wissen, wie sich Triest von oben anfühlt. Ich wollte wissen, wie die slowenische Minderheit auf die Stadt schaut, die »Stadt in der Bucht«, auf ihre Ge-schichte und ihre Gegenwart.

Was ich nicht wusste, war, wie hoch 400 Meter sein können und wie gewaltig die Distanz zwischen oben und unten ist, das lange Zeit im Grunde ein unten und oben war. Weil die Via

Commerciale, die der stillgelegten Tram von der Piazza Oberdan nach Opicina folgt, gesperrt war, habe ich auf eigene Faust eine Ersatzroute genommen, bin von der Küstenstraße Viale Miramare Richtung Barcola rechts in die Via Boveto abgebogen, durchs Viadukt der Südbahn hindurch, um mich dann in Richtung Karst hochzuarbeiten. Dass das möglich sein musste, entnahm ich dem Stadtplan, der zwischen Küstenstraße und der Landstraße, die oben den Karsthang entlangführt, eine Verbindung auswies. Leider habe ich nicht genau auf den Namen der Straße geschaut: Sie heißt Via Sottomonte, also die Straße am Fuße des Berges – und irgendwann musste sie ihn auch hinauf. Es war ein Fehler. Ein gewaltiger Fehler. Die Fahrt hinauf über die Bergfußstraße, die nicht mehr als ein mäßig asphaltierter Mauleselpfad war, schaffte mein alter Clio meist nur im ersten Gang. Denn bald schon verengte sich die Via Sottomonte, trat aus dem Weichbild der Stadt heraus und führte hinein in eine malerische Hanglandschaft, vorbei an zahlreichen Weinbergen und schmucken Dörfern. Allerdings war die Via gerade so breit, dass der Clio nicht an den Feldsteinmauern kratzte, die sie säumten. Außerdem verlief die Straße nicht gerade, sondern wand sich wie eine Schlange nach oben, so dass zu keinem Zeitpunkt ersichtlich war, ob jemand den gleichen Fehler wie ich beging, nur in der Gegenrichtung. Der Blick auf den Karsthang über mir zeigte: Ich hatte noch nicht einmal ein Drittel geschafft.

Irgendwann war dann Schluss. Beziehungsweise: Ich kurvte um die Ecke und stand auf einem Dorfplatz, der eher dem Innenhof eines Gehöfts glich, auf dem einige Autos parkten. Ein Vespafahrer, der mir die ganze Zeit gefolgt war, klopfte an meine Scheibe. Ich wollte mich schon entschuldigen, dass ich ohne Erlaubnis in sein Gehöft eingedrungen war, da fragte er mich in bestem Englisch: Wollen sie nach Opicina? Ich nickte. Kein Problem, sagte er. Sie fahren einfach zwischen den Häusern durch, dahinter geht die Straße weiter. Aber bitte nicht anhalten, wer weiß, ob sie dann nochmal in Schwung kommen.

Der junge Mann hatte recht. Es ging weiter. Angehalten habe ich doch noch, an einem weniger steilen Abschnitt, links von mir eine meterhohe Steinmauer, rechts ein grün schimmerndes Dach von Rebstöcken, über die ich hinweg hinab aufs Meer schaute. Es lag so tief unten, so unerreichbar, dass ich erschrak. Das hatte ich also meinem alten Auto zugemutet. Vielleicht erschrak ich aber auch, weil Triest von hier oben so weit entfernt war. Oben auf der Landstraße angekommen, wo auch die gesperrte Via Commerciale hingeführt hätte, entdeckte ich, dass es noch eine Alternative gegeben hätte: die Schnellstraße über den Karsthügel hinweg ins Zentrum der Stadt. Die Entfernung stand auf einem Verkehrsschild: »Trieste 5«.

Es war ein Fehler. Aber es war ein großartiger Fehler. Er hat mir die Topographie einer Stadt vor Augen geführt, die ein Stadtplan nicht abbilden kann. Ein oben und ein unten, zwischen denen es im Grunde nur vier Verbindungen gab. Die Via Commerciale als innerstädtische Landstraße, die Strada del Friuli als westliche Umfahrung Richtung Miramare, die »5 Kilometer Straße« als östlicher Umweg sowie die Via Sottomonte, die im ersten Gang durch die Weinberge führt. Oben aber war es nicht übersichtlicher. Vor dem Fall des Eisernen Vorhangs reichte Triest wie eine Landzunge in den Osten hinein, zu einer Seite vom Meer umgeben, zu zwei Seiten von Jugoslawien. Welche Karstdörfer gehörten zu Triest, welche zu Jugoslawien? Heute spielt das keine Rolle, auch wenn überall auf der Hochebene Hinweisschilder mit »I« oder »SLO« stehen. Hat man sich verfahren, fährt man von »I« über »SLO« eben wieder nach »I« zurück, oder umgekehrt. Bis zum Beitritt Sloweniens zur Europäischen Union verlief in diesem Chaos auf dem Karst die Außengrenze der Festung Europa.

Eigentlich ist Basovizza, auf Slowenisch Bazovica, nur eines der zahlreichen Dörfer oben auf dem Karst. Aber um Triest, die Traurige, zu verstehen, muss man nach Basovizza wegen der gleichnamigen *Foiba* kommen. Tausende Partisanen, Slowenen und Italiener, wurden 1943 von den Deutschen in die Schlucht eines stillgelegten Bergwerks geworfen. Zwei Jahre später schlug das Pendel zurück. Nun waren es vor allem Italiener, die im September 1945 im Wald von Basovizza von Titos Partisanen erschossen und in die Schlucht geworfen wurden. »Ich denke, dass auf diesen Wegen, die die ehemalige Grenze zwischen freier Welt und Kinderschreck zusammenhalten, der geheime Code liegt, mit dem man das Herz meiner Stadt erschließen kann«, schreibt der 1965 in Triest geborene Schriftsteller Mauro Covachich.

Nicht verstehen kann man Triest und Basovizza ohne den Vormarsch der Vierten Jugoslawischen Armee im Frühjahr 1945. Diesem Vormarsch, der Tito schnellen Geländegewinn brachte, an dessen Ende die jugoslawische Besetzung Triests stehen sollte, war ein ebenso rascher Geländegewinn vorangegangen, der die italienische Armee von Mussolini 1941 nach Jugoslawien geführt hatte. Nicht mehr nur Istrien, der Kvarner, Zadar und Fiume gehörten nun zu Italien, sondern auch Dalmatien bis hinab nach Kotor. Der *Duce* hatte seinen Traum also wahrgemacht, den er bei seiner Rede 1920 in Pola öffentlich geträumt hatte: Das Adriatische Meer war wieder das *Mare Nostrum* der Italiener. Dem italienischen Vormarsch 1941 war eine jugoslawische Politik vorausgegangen, die gegenüber der italienischen Minderheit in Dalmatien nicht weniger repressiv war als die Italiens gegenüber der slowenischen und kroatischen Minderheit. Tausende Italiener aus Dalmatien waren deshalb nach Istrien gezogen. Die Politik einer ethnischen Bereinigung der adriatischen Landkarte hatte also lange angefangen, bevor der Exodus von 300 000 Italienern aus Istrien und Fiume begann.

Das ist die Vorgeschichte von Basovizza, und dennoch erklärt sie nicht die Bedeutung dieses Ortes für die Triestiner in ihrem vom feindlichen Staat umgebenen Zipfel, den sie seit 1945 bewohnen. Und auch nicht, dass es alles andere als eine Selbstverständlichkeit war, dass sie dort überhaupt noch wohnten. Vierzig Tage lang hatte Titos Armee die Stadt besetzt gehalten. »Wenn wir von der Fröhlichkeit der Triestiner sprechen, von ihrer übersprudelnden Lebensfreude«, schreibt Mauro Covachich, »müssen wir immer die Risiera und Basovizza im Hinterkopf behalten, müssen wir daran denken, dass es Menschen sind, die an einem Ort voller Wut, Schmerz und Tod aufgewachsen sind.« Basovizza, das war das Grab, das Titos Partisanen geschaufelt hatten. In der Risiera di San Sabba, der alten Reisfabrik, befand sich das einzige Konzentrationslager der Nazis auf italienischem Boden. Das ist das Grab der slowenischen und italienischen Oppositionellen und Partisanen.

Zurück nach Triest nehme ich nicht mehr die Via Sottomonte, sondern die Schnellstraße nach Sistiana. Nach einem kurzen, erfrischenden Bad in der Adria kehre ich auf der *Strada costiale* zurück in diese verrückte Stadt, die ein wenig dem Meer gleicht, das an die Kaimauern des *Porto Vecchio* klatscht. Rätselhaft und vertraut sei die Adria, hat der Schriftsteller Claudio Magris seinen Helden Enrico in der Novelle *Ein anderes Meer* 1991, kurz vor dem Ausbruch des Jugoslawienkrieges, seufzen lassen. Auf der einen Seite könne man schnell mit ihr Freundschaft schließen, weil sie nichts vom formlosen, bitteren Nichts eines Ozeans habe. Dann wiederum zwinge sie einen, Stellung zu beziehen, und sei es nur in altphilologischen Überzeugungsfragen wie jener, ob Jason und Medea auf ihrer Flucht von Kolchis tatsächlich die Adria befahren hätten oder nicht.

Auch Triest ist eine solche Stadt, der gegenüber man nicht gleichgültig sein kann. Ich habe immer wieder versucht, mich diesem Zwang zu entziehen, habe Triest ein ums andere Mal bereist mit der Unvoreingenommenheit eines Touristen, der gewillt ist, die schönen Seiten in den Vordergrund zu stellen. Es ist mit nur gelungen, wenn ich auf der Durchreise war. Ein kurzer Halt im schattigen Pineta in Barcola samt Sprung ins Meer. Ein Bummel am Canal Grande, den die Cafés erst seit einigen Jahren säumen, zuvor war er, wie die Stadt, abweisend und verschlossen. Bleibt man dagegen mehrere Tage in Triest, dann muss man, ob man es will oder nicht, hineintauchen in seine Traurigkeit und Bitternis und in seinen Zerfall, den nicht einmal die Dichter der Triestinità aufhalten konnten. Auch die Piazza Oberdan ist so ein Ort, der sich jeder einfachen Beschreibung entzieht. Ja, es stimmt mich traurig, wenn ein Platz einem Attentäter gewidmet ist. Aber welche Tragödie verkörpert dieser junge Slowene, der ein italienisches Triest herbeibomben wollte, dem später, als es Wirklichkeit wurden, seine Landsleute als Erste zum Opfer fallen sollten?

Als Poris Pahor vor Kurzem die Essenz seines über hundert Jahre langen Lebens in ein Stück Literatur zu bringen versuchte, hat er dafür jenen Ort ausgesucht, in dessen Nähe er geboren wurde. *Piazza Oberdan* heißt die Novelle, und Pahor beschreibt den Platz als Schicksalsort der Slowenen in Triest. Für Pahor ist Guglielmo Oberdan nicht bloß ein irredentistischer Amokläufer, er sieht ihn als einen an den Rand gedrängten und radikalisierten jungen Slowenen. Dass er dabei ausgerechnet zum italienischen Irredentisten wurde, sei nicht untypisch für das Schicksal der slowenischen Minderheit, die ihren Platz in Triest erst noch finden musste.

Pahor hat seinen gefunden, aber erst im italienischen Triest, und auch nur im politischen Untergrund. Als der Knabe, der mit sechs Jahren mit ansehen musste, wie der *Dom narodni* abgefackelt wurde, zum jungen Mann heranreifte, erreichte die Hetze gegen die Slowenen ihren Höhepunkt – und wieder einmal wurde die Piazza Oberdan zum Schauplatz italienischer und später deutscher Herrenpolitik. Direkt am Platz befand sich seit 1943 das Gestapo-Gefängnis, hinter dem sich 1944 auch für Boris Pahor die Gitter schlossen. Zuvor hatte Pahor versucht, das Beste aus einem slowenischen Leben in einer fanatisierten italienischen Stadt zu machen. In Koper, das nun Capodistria hieß, war er aufs Gymnasium gegangen, in Gorizia, ehemals Görz, absolvierte er das Priesterseminar, dann wurde er, der slowenische Italiener zur Armee eingezogen und musste helfen, Mussolinis Traum in Albanien zu verteidigen. Als der Faschismus des *Duce* zusammenbrach, kehrte Boris Pahor zurück, um sich den Partisanen anzuschließen. Er wird wohl so ähnlich gedacht haben wie sein Held in *Die Stadt in der Bucht*: »Auf den Gehsteigen sprechen sich kurz angebunden die Arbeitslosen an. Nein, solche Männer gibt es zurzeit wahrscheinlich gar nicht, jetzt arbeiten sie für die Hakenkreuze. Sicher, und arbeiten gleichzeitig dagegen, wie Penelope machen sie, was sie am Tag geschaffen haben, zunichte. Sie laden die deutschen Ladungen ab, aber sprengen die Gleise, auf denen neue Ladungen ankommen sollten. Reparieren die Straße, dann aber jagen sie die Brücke in die Luft. Tragen Säcke aus den Lagern, fahren aber den Lastwagen mit den Säcken zu den Partisanen auf dem Karst, führen ihnen Waffen zu und flüchten auch selbst zu ihnen hinüber.«

Pahors Partisanenzeit war kurz. Im Januar 1944 wurde er verhaftet, ins deutsche Gestapo-Gefängnis an der Piazza Oberdan gebracht und anschließend ins KZ Dachau verschleppt. Er überlebte die Konzentrationslager Stutthof, Mittelbau-Dora und Bergen Belsen und verarbeitete das, was er dort erlebt hat, in einem Roman mit dem vielsagenden Titel *Nekropolis*. Nach seiner Befreiung studierte er in Padua Literatur und kehrte in seine Heimatstadt zurück, wo er von 1953 bis 1975 an einem

Gymnasium unterrichtete. Der Stadt dauerhaft den Rücken zu kehren, wäre ihm nie in den Sinn gekommen.

Doch auch im Triest der Nachkriegszeit, das bald zum Bollwerk der Italianità gegen das Jugoslawien Titos wurde, war für einen wie ihn nur begrenzt Platz, schreibt die Pahor-Kennerin Judith Leister: »In Jugoslawien wollte man seine Kritik an den Auswüchsen des Partisanentums und seine Forderungen nach mehr Autonomie für die Slowenen nicht hören. In Italien hat man es bis heute vermieden, sich mit dem faschistischen Terror gegen die Slowenen auseinanderzusetzen.«

Doch einer wie Pahor, der diese Stadt erlebt und überlebt hat, ließ sich den Mund nicht verbieten. Er wurde Mitherausgeber der Zeitschrift *Zaliv* (Bucht), in der zum ersten Mal in slowenischer Sprache von den Morden in Basovizza und den anderen Foibe die Rede war. In Jugoslawien, dem Konterpart dieses traurigen Triests, wurde er deshalb zur unerwünschten Person.

Ein Leben an der Bruchlinie. Heute lebt er in Prosek und die einzig richtige Bruchlinie, die es für ihn nun gibt, ist das hohe Alter und das »oben« und »unten«, das sein Karstdorf von »seiner« Piazza Oberdan trennt. Aber auch das ist inzwischen überwunden. Im Halbstundentakt fährt die Triestiner Buslinie 42 just an jenen Platz, dem Pahor seine Lebensbilanz gewidmet hat.

Die Wiederentdeckung der Adria

Für Triest endete der Krieg nicht 1945, sondern erst 1954. Anfang der fünfziger Jahre war Triest aufgeteilt in eine von den Amerikanern besetzte Zone A und eine Zone B, die unter jugoslawischer Militärverwaltung stand. Denn nicht nur die Italiener hatten Anspruch auf Triest erhoben, sondern auch Titos Jugoslawien. Triest blieb ein Streitfall am Rande Europas, eine ungeklärte Grenze und neben dem geteilten Berlin die vielleicht offenste Wunde des Kalten Krieges in Europa. Offen blieb die Wunde aber auch noch, als Triest im Jahre 1954 endgültig an Italien fiel, die Zone B aber mit Pirano/Piran, Saviola/Savudrija, Umago/Umag bis hinunter nach Cittanova/Novigrad an Jugoslawien. Die endgültige Festlegung der Grenze löste einen dritten und letzten Exodus der *Esuli*, der italienischen Bevölkerung aus Istrien aus – und Triest wurde, einmal mehr, von Flüchtlingen überströmt.

Wie schon 1918, als Triest zu Italien gekommen war und die irredentistische Italianità die kosmopolitische Triestinità abgelöst hatte, wurde das erneut italienisch gewordene Triest zum Bollwerk der Italianità gegen das Reich der Südslawen. Triest wurde zur unversöhnten Stadt, zu einem Stachel in einem Europa, das sich andernorts längst zu einigen begann. Eigentlich, denke ich, ist es ein Wunder, dass es Boris Pahor in dieser Stadt ausgehalten hat. Aber vielleicht war das auch nur dort oben auf dem Karst möglich. Vielleicht war die slowenische Umgebung in seinem Dorf Prosek die Entschädigung für den Arbeitsalltag als Lehrer dort unten in der Stadt an der Bucht.

Vielleicht endete die Nachkriegszeit in Triest aber auch erst 1993, dem Jahr, in dem Riccardo Illy Bürgermeister wurde und ins Rathaus an die Piazza dell'Unità d'Italia einzog, den Blick vom Amtszimmer fest auf die Adria gerichtet. Von seinem Schreibtisch aus sah er ein Meer, das im Bewusstsein der Triestiner zum Gestern gehörte, es war ein Meer der Vergangenheit und ohne Zukunft, ganz so wie es einmal der Publizist Paolo Rumiz in der *Reppublica* ausgedrückt hatte: »Von 1945 bis in die achtziger Jahre war das Meer aus dem kollektiven Gedächtnis der Triestiner verschwunden. Sie standen mit dem Rücken zum Wasser, die Gewehre gegen den Karst gerichtet.«

Riccardo Illy, der in Triest 1955, nur ein Jahr nach der Rückkehr der Stadt zu Italien, geboren wurde, wollte nicht länger, dass seine Stadt am Rande Europas lag. Er wollte Triest wieder zu einem Kraftfeld machen, zu einer Stadt des Handels mit den Nachfolgestaaten Jugoslawiens.

Dass sein Großvater, einst aus Ungarn gekommen, in Triest vor dem Ersten Weltkrieg hängen geblieben war, gefiel den Triestinern, und auch, dass ein Teil seiner Familie schwäbische und irische Wurzeln hatte, es war eine Reminiszenz an eine Triestinità, die so lange verschüttet gewesen war in den Grabenkämpfen des Kalten Kriegs. Aber der schlanke, smarte Spross der Kaffeedynastie mit den asketischen Gesichtszügen wirkte nicht nur aristokratisch, er war auch, in Italien bis dahin kaum denkbar, unbestechlich. Für seinen Bürgermeisterjob ließ er sich keine einzige Lira auszahlen, und zum Dienstbeginn ins Rathaus kam er mit dem Fahrrad. Riccardo Illy brachte eine neue Mentalität in den *Palazzo Communale* an der Piazza dell'Unità d'Italia, jenen Platz, an dem sonst vor allem der Einmarsch der italienischen Armee in die Zone A des Freien Territoriums Triest am 26. Oktober 1954 gefeiert worden war.

Nicht mehr nur traurig sollte Triest, die drittgrößte Stadt an der Adria, nun sein, sondern auch erfolgreich. Neuen Lebensmut sollte es schöpfen, und endlich die Melancholie des Fin de Siècle ablegen. Unter Illys Ägide wurden die große Meerespiazza und die Altstadt am Fuße des San-Giusto-Hügels renoviert. Nun musste man nicht mehr ganz so oft damit rechnen, dass einem, wenn die Bora von oben auf die Stadt hinabpeitschte, die Ziegel der Dächer um die Ohren flogen. Zuvor sah es entlang der Via Cavana noch so aus wie zu James Joyce Zeiten als die Huren die Straßen bevölkerten und den Matrosen aus dem Hafen zuriefen: »Na Kleiner, wie wär's mit uns.« Mussolini hatte die Altstadt verrotten lassen, weil sie österreichisch, also nicht italienisch war.

Vor allem aber orientierte sich Illy nach Osten: »Als ich als Bürgermeister anfing«, erzählte er einmal, »war die Stadt verschlossen und unterhielt so gut wie keine Beziehungen zu der Bevölkerung, die sie umgab. Die Slowenen und Kroaten galten als Feinde.« Riccardo Illy ging ein hohes Risiko ein. Er weckte nicht nur Triest aus seinem Dornröschenschlaf, sondern auch nationale Gefühle, die seit dem Ende des Zweiten Weltkriegs in einer Art Schockstarre eingefroren waren. Für das traditionell rechte und nationalistische Milieu war Illys Politikwende eine Provokation, die immer wieder zu Eklats führte. 1997 etwa intonierten drei konservative Abgeordnete bei einem offiziellen Empfang auf dem Einheitsplatz das »Va pensiero« aus Verdis *Nabucco*, die inoffizielle Hymne der *Esuli*, der italienischen Vertriebenen. Begeistert stimmte ein Teil der Anwesenden ein.

Aber auch die Slowenen Triests sahen nun die Zeit gekommen, Forderungen zu stellen. Sie setzten sich für ein Gesetz ein, das die Zweisprachigkeit vorsieht, wo eine ethnische Minderheit mehr als ein Drittel der Bevölkerung stellt. Im Grunde war es europäisches Recht, das sie forderten, doch bis Italien war es zu diesem Zeitpunkt noch nicht vorgedrungen. Riccardo Illy unterstützte die Forderungen. Als sich im Mai 2000 fast fünftausend Angehörige der Minderheit zu einer Demonstration versammelten, betonte Illy, dass er die slowenischen Triestiner nicht nur als Bereicherung der Stadt und ihrer Kultur sehe. Er setzte sich auch für die Verabschiedung des Minderheitengesetzes ein, dessen Verabschiedung in Rom immer wieder verzögert worden war. Dass in den Dörfern auf dem Karst, in Opicina/Opčena, Basovizza/Bazovica oder Prosecco/Prosek die Ortschilder zweisprachig sind, geht auf das Engagement Illys zurück.

Riccardo Illy habe Triest wieder auf die Landkarte Europas zurückgebracht, heißt es seitdem. Vielleicht hat er aber auch nur jenes Klima wieder in Erinnerung gerufen, in dem die Vielstimmigkeit seiner Kultur gedeihen konnte und kann. Plötzlich erhoben sich nämlich auch wieder die anderen Stimmen, jene, denen es um Versöhnung und nicht um Spaltung ging. 1997 veröffentlichte der Triestiner Schriftsteller Fulvio Tomizza seinen Roman *Franziska*, eine Liebesgeschichte zwischen einem slowenischen Mädchen und einem italienischen Offizier aus der Zwischenkriegszeit. Nicht mehr nur die Triestinità war auf die literarische Landkarte zurückgekehrt, sondern auch ihr Hinterland.

Für die einen war Tomizza, der 1935 in einem istrischen Dorf bei Materada geboren wurde, ein Nestbeschmutzer, scherte er als Vertriebener doch aus dem Nationalismus und Revanchismus der *Esuli* aus. Anderen war er Ansporn, sich endlich den so lange verdrängten Konflikten zu stellen und sie im Geiste des Dialogs anzupacken. Und natürlich endlich die Realität zur Kenntnis zu nehmen. »Die Triestiner sind Mischlinge«, sagte Tomizza einmal, »drei Viertel von ihnen haben slawische Vorfahren.«

Das fröhliche Triest

Von der Piazza Oberdan ist es nur ein Katzensprung zum Canal Grande. Die Cafés, die dort in den letzten Jahren rund um das kleine Hafenbecken öffneten, verbreiten eine fast südländische Atmosphäre. Kein Touristennepp wie am Markusplatz in Venedig. Hier begegnet das junge Triest den jungen Besuchern aus Italien, Slowenien, Österreich, Kroatien, Deutschland. Kein Blues weht hier von der Adria, sondern eine frische Brise, die diese Stadt so sehr braucht. Die Wiederentdeckung der Adria, die mit Riccardo Illy an der Piazza dell'Unità d'Italia begonnen hatte, setzt sich nun auch am Canal Grande fort. Auch an der Riva, lange Zeit, ein Ort des tosenden Autoverkehrs, lässt es sich nun, das Meer immer im Blick, entlang bummeln.

Das fröhliche Triest begegnet sich auch in der Via Cavana, dem ehemaligen Matrosen- und Hurenviertel. Nach der Sanierung treffen sich, wenn es Zeit für einen Aperol Spritz oder einen Hugo ist, hier die Jungen und Kreativen. Wahre Menschentrauben drängeln sich vor den schicken Bars und Salumerien, bevor es ins Restaurant und später vielleicht noch ins Triestiner Nachtleben geht. Die Fröhlichen unter den Älteren treffen sich, wie eh und je, im *Caffè degli Specchi* an der Piazza dell'Unitá und lauschen dem Klavierspieler, der dort sanft seine Finger in den Tasten versenkt. Vor allem am Samstag gegen 13 Uhr, wenn die Geschäfte schon geschlossen haben, füllen sich Café und Platz. Auch hier ist die Adria wieder stumme Zeugin, der Blick aufs Meer reicht bis zum *Faro della Vittoria*, dem »Sieges-Leuchtturm« auf der Anhöhe von Gretta.

Auch in Sistiana, das auf Slowenisch Sesljan heißt, trifft sich das fröhliche Triest. Und es trifft seine Nachbarn aus Nova Gorica, denn längst ist die Stadt, deren Einwohnerzahl einst von den *Esuli* verdoppelt wurde, zum gemeinsamen Strand der Italiener und Slowenen geworden. *Hvala* und *Ciao* hört man dort ebenso wie *Acqua* und *Voda*. Und natürlich gibt es auch in Sistiana Illy-Kaffee. Nachdem Riccardo Illy seine Karriere als Politiker beendete, ist er wieder ins Familienunternehmen zurückgekehrt. Der Adria ist er treu geblieben. Vielleicht wird da einst, wenn es darum geht, die Gemeinsamkeiten dieses Meeres, seinen Spirit von Triest bis Vlora, von Bari bis Chioggia zu benennen, von einem Illy-Meer gesprochen.

Gut möglich, denke ich auf der Rückfahrt von den Karstbergen zum schönsten Platz der Adria, dass die Realität längst weiter ist als das, was die Schriftsteller über die Stadt geschrieben haben und schreiben. Vielleicht sind sie ja wirklich die Schöpfer der Triestiner Traurigkeit. Selbst die Tram von der Piazza Oberdan nach Opicina, das hat mir die Rezeptionistin im *Albergo della Posta* verraten, soll bald wieder fahren.

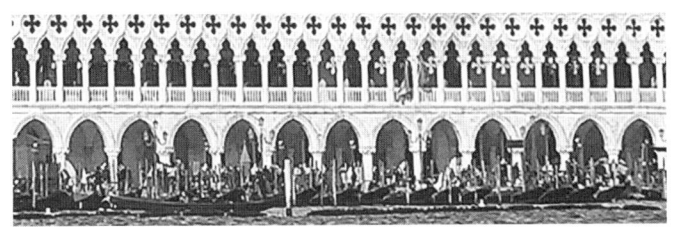

Die Rache der Adria

VENEDIG VERSTECKT SICH VOR DEM MEER

Nach einer nur mäßig interessanten Schiffspassage hat der Reisende endlich jenen Ort erreicht, den Thomas Mann, sein Schöpfer, einmal das »Ungemessene« nennen wird: »Da tauchte zur Rechten die flache Küste auf, Fischerboote belebten das Meer, die Bäderinsel erschien, der Dampfer ließ sie zur Linken, glitt verlangsamten Ganges durch den schmalen Port, der nach ihr benannt ist, und auf der Lagune, angesichts bunt armseliger Behausungen, hielt er ganz, da die Barke des Sanitätsdienstes abgewartet werden musste.« Gustav von Aschenbach, der alternde Held in Thomas Manns Novelle *Tod in Venedig*, war aus Pola mit einem »betagten Fahrzeug italienischer Nationalität, veraltet, rußig und düster« in Richtung Venedig aufgebrochen.

Die Schiffspassage war dem Dichter kein Genuss, zu sehr lärmte eine Gruppe Halbwüchsiger, »Polenser Handelsgehilfen, wie es schien, die sich in angeregter Laune zu einem Ausflug nach Italien vereinigt hatten«. Und dann war da noch das Meer, das von Aschenbach ebenfalls nicht sonderlich litt: »Unter der trüben Kuppel des Himmels drehte sich rings die ungeheure Scheibe des öden Meeres. Aber im leeren, ungegliederten Raume fehlt unseren Sinnen auch das Maß der Zeit.«

Wie gut, dass hinter dem Lido die Lagune auftauchte. Mit Thomas Manns Novelle – und dem Zwischenstopp des Gustav von Aschenbach auf dem Lido – hat das aquatische Zwischenreich, nicht mehr Meer, aber auch noch nicht Lagune, Einzug gehalten in den literarischen Kanon der Adria. Auch der Nobelpreisträger selbst war einmal durch die Meeresenge von San Nicolò auf die Lagune gekommen. Im Mai 1911 waren Thomas und Katia Mann nach Venedig aufgebrochen, wo sie im damals schon berühmten Hôtel des Bains auf dem Lido abstiegen. Die Einfahrt in die Lagune begeisterte dann beide gleichermaßen, Thomas Mann und seinen Helden von Aschenbach: »So sah er ihn denn wieder, den erstaunlichsten Landungsplatz, jene blendende Komposition phantastischen Bauwerks, welche die Republik den ehrfürchtigen Blicken nahender Seefahrer entgegenstellte: die leichte Herrlichkeit des Palastes und die Seufzerbrücke, die Säulen mit Löw' und Heiligem am Ufer, die prunkend vortretende Flanke des Märchentempels, den Durchblick auf Torweg und Riesenuhr, und anschauend bedachte er, dass zu Lande, auf dem Bahnhof in Venedig anlangen, einen Palast durch die Hintertür betreten heißt, und dass man nicht anders, als wie nun er, als zu Schiffe, als über das hohe Meer die unwahrscheinlichste der Städte erreichen sollte.«

Die entgegengesetzte Richtung durch die Meeresenge haben seit dem Mittelalter jedes Jahr am Himmelfahrtstag die Dogen der Serenissima genommen, der allerdurchlauchtesten Republik des Heiligen Markus. Auf dem *Bucintoro*, der prächtig geschmückten Staatsgaleere, glitten Venedigs Oberhäupter vom *Bacino di San Marco* durch die enge Passage von San Nicolò, die der Lido di Venézia und die Insel Cavallino-Treporti bilden. Der Bedeutung der Zeremonie angemessen, war bei dem *Spozalizio del Mare*, der Vermählung mit dem Meer, alles dabei, was Rang und Namen hatte: die Mitglieder des Senats, die Patrizier, die es in den Großen Rat geschafft hatten, die gefürchteten Männer des Rats der Zehn, die ausländischen Staatsgäste, die sich zu der Zeit in Venedig aufhielten. Der Höhepunkt der Zeremonie war der goldene Ring, den der Doge feierlich ins Wasser der Adria warf. Dabei sprach er die Worte: »Wir heiraten dich, Meer, zum Zeichen unserer wahren und beständigen Herrschaft.«

Zu Venedigs Vermählung mit dem Meer gehörte auch der Segen der Kirche. Der Ring, den das Staatsoberhaupt hinter San Nicolò ins Meer warf, war vom Bischof geweiht. Der Doge Sebastiano Ziani hatte sich das Recht zu diesem symbolischen Akt 1177 von Papst Alexander III. verbriefen lassen. Zuvor hatte Venedig mit Rom und mit Friedrich Barbarossa, dem Kaiser des Heiligen Römischen Reiches, einen Frieden geschlossen, der ein schwieriges Kapitel der venezianischen Geschichte beendete. Im Süden der Adria hatte Byzanz, einst Schutzmacht Venedigs, den Kaufleuten von San Marco Händel bereitet. Im Norden wiederum hatte Barbarossa die kaiserliche Macht stärken wollen – auf Kosten der lombardischen Städte und Venedigs, die sich bald miteinander verbündeten. Auch der Papst schloss sich diesem Zweckbündnis an, was Venedig in eine schwierige Lage brachte. Die Macht des Heiligen Stuhls in Rom war weit weg, und das sollte auch so bleiben. Also hielt Venedig beide Parteien auf Distanz – und umschiffte, wie so oft in seiner Geschichte, den Konflikt. Mit Erfolg: Der Kaiser musste einsehen, dass seine Macht in Oberitalien begrenzt war, der Papst behielt seinen Einfluss gegenüber dem Reich – und dankte es Venedig mit dem Recht auf die Vermählung mit dem Meer. Die Serenissima hatte die Unabhängigkeit von Kirche und weltlicher Macht behaupten können.

Das Ritual aber ist, wenn auch ohne den Segen der Kirche, älteren Datums. Die erste symbolische Hochzeit mit der Adria hatte Venedig bereits im Jahr 1000 zelebriert. Damals hatte der Doge Pietro II. Orseolo die dalmatinischen Piraten vernichtend geschlagen – und damit Venedigs Herrschaft an der oberen Adria befestigt. Es war Venedigs erster Schritt zum Seefahrerstaat.

Nach 1177 folgte nun der zweite Schritt. Mit dem Frieden von Venedig stand der Expansion der Kaufleute von San Marco an die Küsten der Adria nichts mehr im Wege. Mehr noch: Mit der Vermählung mit dem Meer war auch die herrschaftliche Legitimation Venedigs als *Stato da Mar* verbunden, wie der britische Essayist Peter Ackroyd in seinem Buch *Venedig. Die Biographie* berichtet. Auch Ackroyd betont den Ort »dieser uralten, rituellen Vereinigung mit dem Meer« – jene Stelle, »wo ›drinnen‹ und ›draußen‹ ineinanderfließen«.

Natürlich wird diese Liaison von »innen« und »außen«, Land und Meer, *Stato da Mar* und *Terra Ferma* auch im Dogenpalast gebührend inszeniert. Das Amtszimmer, in dem der Leiter des *Magistrato alle Acque*, der »Oberaufseher über die Gewässer, Flüsse, Häfen, Kanäle und Lagunen« residierte, war mit der Inschrift versehen: »Die Stadt Venedig wurde dank göttlicher Vorsehung im Wasser gegründet, vom Wasser umgeben und vom Wasser anstelle von Wällen geschützt. Daher muss jeder, der es wagen würde, auf welche Weise auch immer diesen Wassern Schaden zuzufügen, für einen Feind dieses Territoriums gehalten werden.« Eine weitere allegorische Darstellung der Doppelexistenz von Meeres- und Festlandstaat findet sich in der *Sala Grimani*. Auf einem Gemälde von Vittore Carpaccio steht der geflügelte Markuslöwe, das Symbol der Stadt, das auf jedem Campanile der *Adria Venéziana* prangt, mit den Vorderpranken auf dem Land, während die Hinterbeine im Wasser ruhen – ein Sinnbild venezianischer Herrschaft über Land und Wasser.

Trauriger Lido

Noch ist Venedigs Schauseite nicht in der Hand der Touristen. An einem Sonntagmorgen im Mai stehe ich um neun Uhr in der Früh am Markusplatz und lasse den Blick kreisen. Es ist noch alles so, wie Thomas Mann es beschrieben hat, außer, dass die Touristen nicht mehr mit Strohhut oder Zylinder reisen, sondern mit Basecap und Kapuzenshirt. Die eigentliche Zäsur aber erlebte Venedig lange vor dem Besuch des Nobelpreisträgers. Schon im 16. und 17. Jahrhundert klang – mit der Entdeckung der Neuen Welt – das Ende des Meeresstaates an. Napoleon versetzte der Markusrepublik nach mehr als tausend Jahren Unabhängigkeit 1797 schließlich den Todesstoß. Welches Venedig hatte Thomas Mann vor Augen, als er in San Marco ankam und schließlich am Lido logierte? War es das Venedig des Adriastaates? War es gar schon das Venedig, das sich schamlos den Touristen darbot – und sich selbst zu genügen begann?

Von San Marco bringt mich ein Vaporetto der Linie 1 zum Lido. Je weiter ich mich von den Insignien der Macht – Dogenpalast, Kerker, Kathedrale, Campanile – entferne, desto mehr geht der Blick in die andere Richtung. Rechts zieht die Giudecca mit ihren acht Inseln vorbei, zur Linken nahen das Gelände der Biennale auf den Giardini und schließlich die grüne Parkinsel Sant'Elena. Schließlich legt das Boot in Lido Santa Maria Elisabetta an.

Zwölf Kilometer lang ist der Lido di Venézia, neben Pellestrina einer der beiden Lidi, die das Wasser der Adria vor dem Eindringen in die Lagune hindern. Geografisch sind die Lidi Nehrungen, angeschwemmt vom Sand, den die großen Alpenflüsse Po, Brenta und Piave in die Lagune schwemmten, und auf der Meeresseite geglättet von den Wellen des Adriatischen Meeres. Kulturell gesehen sind sie Orte, die Predrag Matvejević, der kroatische Autor der Adria und kritische Liebhaber Venedigs, so beschreibt: »Lido und Pellestrina: Diese zwei Inselchen, lang und schmal, erinnern an Reste, die nach einer Aufteilung von Boden und Raum entstehen, deren Ursache und Sinn unbekannt sind. Von der inneren Seite, in Richtung Lagune, hat das Wasser eine andere Farbe als von der äußeren Seite, Richtung

Bucht – hier ist das Meerwasser, dort ist Meer- wie auch Fluss-wasser. Richtung offenes Meer wird es immer klarer und dunkelblauer, bis es ein echtes Meer wird.«

Freilich ist dieser Blick aufs offene Meer an der Anlegestelle Lido S.M.E. noch versperrt. Noch einmal geht der Blick zurück auf die Silhouette der Serenissima. Doch schon auf dem Gran Viale zeigt der Kompass in Richtung Adriatisches Meer. Die Seitenstraßen des großzügigen Boulevards sind allesamt benannt nach venezianischen Besitzungen aus der großen Zeit der Seefahrerrepublik: Via Corfu, Via Perasto, Via Negroponte, Via Spalato, Via Scutari, Via Zara. Diese Fingerzeige Richtung Adria haben auch den jungen Goethe beeindruckt, der am Lido von Venedig am 8. Oktober 1786 zum ersten Mal dem Meer begegnete: »Ich fuhr heute früh mit meinem Schutzgeiste aufs Lido, auf die Erdzunge, welche die Lagunen schließt und sie vom Land absondert. Wir stiegen aus und gingen quer über die Zunge. Ich hörte ein starkes Geräusch, es war das Meer.«

Doch seine besten Zeiten hatte der Lido bald hinter sich gelassen. Schon der britische Schriftsteller D.H. Lawrence klagte in *Lady Chatterley* über den »Ferienort aller Ferienorte«: »Der Lido mit seinen Quadratkilometern voll sonnengeröteter und trikotbekleideter Leiber glich einem Sandstreifen voll wimmelnder Seehunde, die zahllos emporgetaucht waren, um zu hochzeiten.«

Ganz so schlimm ist es Anfang Mai noch nicht, dafür aber ist der Strand nicht vom Unrat, den Algen und dem übrigen Schwemmgut gereinigt. Vor allem aber hat das Hôtel des Bains geschlossen, wie mir ein afrikanischer Strandhändler verrät. »Seit vier Jahren schon, und der neue Investor lässt das Hotel verkommen«, klagt er, als hätte er, der französische Muttersprachler aus dem Senegal, eine besondere Beziehung zur ehemaligen Luxusherberge mit dem französischen Namen. Gerne hätte ich das Zimmer im zweiten Stock betreten, in dem Thomas Manns von

Aschenbach die Vorhänge behutsam zurückzog und dem Treiben am Strand, vor allem aber seinem Tadzio zusah. Es war mir nicht vergönnt. Nicht nur am Markusplatz, auch am Lido igelt sich Venedig ein, zieht sich zurück auf seine Geschichte und seinen Glanz, will von der Gegenwart nichts wissen.

Auf seinem Gemälde *Der Bucintoro an der Mole* hat auch der venezianische Maler Bernardo Belotto, der unter seinem Künstlernamen Canaletto zum Star seiner Zeit wurde, die Vermählung Venedigs mit dem Meer gewürdigt. Sein Gemälde aus dem Jahre 1740 zeigt die Ausfahrt der Boote von San Marco, wobei der *Bucintoro*, die 44 Meter lange Staatsgaleere, die von 168 Ruderern bewegt wurde, gar nicht zu sehen ist. Doch diese Auslassung macht ihre Bedeutung umso größer, ist sie doch der imaginäre Mittelpunkt nicht nur des Gemäldes, sondern auch der Prozession am Himmelfahrtstag, der im venezianischen Dialekt *Sensa* heißt. Der *Bucintoro*, den Canaletto vor Augen hatte, war 1728 im Arsenal, der berühmten Werft im Osten Venedigs, vom Stapel gelaufen. Zu dieser Zeit hatte die Serenissima noch einmal Hoffnung geschöpft. Zehn Jahre zuvor waren endlich die Türkenkriege mit dem Frieden von Passarowitz beendet worden. Zwar hatte Venedig Zypern und den Peloponnes eingebüßt und mit ihnen auch seinen Rang als europäische Seemacht. Die adriatischen Kolonien bis hinab nach Kotor waren ihm aber geblieben und damit auch der Status einer adriatischen Regionalmacht. Vor allem aber war nun Frieden. Das Gemälde von Canaletto inszenierte ein Venedig, das zwar kurz vor dem Staatsbankrott stand, aber keine Kosten und Mühen scheute, noch einmal an die glanzvollen Zeiten der Serenissima anzuknüpfen.

Doch was ist davon Wirklichkeit, und was ist Selbstlüge oder gar Täuschung? Peter Ackroyd hat darauf hingewiesen, dass die plötzliche Blüte der venezianischen Malerei und Kunst in unmittelbarem Zusammenhang mit dem politischen und wirtschaftlichen Niedergang stand. Je größer der Bedeutungsverlust wurde, desto mehr flüchteten sich die Venezianer ins »Versteck-spiel«, schreibt Ackroyd. Es war die Geburtsstunde des Karne-vals, der Komödien von Goldoni – und der Beginn Venedigs als europäischer Touristenmetropole. Venedig flüchtete aus der rea-len Welt in eine imaginäre, in der es noch einmal Ruhm aus-strahlte – und sei es solch zweifelhafter, wie er von Casanovas Liebesabenteuern ausging.

Der Touristenattraktion Venedig hatte sich auch Goethe nicht entziehen können, wie seiner *Italienischen Reise* zu entneh-men ist. Aber der junge Italienreisende sah auch, dass die Stunde der Serenissima geschlagen hatte: »Alles, was mich umgibt, ist würdig, ein großes, respektables Werk versammelter Menschen-kraft, ein herrliches Monument, nicht eines Gebieters, sondern eines Volkes. Und wenn auch ihre Lagunen sich nach uns aus-füllen, böse Dünste über dem Sumpfe schweben, ihr Handel geschwächt, ihre Macht gesunken ist, so wird die ganze Anlage der Republik und ihr Wesen nicht einen Augenblick weniger ehrwürdig sein.« Goethe hatte recht, und auch wieder nicht. Elf Jahre nach seiner Ankunft am Markusplatz gab es die Republik nicht mehr.

Mein Venedig

All das geht mir durch den Sinn, als mich das Vaporetto vom Lido zurück zum Markusplatz bringt. Der alternde Schriftsteller Gustav von Aschenbach traf in Venedig nicht nur den polni-schen Knaben Tadzio, dessen Schönheit ihm den Verstand raubte und schließlich ins Verderben trieb. Er begegnete mit Ve-nedig auch einer alternden Schauspielerin, die beschlossen hatte, ihre Schönheit mit in den Tod zu nehmen. Selbst die Adria war nun wieder das »öde Meer« seiner Ankunft: »Es war unwirtlich dort. Über das weite, flache Gewässer, das den Strand von der ersten gestreckten Sandbank trennte, liefen kräuselnde Schauer von vorn nach hinten. Herbstlichkeit, Überlebtheit schien über dem einst so farbig belebten, nun fast verlassenen Lustorte zu liegen, dessen Sand nicht mehr reinlich gehalten wurde.« Gustav von Aschenbach, der wegen des Anblicks des schönen Knaben die Abreise verschob, suchte in Venedig, in dem die Cholera grassierte, den Tod und fand ihn auch.

Was aber ist mein Venedig? Welches Verhältnis habe ich zu dieser Stadt, die viele noch immer für die schönste der Welt halten? Was sehe ich, wenn ich vom Bahnhof Santa Lucia die elf Brücken überwinde, die mich zum Markusplatz führen? Was, wenn ich auf den Spuren von Luca di Fulvios Roman *Das Mädchen, das den Himmel berührte* durch Cannaregio schlendere und das jüdische Venedig vor Augen habe, das als Erstes für den Niedergang der Republik büßen musste? Wie soll ich, der ich ein Buch über die Adria verfasse, über Venedig schreiben?

Diese Frage ist natürlich nicht besonders originell, auch der kosmopolitische kroatische Schriftsteller und Literaturwissenschaftler Predrag Matvejević hat sie sich gestellt. Venedig, weiß Matvejević, »wurde unzählige Male beschrieben und ausgemalt, sowohl mit der Feder als auch mit dem Pinsel.« Dennoch habe fast jeder, der in der Stadt gewesen und der Literatur verpflichtet sei, sich verpflichtet gefühlt, »das aufzuzeichnen, was er gesehen oder ›entdeckt‹ hat«. Für Venedig habe dies mitunter negative Auswirkungen gehabt, so Matvejević: »Derartiger Leichtsinn wird teuer bezahlt. Vielleicht verleitet gerade dieses Phänomen den einen oder anderen Buchliebhaber dazu, Pamphlete gegen Venedig zu verfassen und sich somit mehr jenen zu widersetzen, die Venedig maßlos bewundern, als der Stadt selbst.«

Matvejević hat in seinem Venedig-Buch kein Pamphlet gegen die Stadt verfasst. Vielmehr hat er sich auf die Suche nach den Spuren gemacht, die jene in Venedig hinterlassen haben, die von ihm einst unterworfen wurden. Kalkstein aus Istrien gehört dazu, Getreide vom Schwarzen Meer, mit dem die Venezianer ihr Brot buken – und natürlich die Pflanzenwelt der Lagunenstadt. Ganz beiläufig schreibt er mit der botanischen Geschichte Venedigs eine Geschichte der Adria als eines Meeres der Vielfalt, die sich in seiner bedeutendsten Stadt spiegelt. Es ist allerdings nicht immer ein freiwilliger Kosmopolitismus gewesen, wie er am Beispiel der Riva degli Schiavoni bemerkt, dem Prachtufer am Canal Grande neben dem Dogenpalast, das nach den *Šćavuni* benannt ist, den Slawen aus dem Hinterland der venezianischen Küstenstädte, die unter anderem als Ruderer auf den Galeeren ihren Dienst versehen mussten.

Ich stelle mir die Frage anders als Matvejević. Ich habe in diesem Buch schon viel über Venedig geschrieben: Über die Flüchtlinge, die ähnlich wie die in Dubrovnik und Split, Schutz suchen mussten, nur nicht auf einem Felsen oder einem römischen Palast, sondern in den von Mücken geplagten Sümpfen der Lagune. Über den vierten Kreuzzug, der mit Zadar und Konstantinopel zwei christliche Städte zerstörte, weil sie dem Profit der venezianischen Kaufleute im Wege standen. Über die Mauern von Cattaro und die Venezianischen Türkenkriege, dieser frühneuzeitliche Kampf der Kulturen. Über den Kartenmaler Vincenzo Maria Coronelli, der die Macht der Kartographen dazu nutzen wollte, um die ganze Adria als Golf von Venedig seiner Heimatstadt einzuverleiben. Es ist der umgekehrte Weg von Matvejević. Ich schrieb über das, was Venedig in seinen Kolonien hinterlassen hat. Es ist der Blick auf die Serenissima aus der Perspektive derer, die unter ihr litten oder von ihr profitierten. Es ist der postkoloniale Blick auf Venedig.

Aber auch in den ehemaligen Kolonien war die Trauer groß, als Venedig 1797 unterging, gibt Matvejević in seinem Essay *Das andere Venedig* zu bedenken: »Die Begräbnisglocken klangen in Zadar in jenem Moment, in dem vor dem Hafen österreichische Kanonenboote auftauchten und die ersten Salven abfeuerten. In den Städten der Ostadria flatterten zum letzten Mal die gonfaloni mit ihren sieben Bändern und dem Bildnis des geflügelten Löwen des heiligen Markus. Bis zu der Stadt Boka in der Bucht von Kotor und dem ehrwürdigen Perast erhoben sich die Stimmen des Protestes und der Rebellion.« Eine Geschichte war zu Ende gegangen, die Geschichte eines übernationalen Meeresstaates. Nach Venedig begann an der Adria die Geschichte der Nationalstaaten. Für das Meer, aus dem Venedig entstand, verhieß die neue Epoche nichts Gutes. Zugleich wurde die östliche Adria zur Peripherie. Österreich machte die Adria und mit ihr Venedig zum Hinterland von Wien.

Venedig ist also tot. Und die Adria, die nach wie vor an die Strände des Lido pocht?

Vor einiger Zeit hat einer Alarm geschlagen, der es wissen muss. »Die Häufigkeit von Hochwasser hat sich in den vergangenen 40 Jahren verdoppelt«, zog Stefan Rahmstorf, Professor für die Physik der Ozeane an der Universität Potsdam, eine vorläufige Bilanz für das *Acqua Alta* in Venedig. Auch der mittlere Wasserspiegel in Venedig ist gestiegen, bemerkte der Meeresexperte in einem Aufsatz mit dem Titel »Der ewige Untergang« in der Zeitschrift *mare* und stellte fest. »Venedig ist zum Hauptumschlagplatz für Gummistiefel geworden, denn viele Touristen trifft das Hochwasser unvorbereitet. Wohl nirgendwo sonst auf der Welt ist die Auswahl in den Schaufenstern so groß, insbesondere an Varianten für die modebewusste Dame.«

Der Anstieg des Meeresspiegels in Venedig hat nach Ansicht von Experten drei Ursachen. Da ist zum einen der Megatrend, für den Venedig nicht unmittelbar verantwortlich ist. Es ist der weltweite Anstieg des Meeresspiegels durch die globale Erderwärmung. Hinzu kommt, und das ist dann schon hausgemacht, die Vertiefung und Verbreiterung der Durchfahrten von der Adria in die Lagune. Nicht nur Kreuzfahrtschiffe sollen die Lidi ganzjährig durchfahren können, sondern auch die Supertanker auf dem Weg zum Ölhafen Marghera. Drittens schließlich ist Venedig inzwischen einfach zu schwer geworden für die Pfähle, auf denen die Stadt mit ihren 120 Inseln ruht. Im Vergleich zu Triest, hat Meeresforscher Rahmstorf herausgefunden, ist der Anstieg des Meeresspiegels, relativ zum Land, zwischen 1930 und 1970 in Venedig um zehn Zentimeter höher ausgefallen.

Doch wo die Not groß ist, wächst auch das Rettende. In Venedig war dies bereits seit dem 13. Jahrhundert der Fall. Damals wurde die Wasserbehörde des »Oberaufsehers über die Gewässer, Flüsse, Häfen, Kanäle und Lagunen« geschaffen. Allerdings galt das Augenmerk der mittelalterlichen Wasserbauingenieure weniger der Adria als den Flüssen, die in die Lagune entwässerten. Vor allem der Po drohte mit seinen Sedimenten den Eingang der Lagune bei Chioggia zu verstopfen. Venedigs Wasserbehörde reagierte mit einem Mammutprojekt. 1602 wurde der Lauf des Po nach Süden verlegt. Die Lagune war wieder frei.

Doch wie sollte man gegen die Gefahr vom Meer vorgehen? Vor allem im Winter, wenn der *Scirocco*, der Südwind der Adria, der an der slawischen Küste *Jugo* heißt, das Meer aufpeitscht, schlagen die Wogen meterhoch auf die Lidi und dringen durch die Passagen von San Nicolò und Malamocco in die Lagune ein. Aber auch da zeigte sich Venedig äußerst experimentierfreudig. Im Jahre 1740 begann ein Mammutprojekt wie es das Mittelmeer bis dahin nicht gesehen hatte – dem Bau der *Murazzi*, eines langgestreckten Bollwerks gegen die Adria. Den Vorschlag zu diesem steinernen Bollwerk, das dem Lido di Venézia und dem Lido von Pellestrina vorgelagert sein sollte, hatte bereits 1716 Vincenzo Maria Coronelli unterbreitet. Es ging vor allem darum, Geld zu sparen. Die Sperrriegel aus Eichenholz, die zuvor die Lagune schützten, mussten alle fünf Jahre ausgetauscht werden – ein teures und darüber hinaus mühseliges Unterfangen.

Für seinen Plan, die Lagune und damit die Serenissima vor den Fluten der Adria mittels eines steinernen Bollwerks zu schützen, konnte Venedig den Mathematiker und Mediziner Bernardino Zendrini gewinnen. Kaum in Venedig angelangt, wurde Zendrini alsbald zum Chef des *Magistrato alle Acque*. Zendrinis Plan war es, die hölzernen Sperrbauten aus miteinander verbundenen und mit Sand beschwerten Eichenkästen durch einen gigantischen Wall aus Stein zu ersetzen. Dass er dabei wieder auf Kalkstein aus Istrien zurückgreifen würde, stand außer Zweifel. Der Stein von der Halbinsel am nordöstlichen Ende der Adria war fest und widerstandsfähig. Größere Probleme bereitete der Mörtel. Doch der Mathematiker hatte eine Idee. Hatten nicht schon die Römer von der Vulkanasche berichtet, die sie bei Pozzuoli, am Golf von Neapel, entdeckt hatten, ein Material, so notierte es der Baumeister Vitruv, aus dem »alle Häfen der Römer wunderbar gebaut waren«?

Der Senat der Serenissima gab am 4. März 1740 grünes Licht für den Bau des Dammes nach den Plänen Zendrinis. Von 1744 bis 1755 wurden die Murazzi auf einer Länge von vier Kilometer vor dem Lido di Venézia errichtet. Ein zweiter Wall im Süden schützte Chioggia. Es war, meint Marcus Franken in einem Essay über den Bau der Murazzi, »als wolle die Republik – die ihren Zenit politisch und wirtschaftlich schon lange überschritten hat – der Welt noch einmal zeigen, wozu sie fähig ist.«

Als Goethe auf seiner Italienreise nach Venedig kam, war das Bollwerk wider die Adria bereits fertig. Voller Bewunderung für die Wasserbaukünste an der Lagune notierte er in der *Italienischen Reise*: »Ein köstlicher Tag, von Morgen bis in die Nacht! Ich fuhr bis Pelestrina gegen Chiozza über, wo die großen Baue sind, Murazzi genannt, welche die Republik gegen das Meer aufführen lässt. Sie sind aus gehauenen Steinen und sollen eigentlich die lange Erdzunge, Lido genannt, welche die Lagunen von dem Meer trennt, vor diesem wilden Element schützen.«

Goethe konnte sich mit eigenen Augen ein Bild davon machen, welche Kraft es die Republik kostete, Venedig vor der Kraft der Adria zu schützen: »Zugleich hat man mit unglaublicher Anstrengung und Kosten tiefe Kanäle in den Sumpf gefurcht, damit man auch zur Zeit der Ebbe mit Kriegsschiffen an die Hauptstellen gelangen könne. Was Menschenwitz und Fleiß vor alters ersonnen und ausgeführt, muss Klugheit und Fleiß nun erhalten.« So begeistert war der Dichter, dass er – anders als später beim *Faust II* – alle Skepsis gegen das Werk des Menschen wider die Natur fahren ließ und dem Damm eine Zukunft bis zur Ewigkeit prophezeite: »Übrigens hat Venedig nichts zu besorgen; die Langsamkeit, mit der das Meer abnimmt, gibt ihr Jahrtausende Zeit, und sie werden schon, den Kanälen klug nachhelfend, sich im Besitz zu erhalten suchen.«

Goethe irrte: Bis zu 15 000 Tonnen Kalkstein mussten jährlich aus Istrien über die Adria herangeschafft werden, um das Bauwerk zu unterhalten. Zwei Sturmfluten, die von 1825 und 1966, haben es schließlich teilweise zerstört. Venedig war wieder so verwundbar wie eh und je.

So sagte der Lido also schon zu Goethes Zeiten viel aus über die Stadt, ihren Kampf gegen die Adria und ihr Verhältnis zum Meer. Mit den Murazzi hatte sich Venedig hinter dicken Steinwällen verschanzt. Die Republik, deren Seefahrer einst ausgefahren waren, um die Adria und das Mittelmeer zu beherrschen, zog sich auf die Lagune zurück. Venedig, die Wassergeborene, war nicht mehr Teil der Adria und erst recht nicht mehr ihre Beherrscherin. Venedig findet seitdem außerhalb der Adria statt – gewissermaßen als extraadriatisches Terrain. Keiner der Touristen, die es besuchen, denkt mehr an Ragusa oder Bari, an Kotor oder Zadar. Es sei denn, er ist mit einem Kreuzfahrtschiff in die Lagune eingefahren.

In seiner wunderbaren Erzählung *Das andere Venedig* schildert Predrag Matvejević, wie er sich selbst zuletzt Venedig genähert hatte: »Das letzte oder vorletzte Mal kam ich aus Istrien nach Venedig, in der Abenddämmerung im Herbst. Nur wenige Paläste am Canal Grande waren beleuchtet, die meisten versanken im Dunkeln. Wer weiß, ob noch irgendjemand darin lebte? Warum wurden sie von ihren Besitzern verlassen? An wen hatten die Erben sie weitergegeben? Bei diesen Fragen kommt eine Angst auf, die sowohl die Venezianer als auch die, die Venedig liebgewonnen haben, verspüren. Über das Wasser legte sich ein Nebelschleier, der alle Kanten weich zeichnete. Formen verwandelten sich in Umrisse.«

Vielleicht ergreift eine ähnliche Angst auch die Touristen, wenn sie vor dem überfluteten Markusplatz stehen und nicht nach der märchenhaften, wenn auch reichlich protzigen orientalischen Kathedrale Ausschau halten, sondern nach dem nächsten Schuhgeschäft, das Gummistiefel verkauft. Doch wenn sich der *Scirocco* wieder legt, schaltet Venedig im Rekordtempo in den Modus: *Tutto va bene.* Die Gummistiefel werden wieder ins Lager gepackt, die Sonnenschirme herausgeholt, und alles geht seinen Gang, als gäbe es die Adria nicht und auch nicht die Angst vor ihr. Doch die Schäden sind nicht zu übersehen. Die Risse im Mauerwerk, der Rost an den Beschlägen, das stinkende Venedig, das alternde Venedig, das tote Venedig von Thomas Mann und Gustav von Aschenbach: Keine andere Stadt war seit ihrem Anbeginn schon dem Untergang geweiht. Nie wäre das Entzücken denkbar gewesen ohne vorweggenommene Trauer.

Der Mythos der »untergehenden Stadt« ist in Venedigs Steine eingeschrieben und macht einen Gutteil seines Reizes aus. Und sieht es nicht so aus, als würde der »Tod in Venedig« immer näher rücken?

»Fanal Grande«: Mit diesem, zugegebenermaßen etwas reißerischen Titel berichtete die *Süddeutsche Zeitung* vor einigen Jahren schon über eine Plage, die der junge Goethe und auch der alte Vendrini noch nicht gekannt hatten: Das Schaulaufen der Kreuzfahrtschiffe auf dem Giudecca Kanal vor Markusplatz und Dogenpalast. »Venedig unterwarf einst mit seiner Flotte die Meere« hieß es in dem Beitrag, »nun sucht das Meer Venedig heim.«

Schon 2007 war die magische Marke gerissen worden. Eine Million moderner Kreuzfahrer hatten die Lagune heimgesucht. Seitdem ist nicht nur ihre Zahl auf 1,6 Millionen gestiegen, auch die Schiffe sind tiefer und höher geworden. Wer einmal auf dem Markusplatz stand und statt der Insel Giudecca eines der schwimmenden Hochhäuser gesehen hat, die sich im Sommer sechs oder sieben Mal vorbeischieben, wird diesen Anblick nicht so schnell vergessen. Die Jahrhunderte während Arbeit, mit der die Bürger der Lagune eine Stadt abgerungen hatten – und dabei nie den Sinn für menschliche Proportionen verleugnet haben – wird nun zur Kulisse eines »Venice-Lands«, wie die in Venedig lebende deutsche Schriftstellerin Petra Reski kritisiert.

Zwar haben die Stadt Venedig und die Regierung in Rom nach heftigen Bürgerprotesten des Bündnisses »No grande navi« die Durchfahrten der Kreuzer durch den Canale della Giudecca reglementiert. Seit Januar 2014 wurde die Zahl um zwanzig Prozent reduziert, und ab November 2014 sollen gar keine Riesenschiffe mehr am Markusplatz vorbeifahren dürfen. Gültig soll das Verbot für Schiffe mit mehr als 96 000 Tonnen sein, die bis zu 300 Meter lang und 15 Stockwerke hoch sind. So zumindest lautete der Plan. Im März 2014 wurde er von einem italienischen Gericht gestoppt. Erst müsse den Reedern eine Alternativroute angeboten werden, hieß es in der Begründung. Als Alternative zum Giudecca-Kanal wird seit langem der Ausbau des Canale

Contorta ins Spiel gebracht. Allerdings würde der Bau mehr als zwei Jahre in Anspruch nehmen. Mindestens so lange werden die schwimmenden Hochhäuser also noch am Markusplatz vorbeifahren. Auf die nur noch 53 000 Einwohner der Lagunenstadt – im 16. Jahrhundert waren es 180 000 – kommen ebenso viele Tagestouristen. »Fanal Grande« geht also weiter.

So bleibt die Lagune, diese sensible Landschaft zwischen Meer und Land, offen für die schwimmenden Hotels und die Öltanker aus Marghera. Statt die Durchfahrten zu verengen, werden sie weiter ausgebaggert. Und auch die Idee eines Bollwerks gegen das Meer wird wieder aufgegriffen – nun noch größer als die Holzkästen aus dem Mittelalter und die Murazzi von Bernardino Zendrini. Gegen das neue Projekt, das die Regierung in Rom seit 2003 verfolgt, waren die Steinmauern, denen Goethe so großen Respekt gezollt und Erfolg vorhergesagt hatte, sogar nur Spielzeug-Sperren.

»Modulo Sperimentale Elettromeccanico« oder kurz *Mose* heißt das neue Projekt mit dem biblischen Namen, das die Lagune und mit ihr Venedig künftig vor der Adria schützen soll. Das fünf Milliarden Euro teure Projekt, das 2014 in Betrieb gehen soll, besteht aus hohlen Stahlkammern, die normalerweise mit Wasser gefüllt sind und in Betonfundamenten am Meeresgrund ruhen. Bei einer drohenden Sturmflut sollen sie mit Luft vollgepumpt und an Scharnieren nach oben geklappt werden. Doch mit immer neuen und noch größeren Dämmen wird man den Kampf gegen das Meer nicht gewinnen können, meint Stefan Rahmstorf: »Wenn überhaupt, wird *Mose* das Problem nur vorübergehend lösen. Bei der Planung der Anlage ging man von einem relativen Meeresspiegelanstieg von 22 Zentimetern bis zum Jahr 2100 aus. Doch die dürften schon gegen Mitte des Jahrhunderts überschritten werden.«

Ein noch höherer Anstieg ist laut Rahmstorf jedenfalls nicht ausgeschlossen. »Mehrere aktuelle Studien lassen einen globalen

Anstieg um 50 bis 150 Zentimeter bis zum Jahr 2100 erwarten, im Extremfall sogar noch mehr, wenn nicht rasch ein entscheidender Durchbruch im globalen Klimaschutz erreicht wird. Längerfristig werden es wohl mehrere Meter werden. Eine Expertenkommission im Auftrag der niederländischen Regierung kam auf bis zu 3,50 Meter Anstieg bis zum Jahr 2200.« Nicht nur für manche Südseeinseln oder New York wäre das eine Apokalypse, sondern auch für Venedig. Schon bei einem Anstieg des Meeresspiegels um 70 Zentimeter müssten die Stahltore von *Mose* für immer geschlossen werden. Venedig, so Rahmstorf, müsste dann völlig vom Meer getrennt werden, wenn es gerettet werden wolle. Die Lagune würde zu einem Süßwassersee werden.

Als Goethe im November 1786 zum ersten Mal das Meer sah, war es noch der Lido, »welcher die Lagune schließt und vom Wasser absondert«. Inzwischen wurde diese Scheidelinie zwischen »drinnen« und »draußen« dem Meer weiter vorgelagert. Die Frage aber, die mit immer neuen Projekten des Hochwasserschutzes aufgeworfen wird, bleibt die gleiche. Welches Verhältnis hat Venedig zum Meer? Ist die Adria ein Freund, oder ist sie der Feind?

Massimo Cacciari, Jahrgang 1944, ehemaliger Professor für Ästhetik am Institut für Architektur der Universität Venedig und von 1993 bis 2000 und von 2005 bis 2010 Bürgermeister der Stadt, antwortet auf diese Frage diplomatisch. Die »Vermählung Venedigs mit dem Meer« war natürlich zuallererst ein religiöses Symbol, meint Cacciari in einem Interview mit der Zeitschrift *mare*: »Mit Vermählung, Ehe, war natürlich kein konfliktfreies Verhältnis gemeint. Venedig litt auch unter dem Meer, das es wollte und brauchte. Und natürlich musste sich Venedig immer auch gegen das Meer verteidigen – keine andere Stadt hat eine solche Fantasie wie Venedig dabei entwickelt, sich durch verschiedenste Baumaßnahmen und durch einen intelligenten Umgang mit Winden und Strömungen vor dem Meer zu schützen.

Dennoch: An erster Stelle steht die Vermählung, steht die Harmonie.« Ein Feind, so Cacciari, sei die Adria der Serenissima niemals gewesen. Ganz anders sieht das Urteil von einem Außenstehenden aus. In seiner großen Venedig-Biographie resümiert der Brite Peter Ackroyd: »Es gibt keinen Beleg dafür, dass die Venezianer das Meer gemocht haben. Es stellte in erster Linie einen Feind dar.«

Würde Venedig, dieser Inbegriff der »versinkenden Stadt«, tatsächlich einmal in der Adria untergehen, aus der sie einst emporstieg, es wäre die Rache des Meeres, dessen Rechte die Wassergeborene weniger achtete als die des großen Geldes. Oder ist ohnehin alles zu spät? Glaubt man dem Ozeanologen Georg Umgießer gibt es nur noch zwei Alternativen: »Jahrhundertelang war das Schicksal der Stadt eins mit dem Schicksal der Lagune. Doch das ändert sich jetzt. Wir können entweder die Lagune als Lagune bewahren oder die Stadt Venedig vor dem Untergang retten. Aber nicht beides zusammen.«

Natürlich sind die nächsten Großprojekte schon in Arbeit. Auf der Biennale in Venedig wurde bereits 2010 ein Projekt mit dem Titel »Aqualta 2060« des Architektenbüros JDS (Julien de Smedt) vorgestellt. Es besteht aus einem »Kranz von Wolkenkratzern«, der weit draußen in der Adria das alte Venedig umgeben – und es so schützen – solle. Im Begleittext dazu hieß es: »Um die Aussicht auf die historische Stadt zu genießen«, brauchen sich die Bewohner der Hochhäuser Venedig nur als «gloriosen Bühnenprospekt« vorzustellen. Die Bewohner der historischen Stadt wären dann die Fische im Aquarium.

Wird es so kommen, oder doch nicht? Wenn ja, wären in Venedig nicht mehr die Spuren der Adria zu finden, auf deren Suche sich Predrag Matvejević in seinem wunderbaren Essay gemacht hat, sondern das, was Venedig, die Untergegangene, an den Küsten der Adria hinterlassen hat. Was von der einstigen Serenissima dann bliebe, sind die Campanile, die Glockentürme, die nirgendwo so dicht beieinanderstehen wie in Istrien, dieser Rohstofflieferantin der Seefahrerrepublik. Es ist das Tor zur Altstadt von Rovinj mit seinem geflügelten Markuslöwen. Es sind die wunderbaren Palazzi der Seefahrer in Perast und die mittelalterliche Altstadt von Split, die die Serenissima wunderbar an den Diokletianspalast gebaut hat. Es sind die Mauern von Kotor und Budva, die venezianischen Wörter, die bis heute die Dialekte prägen, so dass man sich in Istrien nicht mit *Bok* wie in Zagreb verabschiedet, sondern mit *Čao* oder mit *Dio*, dem venezianischen Wort für Gott. Es sind die Grundrisse der Städte, die nicht nur dem Rhythmus der Verteidigung folgten, sondern auch dem Glauben an ein menschliches Maß. Und es ist die Erinnerung an eine Zeit, in der die Küsten der Adria nicht von fernen Machtzentren, von Wien und Zagreb, von Rom und Konstantinopel regiert wurden, sondern von einer Einheimischen, der Wassergeborenen, der Mutter einer fast tausend Jahre währenden Kultur, auch wenn sie sich manchmal benommen hatte wie eine Rabenmutter.

Es ist der Mythos, der bleibt, ein Raum der Erinnerung, den Predrag Matvejević beschrieben hat, als er darauf hinwies, dass mit dem Ende des venezianischen und dem Beginn des französischen und österreichischen Zeitalters überall an der Küste, auch an der slawischen, die Glocken geläutet wurden zum Zeichen der Trauer.

Der »Tod von Venedig«: Die Adria hätte Venedig dann zerstört. Aber Venedig lebte an der Adria weiter. Ist es ein Trost?

Mein Istrien

DIE ADRIA IN EUROPA

Wieder am Meer. Wieder die Adria. Nur älter bin ich geworden, in diesem Sommer werde ich meinen elften Geburtstag feiern. Auch mein Bruder ist nun am Meer. Bei meiner Adria-Premiere 1965 in Caorle war er noch nicht auf der Welt. Nun wird er bald neun und drängelt sich schon in den Vordergrund, so dass ich auf diesem Foto aus dem Sommer 1974 kaum zu sehen bin. Umso eindrucksvoller ist die Kulisse. Wir stehen am Rand des Hafenbeckens, in der Bildrechten liegen einige Segeljachten mit langen Quermasten und eingerollten weißen Segeln. Im Hintergrund grüßt ein venezianisches Gebäude, drei Stockwerke, ockerfarbener Anstrich, mediterranes, verwittertes Ziegeldach. Charakteristisch sind die beiden Bogenfenster im oberen Stock der zu uns gerichteten Seite, aus denen man auf einen winzigen, halbrunden Balkon heraustreten kann. Darunter reckt sich, ganz jung noch, eine Palme.

Nach Istrien sind wir gefahren, weil die Brücke auf die Insel Krk noch nicht fertig gebaut war. Dass es nach Jugoslawien gehen würde, stand aber fest. Für meine Eltern war es die Rückkehr in ein Land, das sie vor meiner Geburt mehrmals bereist hatten. Jugoslawien war ihnen das, was später einmal Italien oder Südfrankreich für mich und meinen Bruder sein würden – ein

Land im Süden, in dem man auf einer Steinmauer sitzen und die Beine baumeln lassen konnte.

Auch ich habe mich in Jugoslawien wohlgefühlt. In Istrien habe ich das Schnorcheln entdeckt. Steinigen Meeresboden gab es da zu erkunden, bunte Fische mit großen Mäulern, Seeigel in allen Größen. Einmal war ich unvorsichtig und bin ohne Badeschuhe ins Wasser. Prompt trat ich auf eines der stachligen Ungeheuer. Meine Eltern haben sofort nach einem Arzt gerufen. Ich hatte Glück. Der Widerhaken hatte sich noch nicht in den Ballen gebohrt. Sofort bin ich wieder ins Wasser. In diesem Moment, denke ich heute, habe ich die Adria erobert. Oder war es umgekehrt? Hat mich diese kleine Badewanne des Mittelmeers gepackt und nicht mehr losgelassen?

Nun stehe ich wieder an der Promenade von Poreč und kann das verdammte Gebäude nicht finden. Zuerst vermutete ich, es sei das ockerfarben gestrichene Gerichtsgebäude am Ende der Marina. Doch es fehlten die venezianischen Bogenfenster, die auf dem Foto von 1974 zu sehen sind. Weil ein anderes Gebäude an der Hafenpromenade nicht in Frage kam, habe ich die nähere Küste erkundet. Ich fuhr nach Funtana zur Marina und schaute mich um. Fehlanzeige. Auch in Vrsar war nichts zu finden. Und in Rovinj, Novigrad und Umag, da war ich mir sicher, gab es ein solches Gebäude nicht, zumindest nicht an der Riva. Zu oft war ich in der Zwischenzeit in diesen istrisch-venezianischen Küstenstädten gewesen. Ich hätte das Fotohaus mit dem winzigen Balkon und der Palme sofort wiedererkannt.

Poreč dagegen habe ich seit dem Camping-Urlaub 1974 nicht mehr besucht. Warum eigentlich nicht? Wollte ich die Erinnerung an diese unbeschwerten Sommerwochen nicht mit neuen Bildern überblenden? Wollte ich mir die Rückkehr nach Poreč für später aufheben? Oder wollte ich mich vor einer Enttäuschung bewahren? In den Reiseführern hieß es neuerdings, Poreč könne dem spektakulären Rovinj nicht das Wasser reichen. Außerdem sei es dort laut, eine hippe Destination für Partytouristen, mehr nicht.

Nun stehe ich auf der Riva und finde, nichts davon ist wahr. Natürlich hat Poreč keine mittelalterlichen Gassen wie Rovinj, die sich eng bis zur Kathedrale der heiligen Euphemia auf den Hügel der Halbinsel hinaufschrauben. Auch eine langgestreckte Flanierstraße wie die Karera fehlt, die in Rovinj die mittelalterliche Altstadt mit der Neustadt des 18. und 19. Jahrhunderts verbindet. Dafür führt der Decumanus, die einst römische Hauptstraße, geradewegs auf den Rücken der Landzunge, auf der die Altstadt von Poreč errichtet wurde. Die Römerstraße teilt die Stadt in zwei Hälften. Die nördliche wendet sich rau dem Meer zu, keine Geschäfte, keine Bars, nur ein mit Kalkstein gepflasterter Uferweg, der außerhalb der Stadtmauer verläuft und von den Wellen der Adria überspült wird. Und natürlich die Basilika des Heiligen Euphrasius mit ihren byzantinischen Mosaiken, die Poreč zur Welterbestadt der Unesco gemacht haben. Ganz anders der südliche Teil, in dem auch der Hafen und die Marina liegen. Hier herrscht schon am Morgen Trubel, in den Cafés an der Riva sitzen Urlauber und Einheimische, die *Princess of Venice* wartet darauf, nach Venedig auslaufen zu können. Auch auf dem Decumanus drängeln sich die Touristen. Die Römerstraße, die bis zum einstigen Forum von Parentium führte, ist die Bummelmeile von Poreč, auf der es alles gibt: teure Sonnenbrillen von Ray Ban und Police, daneben Ramschbrillen für fünf Euro, blauweiß gestreifte Badetücher, Fast-Food-Lokale, Juweliere. Nur die Klick-Klack-Kugeln, die mich vor vierzig Jahren den ganzen Urlaub begleitet, und meinen Eltern wohl den letzten Nerv geraubt haben, gibt es nicht mehr.

Was suche ich in Poreč? Den Geschmack, den ein Kinderurlaub hinterlassen hat? Ein spätes Jugoslawien-Erlebnis? Oder ein Stück Istrien, das ich bis dahin noch nicht kannte? Ein Stück Adria, das sich konsequent jeder Spielart des Nationalismus verweigert? Ein Stück Kroatien, in dem Triest und Lubljana näher sind als Zagreb, Split und Dubrovnik?

In Poreč, der Stadt meines zweiten Adria-Aufenthalts, will ich herausfinden, warum ausgerechnet in Istrien mit seinen italienisch-slowenisch-kroatischen Verwerfungen dieser besondere Geist Europas weht. Bin ich eigentlich *in* Istrien? Oder bin ich dank meines Stipendiums nun *auf* Istrien angekommen? Ist dieses bezaubernde Stück Land, das wie ein Herz in die Adria taucht, eine Insel? Oder ist es, wie der Blick auf die Landkarte nahelegt, bloß eine Halbinsel, die an zwei Enden, Rijeka und Triest, sicher mit dem Festland verankert ist?

Ich entscheide mich für das Inselbild, und Pazin wird vier Wochen lang meine Inselhauptstadt sein. Im Verwaltungszentrum der Gespanschaft Istrien werde ich den Mai über im Schriftstellerhaus leben, das gleich drei Namen hat: *Kuča za Pisce* auf Kroatisch, auf Italienisch *Casa degli Scrittori* und im istrischen Dialekt *Hiša od besid*. Von hier aus werde ich zu meinen Erkundungsfahrten über diese ungewöhnliche Insel aufbrechen.

Einen ersten Vorgeschmack hat mir die Fahrt nach Poreč gegeben. Eine halbe Stunde dauert die Autofahrt vom Inselinnern an die Küste, sie ist ein Fest der Sinne. Zunächst geht es hinab in ein altes, ausgetrocknetes Flusstal, das wohl einmal der Pazinčica gehörte, bevor der Bach vor Tausenden oder Zehntausenden von Jahren im Karst verschwand. Rechts auf einem Hügel erhebt sich Beram, wo die Konoba *Vela Vrata* mit ihrer selbstgemachten Pasta und schwarzem Trüffel als Geheimtipp gilt. Durch eine liebliche Kulturlandschaft führt die Straße, die mit ihren Ölbäumen und Weinreben ganz dem mediterranen Genuss gewidmet ist. Schon zu Römerzeiten war das so. War das Diokletian entgangen? Warum hat kein römischer Kaiser seinen Ruhestand auf Istrien verbracht? Oder war es damals hier schon nicht einsam genug. Zuviel Öl und Wein, zu viele Hedonisten?

Links taucht Tinjan auf, die Stadt, in der an einem steinernen Tisch am Dorfplatz der Gespan gewählt worden sein soll,
der Provinzvorsteher Istriens. Es muss eine heitere Atmosphäre
an diesem runden Tisch des Mittelalters geherrscht haben, ging
doch der Blick vom Dorfplatz weit hinab ins Tal. Nach zwanzig
Minuten erreiche ich Baderna. Von da an senkt sich die Landschaft sanft hinab in Richtung Adriatisches Meer. Mein Ziel ist
ein Gebäude in Poreč, das nicht in den Reiseführern der Touristen steht. Es ist eine Franziskanerkirche aus dem 13. Jahrhundert,
die viel über das Verhältnis zwischen der italienischsprachigen
Bevölkerung Istriens zu den slawischen Istriern, den Kroaten
und Slowenen, erzählt. Von 1861 bis zum Ende der Habsburger-
monarchie tagte in der Kirche – Parenzo war damals Istriens
Hauptstadt – der istrische Landtag.

Vorerst aber genieße ich die letzten Kilometer dieser Autofahrt an Istriens Westküste. Was hat Karl Friedrich Schinkel,
der mutige und unerschrockene Architekt aus Berlin, nicht alles
verpasst, als er 1803 von Triest aus Istrien bereiste. Brav, wie ihm
geheißen, verweilte er am Küstensaum, »weil man ohne starke
Militärbegleitung im Inneren des Landes unmöglich reisen
kann«. Es sind wahre Schauermärchen, die Schinkel nach Berlin übermittelte. Selbst Pola und die Städte seien nicht mehr vor
den Banditen aus dem Innern der Halbinsel sicher, schrieb er:
»Diese Kerle haben ein furchtbares Ansehen. Sie reiten auf kleinen Pferden, tragen braune Mäntel und von derselben Farbe
Mützen, jeder hat eine Flinte auf dem Rücken, die von einer
merkwürdigen langen Form ist, mehrere Pistolen im Gürtel und
einen Hieber zur Seite. Die Schnauzbärte sind in Flechten gedreht und hangen zu beiden Seite oft bis zur Brust; ebenso sind
die Haare in mehrere herunterhangende Striemen geflochten.«

Was für eine Räuberpistole. Eigentlich müsste man darüber
lachen, hätte sie nicht im 19. Jahrhundert eine Art »Ethnomap-
ping« begründet, das am Ende des Jahrhunderts schließlich im

weit verbreiteten Bild von der – italienischen – Zivilisation der Küste und der – slawischen – Rückständigkeit in den Bergen gipfelt. Freilich mokierte sich Schinkel, Preußens Abenteurer an der Adria, nicht nur über die slawische Derbheit, sondern auch die italienische Trägheit, wenn er mitteilt, dass es keine Gaststätten gebe auf Istrien, dafür »an allen Ecken« Kaffeehäuser: »Die Liebe der Einwohner, sich in diesen Häusern herumzutreiben, ist entsetzlich und gibt ein Bild des faulen Lebens, welches durch ganz Italien herrscht.« So wurde Schinkel, wie auch die österreichischen Reisenden des 19. Jahrhunderts, zum Urheber einer adriatischen Unsitte. Wem immer man Böses wollte, den stempelte man zum Hinterländler. Dass man selbst ganz gut profitierte vom Gefälle zwischen Küste und Bergen, verschwieg man beflissentlich.

Küste ohne Hinterland

Hätte der junge Schinkel den Mut gehabt, den Fuß über die Stadtgrenzen hinaus zu setzen, wäre ihm vielleicht aufgefallen, dass die Landschaft, die er zu Gesicht bekommen hätte, ganz und gar nicht derb war, sondern so wohlgestaltet, wie es seine Profanbauten und Kirchen einmal sein würden. Dass die Dörfer auf den Hügeln mit den sie umgebenden Tälern in einer Art Dialog zueinander stehen. Dass es diesen Gegensatz zwischen Küste und Hinterwäldlerei vielleicht gar nicht gibt, weil viele Dörfer im Landesinneren venezianisch waren. Dass auf dieser Insel ganz andere Regeln galten als überall sonst an der Ostküste der Adria.

Gibt es auf Istrien überhaupt ein Hinterland, wie es weite Landstriche des Kvarner und Dalmatien prägt? Auf der Fahrt von Pazin nach Poreč war ich mir nicht mehr so sicher. Hinterland, das ist ja immer »das Land dahinter«. Auch im Kroatischen bedeutet *Zagorje* hinter den Bergen. Wo aber soll dieses Dahinter hier sein? Wenn ich über die Schulter blicke, sehe ich, am Horizont, die langgezogene Gebirgskette der Ćićarija sowie das mächtige Učka-Massiv. Beide Gebirgszüge markieren das nördliche Ende der Insel, hinter dem das eigentliche Festland beginnt. Davor ist nichts, hinter dem es ein Dahinter gäbe. Eher gleicht die Landschaft, die ich von Pazin bis Poreč durchmesse, einer schrägen Ebene, die sich, sehr langsam nur, hinabsenkt bis zum Meer. Und manchmal, wenn die Sonne durch die dunklen Wolken bricht, kann man sie sich spiegeln sehn im Meer, dem letzten Streifen Horizont.

Wie wunderbar passen dazu die Sätze von Milo Dor, dem serbisch-österreichischen Schriftsteller, der eine seiner Reisen nach Istrien einmal so beschrieben hat: »Ich muss gleich zu Anfang gestehen, ich habe für die Berge nicht viel übrig, es sei denn, ich kann von einem Berg aufs Meer hinausschauen, aus dem alles Leben auf dieser Erde kommt. (...) Lange, bevor ich es sehen kann, rieche ich das Meer. So folge ich nicht mehr einer Straße, die langsam hinunterführt, sondern dem Geruch.« Ja, Milo Dor hat recht. In Poreč riecht es nach Meer und in den Restaurants nach gegrilltem Fisch. Und ja, ich habe in Pazin kein Restaurant gefunden, das Fisch auf der Speisekarte hätte. Eine bäuerliche Küche aber findet man dort auch nicht. Viel eher bieten die Konobe eine ländliche Küche, die allemal gehobenen Ansprüchen genügen kann. So ist auf Istrien die kulinarische Zivilisation auch die Hügel hinaufgestiegen. Die Hügel sind auf Istrien nicht »Hinter den Bergen«, sie sind ein »Vor-Meer«.

Wenn die Kroaten die ehemalige Franziskanerkirche in Poreč heute *Istarska sabornica* nennen, ist das eigentlich eine Verharmlosung. Der istrische Landtag, der am 3. April 1861 zum ersten Mal nach Parenzo einberufen wurde, müsste eigentlich *Dieta istriana* heißen, denn das Selbstverwaltungsgremium Istriens war fest in italienischer Hand. Weil nur wählen durfte, wer eine bestimmte Summe an Steuern zahlte, war die städtische, wohlhabende italienische Bevölkerung an der Küste, in Capodistria, Umago, Parenzo, Rovigno, Orsera und Albona, in der Mehrheit. Von den 27 Abgeordneten, die der Landtag nach seiner Gründung zählte, gehörten nur zwei Vertreter der zumeist armen slawischen Bevölkerung an.

Der »italienische Landtag« Istriens nutzte die Dominanz, um die Stellung des Italienischen auf der Halbinsel zu festigen. Doch nicht nur gegen die Slawen wandte sich die Landtagsmehrheit in Parenzo, sondern auch gegen Wien. Die erste Sitzung 1861 endete mit einem Skandal. Als es um die Wahlen für den Reichsrat in Wien ging, votierten zwanzig Abgeordnete mit »Nessuno«, also »niemand«. Die »Nessunisti«, wie sie fortan genannt wurden, gehörten der Irredenta an, wollten sich von Wien lossagen und wie das Veneto Teil des Königreiches Italien werden. Österreich reagierte mit Härte, doch den Kroaten und Slowenen auf Istrien nutzte es wenig. Kurzerhand löste Wien den Landtag auf und öffnete ihn erst nach dem österreichisch-ungarischen Ausgleich von 1867 neu. Die Dominanz der Italiener blieb, schreibt der Wiener Historiker Andreas Gottsmann: »1870 galten fünf von 27 Abgeordneten als ›Slawen‹, in den neunziger Jahren waren es neun von 30, 1908 dann 19 von 44. Die italienische politische Mehrheit war also nie gefährdet.«

Im späten 19. Jahrhundert konnte von einem Miteinander der Kulturen auf Istrien keine Rede sein. Vielmehr begann im Landtag, der von 1898 in Pola/Pula und von 1904 in Capodistria/Koper tagte, ein regelrechter Kulturkampf. Kroaten und Slowenen forderten, dass ihre Sprachen auch in den Schulen unterrichtet werden, am Sitz der Verwaltung in Pazin sollte das Slawische als Amtssprache anerkannt werden. Doch Kroatisch als öffentliche Sprache blieb ein heikles Thema. Als der Parlamentsneuling Matko Laginja, später als »Vater Istriens« verehrt, 1883 seine erste Rede im Landtag von Parenzo auf Kroatisch hielt, verließen die italienischen Abgeordneten den Saal. Erst 1908 wurden Kroatisch und Slowenisch offiziell als Amtssprachen anerkannt. Seitdem gilt Pazin als das Zentrum der kroatischen Nationalbewegung Istriens.

Als der Traum der italienischen Küstenbewohner 1919 in Erfüllung ging und Istrien italienisch wurde, war es mit der Mehrsprachigkeit wieder vorbei. »Meine Großmutter hat in der Schule nur Italienisch sprechen dürfen«, sagt Iva Ciceran, die Leiterin der Bibliothek in Pazin, die mich seit meinem Aufenthalt im Schriftstellerhaus betreut. »Aber das ist alles nicht mehr wichtig«, sagt Iva. »Heute lernen die meisten Schüler in Istrien Italienisch als zweite Fremdsprache.« Auch das öffentliche Leben auf der Insel ist konsequent zweisprachig. Ortsschilder, Ämter, ja sogar Geschäfte werben auf Kroatisch und Italienisch. In Slowenien ist es nicht anders. Nur Triest schert bei dieser respektvollen Achtung der Sprache und Kultur des anderen aus. In der ehemaligen Hochburg des italienischen Nationalismus spart man sich derlei Gesten.

Labin und die Negris

Mächtig thront sie auf dem Berg. Labin, die Erhabene. Die Stadt der Adligen und ihrer Palazzi, aber auch die Bergarbeiterstadt, in der die Kohlekumpel 1920 in den Streik traten, die freie Republik Labin ausriefen und den italienischen Truppen 36 Tage lang widerstanden. So wurde Labin das anarchistische Gegenstück zum Spektakel, das der Dichter und Faschist D'Annunzio zur gleichen Zeit in Rijeka veranstaltete.

Nach Labin, die Schöne im Osten Istriens, führt mich meine zweite Erkundungsfahrt auf der Insel. »Labin war immer wieder Angriffen ausgesetzt«, erzählt William Negri und setzt sich an einen Holztisch im *Palazzo Negri*, an dem er normalerweise Wein ausschenkt. »Im Jahre 1599 belagerten die Uskoken die Stadt.« Die stolzen Piraten marodierten im 16. Jahrhundert auch durch Istrien. Immer wieder hatte ihnen Österreich ein Stück Land zum Sesshaftwerden versprochen, und immer wieder hat der Kaiser sein Wort gebrochen. Also holten sich die Uskoken, einige hundert Familien waren es, was ihnen zustand. »In Labin war viel zu holen«, weiß William Negri und schenkt ein Glas Wasser ein, für Wein ist es noch zu früh. »Dass die Uskoken Labin nicht erobert haben, lag an Giovanni Battista Negri, dem Bürgermeister der Stadt, einem meiner Vorfahren. Er hat leere Weinfässer mit Gülle gefüllt und von den Mauern der Stadt auf die Angreifer geworfen.« Die Uskoken mussten wieder abziehen. »Aus Rache«, sagt Negri, »haben sie kurz darauf Plomin niedergebrannt.«

William Negri, Jahrgang 1966, Muttersprachen Kroatisch und Italienisch, ist einer, der gut nach Labin, der Grandezza auf dem Berg, passt. In den neunziger Jahren hat er die Tradition der Familie wiederbelebt und bewirtschaftet seitdem die Olivenhaine und Weinberge im Familienbesitz. Was das Besondere an Istrien ist? William Negri muss nicht lange nachdenken. »Du kannst hier der sein, der du bist. Keiner fragt dich, woher du kommst, welche Nationalität du hast, ob du Italiener bist, Bosnier oder Serbe.«

William Negri sagt, dass das schon zu jugoslawischen Zeiten so gewesen sei. Es sei für ihn geradezu ein Schock gewesen, als er 1985 zur jugoslawischen Volksarmee eingezogen wurde. »Ich war in Mostar stationiert, erst da habe ich erlebt, was in Jugoslawien los war. Da bin ich zum ersten Mal dem Nationalismus begegnet. Entweder sind sich Serben und Kroaten aus dem Weg gegangen, oder sie haben sich beschimpft. Und jeder wurde gefragt: Woher kommst du? Auch mich haben sie gefragt. Als ich gesagt habe, ich komme aus Istrien, haben sie gelacht und mir auf die Schulter geklopft. Ich war harmlos, irgendwie nicht geeignet für ihren Nationalismus.« Wenn es unter den Rekruten Streit gab, sagt Negri, habe er immer vermittelt. »Heute würde ich sagen, ich war in Jugoslawien bei der Armee so eine Art Blauhelmsoldat.«

Dass die Nationalitätenkonflikte auf Istrien keine Rolle spielen, ist für Negri kein Verdienst Titos, auch wenn er findet, dass der Gründer Jugoslawiens durchaus Verdienste habe. Istriens Toleranz, sagt er, sei aber älter. Tito habe sogar versucht, die Intoleranz in Istrien zu schüren, meint William Negri und erzählt dann seine Variante vom Tod seines Verwandten Aldo Negri. Noch heute gibt es in Istrien kaum eine Stadt, in der nicht eine Straße nach dem Kommunisten, Naziopfer und Volkshelden benannt wäre, der sich 1943 den Partisanen angeschlossen hatte. »Dass meine Familie nach dem Krieg in Labin bleiben konnte und nicht, wie die meisten italienischen Istrier, zur Auswanderung gedrängt wurde, hat sicher mit Aldo und seinem Heldenstatus zu tun«, gibt William zu. »Dass Aldo, der Mitglied der KP Italiens war, bei den kroatischen Einheiten der Partisanen Einspruch gegen die wahllose Ermordung italienischer Zivilisten erhoben hatte, wurde zu jugoslawischen Zeiten natürlich nicht erwähnt. Die kroatischen Partisanen sollen ihn sogar mit dem Tod bedroht haben. Auf der einen Seite war es von Tito gewünscht, dass auch italienische Kommunisten bei den Partisanen sind. So konnten sie jeden Vorwurf, sie würden sich wahllos an den Italienern für die Zeit des Faschismus rächen, zurückweisen. Für die Zeit danach wollten sie aber auch die italienischen Kommunisten nicht. In Istrien ist es ein offenes Geheimnis, dass Aldo von Partisanen an die Deutschen verraten wurde. Die haben dann das Geschäft erledigt.«

»Hinter Triest beginn wirklich etwas anderes«, schrieb Pier Paolo Pasolini einmal, es war 1969, da entdeckten linke Studenten gerade das andere Italien und das ehemalige Zusammenleben mit den Slawen auf Istrien, der magischen Halbinsel der Adria hinter dem Eisernen Vorhang. »Ich wenigstens habe in Italien noch nie etwas Vergleichbares gesehen«, fuhr Pasolini fort. »Antike Lebensweisen sind noch überall spürbar, man atmet sie geradezu: So hat der Mensch gelebt, mit diesen Gesten, diesem Rhythmus, diesen Gefühlen; und jahrhundertelang hat er sich damit begnügt. Hier, auf diesem Boden, sind die Jahrhunderte noch spürbar.« Für den italienischen Regisseur reicht die istrische Identität und mit ihr auch ihre Toleranz weit in die Geschichte zurück. Das mag auch der Grund dafür sein, dass das 19. und 20. Jahrhundert, sein Nationalismus, seine Bürgerkriege und seine Morde im Namen des Selbstbestimmungsrechts der Völker, der istrischen Toleranz nichts anhaben konnten, auch wenn sie mehr als einmal auf die Probe gestellt wurde.

Auch Milo Dor, der die Berge nicht mag, und deshalb so oft von Belgrad nach Istrien fährt, greift weit zurück, wenn er die Offenheit dieser Weltenlandschaft damit erklärt, dass Istrien im Grunde eine Flüchtlingsinsel ist: »Auf dem alten Stadttor von Rovinj konnte man die Inschrift ›Il riposo dei deserti‹ lesen, was soviel wie ›Die Zuflucht der Verfolgten, Einsamen und Verlorenen‹ bedeuten sollte. Im Laufe der Geschichte hatte es immer Verfolgte, Einsame und Verlorene gegeben, denen hier in der auf einer Landzunge eng gebauten istrischen Stadt großzügig Asyl gewährt wurde. An dieses Tor klopften all jene, die vor verschiedenen Eroberern oder vor der Pest geflohen waren.«

Vielleicht muss man sogar noch weiter zurückgehen als bis zur venezianischen Zeit, um die Besonderheit dieser Insel zu erklären, vielleicht muss man sogar den Mythos bemühen. Istrien hat seinen Namen von den Histriern, einem antiken Volk, über das schon Griechenlands Geschichtsschreiber berichtet haben. Als die Argonauten mit Hilfe Medeas, der Tochter des Kolcherkönigs Äetes, das berühmte Goldene Vlies gestohlen hatten, machten sie sich rasch auf den Rückzug, indem sie vom Schwarzen Meer die Donau hinauf fuhren, die bei den Griechen Ister hieß. Laut Apollonius von Rhodos verlief die Flucht donauaufwärts zunächst problemlos. Doch dann holten die Kolcher, die sich an die Verfolgung gemacht hatten, die Argonauten an der Mündung der Donau in die Adria ein. Als Apollonios seine *Argonautica* schrieb, glaubte man noch an eine zweite, an eine adriatische Donaumündung unmittelbar an den Gestaden Istriens. Von den Kolchern gestellt, blieb Jason und Medea nichts anderes übrig, als Absyrtos, den Halbbruder der Medea und Anführer der Verfolger, zu ermorden. Seine Leichenteile seien an die später nach ihm benannte Inselgruppe der Apsyrtiden gespült worden, zu denen heute Cres und Lošinj zählen. Aus Angst vor der Rache ihres Königs, seien die Kolcher schließlich an der oberen Adria geblieben und haben, das wiederum stammt von Strabon, die Stadt Pula gegründet, die auf Griechisch *Polai* hieß, die Stadt der Gestrandeten. So entstand, benannt nach ihrer Heimat an der Donau, das Volk der Histrier und mit ihm der Name der Halbinsel Istrien. Eine schöne Geschichte: Istrien schon in der Antike ein Paradies für Verfolgte und Verfolger. Das würde erklären, warum die Istrier so offen gegenüber Fremden sind. Sie wären ja selber welche gewesen.

Doch auch, wenn man nicht den Mythos bemüht, bleibt die Geschichte von Istrien die eines Landstrichs, bei dem es nicht darauf ankommt, wo man herkommt. Das alte Stadttor von Rovinj ist auch ein Hinweis darauf, dass Albaner, Griechen, Mazedonier, Serben und Rumänen willkommen waren, wenn sie sich den Türken geschlagen geben mussten. »Heute ziehen sich viele Schriftsteller, Maler und Filmleute hierher zurück, wenn sie ein bisschen Abstand zum Trubel der so genannten großen Welt gewinnen wollen«, berichtet Milo Dor über Rovinj, da gehörte die Stadt noch zu Jugoslawien. Auch der serbische Schriftsteller hatte zu dieser Zeit ein neues Zuhause in Rovinj gefunden. Und heute ist es nicht anders als damals, 1977, als er über den istrischen Sommer schrieb: »Im Sommer gesellen sich zu den Kroaten, Slowenen und Italienern, die Istrien bevölkern, Franzosen, Holländer, Engländer, Schweden, vor allem aber Deutsche und Österreicher hinzu, um so die kosmopolitische Offenheit der Halbinsel zu demonstrieren. Kaum einer dieser Menschen kümmert sich besonders um die Vergangenheit. Die Geschichte ist für sie ganz einfach da. Sie atmet ruhig und gleichmäßig wie das Meer. Die Zukunft steht in den Sternen geschrieben. Aber die Gegenwart ist voller Sonne, die uns Wärme und Leben gibt.«

Istrien, die Stadt der alten und modernen Argonauten. Im Grunde ist es bis heute so geblieben. Als Jugoslawien in den blutigen Kriegen der neunziger Jahren zerfiel, kamen Flüchtlinge aus Bosnien, der Herzegowina, aus Serbien und der kroatischen Kraina nach Istrien, wo sie der Tradition der Halbinsel folgend, das friedliche Zusammenleben dem Hass aufeinander vorzogen. So schreibt Istrien die Flüchtlingsgeschichte der Adria fort, die mit der Besiedlung des Diokletianspalastes in Split, des Felsens von Ragusa und der Lagune von Venedig begonnen hatte. Nur den Uskoken war kein Happy End vergönnt.

Piran. Pirano

Eines Tages steht er vor der Tür. Ein Unbekannter. Spricht italienisch, so dass es aus Veljko herausbricht: »Hier ist nicht mehr Pirano. Sie sind hier in Piran. Hier spricht man auch nicht mehr italienisch, sondern slowenisch.« Doch der Italiener mit dem Namen Antonio lässt sich nicht abwimmeln. Und irgendwann entdeckt er das Klavier. Stand das früher nicht an einer anderen Stelle? Da kommt die Erinnerung auch bei Veljko wieder. An eine Zeit, die längst vergangen ist. Und an eine schicksalshafte Freundschaft.

Die Begegnung stammt aus dem Spielfilm *Piran. Pirano* von Goran Vojnović. Der junge Slowene aus Ljubljana ist ein Star in seinem Land. Als Bestsellerautor von sozialkritischen Romanen wie *Czefurzy Raus* hat er den Rassismus gegenüber Mazedoniern und Albanern im Slowenien der Gegenwart thematisiert. In einem anderen Buch klagt er den fiktiven Vater an, ein Kriegsverbrecher gewesen zu sein. Doch irgendwann, verrät er mir im Gespräch, habe er diesen Film über Piran und diese Begegnung machen müssen. Weil sein Thema das Multikulturelle ist, das Kosmopolitische, das auf Istrien zu Hause ist. Und weil ein Teil seiner Familie aus Bosnien stammt, so wie Veljko, der im Film Antonio begegnet. Als Befreier war Veljko 1943 nach Pirano gekommen, das seitdem Piran hieß. Doch nicht alle Italiener waren Faschisten. Auch nicht Antonio. So beginnt sich das Schicksal zweier Menschen zu verweben, die beide dieselbe Heimat Istrien haben: Antonio von Geburt, auch wenn er später mit Hilfe Veljkos vor den Partisanen über die Adria nach Triest geflohen war. Für Veljko, den Bosnier, ist Piran die neue, die angelernte Heimat. Wegen Anica, der Partisanengenossin, die im noch italienischen Pirano geboren worden war, ist er an der istrischen Adria geblieben.

Nach Piran zu finden, dem Ziel meiner dritten Erkundungsfahrt, ist gar nicht so einfach. Sloweniens malerische Adriastadt, die es an Schönheit durchaus mit Rovinj aufnehmen kann, versteckt sich hinter den Bergen auf einer Landzunge zwischen Portorož und Izola. Ich folge der nur 37 Kilometer langen Küstenstraße Sloweniens, und irgendwann weist schließlich ein Verkehrsschild den Weg. Kaum in der Altstadt angekommen, mache ich mich auf die Suche nach den Schauplätzen des Spielfilms: Den Anleger am alten Hafen mit dem grünen und roten Leuchtfeuer, an dem Antonio mit dem Ausflugsschiff *Portorož* aus Triest ankam; den Provomajski Trg, den Platz des 1. Mai, in dem sich im Film das Stadthaus befand, in dessen Beletage Antonio lebte, bevor es zur Heimat von Veljko wurde; und natürlich die Prežernovo nabrežje, die Uferpromenade, an der sich das Café befindet, in dem eine der ersten Szenen des Films spielt. Veljko sitzt mit einigen Freunden beim Schach, bis er seine Freunde mit einer Frage überrascht. Er will wissen, ob er, Veljko, eigentlich in dieser Stadt, Piran, zu Hause sei. »Weshalb fragst du?«, fragt ein Freund zurück. »Meine Tochter will, dass wir die Grabstelle neben Anica kaufen. Sie meinte, dass Piran ein guter Ort für unser Familiengrab sei«, antwortet Vejko. »Ich weiß aber nicht, ob ich hier begraben sein will. Vielleicht gehe ich nach Bosnien zurück.« Der Freund lacht. »Als in Sarajevo die Olympiade war, hat dir deine Anica eine Zugfahrkarte geschenkt. Du hast dich geweigert, überhaupt hinzufahren. Und jetzt willst du in Bosnien beerdigt werden?« Veljko überlegt, dann fragt ihn der andere Freund plötzlich, ob er schwimmen könne. Veljko schaut auf die blaue Adria, in die gerade ein paar Urlauber eintauchen. »Natürlich kann ich schwimmen«, antwortet er verärgert, steht auf und geht. Seine Freunde schütteln nur den Kopf über diesen kauzigen Bosniaken.

Goran Vojnovićs Film, der 2010 beim Internationalen Filmfestival in Cottbus den Dialog-Preis gewann, ist natürlich ein Film über die unterschiedlichen Biographien und Erinnerungen an einen Ort, der einst zu den blutigsten Schauplätzen des Zweiten Weltkriegs gehörte und dann im Mittelpunkt eines Kalten Krieges stand, der die Adria in einen westlichen und einen östlichen Teil teilte. Es ist aber auch eine leise Geschichte zum Thema wandelnder Identitäten und der Frage, wie lange einer aus den Bergen braucht, um am Meer heimisch zu werden. Das Thema Wasser und Schwimmen zieht sich wie eine leise

Melodie durch den Film, etwa wenn Veljko seinen Enkelsohn bittet, ihm zu verraten, ob das Meer wärmer oder kühler sei als das Wasser, das im Bad gerade aus dem Hahn komme. Und dann erfährt der Zuschauer die traurige Wahrheit: Veljkos Mutter wurde im Krieg erschossen, ihre Leiche lag im Meer.

Und noch etwas wird im Laufe der Filmhandlung deutlich. Auch Veljko, der Partisan, wäre in diesem blutigen Sommer 1945 gerne mit Antonio, dem Italiener und mit Anica, der gemeinsamen Freundin, nach Triest geschwommen. Weil er Antonio zur Flucht verholfen hatte, drohte ihm in Titos Jugoslawien die Todesstrafe. Doch Antonio tritt die Flucht alleine an, Veljko kann eben doch nicht schwimmen.

Natürlich hat der Film ein Happy End. In der Schlussszene steigt Veljko vor den Augen seiner Freunde, wenn auch zögerlich und ungelenk, ins Wasser der Adria. Er hat sich mit dem Meer ausgesöhnt, er ist in Piran und Istrien heimisch geworden. Mir hat dieses Ende gefallen. Als Mitglied der Jury in Cottbus habe ich mich für diesen Film eingesetzt.

Das andere Meer

Von der Punta in Piran sieht man schon die Klippen der kroatischen Küste. Dahinter muss sich Savudrija verbergen, jenes Salvore, in das Claudio Magris in seiner Erzählung *Ein anderes Meer* seinen Helden Enrico Mreule in den zwanziger Jahren des 20. Jahrhunderts in die Sommerfrische schickte. Die Sommer, schreibt Magris, seien lang und still in Salvore, ein fortwährendes Zikadenzirpen; die Stunden hätten die Farbe von Bernstein. Ein Rückzugsort für ein paar Gymnasiasten aus Görz, an dem die Schwere der Zeit, die sich schon bemerkbar macht, wieder leicht wird: »Sie waren (...) draußen, am Ufer, lachten oder schwiegen, ohne etwas zu tun; Nino briet Fische, und Fulvia warf den Ball gegen den Felsen, wenn sie müde war, gab sie ihm mit ihrem zarten goldbraunen Fuß einen Stoß und überließ ihn den Wellen, die ihn ans Ufer zurücktrieben.« Das Salvore des Triestiner Germanisten und Schriftstellers ist ein Sehnsuchtsort, für Claudio Magris selbst wie auch für seinen Helden Enrico. In einem Interview bekannte Magris einmal, dass ihm die Idee für seine Erzählung bei einem Spaziergang in der Bucht zwischen Piran und Savudrija gekommen sei.

Am kleinen Hafen von Savudrija, meine vierte Station auf der Suche nach dem kosmopolitischen Ursprung Istriens, legt kein Ausflugsschiff mehr an. Auf der Kaimauer sonnt sich eine Katze, sonst passiert nicht viel. Auch in der Pension und den beiden Konobe gibt es nichts zu tun. Im Jahre 1909, als die Romanfigur Enrico Mreule Salvore entdeckt hatte, war hier mehr los, wie eine Postkarte verrät, die ich irgendwo entdeckt habe. Sie zeigt den *Albergo alla Posta*, der am Ende der Dorfstraße steht, dahinter der Hafen und die Adria. Die Postkarte datiert aus dem Jahr 1912. Auch ein paar Tische und Stühle haben die Betreiber des Albergo ins Freie gestellt, einige Sommergäste sitzen vornehm gekleidet beim Mittagsmahl. Sie sind wohl nicht von hier, neben ihnen wartet ein Automobil, das sie bald wieder fortbringen wird – nach Pirano, Umago oder Triest.

Das »andere Meer« von Magris macht nicht nur den Unterschied zwischen der Adria und dem Atlantik deutlich, über den Enrico Mreule zwischenzeitlich nach Patagonien auswandert. Der Titel verrät auch, dass die Adria, an die Enrico nach dem Krieg zurückkehrt, eine andere geworden ist. Das Meer seiner Kindheit, Piran und Salvore, gehören nun nicht mehr zu Österreich, sondern zum faschistischen Italien. Plötzlich ist alles anders: Die Slowenen, deren Sprache er auf dem Schulhof gelernt hat, werden nun »entsetzlich ungerecht« behandelt. Doch Enrico lernt noch eine andere »andere Adria« kennen. Als er, inzwischen ist er an seinen Sehnsuchtsort gezogen, seinem Ende entgegenblickt, ist aus Salvore Savudrija geworden. Ein dritter Staat hat sich seines Ortes und seines Meeres bemächtigt. Seine einstigen Pächter, eine slowenische Familie, sind nun Eigentümer ihres Landes, Enrico muss ihnen die Hälfte abtreten.

Doch es ist nicht nur ein anderes Meer, das hier seine Wellen an die Klippen der Nordküste Istriens spült. Es ist auch ein Meer, das den Staaten und Herren, den wechselnden Zugehörigkeiten, Vorschriften und Paragraphen, den neuen Verordnungen und Gesetzen trotzt. Vielleicht auch wegen der Fischer, die eine alte Tradition aufrechterhalten. Ihre kleinen Boote ziehen sie nicht ans Ufer, sondern über eine Seilwinde hoch auf eine Holzkonstruktion, so dass die Boote über dem Wasser schweben. Nirgendwo sonst habe ich das auf meinen Reisen an der Adria gesehen, nicht einmal in Apulien und im Molise, wo noch immer die Trabucchi ihren Dienst versehen, jene Holzkonstruktionen, mit denen die Fischernetze gesenkt und gehoben werden.

Landschaft und Identität

Einer der vielleicht schönsten Plätze Istriens ist der Stadtplatz von Grožnjan, meine fünfte Station. Im Schatten der Kastanien und der Mauern der mittelalterlichen Stadt schaut man hinab auf eine istrische Landschaft, an deren Ende ein blauer Streifen Meer winkt. Es ist eine Landschaft, die sich immer wieder aufrappeln musste: von der Ausbeutung der Römer, denen Istrien Kolonie war; vom Kahlschlag Venedigs, das seinen Reichtum auf den Stämmen der Steineichen und dem Kalkstein Istriens gründete; vom Exodus der italienischen Istrier, die nicht nur verlassene Dörfer hinterließen, sondern auch Felder und Äcker, die bald brach fielen. Doch diese Landschaft hat sich immer wieder erholt. Der Blick vom Platz der Bergstadt Grožnjan, das auf Italienisch Grisignana heißt, zeigt junge Eichen, die sich aus der

Macchia emporgekämpft haben und bald wieder neue Wälder bilden, neu angelegte Olivenhaine und Weinberge. Selbst auf steileren Lagen wird der Boden bestellt, ein Zeichen dafür, dass Istrien trotz aller Brüche eine Kulturlandschaft geblieben ist. Was für ein Vergleich zu den benachbarten Inseln, zu Krk, Rab und Lošinj, wo der Mensch der Natur jeden Hektar mühselig abringen musste.

Bei einem Spaziergang durch Grožnjan und seine Gassen zeigt sich, wie sehr diese kleine Bergstadt mit ihrem Rundblick auf die Adria, das Mirnatal und die Berge Teil dieser istrischen Landschaft geworden ist. Nach der Vertreibung der italienischen Bewohner war Grisignana eine Geisterstadt geworden. Doch schon in den sechziger Jahren entdeckten Künstler die Stadt auf dem Berg und nahmen sie in Besitz. Die lokalen Behörden ließen sich auf einen Deal ein. Gegen das Versprechen, die inzwischen verfallene Stadt wieder aufzubauen, durften dreißig Familien umsonst in der ehemals italienischen Stadt leben. Dass Grožnjan heute offiziell als »Künstlerstadt« gilt, ist also nicht nur Stadtmarketing, sondern das Ergebnis einer ungewöhnlichen istrischen Revitalisierungsgeschichte, die auf Istrien bald Schule machte. Auch Motovun, die Trüffelstadt, und Hum, die kleinste Stadt der Welt, sind inzwischen Künstlerkolonien.

Auch die Dichter haben sich bis heute von dieser Überlebenskunst, dieser istrischen Fähigkeit, sich immer wieder neu zu erfinden, beeindrucken lassen. Der in Pula 1957 geborene Philosoph und Autor Boris Biletić, der auch die Zeitschrift *Nova Istra* herausgibt, kann nicht anders als seufzen, wenn er über diese istrische Landschaft schreibt und die Jahreszeiten, die sich immer wieder in anderem Licht zeigen: »Feigen, Oliven und ein geröstetes Stückchen Brot, Wein im Tonkrug und Käse auf der kahlen Steinplatte eines Bauerntisches; eine Fliege auf dem Maulbeerbaum oder eine Weinrebe im September; ein Mädchen im Augustsand; eine Fischflosse im flachen Wasser und der Umriss eines Schiffes in der Weite der hohen See; ein Kornfeld und Ginster; dann die Mündung der Mirna, oder die Schneekappe des Olinfos; Häuserfassaden an der Küste und ein Stimmenwirrwarr rund um die altehrwürdigen antiken Steine.«

Eine Zauberwelt an einem Weltenrand; eine Kulturlandschaft an der Berührungszone zwischen der romanischen, germanischen und slawischen Welt; eine Erfolgsgeschichte an einer Bruchlinie, die anderswo ein Ende bedeutet hätte. Vielleicht, denke ich, als ich von Grožnjan hinabblicke auf den tiefblauen Streifen Meer, macht diese Landschaft die Menschen so sanft. Die neuen Istrier bestellen ihre Äcker so behutsam wie die alten Istrier. Es gibt hier eine Ehrfurcht vor der kulturellen Leistung der Vorfahren, auch wenn diese eine andere Sprache sprachen. Istrien ist nicht reich, war aber auch nie arm. Wer hier lebt, muss nicht ums Überleben kämpfen, wird nicht bei der erstbesten Gelegenheit den Pflug stehen lassen und zu den Waffen greifen.

Wer hier lebt und arbeitet, hat etwas zu verlieren. Vielleicht rührt daher die Verbundenheit mit der Landschaft, die auch eine Verbundenheit mit der Geschichte ist. Vielleicht hat die istrische Identität mehr mit der Landschaft zu tun, als mit dem insularen Charakter, wie manche meinen, denn Insulaner können sowohl weltoffen sein als auch allergisch gegen alles Fremde. Also bin ich doch eher in Istrien als auf Istrien. Viel entscheidender als die Frage Halbinsel oder Insel ist ohnehin die regionale Identität. Die ist hier allemal stärker als die nationale. Man ist in Poreč oder Pazin kroatischer, bosnischer, serbischer, italienischer oder slowenischer Istrier und nicht – und dieser Unterschied hat Leben gerettet – istrischer Kroate, Bosniake, Serbe, Italiener, Slowene. Im Vielvölkerland Bosnien dagegen, diesem anderen Jugoslawien *en miniature*, war die nationale Identität immer stärker als die regionale. So ähnlich hatte es mir auch eine junge Frau aus Fažana erzählt. Ihre Freundin, sagte sie, habe sich vor kurzem in einen Serben verliebt. »In Istrien ist das nicht einmal der Rede wert, in Makarska, wo sie herkommt, wäre sie dafür gesteinigt worden.«

Abschied von Istrien

Regen wäre mit lieber gewesen. Nebel auch. Die Kälte sowieso. Hätte mich Pazin an diesem Morgen mit einem typischen Pazin-Wetter geweckt, wäre mir der Abschied vielleicht leichter gefallen. Stattdessen leuchtet die Sonne in die Schlucht unter meinem Balkon. Pazin hat es ihm nicht leicht gemacht, aber nun hat es der Sommer auch ins Landesinnere geschafft.

Bin ich wirklich auf einer Insel? Oder ist Istrien, der Endpunkt meiner Umrundung der Adria, doch mehr? Ein Stück Europa dort, wo manche schon den Balkan vermuten? Pier Paolo Pasolini hat recht, wenn er schreibt, dass hinter Triest etwas völlig Anderes beginne. In Istrien ist die Adria kein Meer der Gegensätze, sondern der Vielfalt. Nirgendwo sonst wird dieses Nebenund Nacheinander der Kulturen so sehr als Reichtum empfunden wie zwischen Pazin und Poreč, Triest und Rijeka.

Mein Abschied von Istrien ist zugleich das Ende einer Adriareise, die mich auf vielen Etappen von Caorle bis Pazin und Poreč geführt hat. Entgegen dem Uhrzeigersinn und damit auch gegen den Lauf der Zeit habe ich ein Meer kennengelernt, das bei Weitem nicht so homogen war, wie Fernand Braudel einst behauptet hatte. Ein Meer, an dem die Menschen um ihr Überleben kämpfen müssen. Ein Meer auch, das nach dem Untergang von Venedig und Ragusa von fernen Hauptstädten regiert wurde: Rom, Wien und Istanbul. An der Adria trafen im 19. Jahrhundert Europas Peripherien ungebremst aufeinander, hier können sie aber auch, wie in jüngster Zeit, zusammenwachsen. Istrien, der Endpunkt meiner Reise, macht jedenfalls Mut.

Missmutig räume ich die Bücher in meine Kisten, obenauf die Reliefkarte, die mir Iva geschenkt hat. Nein, Pazin war mir in diesen Wochen nicht das graue Hinterland zur blauen Adriaküste, auch wenn sich das Wetter alle Mühe gegeben hatte, das Klischee zu bestätigen. Dreihundert Meter über dem Meeresspiegel und hundert Meter über dem Grund der Pazinčica-Schlucht lag mein Schriftsteller-Haus, das ist nichts im Vergleich zu den 1402 Metern, auf die es das Učka-Massiv schafft. Die Reliefkarte, die mir Iva am Abend vor meiner Abreise mitgebracht hatte, bestätigt den Eindruck, den ich am ersten Tag meines Aufenthalts in Pazin hatte, als ich mit dem Auto nach Poreč gefahren bin. Ich befinde mich auf einer schrägen Ebene und rutsche langsam hinab ans Meer.

Dieser Abschied von Pazin fällt mir nicht nur wegen des unerwarteten Sonnenscheins schwer. In der einstigen Hochburg der kroatischen Nationalbewegung, die Tudjman 1990 zur Verwaltungshauptstadt gemacht hat, weil er Pazin mehr traute als dem kosmopolitischen Pula, habe ich das gleiche, weltoffene Istrien kennengelernt wie in Piran, Poreč oder Rovinj. Nicht einmal beim Referendum zur Homoehe im Dezember 2013 ist Pazin ausgeschert. Wie in der gesamten Gespanschaft Istrien und in der benachbarten Primorsko-Goranska Županija stimmte eine deutliche Mehrheit der Wählerinnen und Wähler gegen den Antrag der Rechtskatholiken, die Ehe zwischen Mann und Mann, Frau und Frau zu verbieten. Der Rest Kroatiens, einschließlich der Hauptstadt, folgte dagegen der Kirche. Vedrana, die junge Frau, der ich in Fažana begegnet war, und die fließend Italienisch und Englisch sprach, kommentierte das Referendum so: »Am Wahlergebnis kann man ablesen, wo in Kroatien Europa endet und der Balkan beginnt.« Ein bisschen, ich gebe es zu, war ich froh, dass Pazin nicht »balkanisch« abgestimmt hatte.

Aber vielleicht ist das das Geheimnis Istriens und auch ein Schlüssel zum Verständnis der Adria. Überall dort, wo es die

Menschen geschafft haben, aus ihrer Randlage etwas zu machen, Aufmerksamkeit zu schaffen für sich und ihre Region, attraktiv für Touristen zu werden, dem Boden und dem Meer etwas abzuringen, schaut man über den Tellerrand hinaus. Rimini, der Inbegriff des Teutonengrills und des Massentourismus, entdeckt den sanften Tourismus, in den nahen Bergen feiert die regionale Küche Erfolge – und plötzlich ist aus der Adria, dem Massenmeer, an dem man deutsch spricht, ein Meer der Beschaulichkeit geworden. In Apulien, dieser kulturellen Brücke zum Osten, schauen sie in die Telefonbücher und wissen: Albanien ist näher als es die gefühlte Distanz in den Jahrzehnten des Eisernen Vorhangs vermuten ließ. Und entdeckt nicht auch Split wieder seine Geschichte – und mit ihm seine Besucher, die die Stadt nicht länger nur als Durchgangsstation zu den Inseln bereisen?

Das Beispiel Istrien zeigt auch, dass die Topographie von Zentrum oder Peripherie auch eine Konstruktion ist. Wer will, kann sich aus der Randlage emporarbeiten, hinaufsteigen auf den Berg, der hinter dem Meer liegt und ein Hinterland entdecken, dass einem Anschluss bietet an eine andere Welt – auch wenn dort vor noch nicht allzu langer Zeit der Krieg getobt hat. Oder den Blick auf die Gegenküste richten, den kein Eiserner Vorhang mehr verstellt. Ja, die Adria war und ist eine Brücke zwischen Okzident und Orient, an ihr schied sich einst die christliche von der islamischen Welt. Über die Adria können sie aber auch wieder zusammenwachsen.

Genauso sehr ist die Adria aber ein Meer Europas. Seitdem Albanien im Juni 2014 Beitrittskandidat der Europäischen Union geworden ist, haben alle 44 Millionen Menschen, die im Einzugsgebiet des Adriatischen Meeres leben, eine EU-Perspektive. Einzige Ausnahme ist Neum, der bosnische Adriazipfel. Hier ist Europa in der Pflicht.

Es klingelt, Iva steht vor der Tür. Wir verabschieden uns. Ajde, Čao, ich werde dieses halbvenezianische Istro-Kroatisch vermissen. Vermissen werde ich auch die Bergdörfer, Grožnjan und Motovun, die sich übers Mirna-Tal hinweg grüßen; meine Schlucht, die ich immer durchquert habe, wenn ich in Pazin und im Schriftstellerhaus war; das Essen in den Konobe und den kühlen Malvazija-Wein; das Café in der kleinen Fußgängerzone von Pazin, das sich den italienischen Namen Pisino gegeben hat; die freundlichen Kassiererinnen im Supermarkt Plodine, die mich bald kannten und einen Knicks machten, wenn ich mich auf Kroatisch verabschiedete. Aber dafür habe ich ja meine Reliefkarte. Ich hatte nicht geglaubt, dass ein Stück Kunststoff Trost spenden könnte.

Und ich hätte nicht geglaubt, dass ich es doch noch finde, das verdammte Haus. Alleine hätte ich es auch nicht geschafft, aber an der Riva von Poreč haben sie mein Handy mit dem Foto auf dem Display herumgereicht, bis einer gesagt hat: Na klar. »Komm mit«, forderte er mich auf, »ich weiß, wo dein Haus ist.« Er hatte recht, plötzlich stand es vor mir. Das schmucke Haus mit dem mediterranen Dach, vor dem ich, etwas hinter meinem Bruder versteckt, auf der Fotografie aus dem Jahre 1974 zu sehen bin, ist heute nicht mehr Ocker gestrichen, sondern in einem rostrot, das den Augen weh tut. Doch die halbrunden Fenster, aus denen man auf den kleinen Balkon tritt, sind dieselben.

»Va bene?«, fragt mein Held, ich flüstere »Si.« – »Dann mache ich ein Foto von dir und deinem Haus«, sagt er auf Italienisch. Kurz danach hält er mir meinen Fotoapparat vor die Augen und sagt: »Siehst du, es ist das selbe. Nur die Palme unter dem Balkon ist inzwischen etwas gewachsen.«

Dank

Ohne die Anregungen und Hilfe zahlreicher Freundinnen und Freunde sowie sachkundiger Kollegen hätte dieses Buch nicht entstehen können. Mein Dank gilt Rüdiger Rossig und Doris Akrap, Biancamaria Bruno, Karl-Heinz Ruess, Leopoldo Bibbo, Vedad Smailagić, Brigitte Deja, Sandra Martinović, Marko Cerovac, Tobias Winstel, Bert Schulz und Antje Lang-Lendorff, Edith Pichler, Iva Ciceran, Angela von Lührte und Manfred Krauß. Danke natürlich auch an Inka Schwand, meine Frau, die mich auf zahlreichen Recherchereisen mit der Kamera begleitet hat.

Der Autor dankt dem Goethe Institut Zagreb und der Bibliothek Pazin für einen Stipendienaufenthalt im Schriftstellerhaus *Kuća za Pisce* in Istrien.

Chronologie

Bronzezeit An der nördlichen Adriaküste leben Etrusker und Veneter. An der Ostküste siedeln Liburner und andere illyrische Stämme.

8.–6. Jahrhundert vor Christus Griechische Kolonisation im Mittelmeer und auch an der Adria. Als Kolonien von Korinth und Kerkyra/Korfu entstehen Epidamnos (Dyrrhachium, Durrës) 627 v. Chr. und Apollonia (beide heute Albanien) 588 v. Chr. In Adria an der Po-Mündung leben Veneter und Etrusker.

8. Jahrhundert Homers *Odyssee*. In der Sage mit dem Kyklopen soll das Thema der griechischen Kolonisierung der Adria verhandelt worden sein.

660 Dorische Siedler gründen die Stadt Byzantion am Bosporus, das spätere Konstantinopel.

530 Griechische Präsenz in Adria. Handel zwischen Griechen und Etruskern. Aus Griechenland kommen Luxusgüter wie Keramik, Öl und Wein. Die Etrusker exportieren vor allem Getreide.

510 Etruskische Gründung von Spina. Laut Livius haben die Etrusker zwölf Städte an der Po-Ebene gegründet.

5. Jahrhundert Herodot (490–424 v. Chr.) erwähnt zum ersten Mal die Stadt Adria.

431 Euripides (490–406 v. Chr.) liefert in seiner *Medea* die erste Fassung der Argonautensage. Einer späteren Bearbeitung des Apollonios von Rhodos zufolge gelangten die Argonauten, nachdem sie das Goldene Vlies in Kolchis im Schwarzen Meer stahlen, über den Ister (Donau) in die Adria.

427–426 Bürgerkrieg in Kerkyra/Korfu infolge des Peloponnesischen Krieges.

4. Jahrhundert Die Kelten wandern in die Po-Ebene ein. Die Griechen gründen in Issa/Vis die erste Kolonie auf einer Insel vor der dalmatinischen Küste. Es folgen Kolonien auf Pharos/Hvar und Melaina Korkyra/Korčula.

387 Die Kelten belagern das Kapitol bei Rom. Gerettet wird die Stadt der Legende nach durch die Aufmerksamkeit der kapitolischen Gänse.

335 Frieden zwischen Rom und den Kelten.

3. Jahrhundert Apollonios von Rhodos (295–215 v. Chr.) spricht erstmals vom *Adriatikos kolpos*, vom Adriatischen Meer.

268 Rom gründet in Ariminum, heute Rimini, seine erste Kolonie an der Adria.

264–241 Erster Punischer Krieg zwischen Rom und Karthago um die Vorherrschaft im westlichen Mittelmeerraum. Um die Herrschaft nach Norden abzusichern, besetzt Rom die Po-Ebene. In Adria löst die römische Feuerbestattung die etruskische und venetische Erdbestattung ab.

244 Rom gründet die Kolonie Brundisium/Brindisi und verlängert die *Via Appia* dorthin.

229–219 Erster und zweiter Illyrischer Krieg. Rom erobert die Ostküste der Adria von Istrien bis Valona/Vlora und herrscht nun über das gesamte Adriatische Meer. Gründung der Provinz Illyricum.

219 Fertigstellung der *Via Flaminia*. Sie verbindet die Milvianbrücke in Rom mit dem Augustus-Tor in Ariminum.

216–168 Mazedonische Kriege. Nach Illyrien schaltet Rom den zweiten Konkurrenten an der Ostküste der Adria aus.

187 Bau der *Via Aemilia*, die entlang des Po bis in Richtung des heutigen Mailand führte. Nach der gleichnamigen Provinz ist heute in Italien die Emilia als Teil der Region Emilia-Romagna benannt.

181 Aquileia wird als römische Militärkolonie gegründet. Die Stadt an der nördlichen Adria wird bald zum Handelszentrum und zum südlichen Ende der Bernsteinroute. Adria verliert als Hafenstadt an Bedeutung.

146 Zerstörung Karthagos im Dritten Punischen Krieg. Rom beherrscht das Mittelmeer und die Adria. Aus den griechischen Kolonien werden römische Kolonien. Bau der *Via Egnatia* in Illyrien. Die Verlängerung der *Via Appia* über die Adria hinweg verbindet Dyrrhachium mit Byzanz.

132 Die *Via Popilia* führt von Ariminum über den Po nach Aquileia. Es ist die erste römische Adriastraße.

49 Gaius Julius Caesar zieht von Ravenna über den Rubikon nach Rimini. Ende der römischen Republik und Beginn der Kaiserzeit.

33 Oktavian lässt die römische Stadtmauer von Tergestium/Triest errichten.

29–19 Vergil (70–19 v. Chr.) arbeitet an der *Aeneis*, der Sage über den Gründungsmythos Roms. Aeneas soll nach seiner Flucht aus Troja auch die Adriaküste betreten haben, dann aber weiter zum Tyrrhenischen Meer gezogen sein.

1. Jahrhundert nach Christus Plinius der Ältere (23–79 n. Chr.) spricht als erster Römer von der Adria. Zuvor hieß das Meer *Mare Superum*, im Gegensatz zum *Mare Inferum*, dem Tyrrhenischen Meer. Strabon (63 v. Chr.–23 n. Chr.) unterscheidet in seiner 17-bändigen *Geographie* die Adria vom Ionischen Meer. Als Grenze nennt er die Straße von Otranto.

235–284 Zeit der illyrischen Kaiser im Römischen Reich.

305 Der römische Kaiser Diokletian scheidet freiwillig aus dem Amt und bezieht seinen Palast in Spalona (Split).

324 Kaiser Konstantin beherrscht das ganze Römische Reich und etabliert das Christentum.

330 Konstantin wählt Byzantion zur Hauptstadt des Römischen Reiches und nennt es Konstantinopel.

395 Teilung des Römischen Reiches in ein weströmisches und oströmisches Reich. Die Hauptstadt Ostroms wird Konstantinopel. An der östlichen Adriaküste bildet die Bojana/Buna die nördliche Grenze des oströmischen Reichs.

402 Der weströmische Kaiser Flavius Honorius verlegt seinen Sitz von Mailand nach Ravenna.

410 Nach zwei vergeblichen Belagerungen erobern die Goten unter ihrem König Alerich Rom und plündern es.

452 Aquileia wird von den Hunnen zerstört.

476 Mit der Eroberung Ravennas durch den Germanenführer Odoaker endet das Weströmische Reich.

493 Die Ostgoten erobern unter Theoderich Italien. Ravenna wird Hauptstadt des ostgotischen Reichs.

540 Der oströmische Feldherr Belisar erobert Ravenna.

547 Weihung der Basilika San Vitale in Ravenna. Auf Mosaiken ist das byzantinische Kaiserpaar Justinian und Theodora dargestellt.

554 Die Byzantiner siegen endgültig über die Ostgoten in Italien. Nahezu die gesamte Adria ist nun in byzantinischer Hand.

568 Die Langobarden fallen in Norditalien ein und machen es Byzanz streitig. Die westliche Adriaküste von Ancona bis zur Mündung des Ofanto in Apulien gehört zum Langobardenreich. Die venetische Bevölkerung an der Küste flieht teilweise auf die Lagune. Beginn der Geschichte Venedigs.

584 Gründung des Exarchats von Ravenna. Die Langobarden werden zurückgedrängt.

697 Der oströmische Kaiser in Konstantinopel lässt der Legende nach erstmals einen Statthalter (Dogen) in Venetien wählen.

700 Gründung von Ragusa (Dubrovnik) durch die romanischsprachige Bevölkerung, die vor den Slawen und Awaren auf einen Felsen flüchtet.

750/751 Fall des Exarchats von Ravenna.

754 Pippin der Jüngere übergibt das Exarachat dem Papst. Die pippinischen Schenkungen begründen den Kirchenstaat. Im Gegenzug krönt Rom 800 Karl den Großen in Aachen zum Kaiser des Heiligen Römischen Reichs.

Achtes Jahrhundert Die Slawen erobern die Ostküste der Adria. Unter byzantinischer Herrschaft bleiben nur die Küstenstädte.

774–810 Karl der Große besiegt die Langobarden und verleibt Norditalien dem Frankenreich ein. Eine zweite Welle venetischer Flüchtlinge besiedelt die Lagune. Venedig genießt den Schutz von Byzanz.

811 Venedig verlegt den Sitz des Dogen nach Rialto. Venedig gilt als seevenetische Provinz Konstantinopels.

812–814 Nach dem Frieden von Aachen bleibt Byzanz an der oberen Adria nur noch der Küstenstreifen zwischen Grado und Chioggia. Die Po-Mündung gehört zum Karolingerreich.

841–871 Die Sarazenen erobern Bari und gründen dort ein Emirat.

998 Der venezianische Doge Pietro II. Orseolo versucht ein weiteres Mal Ragusa zu erobern. Weil er Zara/Zadar erobern kann, nennt er sich fortan *Dux Dalmatiae*.

Neuntes Jahrhundert Nach dem Bedeutungsverlust von Byzanz und dem Rückzug des Karolingerreichs füllt Venedig die Machtlücke und steigt zur Regionalmacht an der Adria auf. Im Hinterland der Ostküste entstehen slawische Fürstentümer.

971 Erfolglose Belagerung Ragusas durch Venedig. Der Stadtstaat wählt den Heiligen St. Blasius zum Schutzheiligen.

997 Venedig befreit die dalmatinische Küste von Piraten. Beginn der Herrschaft über die östliche Adria.

1071 Die Normannen erobern Apulien. Bari fällt als letzter byzantinischer Vorposten in Italien. Ende der 500 Jahre dauernden Präsenz von Byzanz in Italien.

1081 Die Normannen greifen das Byzantinische Reich im Osten an, besetzen Korfu und belagern Dyrrhachium. Venedig unterstützt Byzanz und schlägt die Normannen zur See. Venedig bekommt weitreichende Handelsprivilegien im Byzantinischen Reich.

1105 Die dalmatinischen Städte kommen unter die Herrschaft des ungarisch-kroatischen Königreiches. Kriege mit Venedig.

1165 Der Presberytanermönch Pantaleon vollendet das Bodenmosaik in der Kirche Santa Annunziata in Otranto.

1167 Venedig schaltet nach und nach die Handelskonkurrenz in Italien aus. Eroberung von Comacchio und Ferrara. Ancona bleibt unabhängig.

1171 Venedig scheitert ein drittes Mal daran, Ragusa einzunehmen.

1177 Friede von Venedig zwischen der Serenissima, dem Papst und dem Kaiser des Heiligen Römischen Reiches. Der Doge von Venedig bekommt das Recht zur »Vermählung mit dem Meer«.

1186 Serbien gewährt Ragusa das Recht auf freien Handel in der Adria. Ähnliche Rechte räumen Bosnien (1189) und Byzanz (1191) ein.

1194 Der Staufer Friedrich II. wird in Jesi geboren.

1202–1204 Im Vierten Kreuzzug unterwirft der venezianische Doge Enrico Dandolo Zara und zerstört Konstantinopel.

1205 Unterwerfung Ragusas durch Venedig.

1220 Kaiserkrönung Friedrichs II. in Rom.

1223 Beginn der Bauarbeiten für den Kaiserpalast Friedrichs II. in Foggia.

1228–1229 Erfolgreicher Kreuzzug Friedrichs II. Er wird König von Jerusalem.

1240 Beginn des Baus von Castel del Monte in Apulien.

1244 Fertigstellung des staufischen Kastells in Bari.

1250 Tod Friedrichs II. in Kastell Fiorentino.

1272 Ragusa gibt sich ein Statut und schafft unter anderem die Sklaverei ab.

1354 Beginn des osmanischen Vormarsches auf dem Balkan.

1358 Ragusa wird unter dem ungarischen Königreich unabhängige Republik und die große Konkurrentin Venedigs.

1362 Das Osmanische Reich verlegt seine Hauptstadt nach Adrianopel/Edirne und damit auf europäischen Boden.

1381 Venedig besiegt Konkurrenten Genua in der Schlacht von Chioggia.

1382 Wien erwirbt Triest. Österreich hat damit einen Zugang zum Adriatischen Meer.

1383 Der bosnische König Trvtko I. lässt in Počitelj an der unteren Neretva eine befestigte Siedlung errichten.

1389 Die Türken besiegen Serbien in der Schlacht auf dem Amsel-feld. Beginn der 500-jährigen Vorherrschaft des Osmanischen Rei-ches auf dem Balkan.

1417 Mit Valona/Vlora gerät die erste Stadt an der Adria unter türki-sche Herrschaft.

1420 Venedig, beunruhigt durch den türkischen Vormarsch, sichert sich Cattaro/Kotor. Mit Ausnahme Ragusas und Fiumes befindet sich die gesamte östliche Adriaküste bis Kotor in der Kontrolle Vene-digs.

1443–1468 25 Jahre währender Aufstand in Albanien gegen die tür-kische Herrschaft. Skanderbeg wird zum Held der Albaner.

1453 Die Osmanen erobern Konstantinopel. Ende des Byzantini-schen Reiches. Istanbul wird eine neue Großmacht in der Adria-region.

1458 Ragusa schließt mit dem Osmanischen Reich ein Friedensab-kommen und verpflichtet sich zu Tributzahlungen.

1459 Serbien wird osmanisch.

1463 Bosnien wird osmanisch.

1464 Fertigstellung des Minčeta-Turms in Ragusa. Die Stadtmauer bekommt ihre heutige Gestalt.

1466 Osmanische Truppen dringen an breiter Front an die Adria vor und erobern 1478 ein zweites Mal Valona, das heutige Vlora.

1472 Ragusa bekommt vom Papst die Erlaubnis, mit »Ungläubigen« zu handeln, schließt einen Vertrag mit der Hohen Pforte und wird zur Drehscheibe des Orienthandels.

1479 Der zweite sogenannte Venezianische Türkenkrieg endet mit einer Niederlage für den *Stato da Mar*. Venedig verliert Negroponte/Euböa und muss sich aus dem südlichen Albanien zurückziehen. Scutari/Shkodra wird türkisch.

1480 Otranto wird von den Türken belagert.

1482–1484 Salzkrieg Venedigs mit Ferrara um die Vorherrschaft in der Po-Ebene.

1492 Kolumbus entdeckt die Neue Welt. Mit der Entdeckung Ame-rikas verlieren das Mittelmeer und auch die Adria ihre Bedeutung als Handelsrouten.

1503 Nach Scutari/Shkodra in Albanien wird auch Durazzo/Durrës osmanisch.

1521 Die Osmanen erobern Belgrad. Flucht einiger Tausend Kämp-fer auf den Schwarzen Berg/Montenegro.

1529 Die Türken stehen erstmals vor Wien.

1537 Tausend bewaffnete Uskoken fliehen von Klis bei Split nach Senj und ziehen in die Burg Nehaj. Beginn einer neuen Welle der Piraterie in der Adria.

1566 Fertigstellung der *stari most*, der alten Brücke in Mostar. Der Bau war von Sultan Süleyman I. in Auftrag gegeben worden.

1573 Der Fünfte Venezianische Türkenkrieg endet mit der Niederlage Venedigs in der Seeschlacht von Lepanto. Der *Stato da Mar* verliert neben Zypern auch Antivari/Bar.

1578 Dulcigno/Ulcinj wird ebenfalls türkisch. Es bleibt bis 1878 beim Osmanischen Reich.

1597 Die Uskoken plündern Rovigno/Rovinj in Istrien.

1599 Die Uskoken belagern das istrische Albona/Labin und brennen Plomin nieder.

1602 Schnitt von Porto Viro. Der Lauf des Po wird nach Süden verlegt, damit wird die Lagune von Chioggia und damit auch Venedig vor Verlandung bewahrt.

1615 Uskokenkrieg zwischen Venedig und Wien. Österreich vertreibt die Piraten aus Senj.

1667 Großes Erdbeben in Ragusa. Wiederaufbau der Stadt in der Gestalt, wie wir sie heute kennen. Dennoch erholt sich Ragusa nicht mehr von der Katastrophe.

1683 Die Türken stehen das zweite Mal vor Wien, werden aber in der Schlacht am Kahlenberg geschlagen.

1688 Vincenzo Maria Coronelli zeichnet seine Karte *Golfo di Venezia olim Adriaticum*. Venedig will dem Meer auch beim Namen den Stempel aufdrücken.

1699 Der Friede von Karlowitz beendet den Großen Türkenkrieg zwischen Österreich und dem Osmanischen Reich. Auf Betreiben von Ragusa bekommt Istanbul einen Zipfel der Adria, das heutige Neum.

1717 Der österreichische Kaiser Karl VI. erklärt Triest und Fiume zu Freihäfen. Beginn der Karriere von Triest als Handelshafen der Habsburgermonarchie.

1740 Beginn mit dem Bau der *Murazzi*, die Venedig und die Lagune vor der Adria schütze sollen.

1786 Goethe ist in Venedig und sieht am Lido zum ersten Mal in seinem Leben das Meer.

1797 Napoleon beendet die mehr als tausendjährige Geschichte der Republik Venedig. Österreich erobert den Norden Italiens. Der Po ist die Grenze zum Kirchenstaat.

1808 Ende der Republik Ragusa. Französische Verwaltung.

1813   Errichtung der quadratisch angelegten Neustadt in Bari.

1815   Im Wiener Kongress bekommt Österreich-Ungarn die ehemals venezianische Ostküste der Adria. Das Kronland Dalmatien reicht bis Cattaro/Kotor.

1836   Regelmäßige Schiffsverbindung mit dem Postschiff zwischen Triest und Ragusa.

1842   Gründung des *Stabilimento Privilegiato di Bagni Marritimi* in Rimini. Es ist das erste Seebad an der Adria.

1848   Aufständische in Venedig rufen die *Repubblica San Marco* aus. Österreich kann sie erst nach anderthalb Jahren zurückerobern.

1850   Aus Reaktion auf die Ereignisse in Venedig legt Wien Deutsch als Dienstsprache für die k.k. Kriegsmarine in der Adria fest.

1857   Die österreichische Südbahn verbindet erstmals Wien mit Triest. Für die Reise nach Dalmatien ist kein Reisepass mehr erforderlich.

1861   Gründung des Königreichs Italien mit Vittorio Emmanuele II. an der Spitze. Ende des Kirchenstaats und der Macht Habsburgs in Italien. Erste Sitzung des istrischen Landtags in Parenzo.

1866   Österreich verliert den Krieg gegen Preußen. Österreichisch-ungarischer Ausgleich. Das Königreich Ungarn wird gleichberechtigter Teil der Doppelmonarchie. In der Seeschlacht von Lissa/Vis besiegt Österreich Italien. Dennoch muss es im Frieden von Wien Venedig an Italien abtreten.

1870   Beginn des Ausbaus von Fiume zum Hafen Ungarns.

1873   Die Südbahngesellschaft eröffnet die Bahnstrecke nach Fiume. Aufschwung von Abbazia als Kurort.

1878   Österreich besetzt Bosnien und die Herzegowina. Auf dem Berliner Kongress werden die Grenzen auf dem Balkan neu gezogen. Unabhängigkeit von Montenegro.

1882   Guglielmo Oberdan scheitert mit einem Attentat auf Kaiser Franz Joseph in Triest. In der Adriastadt wird feierlich der 500ste Jahrestags des österreichischen Adriazugangs gefeiert.

1883   Erste Rede auf Kroatisch im istrischen Landtag.

1884   In Abbazia öffnet das Hotel Quarnero als erstes Hotel an der adriatischen Ostküste.

1885   Jules Vernes veröffentlicht seinen Roman *Mathias Sandorf*, der von der Schlucht im istrischen Pazin inspiriert ist.

1890   Wachsender Tourismus an der »österreichischen Riviera«.

1894   Am 29. März findet in Abbazia das Kaisertreffen zwischen Österreichs Franz Joseph und Preußens Wilhelm II. statt.

1897   In Ragusa eröffnet das Hotel Imperial.

1906   Apulische Reise des Burgenforschers Arthur Haseloff. In Österreich erscheint der erste Reiseführer über Dalmatien. Der deutsche
Baedeker ignoriert die östliche Adria.

1908   Annektion Bosnien-Herzegowinas durch Österreich-Ungarn.
Eröffnung des Gand Hotels in Rimini.

1909   Der österreichische Schriftsteller Hermann Bahr unternimmt
seine Dalmatinische Reise.

1911   Thomas und Katja Mann halten sich in Brioni auf und besuchen Venedig. Daraufhin entsteht Manns Novelle *Tod in Venedig*.

1912   Albanien wird unabhängig. Die Adriastadt Vlora wird erste
Hauptstadt des Landes.

1913   Der österreichische Thronfolger Franz Ferdinand eröffnet die
große Adria-Ausstellung in Wien.

1914   Am 28. Juni wird Franz Ferdinand in Sarajevo erschossen. Beginn des Ersten Weltkriegs.

1915   Vertrag von London: Als Gegenleistung für den Kriegseintritt
auf Seiten der Entente wird Italien Istrien und Dalmatien versprochen. Sperrung der Straße von Otranto für die österreichischen
Kriegsmarine.

1918   Ende des Ersten Weltkriegs. Gründung des Königreichs der Serben, Kroaten und Slowenen, aus dem 1929 das Königreich Jugoslawien
wird.

1919   Am 18. Januar wird in Paris die Friedenskonferenz eröffnet. Italien bekommt als Siegermacht nur Istrien, nicht aber Zara/Zadar und
Fiume/Rijeka.

1919   Marsch von Ronchi: Am 12. September erobert Gabriele d'Annunzio Fiume/Rijeka.

1920   Grenzvertrag von Rapallo: Italien bekommt neben Istrien auch
die Kvarnerinseln Cherso/Cres und Lošinj/Lussin sowie Zara/Zadar
und die Inseln Lagosto/Lastovo und Pelagosa/Palagruža. Split bleibt
bei Jugoslawien, Fiume wird Freistaat. Italienische Faschisten brennen das slowenische Volkshaus in Triest nieder.

1922   Marsch auf Rom: Machteroberung in Italien durch Benito Mussolini. Gründung der *Jadranska Plovidba*, der jugoslawischen Adria-
Ausflugsschifffahrt.

1923   Slowenisch wird in Mussolinis Italien nicht mehr in den Schulen unterrichtet.

1924   Das faschistische Italien erobert Fiume/Rijeka. Der Fluss
Rječina wird zur Grenze zum Königreich der Serben, Kroaten und
Slowenen.

1925 Italien schließt die *Jadranska Banka* in Triest.

1927 Italien verbietet, Slowenisch und Kroatisch in der Öffentlichkeit zu sprechen.

1933 Machtübernahme Adolf Hitlers in Deutschland.

1934 Hitler und Mussolini treffen sich in Venedig.

1939 Am 7. April erobert das faschistische Italien Albanien. Am 9. Juli Autorennen *Coppa Mussolini* in Abbazia. Am 1. September überfällt Deutschland Polen. Beginn des Zweiten Weltkriegs.

1941 Deutsche und italienische Truppen besetzen Jugoslawien und teilen es auf. Das faschistische Italien sichert sich Istrien, Rijeka und die dalmatinische Küste und begründet dort mit dem Regno d'Italia die italienische Besatzungsmacht. Im Rest Kroatiens beginnen die Diktatur der faschistischen Ustascha im »Unabhängigen Staat Kroatien«, dem NDH-Staat, und die Ermordung von Serben und Juden. Kurt Held schreibt seinen Bestseller *Die Rote Zora und ihre Bande*.

1943 Italien verlässt das Bündnis mit Deutschland. Alliierte Invasion in Sizilien. Der Rest Italiens wird von den Deutschen besetzt. Vernichtung der Juden in Dalmatien. Partisanenkampf in Istrien. Einrichtung eines Gestapo-Gefängnisses in Triest.

1945 Tito und seine Partisanen befreien Jugoslawien. Tausende von Italienern werden erschossen und in die *Foibe*, Karsthöhlen, geworfen.

1947 Vertreibung von 300 000 Italienern aus Rijeka und Istrien. Triest untersteht dem Völkerbund.

1948 Stalin bricht mit Tito. Das kommunistische Albanien unter Enver Hoxha bricht mit Tito und Jugoslawien.

1951 Der jugoslawische Dinar ist frei konvertierbar. Hochwasser des Po in Italien.

1952 Beginn des visafreien Reiseverkehrs Deutschlands und Österreichs mit Jugoslawien. Gründung der Reisefirma *Kvarner Express* in Opatija.

1954 Anschluss von Triest an Italien. Zweite Flüchtlingswelle der italienischen Bevölkerung aus Rijeka und Istrien.

1958 Ivo Robić tritt mit seinem Schlager »Morgen« in Opatija auf und stürmt auch die deutschen Hitparaden.

1965 Eröffnung der jugoslawischen Küstenstraße *Jadranska Magistrala*. Tito setzt auch auf Touristen aus dem Ausland.

1966 Große Sturmflut in Venedig. Die meisten *Murazzi* werden zerstört. Anschluss von Rimini an das italienische Autobahnnetz. Beginn der *invasione tedesca*.

1968   Nach Jugoslawien bricht Albanien auch mit der Sowjetunion.

1970   Das Urlaubsland Jugoslawien überholt Italien und Spanien.

1971   Beginn der Städtepartnerschaft zwischen dem schwäbischen Göppingen und dem apulischen Foggia.

1973–1984   Albaniens Diktator Enver Hoxha lässt 750 000 Bunker bauen. Damit kommen vier Albaner auf einen Bunker. Die Gesamtkosten werden auf 2,2 Milliarden Euro geschätzt.

1978   Nach Maos Tod sagt sich Albanien von seinem letzten Verbündeten China los.

1979   Schweres Erdbeben im Süden Dalmatiens. Kotor und Dubrovnik werden Welterbe der Unesco. Deutsch-schweizerisch-jugoslawische Koproduktion zur Verfilmung der *Roten Zora* in einer 13-teiligen Fernsehserie.

1980   Josip Broz Tito, Jugoslawiens Staatsgründer, stirbt am 4. Mai in Ljubljana. Eröffnung der Tito-Brücke, die das Festland mit der Insel Krk verbindet.

1985   Tod des albanischen Diktators Enver Hoxha. Nachfolger wird Ramiz Alia.

1989   Fall der Mauer in Berlin. Ende des Eisernen Vorhangs. Demokratische Wende in Mittel- und Osteuropa.

1990   Massendemonstrationen im November in Tirana und Shkodra in Albanien. Ende des kommunistischen Regimes.

1991   Nachdem die Kommunisten bei der ersten freien Wahl in Albanien am 7. April siegen, folgt ein Massenexodus aus dem Land. Über 25 000 Albaner erreichen über die Straße von Otranto die italienische Adriaküste. Nachdem Italien seine Grenzen dicht macht, entern am 8. August über 10 000 Albaner den Frachter *Vlora* und erzwingen die Überfahrt nach Italien. Sie werden in Bari im Stadion interniert und schließlich wieder nach Albanien abgeschoben.

1991   Am 25. Juni erklärt Kroatien seine Unabhängigkeit. Die Nationale Volksarmee besetzt Vukovar und ein Drittel des kroatischen Gebets. Beginn der Jugoslawienkriege. Beginn der Belagerung von Dubrovnik im Oktober. Am 6. Dezember gehen 600 Geschosse auf die von der Unesco geschützte Altstadt nieder. 19 Bewohner kommen ums Leben.

1992   Unabhängigkeit von Bosnien-Herzegowina und Beginn der Belagerung Sarajevos, die bis 1995 dauert.

1994   Achthundertjahrfeiern der Geburt Friedrichs II. in Süditalien. In Deutschland wird das Datum nur in Göppingen begangen.

1995   Der Vertrag von Dayton beendet den Bosnienkrieg.

1997   71 albanische Flüchtlinge ertrinken in der Adria.

2000   Erste Stauferstele in Fiorentino. Zwei Jahre später entsteht eine Stele am Hohenstaufen, der Stammburg der Staufer.

2004   Aufnahme Sloweniens in die Europäische Union.

2005   Fertigstellung der kroatischen Autobahn 1 bis Split.

2010   Montenegro wird EU-Beitrittskandidat.

2013   Aufnahme Kroatiens in die Europäische Union.

2014   Albanien wird EU-Beitrittskandidat.

Zum Weiterlesen

Abadžić, Stanko: Adriatic Routes. Zagreb 2013

Abulafia, David: Das Mittelmeer. Eine Biographie. Frankfurt am Main 2013

Ackroyd, Peter: Venedig. Eine Biographie. München 2011

Altaras, Adriana: Titos Brille. Köln 2011

Ambrosini, Piero/Rossini, Roberto (Hg.): Da Venezia a Cattaro. La località costiere dell'Adriatico orientale nelle cartoline d'epoca. Verona 2010

Artl, Inge M. (Hg.): Europa erlesen. Dubrovnik. Klagenfurt 2001

Baccheli, Riccardo: Die Mühle am Po. Stuttgart 1987

Bahr, Hermann: Dalmatinische Reise. Reprint der Ausgabe 1909

Balzano, Marco: Damals, am Meer. Berlin 2013

Braudel, Fernand: Das Mittelmeer und die mediterrane Welt in der Epoche Philipps II. Frankfurt am Main 1990

Braudel, Fernand/Duby, Georges/Aymard, Maurice: Die Welt des Mittelmeers. Frankfurt am Main 1987

Bremer, Alida (Hg.): Literarisch reisen: Istrien. Klagenfurt 2008

Büllmann, Katja: Apulien. Hamburg 2011

Burgwyn, James: Empire on the Adriatic. Mussolinis Conquest of Yugoslavia 1941–1943. New York 2005

Cabanes, Pierre (Hg.): Histoire de l'Adriatique. Paris 2001

Cabanes, Pierre: Greek Colonisation in the Adriatic, in: Tsetskhladze, Gocha R. (Hg.): Greek colonisation. An account of Greek colonies and other settlements overseas, Bd. 2. Leiden 2008

Carofiglio, Gianrico: Eine Nacht in Bari. München 2010

Covachic, Mauro. Triest verkehrt. Fünfzehn Spaziergänge in der Stadt des Windes. Berlin 2012

Čašule, Nikola: ›In part a Roman Sea‹: Rome and the Adriatic in the Third Century BC, in: Smith, C./Yarrow, L. (Hg.): Imperialism, Cultural Politics and Polybius. Oxford 2012

Delorenzi, Paolo: Der Dogenpalast. Venezia 2010

Esch, Arnbold: Das Bild der Staufer in der Erinnerung Italiens, in: Gesellschaft für staufische Geschichte (Hg.): Von Palermo zum Kyffhäuser: Staufische Erinnerungsorte und Staufermythos. Göppingen 2012

Falkenhausen, Vera von: Die Städte im byzantinischen Italien. In: Mélanges de l'Ecole française de Rome. Moyen-Age, Temps modernes. Band 101, Nr. 2, 1989

Fellini, Federico: La mia Rimini. Rimini 2005

Fulvio, Luca di: Das Mädchen, das den Himmel berührte. Köln 2013

Gilmour, David: Auf der Suche nach Italien. Stuttgart 2013

Gjukić, Božidar: Ratne fotografije. War photographs. Dubrovnik 2009

Goethe, Johann Wolfgang: Tagebuch der Italienische Reise 1986. Frankfurt am Main und Leipzig 1976

Goethe, Johann Wolfgang: Römische Elegien und Venezianische Epigramme. Frankfurt am Main und Leipzig 1998

Goy, Richard J.: Chioggia and the villages of the Venetian lagoon. Cambridge 1985

Grandits, Hannes/Taylor, Karin (Hg.): Yugoslavia's sunny side. A history of tourism in socialism. New York 2010

Gumbrecht, Hans Ulrich/Kittler, Friedrich/Siegert, Bernhard (Hg.): Der Dichter als Kommandant. D'Annunzio erobert Fiume. München 1996

Harris, Robin: Dubrovnik. A History. London 2003

Haseloff, Arthur: Hohenstaufische Erinnerungen in Apulien. Weißenhorn 1991

Haussherr, Rainer: Die Zeit der Staufer. Stuttgart 1977

Held, Kurt: Die rote Zora und ihre Bande. Aarau 1941

Herrin, Judith: Byzanz. Die erstaunliche Geschichte eines mittelalterlichen Imperiums. Stuttgart 2013

Holbach, Maude M.: Dalmatien. Das Land, wo sich Ost und West begegnen. Wien und Leipzig 1909

Houben, Hubert: Der böse und der gute Federico, in: Gesellschaft für staufische Geschichte (Hg.): Von Palermo zum Kyffhäuser: Staufische Erinnerungsorte und Staufermythos. Göppingen 2012

Hoxhaj, Enver: Mythen und Erinnerungen der albanischen Nation. Illyrer, Nationsbildung und nationale Identität, in: Tyche: Beiträge zur Alten Geschichte, Papyrologie und Epigraphik. Wien 2005

Hubel, Achim: Überlegungen zum Verhältnis zwischen Theorie und Praxis der Denkmalpflege im 20. Jahrhundert – Das Beispiel Split. Kunsttexte.de 2/2012

Jergović, Miljenko: Das Walnusshaus. Frankfurt am Main 2008

Kadaré, Ismail: Der zerrissene April. Frankfurt am Main 2003

Kadaré, Ismail: Die Festung. Frankfurt am Main 1991

Karsten, Arne: Kleine Geschichte Venedigs. München 2008

Kaznačić, Ana/Dunatov, Ljerka: Maritime Museum. Dubrovnik 2012

Kling, Wolfgang: Apulien. Reisen in Italiens Süden. Berlin 1989

Koppe, Susanne: Kurt Kläber. Kurt Held. Biographie der Widersprü-
che? Aarau 1997

Koroschitz, Werner (Hg.): Ans Meer. Geschichte des Adriaurlaubes.
Villach 2012

Kunčević, Lovro: On Ragusas Libertas in the late middle ages, in: *Dubrovnik Annals* 14 (2010)

Lubonja, Fatos: Das zweite Erwachen des Enver Hoxha, in: Raabe, Ka-
tharina/Sznajderman, Monika: Last & Lost. Ein Atlas des ver-
schwindenden Europas. Frankfurt am Main 2006

Madieri, Marisa: Wassergrün. Eine Kindheit in Istrien. Wien 2004

Magris, Claudio: Ein anderes Meer. München Wien 1992

Magris, Claudio: Die Welt en gros und en détail. München Wien 1997

Magris, Claudio/Ara, Angelo: Triest. Eine literarische Hauptstadt in
Mitteleuropa. München 1993

Mann, Thomas: Tod in Venedig. Frankfurt am Main 1992.

Manning, Till: Die Italien-Generation. Stilbildung durch Massentourismus in den 1950er und 1960er Jahren. Göttingen 2011

Marasović, Duško: Historic Core of Split. Spli 2009

Matvejević, Predrag: Das andere Venedig. Klagenfurt 2007

Matvejević, Predrag: Der Mediterran. Raum und Zeit. Zürich 1993

Matvejević, Predrag: Adriatic Portolan, in: Skelin, Julije (Hg.): The
Adriatic Archipelago. Zagreb 2010

Maurer, Doris und Arnold E. (Hg.): Venedig. Ein Reisebegleiter.
Frankfurt am Main 2006

Mayr, Walter: Frei unter erloschener Sonne. Eine Reise an die Grenzen
des früheren Reiches Österreich-Ungarn, in: Pieper, Dietmar/Saltz-
wedel, Johannes (Hg.): Die Welt der Habsburger, München 2010

Morris, Jan: Trieste and the meaning of Nowhere. London 2001

Nikšić, Goran: Diocletians Palace – design and construction, in: Bülow,
Gerda von/Zahbelicky, Heinrich (Hg.): Bruckneudorf und Gamzi-
grad. Spätantike Paläste und Großvillen im Donau-Balkan-Raum.
Bruckneudorf 2008

Nuovo, Lorenzo/Spadaro, Stelio (Hg.): Gli italiani dell'Adriatico orientale. Gorizia 2012

Pasolini, Pier Paolo: Die lange Straße aus Sand. Hamburg 2009

Platzer, Wolfgang/Wieser, Lojze (Hg.): Europa erlesen. Alpe Adria. Klagenfurt 2008

Porcel, Baltasar: Das Mittelmeer. Eine stürmische Reise durch Zeiten und Kulturen. Berlin 2009

Rader, Olaf B.: Friedrich II. Der Sizilianer auf dem Kaiserthron. München 2010

Rapp, Christian/Rapp-Wimberger, Nadia (Hg.): Österreichische Riviera. Wien entdeckt das Meer. Wien 2013

Richter, Dieter: Das Meer. Geschichte der ältesten Landschaft. Berlin 2014

Richter, Dieter: Der Süden. Geschichte einer Himmelsrichtung. Berlin 2009

Rilke, Rainer Maria: Duineser Elegien. Frankfurt am Main 1923

Romano, Onofrio: Un'altra periferia è possibile, in: Bruno, Biancamaria (Hg.): Lettera Internazionale 109/2011

Sachslehner, Johannes: Abbazia. K.u.k. Sehnsuchtsort an der Adria. Wien Graz Klagenfurt 2011

Schmitt, Oliver Jens: Die Albaner. Eine Geschichte zwischen Orient und Okzident. München 2012

Sieger, Robert: Die Adria und ihre geographischen Beziehungen. Wien 1901

Stout, Rex: Nero Wolfe in Montenegro. Bern, München, Wien 2002

Strutz, Johann: Europa erlesen. Dalmatien. Klagenfurt 1998

Strutz, Johann: Europa erlesen. Istrien. Klagenfurt 1997

Tragni, Bianca: Der mythische Friedrich II. von Hohenstaufen. Bari 2007

Turri, Eugenio (Hg.): Adriatico Mare d'Europa. La cultura e la storia. Milano 2000

Turri, Eugenio (Hg.): Adriatico Mare d'Europa. La geografia e la storia. Milano 1999

Violić, Božidar: Harshness vs. Harmony, in: Foretić, Miljenko (Hg.): Dubrovnik in War. Dubrovnik 2002

West, Rebecca: Black Lamb and Grey Falcon. A Journey Through Yugoslavia. London 1942

Willemsen, Carl A: Kathedralen und Kastelle Apuliens, in: Merian. Apulien. Hoffmann und Campe, Heft 4, 28. Jahrgang

Wurster, Gaby (Hg.): Triest. Eine literarische Einladung. Berlin 2009